法学理念·实践·创新丛书

U0567938

# 数字经济
# 法治保障研究

## 理论基础与法治实践

王　伟　孟雁北　席月民　等◎著

中国人民大学出版社
·北京·

# 序　言

　　数字经济是继农业经济、工业经济之后的最主要经济形态，其以数据资源作为关键生产要素，以现代信息网络作为重要载体，以信息通信技术作为驱动力量，通过数字技术与实体经济的融合重构经济发展与治理模式。尽管数字经济时代的到来推动了社会的变革与经济的腾飞，但其也给传统工业社会的经济、法律运行秩序带来了挑战与冲击，不容忽视。在数字化转型的时代背景下，市场对个人信息的攫取远远超出了自然人所能感知的范畴，加强人格权益的法律保护是数字法治的重要使命。数据作为新型生产要素，对新质生产力起到驱动作用，数据财产权的论证及立法思路是数字法治研究的重要课题。在互联网金融领域，征信替代数据由互联网平台在运营中广泛收集，其共享价值与网络用户隐私权保护之间存在张力，协调好保护与利用的关系是我国从"数据大国"向"数据强国"迈进必须直面的难题。此外，垄断与不正当竞争行为的类型、表现形态在数字技术加持下越发呈现复杂性与多样性，给传统监管模式造成冲击；平台经济兴起，在为社会带来更多就业机会的同时亦给劳动者权益保障带来新的难题。数字经济时代的一系列挑战围绕"数据""平台"这些核心词展开，但是究其根本，仍然以颠覆性技术作为底层支撑和驱动力量。算法、生成式人工智能等技术是否存在固有缺陷、能否保持运行中立，是新经济形态下应对各种风险、挑战须关注的重点。

　　以良法保善治、促发展是全面依法治国的内在要求，科学的法律制度与完善的法治化水平能够为数字经济发展提供必要的约束和保障。党的二十届三中全会指出，要"健全促进实体经济与数字经济深度融合制度"

"加快构建促进数字经济发展体制机制"。这为解决当前我国数字经济发展大而不强、快而不优的问题提供了改革方向。数字经济高质量发展离不开法治的促进和保障，以法治手段完善数字经济治理体制机制，搭建数字经济多元共治体系框架，是"全面推进国家各方面工作法治化"在数字经济场域的重要表达。

本书结合理论与实践对数字经济时代面临的种种挑战给予法治视角的回应。第一章在宏观层面阐述了数字经济法治保障的观念转型、框架结构与主要进路。第二章至第八章从相对微观、具体的视角对数字经济时代一系列重要法律问题展开探讨，具体包括：人格权益保障与企业数据财产权的规则重构、数据要素的新质生产力本质、反垄断与反不正当竞争面临的冲击与挑战、征信替代数据的共享机制、劳动者权益的法律保障等。第九章从整体视角出发，提出数字经济治理的合作共治思路。第十章从行业视角出发，以"共享住宿""共享出行"为例，归纳提出新经济形态的法律规制思路。第十一章、第十二章从技术本身出发，反思驱动数字经济蓬勃发展的生成式人工智能、算法技术运行中存在的固有缺陷及可能规制路径。第十三章梳理了数字经济法治保障的域外经验；第十四章则围绕我国数字经济法律促进机制展开，对"数字经济促进法"的制定提出了立法建议。

各章作者分工如下：

| 序号 | 标题 | 作者及单位 |
| --- | --- | --- |
| 第一章 | 数字经济法治保障的理论基础：观念、框架与进路 | 王伟：法学博士，中共中央党校（国家行政学院）政治和法律教研部民商经济法室主任、教授，博士研究生导师；<br>任豪：法学硕士，杭州市公安局干警 |
| 第二章 | 数字经济时代的人格权益保障 | 王怡坤：法学博士，中共中央党校（国家行政学院）政治和法律教研部讲师 |
| 第三章 | 数据要素的新质生产力本质 | 徐信存：法学博士，中共中央党校（国家行政学院）政治和法律教研部讲师；<br>唐佳辰：法律硕士，宁波市鄞州区人民检察院检察官助理 |

续表

| 序号 | 标题 | 作者及单位 |
|------|------|-----------|
| 第四章 | 企业数据财产权的理论反思与规则重构 | 付大学：法学博士，上海政法学院教授；<br>张钰坤：中共中央党校（国家行政学院）经济法学博士研究生 |
| 第五章 | 数字经济背景下征信替代数据共享的法律机制研究 | 欧阳捷：法学博士，最高人民检察院检察理论研究所助理研究员 |
| 第六章 | 数字经济时代的反垄断问题 | 孟雁北：法学博士，中国人民大学法学院教授，博士研究生导师；<br>赵泽宇：法学博士，暨南大学法学院副教授 |
| 第七章 | 数字经济时代的反不正当竞争问题 | 熊文邦：法学博士、博士后，退役军人事务部退役军人培训中心助理研究员 |
| 第八章 | 数字经济时代劳动者权益保护机制研究 | 王天蔚：法学博士，国家发展和改革委员会营商环境发展促进中心干部 |
| 第九章 | 数字经济治理体系的运行逻辑——以合作治理为视角的考察 | 王伟；<br>王星懿：上海对外经贸大学硕士研究生 |
| 第十章 | 新经济形态的法律规制 | 田林：法学博士，内蒙古财经大学法学院副教授 |
| 第十一章 | 生成式人工智能的法律规制——以 ChatGPT 为例 | 张学博：法学博士，中共中央党校（国家行政学院）政治和法律教研部教授；<br>王涵睿：中共中央党校（国家行政学院）硕士研究生 |
| 第十二章 | 算法的法律规制 | 宋松宛：国家发展和改革委员会价格成本和认证中心综合信息处研究实习员 |
| 第十三章 | 数字经济法治保障的域外经验 | 王智韬：中共中央党校（国家行政学院）经济法学博士研究生；<br>杨慧鑫：法学博士，中国人民公安大学法学院讲师 |
| 第十四章 | 数字经济的法律促进机制 | 席月民：法学博士，中国社会科学院法学研究所研究员，博士研究生导师 |

　　本书由中共中央党校（国家行政学院）政治和法律教研部、中国人民大学法学院、中国社会科学院法学研究所、暨南大学、中国人民公安大学法学院、上海政法学院、内蒙古财经大学法学院以及相关部委、地方实务部门等方面的专家牵头撰写。

　　全书广泛涉及宏观与微观、整体与局部、理论与实践、规制与促进，试图以法治思维与法治方式检视数字经济时代面临的种种挑战，探索数字经济法治化治理机制的中国方案，以求抛砖引玉，求教于大方。

# 目　　录

# 第一章 数字经济法治保障的理论基础：观念、框架与进路

## 引 言

当下，信息技术革命正不断深化，数字化的伟力正在改变人们的生活方式、重构商业模式、提高政府治理效能，并深刻地重塑人们的价值观念以及社会的规则体系。经过多年发展，我国的数字化建设从量的增长向质的提升转变趋势更加明显，数字经济发展迈上新台阶，成为推动我国经济发展的新动能、新引擎。

近年来，党和国家不断加强数字中国建设的顶层设计，强化统筹协调，实施网络强国战略、大数据战略、中国制造 2025、互联网＋行动等一系列决策部署，为数字中国提供了强大支撑。2016 年，"数字中国"被写入"十三五"规划，正式上升为国家战略；随后在党的十九大报告中，数字中国的建设目标、建设路径愈发明晰。党的十九届五中全会强调，坚持创新在我国现代化建设全局中的核心地位。"十四五"规划第五篇"加快数字化发展，建设数字中国"，明确要求"加快数字经济、数字社会、数字政府，以数字化转型整体驱动生产方式、生活方式和治理方式变革"。可见，数字中国以数字技术引领创新为前提，以数字相关的安全能力为保障，力图实现数字惠民、数字兴业和数字强政三大目标。[1] 未来，推动我国由"数字大国"向"数字强国"迈进，建设更高水平的"数字中国"，不仅需要创新驱动，推动技术创新，而且需要法治作为保障。《法治中国建设规划（2020—2025 年）》提出，要"加强信息技术领域立法，及时跟进研究数字经济、互联网金融、人工智能、大数据、云计算等相关法律制度，抓紧补齐短板"。

2021 年 12 月 12 日，国务院发布了《"十四五"数字经济发展规划》政策文件，以规范指导"十四五"时期各地区、各部门推进数字经济发展工作。《"十四五"数字经济发展规划》是我国在数字经济领域的首部国家级专项规划，我国首次在国家级文件中针对数字经济的概念进行了界定，并点明了数字经济的发展目标：2025 年数字经济迈向全面扩展期，2035 年数字经济迈向繁荣成熟期。为实现这一目标，该规划明确了数字经济发展的重点任务：其一，优化升级数字基础设施；其二，充分发挥数据要素作用；其三，大力推进产业数字化转型；其四，加快推动产业数字化；其五，持续提升公共服务数字化水平；其六，健全完善数字经济治理体系；其七，着力强化数字经济安全体系；其八，有效扩展数字经济国际合作。《"十四五"数字经济发展规划》的工作部署涉及数字经济建设与发展的方方面面，以数字基础设施建设为保障，推进产业数字化、公共服务数字化的发展，是完善数字经济治理体系、保障数字安全、拓展数字经济国际合作的必由之路。

2022 年 12 月 2 日，中共中央、国务院正式对外发布《关于构建数据基础制度更好发挥数据要素作用的意见》（又称"数据二十条"），分别从数据产权、流通交易、收益分配、安全治理等四个方面，提出了二十条具体举措。"数据二十条"继续坚持促进数据合规高效流通使用、赋能实体经济这一主线，以充分实现数据要素价值、促进全体人民共享数字经济发

---

[1]　参见王露主编：《数字中国》，云南教育出版社 2018 年版，第 2 页。

展红利为目标，有利于我国数据基础制度的建构与完善。

2023年2月28日，国务院印发《数字中国建设整体布局规划》。该规划明确，数字中国建设按照"2522"的整体框架进行布局，即夯实数字基础设施和数据资源体系"两大基础"，推进数字技术与经济、政治、文化、社会、生态文明建设"五位一体"深度融合，强化数字技术创新体系和数字安全屏障"两大能力"，优化数字化发展国内国际"两个环境"。"2522"数字发展整体框架勾勒出未来数字中国的全景图，也使《"十四五"数字经济发展规划》落到实处。

近年来，在数字经济法律体系建设方面，我国也相继取得了瞩目成就。2020年5月，《中华人民共和国民法典》（以下简称《民法典》）出台，对数字经济和数字社会的发展作出了立法回应。在数据产权保护方面，《民法典》第127条将网络虚拟财产、数据纳入民事权利客体范围。这为数据、网络虚拟财产确立了产权，奠定了法律保护的基础。在隐私权和个人信息保护方面，《民法典》首次规定了"隐私权"，明确个人信息受到法律保护，并确定了个人信息的处理规则，强化了针对敏感信息的保护。在与人工智能有关的肖像权等人格尊严的维护方面，《民法典》第1019条及第1023条明确禁止利用信息技术手段伪造方式侵害他人肖像及声音的行为，以维护自然人的尊严。《民法典》对数字经济的关注开启了构建数字经济法律体系的新时代，为数字经济建设提供了有力的法治保障。除此之外，《个人信息保护法》《网络安全法》《数据安全法》（简称"三部法"）在个人信息、网络安全、数据安全保护领域继续细化。在三部法中，《网络安全法》主要侧重于网络安全的维护；《数据安全法》宏观地确立数据保护的相关制度，并对数据处理者提出相关的义务要求；《个人信息保护法》在此基础上提出了更多具体要求，例如确立对个人信息、敏感信息的全生命周期保护等。系列法律制度的补充、完善，为数字经济的发展提供了发展"引擎"，共同保障了数字经济发展的行稳致远。数字经济与法律规制互动发展，通过制度创新与技术赋能的双向驱动，构建了数字经济与法治建设的良性循环。例如，《民法典》第127条将数据、网络虚拟财产纳入民事权利客体的范围，《关于构建数据基础制度更好发挥数据要素作用的意见》提出数据产权分层确权机制，均体现了法律对数字经济基础性制度的完善。这种法律与技术的协同不仅规范了数据流通、平台治理等关键领域，还通过制度供给提升了数字经济的治理效能，使其在国民经济中的战略地位显著增强。

数字经济是数字中国建设的重要内容，归根到底需要法律保驾护航。以传统的私法、公法和社会法为基础，通过改造、优化、重构等方式，构建适应数字经济发展要求的法律机制，进一步完善数字领域的法治体系，以法治助力数字经济发展。同时，数字经济建设中的新理念、新问题、新经验将深刻影响着市场经济的建设，借力数字经济建设的东风，完善法治体系，也有利于推动国家治理体系和治理能力现代化。

## 一、数字时代治理的法治转型

### （一）从法律赋权到技术赋权

从农耕文明到工商社会，再到数字社会，历史上的重大社会变革，无不与技术发展密切相关，技术的进步不仅带来了生产力水平的提高，同时也丰富了权利的类型。工业文明的进步与启蒙运动所倡导的天赋人权理念相互交织，催生了近代民主国家的形成，并在此基础上确立了选举权与被选举权、知情同意权、隐私权等现代公民权利体系。这一历史进程表明，技术革新与思想解放共同塑造了人类社会的权利范式转型。当下的数字中国以大数据、云计算、人工智能等数字技术为支撑，通过计算机程序算法来构建线上网络空间平台，社会发展的数字化、网络化和智能化趋势不断增强，应用场景不断丰富，极大地促进了商品交易、社会交往、交通出行、政务服务优化升级，技术也开始在法律不曾涉足的领域进行自我赋权，一种技术权力化的倾向开始显现。[1] 因此有学者将其称为"技术赋权"[2]。例如网络平台利用自身的信息、技术等优势，通过限制权益、封锁冻结账号、删除相关信息等方式对平台进行管理，使平台企业拥有了类

---

[1] 参见马长山：《数字社会的治理逻辑及其法治化展开》，载《法律科学（西北政法大学学报）》2020 年第 5 期，第 5 页。

[2] 郑永年：《技术赋权：中国的互联网、国家与社会》，东方出版社 2014 年版，第 11 - 16 页。

似于监管部门的"准监管权"。

基于数字时代技术赋权所带来的革新，以及人们在社会生活中对数字技术的高度依赖性，数字技术的发展和应用水平深刻影响了人们的发展维度，在商工文明时期建立的传统权利体系也在数字时代面临调整。一方面，人们参与公共事件的言论表达自由、财产权利等借助数字技术得到了更好的保障甚至扩展；另一方面，人们的隐私权、人格权等相关权利却在数字时代受到了克减。传统的法律以财产、契约、权利义务为主要内容，而在数字场域，即以代码、算法构建的数字化空间，无形化财产价值难以得到界定，拟真资源和拟真财产如何确定争议尚存①；数字化的契约、权利义务的分配本身就成为代码、算法运行的一部分。应当看到，进入数字文明之后，人与人之间交往互动愈加频繁，社会的开放性、流动性乃是主流趋势。在此基础之上的权利重构已经不再是简单的各种权利如何保障的问题，而是在新的时代逻辑之下对权利体系如何定位的问题。我们不应当完全采用传统的工商文明时期的评价标准来衡量数字文明给我们的权利和自由所带来的影响，而是应当从当下的语境出发，构建数字时代的权利保护体系。

（二）从去中心化到再中心化

数字中国以信息技术为依托，将人与人、人与物、物与物相连接，社会开始进入"万物互联"的时代，C2C（consumer to customer）、B2C（business to consumer）、O2O（online to offline）等众多商业模式不断涌现，虚拟与现实、线上与线下、公域与私域之间的壁垒开始被打通，不仅极大地提高了生产效率，同时也从"本质上改变了人与人连接的场景与方式，推动社会关系网络从差序格局、团体格局向开放、互动的复杂分布式网络转型，引发了社会资源分配规则及权力分布格局的变迁"②。数字时代以互联网信息技术为驱动，互联网的"去中心化"促进诸如"网约车"等共享经济的产生，其不仅打破了既有的经济格局，同时也反映了平等、参与等共享性理念。同时，在数字中国社会，信息的产生与流动不再局限

---

① 参见於兴中：《算法社会与人的秉性》，载《中国法律评论》2018年第2期，第63页。

② 喻国明、马慧：《互联网时代的新权力范式："关系赋权"——"连接一切"场景下的社会关系的重组与权力格局的变迁》，载《国际新闻界》2016年第10期，第6页。

于社会精英之间，社会中每一个具备一定信息技术能力的民众都已经成为信息的生产者、消费者与传播者[①]，开放共享成为数字中国的重要特征。这在一定程度上促进了公共治理观念和方式的变革。[②] 数字时代的"去中心化"过程进一步加速了"陌生人社会"的形成，社会成员的"原子化"趋势愈发明显。同时，在网络虚拟空间则呈现出以平台为支撑的"再中心化"特征，平台发挥了重要的解构和重组功能。互联网平台通过打破原有的时空隔阂，将用户在互联网空间进行了二次聚合，形成新的社群。这也意味着平台占有了互联网空间的大量资源，拥有了强大的实力。

这种去中心化与再中心化的相互交织，也对治理提出了新的要求。在去中心化的过程中，我们需要增强社会的信任，以互动性、参与性的制度构建回应这一趋势。党的十九届四中全会决定提出，"坚持和完善共建共治共享的社会治理制度"，加强政社互动、政企互动、政民互动，形成人人有责、人人尽责、人人享有的社会治理共同体。这无疑回应了数字时代社会治理的客观变化，意味着私法、公法、社会法等不同功能的法律治理，将在数字经济的场域中共同完成社会秩序的塑造，同时也是"构建治理法治化制度的重要动力机制和总体要求"[③]。而在再中心化的过程中，需要防范平台的无序扩张、野蛮生长所带来的垄断、不正当竞争、隐私泄露等一系列风险。

（三）从科层治理到智慧治理

传统的治理模式为金字塔结构的科层治理，它以行政级别和地域管辖为基础，以信息、资源的上下流动为依托，形成了一套严密的治理系统。但是，这种科层式的治理乃是以物理空间作为治理的场域，而在数字时代，传统行业的边界被打破，跨界融合成为业界的新常态，这种科层式的治理模式逐渐被消解。数字技术的渗透性、扩散性和融合性促进各个产业

---

[①] 参见杜晓燕、宋希斌：《数字中国视野下的国家治理信息化及其实现：精准、动态与协同》，载《西安交通大学学报（社会科学版）》2019年第2期，第120页。

[②] 参见马长山：《法治中国建设的"共建共享"路径与策略》，载《中国法学》2016年第6期，第10页。

[③] 马长山：《智慧社会建设中的"众创"式制度变革——基于"网约车"合法化进程的法理学分析》，载《中国社会科学》2019年第4期，第92页。

横向延伸和纵向扩展，从而催生新业态。与此同时，网络空间内的违法犯罪行为、信息孤岛、算法黑箱等新的治理挑战均已超出了传统治理模式的治理范畴。

数字化的技术正逐步成为治理的重要力量，从而诞生了数字时代的治理模式——智慧治理。在此基础上，治理机制也产生了相应变化，传统的治理仍属于"法律行政"的范畴，而依托信息技术的监管手段属于"算法行政"（algorithmic governmentality）①；从未来的趋势来看，二者呈现互相融合的趋势。未来计算机程序代码和算法将同法律一样，成为重要的控制手段；控制的方式将从以法律为基础的外在控制转变为法律与技术相结合的双重控制。在这一转变过程中，法律也将转变为代码的形式，实现法律本身的技术化。

## 二、数字经济的私法保障机制

数字时代的经济交易、社会交往呈现出与传统社会所不同的特征。通过私法手段，保护隐私权和个人信息，加强数据产权保护，推动数字要素配置市场化，既是数字经济建设的必然要求，也是构建数字时代私法秩序的重要内容。

（一）人格权法保障机制

数字时代的各种信息数据蕴含人格权的主体价值与尊严属性②，个人的姓名、性别、年龄、住址、收入、健康等信息数据能够与特定的个人产生关联、反映个体特征。科技的进步压缩了个人隐私空间，在建设数字经济的背景之下，应当进一步完善个人信息保护的相关法律制度，保护个人信息数据所承载的人格利益。《民法典》将个人信息定义为"以电子或者其他方式记录的能够单独或者与其他信息结合识别特定自然人的各种信

---

① See Antoinette Rouvroy. The end（s）of critique：data-behaviourism vs. due-process. in Privacy，Due Process and the Computational Turn. Ed. Mireille Hildebrandt，Ekatarina De Vries，Routledge，2012，http：//works. bepress. com/antoinette_rouvroy/44.

② 参见陈敬根、朱昕苑：《论个人数据的法律保护》，载《学习与实践》2020 年第 6 期，第 57 页。

息，包括自然人的姓名、出生日期、身份证件号码、生物识别信息、住址、电话号码、电子邮箱、健康信息、行踪信息等"，同时赋予了自然人查阅、复制、异议、更正、删除个人信息的权利，明确了信息处理者不得泄露、篡改其收集、储存的信息以及采取技术措施保障个人信息安全，并对信息泄露事件立即采取补救措施和报告的相关义务。另外，该法还要求信息处理者处理个人信息时遵循合法、正当、必要和不得过度的原则，并征得自然人的同意，以公开、明示的方式合法合规进行处理。① 新颁布的《个人信息保护法》通过赋予个人必要的权利，对在信息保护方面居于弱势地位的个人进行必要的立法倾斜。《个人信息保护法》第四章用七个条文专门规定了个人在个人信息处理活动中的权利，包括知情权、决定权、查阅和复制权、异议和更正权、删除权等。这一立法顺应了数字时代的社会经济发展趋势，对公民人格利益保护起到了积极作用。

（二）财产法机制

在数字经济时代，信息数据已成为当今社会的重要资源，个人的信息数据表征和践行着财产性利益的内涵。② 根据内容和产生的来源看，数据可以分为以下几个类别：（1）用户基于身份所产生的个人基本信息（包括姓名、性别、各类账户号码、住址等）；（2）用户在计算机系统和互联网空间所产生的痕迹信息（包括访问浏览记录、消费记录等）；（3）用户在计算机系统和网络空间所表达的相关内容（包括文字、视频、音频等）；（4）根据用户活动进行深层次加工所获得的信息。数据的财产性体现在两个方面：一方面，个人可以通过对外公开其个人信息的方式获得外界积极、正面的评价，并进而影响个人财产权益。③ 另一方面，商业机构运用数据挖掘、智能算法等各种技术手段，对个人信息数据进行加工处理，以提供精准化的营销，从而发挥数据的价值。数据的财产属性与传统的物存在本质差异，其特殊性体现在以下几个方面：首先，数据的无形性与可复

---

① 参见凌捷：《互联网时代的人格权保护》，载《人民法院报》2020年7月17日，第5版。

② 参见杨惟钦：《价值维度中的个人信息权属模式考察——以利益属性分析切入》，载《法学评论》2016年第4期，第71页。

③ 参见郭如愿：《大数据时代个人信息商业利用路径研究——基于个人信息财产权的理论检视》，载《科技与法律》2020年第5期，第76页。

制性决定了其财产属性无法通过传统物权的"占有—排他"模式实现。例如，未加工的零散数据因缺乏独占性与稀缺性，难以构成完整的财产权。其次，数据的生成与利用具有高度的复合性。用户贡献原始数据，平台通过算法加工形成衍生数据，第三方通过商业开发获取价值，这种"多层确权"模式与传统物权的单一权属逻辑截然不同。最后，数据的财产价值依赖于场景化应用（如医疗数据在科研领域的价值远高于广告推送），其估值模型需突破传统物权的静态评估框架。数据产权的法律保护需在功利主义与权利行使之间寻求平衡。一方面，数据流通的效率价值要求降低交易成本（如欧盟 GDPR 第 5 条"目的限制"原则）；另一方面，个人隐私权的绝对性需通过法律强制力保障。我国《关于构建数据基础制度更好发挥数据要素作用的意见》提出的分层确权模式，体现了效率与公平的动态平衡。

（三）合同法机制

当下，信息数据已经渗透到日常生活的方方面面，信息数据的财产性意味着其已经成为重要的交易对象。信息数据的价值发现使数据流通和数据交易难以通过传统的合同法进行有效规范，其原因在于传统合同法的逻辑是建构在以买卖合同为原型的有体物之上[①]，无法适应数字时代虚拟性、匿名性、超时空地域性、可复制性等特征。2015 年 12 月 9 日，欧盟委员会公布了《欧盟议会和欧盟理事会关于数字内容提供合同部分问题的指令议案》。该议案重点涉及合同标的物瑕疵标准、违约救济、合同解除等传统合同法中具有争议的相关内容，对于完善数字时代的合同法保障机制具有重要意义。在我国，《电子商务法》第三章"电子商务合同的订立与履行"系统构建了电子商务合同的法律规则。《民法典》第 512 条对于通过互联网等信息网络订立的电子合同的标的物内容、交付方式、时间等进行了相应规定，为数字时代的商品交易提供了法治保障。未来，应当以实现数据流通、利用的规范有序为目标，借鉴域外立法经验，协调好合同的订立、履行和终止与《民法典》《电子商务法》《个人信息保护法》《网络安全法》《数据安全法》等相关立法之间的关系，进一步完善数字合同

---

[①] 参见金耀：《数据治理法律路径的反思与转进》，载《法律科学（西北政法大学学报）》2020 年第 2 期，第 86 页。

法治体系。

(四) 侵权法机制

伴随着数字经济的蓬勃发展，滥用个人信息，损害个人信息权利的问题非常突出。个人既是个人数据的产生主体和数据经济的消费主体，也可能是个人数据保护领域的受害主体。数字经济的发展驱动力主要在于个人的便利生活需求、权利保护需求与救济保护需求。《民法典》第 1194～1197 条不仅重申了《侵权责任法》关于网络用户、网络服务提供者的一般侵权责任的规定，同时还规定了网络侵权责任"避风港原则"的通知规则和反通知规则，并明确了适用"红旗原则"的主观要件[①]，使数字时代的平台责任进一步明确，使网络侵权责任规则正在形成系统、完整的规范体系。《个人信息保护法》对个人数据保护进一步加以细化，在立法上进一步承认用户个人对自身信息数据的控制权、信息数据利用知情权以及相关安全保障请求权；同时进一步强化企业等数据实际支配者在信息数据利用的主动报告、知情告知、技术保护等方面的义务。

(五) 知识产权法机制

数字技术的发展使知识产权的特征发生了深刻改变，从而对知识产权保护提出了新要求。一是知识产权的无体性更为显著，以数字文本、音频、视频等为主要形式。在数字环境下，这种无体性、虚拟性使知识产权的确权、授权和侵权救济变得更加困难。二是知识产权的专有性受到挑战，在网络空间内通过共享来实现知识产权价值的趋势愈发明显，由此带来了数字时代知识产权保护的价值选择困境。三是知识产权的地域和时间性受到影响，在数字时代智力成果的迭代周期明显缩短，而地理辐射范围呈现全球化态势，原有的对知识产权时间、地理的限制与数字空间产生了不兼容的问题。[②] 数字经济建设的知识产权法律制度，应立足数字技术演进规律，构建与数字生产力相适应的新型法律保护框架。《电子商务法》第 42～45 条规定了电子商务知识产权法律责任；新修正的《著作权法》

---

① 参见杨立新：《民法典侵权责任编草案规定的网络侵权责任规则检视》，载《法学论坛》2019 年第 3 期，第 89 页。

② 参见梅术文：《网络知识产权法 制度体系与原理规范》，知识产权出版社 2016 年版，第 4－5 页。

第 49 条支持了权利人可以采取技术措施保护著作权和与著作权有关的权利，并规定"未经权利人许可，任何组织或者个人不得故意避开或者破坏技术措施，不得以避开或者破坏技术措施为目的制造、进口或者向公众提供有关装置或者部件，不得故意为他人避开或者破坏技术措施提供技术服务"。未来，在著作权保护方面，应当进一步加强对数字环境下的复制、发行、传播、合理使用、法定许可的规制；在专利权保护方面，完善计算机软件的知识产权保护；另外，还应当进一步关注数据库、网络域名、集成电路布图设计等具有典型数字化时代特征的知识产权客体，完善相关法律制度。

## 三、数字经济的公法及社会法保障机制

数字经济的保障，还需要依靠相应的公法和社会法。要完善政府的数字治理体系，加强对数字领域的垄断、不正当竞争、商业广告、产品质量等方面的监管，强化对消费者、劳动者等弱势群体的保护，从而形成私法、公法、社会法的协同治理机制，夯实数字经济的法治基础。以下重点结合若干部门法保障机制进行讨论。

（一）经济法保障机制

经济法中的反垄断、反不正当竞争、消费者权益保护、产品质量、金融监管等相关立法，侧重于数字经济领域的法律规制。在数字时代，经济法领域的问题表现出新旧交织的特点。大型平台的垄断、不正当竞争、虚假广告等传统问题借助技术化手段表现得更加突出，而大数据"杀熟"、数字货币、区块链技术等新问题进一步涌现，都对数字时代的经济法治理提出了挑战。数字经济的经济法保障机制，应当以建立"有效的市场机制、有力的监管保障"为目标，矫正市场失灵，推动公平竞争，维护消费者权益，持续优化营商环境，从而促进社会整体福祉的提升。

"有效的市场机制"需要健康的市场竞争环境。反垄断法、反不正当竞争法等重要立法，奠定了市场竞争的法治基础。加强竞争领域的执法，营造数字经济创新和竞争的法治化营商环境，是建立有效市场机制的应有之义。在反垄断领域，2021 年 2 月 7 日，国务院反垄断委员会发布了《国

务院反垄断委员会关于平台经济领域的反垄断指南》，为治理互联网平台的垄断问题提供了精准、科学、有效的指导，结合《反垄断法》的相关要求，对于统一互联网平台企业的反垄断执法标准、增强执法的可操作性具有重要意义；在反不正当竞争领域，按照《反不正当竞争法》《电子商务法》等相关规定，严厉打击网络虚假宣传、"刷单炒信"、违规促销、违法搭售等行为。同时，进一步完善企业信用监管机制，依托信用中国、国家企业信用信息公示系统等公共信用信息平台，完善严重违法失信企业名单等制度，对于违反市场竞争秩序的相关企业进行失信惩戒，倒逼企业主动承担相应法律义务，维持市场经济正常运行。

"有力的监管保障"的根本目的和宗旨是保护消费者的合法权益。加强消费者权益保护，要落实《电子商务法》《网络安全法》《消费者权益保护法》《价格法》《广告法》《网络购买商品七日无理由退货暂行办法》等相关规定，畅通消费者投诉举报渠道，保护消费者的知情权和选择权，加大对不正当价格行为、不公平格式条款、不依法履行 7 日无理由退货义务等侵害消费者权益行为的打击力度；督促电子商务经营者，特别是平台经营者履行法定责任和义务，依法承担产品和服务质量责任，严格落实网络销售商品修理、更换、退货责任；全方位、多渠道加强个人信息保护，规范涉及个人信息的合同格式条款；严肃查处未经同意收集、使用、过度收集或泄露、非法出售、非法向他人提供个人信息的行为，依法查处不履行个人信息保护义务、为网络违法犯罪提供支持、帮助的网络平台。

（二）行政法保障机制

加强数字政府建设，构建智慧监管机制，需要依靠强有力的行政法治保障。《法治中国建设规划（2020—2025 年）》提出，要"加快推进'互联网＋政务服务'，政务服务重点领域和高频事项基本实现'一网、一门、一次'"。当下不断深入的"放管服"改革是一场深刻的根植于数字时代的行政管理革命，无论是各级政府部门推出的在线政务综合性平台，还是"网上办不见面"的改革、"最多跑一次"的改革，都是以数字技术作为依托。私权利主体借助数字科技，已经不再仅仅是行政管理秩序的被动接受者，而是新时代社会治理的参与者、自我赋权者以及新型秩序的缔造者。而政府执法部门借助技术对线上行为进行自动监测、处置，也对传统的行政强制、行政处罚等行政行为的程序正义提出了挑战。数字技术不仅提高了政府的管理效能，同时还深刻影响了既有的行政法律规范，对其提出了新的需求。

在行政服务方面，数字化行政是未来行政管理的发展趋势和方向。目前，在这个领域的探索非常活跃，涉及面也极为广泛。然而，数字化行政如何发展，其适用的范围、种类、法律效力如何进行界定，同传统的物理空间的行政行为之间的关系如何界分，网上服务营业场所如何管理等重大问题，目前均存在诸多争议之处。2019 年 4 月，国务院公布《关于在线政务服务的若干规定》，对全国一体化在线政务服务平台建设管理、政务服务事项办理的基本要求、电子签名、电子印章、电子证照、电子档案的法律效力进行了明确。今后，应当进一步强化数字政务的顶层设计，完善数字行政领域的立法，对数字时代的行政行为法、行政组织法等予以完善。

在行政监管方面，从国际经验及我国的实践来看，行政监管是实施有效监管，缓和信息不对称、实力不对等的一种重要手段。在这个领域，传统的行政许可法、行政处罚法、行政强制法、行政复议法、行政诉讼法等法律为行政机关依法开展数字治理提供了法律根据。同时，数字领域的《网络安全法》《数据安全法》《个人信息保护法》等专门立法，细化了数字行政的相关法律要求。例如，《个人信息保护法》构建了相应的监管机制，赋予了监管部门必要的监管手段，要求国家网信部门、国务院有关部门、县级以上地方人民政府及其他相关部门在各自职责范围内负责个人信息保护和监督管理工作。在个人信息保护领域所构建的行政监管机制，是我国数字治理实践经验的总结和提升，契合党的十九届四中全会关于打造现代政府治理体系的重要要求。

（三）刑法保障机制

数字技术不断发展的同时，利用数字技术进行的犯罪数量也在不断增长，成为数字经济健康发展的毒瘤。与传统犯罪相比，数字时代的新型犯罪具有非现场性、非接触性、超地域性等特点，其技术化程度、复杂程度远超传统犯罪。加强"数字中国"建设的刑法保障，在刑事立法上，应当加强刑事法治的顶层设计，根据实践适度修改刑法条文，结合数字时代犯罪空间的超地域性、犯罪主体的平台依附性以及犯罪行为的代码化、信息化，对刑事立法中的管辖、主体、行为等理论进一步加以拓展。① 在刑事执法上，注重加强侦查机关与互联网企业、高校科研机构，以及其他部门之间的合作，破解取证、法律理解适用上的诸多难题。坚持"抓早、抓小"的方针，适当前移数字犯罪的刑事防线。强化对非法账号、非法技术软件、恶意平台等"黑灰产"的治理，强化对破坏计算机信息系统、侵犯公民个人信息、非法买卖/泄露数据、侵犯知识产权等犯罪行为的打击，维护网络空间安全；强化数字科技与刑事执法的融合，有效惩治数字犯罪。

（四）社会法保障机制

数字经济的纵深发展在催生新业态、新就业模式的同时，也暴露了劳动者权益保障弱化、数字鸿沟加剧等社会风险。社会法作为矫正市场失灵、保障弱势群体权益的法律部门，需通过制度创新回应数字经济的社会治理需求。一是新就业形态劳动者权益保障。2021 年 7 月 16 日人力资源和社会保障部等八部门联合印发《关于维护新就业形态劳动者劳动保障权益的指导意见》（人社部发〔2021〕56 号），首次提出"不完全符合劳动关系情形"的中间分类，要求平台企业承担公平就业、劳动安全、算法透明等责任，并探索职业伤害保障试点。该意见通过"分层分类"保护模式，为网约车司机、外卖骑手等群体提供兜底性保障，体现了社会法对数字用工关系的适应性调整。二是数字普惠性与特殊群体保障。数字技术的普遍服务需兼顾老年人、残障人士等"数字弱势群体"。《"十四五"国家老龄事业发展和养老服务体系规划》明确要求推进互联网应用适老化改造，保留线下服务渠道。2020 年 11 月 15 日《国务院办公厅关于切实解决老年人运用智能技术困难实施方案》更从交通、医疗、消费等场景细化无障碍服务标准。数字时代的立法应当注重普惠性，进一步扩大普惠的范围，保障老年人、残疾人等特殊群体在数字时代的合法权益，制定、修改包括《老年人权益保障法》《残疾人保障法》等在内的相关法律，根据数

---

① 参见姜涛：《数字经济时代法治建设的五大任务》，载《人民法院报》2021 年 8 月 19 日，第 8 版。

字时代的特点融入适老化、适残化等新内容。

## 四、构建数字经济法治体系

（一）立法：加强制度供给，实现良法善治

法律是社会利益的调整器①，如庞德所说，法律的功能在于调和与调节各种错综复杂和冲突的利益……以便使各种利益中大部分或我们文化中最重要的利益得到满足，而使其他的利益最少地牺牲。② 在大数据、云计算、人工智能等数字技术背景下，立法也面临着深刻变革。在立法内容方面，应当遵循科学、人本、包容、共治、公正的价值导向，重点关注数据安全、知识产权保护、数字行政、平台反垄断、消费者权益保护、特殊人群利益保障等与数字技术、特殊群体保障密切相关的领域。

网络空间治理是法律治理的新领域、新高地。顺应数字时代的变迁，数字立法应当充分发挥多元主体的作用，有效防止和剔除部门利益与地方保护主义法律化，让立法充分反映人民意愿、增进人民福祉，做到民主立法。在立法技术方面，通过运用互联网技术和信息化手段来推动科学立法；树立数据思维，充分运用大数据推进精细化立法，增强法律法规的及时性、系统性、针对性、有效性③，以创新思维推进跨界融合，提高立法效率。

（二）执法：转变执法理念，创新监管手段

在面对各种新技术、新业态不断涌现之时，执法部门应当转变执法理念，采取审慎包容的态度，尊重技术创新，通过监管保障数字经济运行效率，对不符合市场竞争规律、不符合社会公共利益的行为加以矫正，防止数字经济造成新的不平等，强化企业责任，将数字经济的各项风险限制在可控范围之内，以增加社会对秩序和安全的预期。

完善数字时代的执法能力建设，执法部门应当加强公权力与私权力的

---

① 参见王名扬、冯俊波：《论比例原则》，载《时代法学》2005 年第 4 期，第 21 页。

② 参见［美］罗斯科·庞德：《通过法律的社会控制法律的任务》，沈宗灵译，商务印书馆 1984 年版，第 41 页。

③ 参见江必新、郑礼华：《互联网、大数据、人工智能与科学立法》，载《法学杂志》2018 年第 5 期，第 4 页。

合作，在既承认编程代码在数字空间的强大规制能力的同时，又要打破技术神话，从制度层面上赋予私权力主体相应权限，推动共建共治共享。社会共治的方式包含了自律机制、合约约束、社会监督、政府监管、司法控制等维度，以促进各种信息高速有效传递为路径，在法治框架下，通过促进政府转变监管理念、强化个体的自律机制、建立有效市场约束和信用机制，构建多元主体的共同治理平台，形成政府负责、社会协同、企业自治、行业自律、公众参与、法治保障、数字赋能的平台治理格局。①

信息数据是数字时代重要的执法资源，同时也是重要的监管对象。2020 年 5 月中共中央、国务院印发的《关于新时代加快完善社会主义市场经济体制的意见》明确提出"加快培育发展数据要素市场，建立数据资源清单管理机制，完善数据权属界定、开放共享、交易流通等标准和措施，发挥社会数据资源价值"。对此，一方面，应当破除"信息孤岛"，促进公权力部门之间、市场主体与公权力部门之间信息数据的互联互通，建立以现代智能技术为依托的信息公示与共享制度；同时以综合执法改革为契机，整合与数字经济相关的横向监管部门。打破传统行政区划的局限，提升与数字经济相关的执法权力，强化监管执法资源的集约化利用，构建覆盖全局的信息网络，为监管赋能。另一方面，完善数据监管，对定位信息、金融账户、健康状况等涉及用户敏感数据的搜集、使用加以规范，尊重用户的信息自决权和选择权，通过授权的方式增强数据收集和使用的自主性；限制歧视性数据的使用②，建立相应的数据审查机制，设立数据评审委员会，吸纳计算机、伦理学、法学等领域的专家人才，遵循专业性、中立性的原则，根据数据所在的具体领域和场景提炼相应的评价标准。

在执法手段方面，根据数字时代的特点，加强对技术的监管。初阶的技术监管主要是通过技术进行动态监测和信息研判，对相应主体进行信用和风险评级，进行分级分类监管；而高阶的技术监管是法律与技术的融合。未来，推动技术监管，应建立专门的监管部门，完善国家"互联网＋监管"等监管基础设施，完善算法行政机制，实现以技术管技术、线上线

---

① 参见王森：《数字经济发展的法律规制——研讨会专家观点综述》，载《中国流通经济》2020 年第 12 期，第 116 页。

② 参见张凌寒：《风险防范下算法的监管路径研究》，载《交大法学》2018 年第 4 期，第 61 页。

下一体化监管。

执法手段的变化也必然带来执法模式的转变。风险始于预防，与线下的强化事中、事后监管不同，针对数字时代的特点，线上执法应当突出预防导向，推动监管关口前移，改变以往单纯地采用反馈式控制（控制发生在行为之后），而是将前馈式控制（预测可能发生的问题）、同步式控制（在行为过程中实施的控制）和反馈式控制有机结合，在各个阶段把握可能产生的风险并加以控制和防范，提升风险的防控效果。在事前环节，以防范风险为目的，以数据监管、技术监管为手段，强化算法评估审查，防止敏感数据滥用，同时加强对数字经济企业并购等审查监管。在事中环节，以优化监管模式为目的，以大数据分析监测预警和第三方信用评估监督为基础，加强各项风险的分析、挖掘和研判，全面建立市场主体信用记录，大力推进信用分级分类监管。在事后环节，通过行政约谈、行政处罚、信用联合惩戒等手段进行监管，加强失信联合惩戒机制的建设。

（三）司法：建设智慧司法，加强司法保障

加强数字经济的司法保障，不仅要完善司法救济机制，紧贴数字时代的特征，加强司法解释与论证，强化数字时代的权利救济，而且应当借助数字技术的力量，建设智慧司法。作为电子信息技术影响下实现的诉讼的虚拟形态，智慧司法的根本价值追求在于电子化、数字化和网络化给司法活动带来的在司法效率和司法公正方面的实质性的改变。[①] 目前，数字化技术已经在我国司法活动中得到了广泛实践：在司法管理领域，逮捕条件审查、减刑/假释案件办理、公共法律服务提供等逐步实现智能化；在司法审判领域，单一证据校验、社会危险性评估、类案推送、量刑参考、案件评议、庭审也开始向智能化转型。而互联网法院建设是智慧司法建设中具有里程碑意义的事件（不仅开创了全新的网络空间司法应用场景，同时缩短了法院的案件审理期限，提高了诉讼效率[②]），是数字时代司法智慧化、便利化和高效化的重要体现。

值得注意的是，智能技术在司法活动中应当处于辅助性地位，坚持司

---

① 参见徐娟、杜家明：《智慧司法实施的风险及其法律规制》，载《河北法学》2020 年第 8 期，第 188 页。

② 参见石颖：《智慧司法的实践与探索》，载《山东警察学院学报》2020 年第 1 期，第 40 页。

法的亲历性，司法人员应当避免陷入对智能技术、大数据的盲从和依赖，合理限定智能技术的应用空间。① 未来，智慧司法建设应当以遵循司法规律为前提，在尊重司法人员在司法活动中的主体性地位的同时，将"互联网＋"等先进理念和人工智能技术适用于案件裁判的预警、纠偏等工作，借鉴、吸收域外先进经验，并结合我国司法实践的现实需求，探索本土化的智慧司法建设道路。

（四）社会：创新社会治理，整合社会力量

在数字社会，人与人之间通过网络发生连接，信息数据的流动为社会治理提供了新的思路。打造共建共治共享格局，成为当下中国社会治理的重要趋势。《个人信息保护法》第 11 条规定，"国家建立健全个人信息保护制度，预防和惩治侵害个人信息权益的行为，加强个人信息保护宣传教育，推动形成政府、企业、相关社会组织、公众共同参与个人信息保护的良好环境"。第 65 条规定，任何组织、个人有权对违法个人信息处理活动向履行个人信息保护职责的部门进行投诉、举报。这些规定是新时代社会共治理念的集中体现，不仅为各个社会主体共同参与治理提供了渠道，而且有利于发挥"基层社会发育对于国家渗透能力提升的作用"，"确立了国家向基层社会渗透和基层社会向国家渗透的双向渗透模式"②。

创新社会治理，还应当建设数字时代的多元化纠纷解决和矛盾化解机制，创新和发展互联网时代背景下的"枫桥经验"，构建立体化的纠纷化解机制；推行"互联网＋调解"模式，打造在线矛盾纠纷化解平台和智能终端，方便群众查询相关调解案例和法律法规；同时以线上平台为载体和纽带，实现联通全方位、覆盖全业务全流程、贯通各类信息应用系统，利用好各方基层治理力量，构建起"资源共建共享、分层递进化解、智能普遍运用"在线纠纷解决模式③，强化公安机关、检察机关、审判机关和人

---

① 参见马靖云：《智慧司法的难题及其破解》，载《华东政法大学学报》2019 年第 4 期，第 110 页。

② 郑智航：《当代中国国家治理能力现代化的提升路径》，载《甘肃社会科学》2019 年 3 期，第 36 页。

③ 参见俞锦峰：《三种方式推动一站式多元纠纷解决》，载《人民法院报》2019 年 8 月 26 日，第 2 版。

民调解组织对接，推动调解由原来的单一主体向多元主体转变。

## 结　语

"法者，治之端也。"数字经济发展归根到底需要依靠法治的保障，建立数字经济的法律保障机制，充分发挥数字技术在推动社会、经济转型升级，促进政府职能转变，方便人民群众生产生活方面的重要作用，保障数字经济平稳、有序、健康发展。同时，法治化的市场经济也需要数字技术作为支撑，充分运用数字技术优化立法、辅助司法、完善执法、促进守法，从而促进社会主义法治理念、体系进一步完善。

# 第二章　数字经济时代的人格权益保障

## 引　言

在数字经济时代，人格权保护面临复杂的挑战。2020年5月我国颁布《中华人民共和国民法典》，其中将人格权独立成编，充分回应数字经济时代互联网与大数据等科学技术的发展给社会生活带来的影响，尤其是给个人信息、隐私权保护带来的巨大挑战。以隐私与个人信息为例，尽管个人信息与隐私古已有之，但移动终端的普及和大数据技术的发展，才使得自然人各类信息被电子化储存、分析以及加工处理。对人格尊严与自由，市场经济与数据产业的发展，以及国家机关依法行政的影响都远甚于以往。基于此，在数字经济时代，人格权益及其法律保护具有新的时代特征。下文将重点以隐私权与个人信息权益为例进行论述。

## 一、数字经济时代的人格权益

事实上，在私法权利体系中，人格权是一种相当年轻的权利。据考证，人格权的概念始于近代，16 世纪美国学者首次提出"人格权"这一概念，并将生命、身体以及健康等利益上升为人格权。近代以来，私法对人格权的保护从无到有，再到成文法明文规定，直至而今，数字经济时代人格权的概念外延出现了新的发展和变化。

（一）人格权概述

1. 人格权的产生与发展

对人格权的发展脉络予以考量，不难发现，在每一个历史阶段，人格权都体现出不同的时代特征。事实上，人格权是一种相当年轻的民事权利。以法、德民法为代表的近代大陆法系民法，沿袭罗马法所开创的立法体例，即对人的伦理价值进行保护时，采权利与救济相分离的模式。一方面，这种模式在近代民法上的延续，受到自罗马法以来，法律将外在于人的事物与金钱价值相联系并与人的伦理价值相对立的观念的影响；另一方面，在近代人文主义思想影响下，人的伦理价值在法律中被看成是内在于人的事物，从而使法律在"人格的保护"上必然采取"人之本体的保护"模式。① 在这两个要素的作用下，"人格权"的概念在近代民法之中无从产生。

比较而言，如果说传统的人的伦理价值作为人的不可或缺的属性，由人之存在即可推知，那么在现代社会，诸多被扩展后的人的价值，事实上已经与人的本体渐行渐远。由于人是否能够在法律上享有肖像、名誉、隐私、知情、生活安宁以及居住环境等方面的价值利益，与其能否成为一个法律上的人，事实上已无多大关联。因此，一方面，仅从"人的存在"出发，难以推导出许多"扩展的人格要素"，它们无法被包容于"人的存在所固有的东西"这一范畴。这样一来，近代民法典对人的伦理价值所采取的"人之本体的保护"模式受到强烈冲击。另一方面，随着商品经济关系在整个社会领域的蔓延，越来越多的人的伦理价值，开始具有了可以被价值衡量，进而可以被支配的属性。人的伦理价值的可支配性的出现，对近代民法"内在化的伦理价值观念"造成冲击。在这种情况下，基于罗马法

---

① 参见马俊驹：《人格权的理论基础及其立法体例》，载《法学研究》2004 年第 6 期，第 46 - 57 页。

确立的人的伦理价值与物的对立，以及由近代民法所确立的人的伦理价值的内在化观念发生了动摇。因此，可以说是随着人在其伦理价值上应当享有如同在自己的财产上所享有的权利的观念的出现，"人格权"才真正走进了私法视野。

2. 人格权的特征

"人格权"与"人格"作为两个概念应被区分，前者即本书所指人格权，是一种受法律保护的利益，而后者是一种抽象而平等的法律地位，即取得权利的资格，一般与民事主体的权利能力相对应。结合我国《民法典》的规定，可对人格权作出定义："人格权是指民事主体依法享有的，实现人格尊严和自由，并排斥他人侵害的权利。"

首先，人格权属私法上的绝对权。绝对权意味着除权利人之外的其他任何主体，均为其权利相对人，负有不得侵害他人人格权的义务。在这一点上，人格权不同于相对权，后者的义务主体为特定相对人。正因如此，在人格权遭受侵害的情况下，受害人可以依据《民法典》人格权编主张人格权请求权，也可以根据《民法典》侵权责任编的规定请求行为人承担侵权责任。

其次，人格权具有排他效力。事实上，绝对权即意味着强排他效力。绝对权究其本质，是为权利人划定权利范围，即其权利客体所覆盖的范围。对应地，对于除权利人之外的他人而言，这一范围则是其行为自由之禁区。因此，在人格权所存在的范围内，面对人格权人与其他私主体之间的利益冲突，法律会向人格权人一方倾斜。此时，人格权的排他效力，就对其权利边界提出了更高要求。在这种排他的逻辑中，人格权所表彰的权利边界必须是清晰而明确的，否则义务主体无从辨别其行动自由的禁区所在，更无法得知其挑战人格利益的行为是否构成侵权。由此不难看出，"权利客体的边界是否清晰明确"，是人格权排他性逻辑适用的前提条件，也是一项人格利益究竟是作为绝对权的"人格权"还是仅为"人格权益"的分水岭。

（二）人格权的时代特征

在数字经济时代，网络科技、数据科技的频繁迭代和广泛应用，不仅影响了人格权的客体的边界，而且对人格权具体内容与行使方式、人格利益之上的财产性与人格性相互关系产生了深刻影响。在数字经济时代，应积极应对人格权益客体的扩张，正视人格利益上的财产属性。

1. 数字经济时代人格权益客体扩张

如前文所述，从历史角度来看，人格权是一种相当"年轻"的私权利，在不同的历史阶段，展现出不同的时代特征。在数字经济时代，《民法典》重视对人格权的保护，在一定程度上，就要积极回应科技快速发展和大数据广泛应用而产生的人格权益客体扩张的情况，并以此强化对人格尊严与自由的保护。而在社会变革转型与科技飞速发展的历史时期，各类新兴利益诉求呈井喷式增长。从近代民法的伦理哲学所固有的生命、身体、健康和自由等人格要素，而扩展到诸如个人信息、知情、信用、生活安宁乃至居住环境等方方面面。

这可能导致保障合理的利益诉求与维护既有秩序稳定的两难困境。如果新类型的人格要素皆可成为具体人格权，难免造成对公共利益与他人行为自由空间的挤占，甚至形成对现有秩序的挑战。法律有其权威与稳定性，相对于社会生活应保持一定程度的谨慎。而新类型的人格要素作为权益诉求，在未经社会生活充分考量的情况下成为法律权利，所冲击的不只是相对人的行为自由，更是现行相对稳定的社会秩序。

首先，诸多未经法律明确规范的利益都有成为法定权利的诉求。这难免导致权利泛化，使权利沦为"权利的口号"。看似在公众讨论中成了为自己摇旗呐喊的工具，却很难真正保护某一项特定利益。如果利益诉求泛化导致权利的客体过分扩张，权利本身就会失去其存在的意义。此外，很多情况下，存在利益冲突的双方，都对于自己的利益怀有成为私法权利，甚至成为绝对权的期待。如果两类期待都予以落实，反而使其效力两两抵消。以个人信息为例，如果私主体的每一项信息，都被要求当作一项绝对权的客体去处理，那么在遇到基于公共利益或行政管理的需要而采集私主体个人信息时会出现僵局，从而形成一种无解而内耗的对抗。任由此类对抗的发展，个人信息在私权谱系中的定位如何甚至变得无足轻重。

其次，人格权益客体过分扩张，可能导致社会治理成本的问题。一方面，一个任何人格要素被法律明文规定加以保护，公共资源和国家财政税收可能难以覆盖保护浩如烟海的私权利，即无限提高了社会治理成本。另一方面，私权的扩张，可能会导致公共利益难以得到保护。以人口普查为例，若公民皆坚持自己的个人信息作为绝对权的客体不可侵犯，那么国家公共机关可能永远无法形成公共数据，更无从完成政府管理和社会秩序的维持。

最后，私权利客体的扩张，也会同时对国家公权力的扩张提出要求，否则一来国家无暇保护每一种私权利，二来公共利益被限制的前提下，国家只能攫取更多资源以保证公权力机关能够完成其职责。但可惜的是，私权的目的之一，原本是限制国家公权力。况且，如果任何一项利益都可以成为绝对权，那与之相对应的义务会使相对人行为自由的边界无限坍缩。

事实上，至少以大陆法系为例，私法对私权益的保护经历了诸多观念的更迭，如：民事主体制度的"从身份到契约"①；物权从"所有权绝对"到"禁止权利滥用"；由于诚实信用原则的成长和情势变更原则的觉醒，债法原则由"契约自由"逐渐转化为"契约正义"；而权益救济即侵权责任方面，从过错责任到风险社会孕育衡平原则，继而产生无过错责任……不难看出，私法在面对权利诉求时的态度变得保守，价值也从19世纪以来的保护私人权利，变成了在保护私权利的同时兼顾社会公平。由此不难看出，随着经济基础不断发展和社会制度的进一步完善，尽管私主体的权益诉求呈现出不断扩张的趋势，但私法的保护相对更加审慎，应综合考量其他主体之行为自由与社会公共利益。

因此，私法对新兴利益诉求的保护相对更加审慎，应综合考量他人行为自由与社会公共利益。毕竟，利益诉求的扩张，意味着民事主体之间的利益冲突，甚至私人利益与公共利益发生冲突的可能性提高。各类权利或权益，与其相对人行为自由的边界需要被重新界定。

2. 数字时代人格权益客体边界模糊

人格权益客体扩张带来的另一个问题，则是部分人格权益的边界相对更加模糊，因而不具备强排他性。依然以个人信息为例：在数字经济时

---

① 何勤华、魏琼主编：《西方民法史》，北京大学出版社2006年版，第263-265页。

代，个人信息虽承载人格利益，但其与言论自由、知情权、商业秘密，甚至公共利益等其他重要利益密切相关，且目前难以为其划定明确的权利边界，而这可能导致部分人格利益难以成为绝对权客体，换言之，此类人格利益难以成为具体人格权。

无论是立法还是学理，对诸如个人信息的新兴人格要素加以关注，多肇始于人类进入数字经济时代之后。如前述，若个人信息成为权利的客体并被解释为绝对权的客体，难免对公共数据和企业数据的使用与交易造成消极影响。因此判断利益能否权利化的过程，同时也是处理个人选择与公共管理和他人利益之间的冲突的过程。每一项道德利益上升成为法律权利，都是利益衡量的结果，须以他人一定限度自由利益的让渡为代价。法治社会有着"限制公权、私权昌盛"的要求，《民法典》的立法目标也倡导内容全面、逻辑周延的私权利体系。①　因而，若欲证成一项绝对权利，则需要对其权利边界的清晰和稳定提出较高的要求，否则，权利本身难以被尊重。②

德沃金曾指出：权利是一种"能够压倒政治决定的某种正当性根据"③。类似个人信息这样的新兴人格要素，尽管具备法律保护的正当性与优先性，却因其边界模糊而不符合人格权法典化的要求。因此，如果要在正当利益的保护和对权利泛化的警惕之中寻求平衡，相对稳妥而灵活的路径，或许是采取相对于绝对权而言，力度较小的"弱保护"模式。

3. 数字时代人格要素的财产属性

对人格权的保护，本意为保护人的人格尊严与自由。但随着经济发展，人格利益上逐渐延伸出更多财产性特征。以个人信息为例，随着互联网与大数据的发展，一些商业主体作为信息处理者，何以合法高效处理个人信息，获取收益，已经成为法律应当重点关心的问题。个人信息中的人格利益从来没有被否定过，而财产权利益也应当得到重视。那么如何平衡

---

① 参见江平：《制定一部开放型的民法典》，载《政法论坛》2003年第1期，第4—9页。

② 参见［加］萨姆纳：《权利的道德基础》，李茂森译，中国人民大学出版社2011年版，第8页。

③ ［美］德沃金：《认真对待权利》，信春鹰译，中国大百科全书出版社2002年版，第128页。

人格利益之上的人格性与财产性，成为不可回避的现实问题。[①]

（三）数字经济时代人格权益保护模式

对人格权或人格权益的保护，通常会采用以下两种模式。

1. 赋权模式

将特定的利益确认为民法上的权利或者权益，是私法对于一项利益进行保护的主要方式。私法是以权利为本位，因此在法律上保障某种利益的前提与依据是对权利或权益的承认。

尽管多数时候，学者关于赋权模式的讨论仅限于权利而不包括权益。[②]但是，由于赋权模式的核心是将某种利益划归于特定主体[③]，并在此基础上对其支配、排他等效力予以具体规范，因此，此时无论是权利还是权益，利益都是它的核心或者说保护的目的。换言之，无论是权利还是权益，法律对其保护的前提，都是明确特定权利（权益）主体所能够拥有的利益范围为何。这也正是赋权模式的功能之一。

在赋权模式中，最基础也是最关键的问题在于，如何判断某项利益是否能够成为私法上的权利（权益）。此外，在赋权模式下，立法规范某项利益的话，还应当考量以下问题：第一，该利益在伦理和技术上，是否能够划归特定的私法主体？第二，该利益是否有相对清晰的利益边界，足以被认知？第三，该利益可否被现有立法规范化地容纳？[④] 换言之，该利益被法律明文规定为权利，是否会被既有的权利体系或权利类型所涵盖？在前述诸项考量要素中，第一个问题关乎将某项利益法定化是否合理；第二个问题，关乎该利益成为法律权利或者权益是否具有可行性；第三个问题，涉及该利益被法律保护的规范化分析和必要性前提。

综上所述，以赋权模式作为一种保护私主体利益的立法技术，是可以

---

[①] 参见程啸：《个人信息向数据互联发展中的法律问题研究》，载《政治与法律》2020年第8期，第2页。

[②] 按照通说，人格权益，或曰一般人格权，是指未被民法明文规定为权利，但仍值得被法律保护的那部分人格利益。参见王利明：《论一般人格权——以〈民法典〉第990条第2款为中心》，载《中国法律评论》2023年第1期，第43页。

[③] 参见叶金强：《〈民法总则〉"民事权利章"的得与失》，载《中外法学》2017年第3期，第18页。

[④] 参见雷磊：《新兴（新型）权利的证成标准》，载《法学论坛》2019年第3期，第32页。

延及权益之上的。而以这种模式保护某项利益，就是为了让私主体享有并且支配该项利益，甚至部分情况下，还在其之上拥有排他性效力。

2. 行为规制模式

前文所述，民法所保护的对象不止权利，还有权益，也就是虽然非常值得被保护，有的也在私法规范中占有一席之地，但是并未被承认为权利。权益一词也常被称作"法益""利益"等。而本书为了区别于"利益衡量"中的利益，采"权益"这一表达。权益①与权利同样具有合法性和正当性，但是其通常有着客体范围不明确、相对人行为自由边界不清晰等特征。由于这类利益通常具有开放性和边际模糊的特征，因此，仅赋权模式可能并不那么周全。此时还可以通过行为规制的思路，站在该利益相对人的角度，通过规范相对人行为的边界达到对某项利益的保护。此种模式即行为规制模式。例如，就商业秘密而言，其并不具有从外部可识别的利益客体和清晰的利益界限。如果在立法上贸然设立一项"商业秘密权"无异于为他人设定了一般性的不作为义务和广泛的行为禁区，显非合理。不过，商业秘密可以给利益主体带来可观的经济利益，这种利益合法、正当，立法者可通过行为规制模式为利益主体提供妥善的法律保护。这也正是我国《反不正当竞争法》和《刑法》针对商业秘密所采取的保护模式。

通常情况下，行为规制模式并不直接约束某项利益于某一主体，而是通过"从他人行为控制的角度来构建利益空间，通过他人特定行为的控制来维护利益享有者的利益"②。而最为困难但也最为重要的是，如何能够确定，通过行为规制模式得到的相对人行为自由边界是科学合理的，毕竟，行为规制模式的适用对象是权益，而多数权益都没有明确的权益客体边界的。因此，或许可以以列举的方式，对该权益相对人的行为进行列举，再抽象出一个标准并将其规范化。此外，同样由于权益客体的边界不明显，行为人的行为自由难免正好属于其他权利或者权益的客体范围。而此时制度之构建，需要考虑各种冲突价值之间的协调问题，尤其是要权衡

---

① 参见杨立新：《中国民法总则研究（下卷）》，中国人民大学出版社 2017 年版，第 630 页。
② 叶金强：《〈民法总则〉"民事权利章"的得与失》，载《中外法学》2017 年第 3 期，第 645－655 页。

权益的保护，和行为自由之间的冲突。①

前述两种模式存在差别，却各有优势。赋权模式将某一特定利益上升为法定权利，明确其主体归属与客体边界；而行为规制模式是对该利益相对人的行为予以适当的规范与限制，从而为该利益构建起一道法律保护的堤坝。有学者指出，赋权模式只能被适用于明确的民事权利，而并不适宜于权益的构建。理由是，权益通常对象并不明确，而"只有在客体能够被特定化的时候，权利的界限及范围才能得到明确界定而不至于漫无边际，由此亦可为他人划定清晰的行为禁区"②。但本书认为，这一观点不甚妥当，理由有三：一是利益边界不明确则可能成为权益而并非法律权利。但这并非权利与权益区分的唯一标准。有些利益边界明确，也有着一定被保护的合理性却没有成为私法权利，或许是因为其客体边界虽明晰但过分广阔，若被上升为法律权利，可能会损害现有权利；也可能是该利益只能依附于其他权利而存在等，并不意味着其客体边界不明确。所以，即使是权益也有得以被赋权模式加以规范的可行性。二是"划定利益边界"只是赋权模式的手段，而让权利（权益）主体对该利益享有一定的支配力，才是赋权模式的目的和核心。因此"因为利益边界不明确，所以不能使用赋权模式来规范"这一命题的因果关系是不成立的。一项利益但凡可以成为私法权益，就意味着它可以被识别，被语言精确地表达，被大众理解和认可。而这样的一项权益，即使客体范围不明确，也并非完全不可能划清其范围。三是如果真的如上述反对理由所说，某项权益"只有权益范围明确，才能够为他人划定明确的行为禁区"，那行为规制模式同样不能适用于对权益的保护。因为行为规制模式的基础同样也是为相对人的行为划定明确的界限。

因此，赋权模式与行为规制模式只存在视角和功能上的差异，而绝不是有适用范围上的差异，但皆可以用于人格权或权益的构建。

---

① 参见郑晓剑：《个人信息的民法定位及保护模式》，载《法学》2021年第3期，第116-130页。

② 郑晓剑：《个人信息的民法定位及保护模式》，载《法学》2021年第3期，第116-130页。

## 二、数字经济时代的人格权益保护现实问题

对人格权益的保护，本意为对人格要素上所承载的人格尊严与自由的保护，和对其背后暗藏隐私风险的担忧。但与此同时，在数字经济时代，人格要素呈现出财产属性，甚至一项人格要素涉及多元主体利益等情形，也是真实存在的。随着信息技术的发展，如何合法又高效地处理信息，获取收益，已经成为法律应当重点关心的问题。而在这之上，自然人所能够获得的经济利益，也是值得讨论的问题。

（一）新兴权益人格要素性质之辨

如前文所述，数字经济时代的人格权益客体扩张，并呈现出财产属性。随着《民法典》与《个人信息保护法》对个人信息进行明文规范，个人信息在私法权益谱系之中占据一席之地已成共识[1]，但法律在何种程度上对个人信息予以保护依然引发争议。以个人信息为例，相关新兴人格要素属于人格权（益）或财产权（益）值得进行探讨，并寻求合适的立法技术予以规范。

在保护个人信息上的人格利益的同时，也不能忽略其财产利益。然而，人格利益同时兼具财产利益的，应当如何处理？这是理论上和实践中都很令人困惑的一个问题。个人信息中的人格利益从来没有被否定过，而财产利益也得到了加强和重视，那么，在这一过程中，如何平衡个人信息之上的人格利益与财产利益也就成了不可回避的现实问题。[2] 例如，在诸多场景下，能否使消费者产生对品牌、产品或服务的消费依赖性，成为企业快速、持续发展、满足消费者现实需求的关键。但是如果仅仅依靠顾客的主动告知或者市场情况，获取顾客的需求、偏好等信息，可能会带来相应的经营风险和成本。因此，产品销售前的调查、售后的问卷调查和后续跟踪调查是获取信息的重要渠道。但显然这个渠道的效果并不是很好，得

---

① 参见程啸：《民法典编撰视野下的个人信息保护》，载《中国法学》2019 年第 4 期，第 26 - 43 页。

② 参见程啸：《个人信息向数据互联发展中的法律问题研究》，载《政治与法律》2020 年第 8 期，第 2 页。

到的信息也非常有限，加之有消费者刻意隐瞒，所以这个消息的真实性就受到了质疑。在数字经济时代，随着科技的进步和网络的不断发展，个人信息的处理深度、广度，智能程度，自动化程度等方面正朝着信息产业的方向发展。只有攻克了技术难题，才能挖掘出商业价值。网络应用已经渗透到我们的日常生活中，我们在网上购物、网上付款、网上视频、网上阅读书籍，在线导航，等等。Cookies 是为了向用户提供个性化服务或发布广告，存储在用户本地终端以识别用户身份、跟踪用户并读取存储在 cookies 中的数据。很多公司都擅长运用网路追踪，借由收集、分析、辨识，发掘潜在商机、制订行销策略、制订行销规划、提升决策的科学性与成功率。随着技术的突破和商业的革新，个人信息的商业价值得到了巨大的发展，其价值已经不逊色于实物资源，而且更加重要。下文以"某商户诉某电商案"① 为例，讨论数字经济时代几类典型人格要素呈现出的财产属性。

本案中原告为自然人，被告为以电子商务平台为主营业务的互联网公司。原告是被告的用户之一。原告在使用被告经营的电商软件之前，阅读并签署了其隐私政策协议。因此，在原告电子购物出现退换货问题时，被告将其个人信息告知给了具体商户。因此原告以侵犯个人信息为由起诉被告。被告系电子商务平台，其相关经营者和用户通过该平台进行诸多商品和服务的交易，必将涉及交易双方大量信息的采集、保存、管理、使用。原告在被告经营的电商软件注册时，已经浏览"被告经营的电商软件隐私政策"条款。原告认为尽管自己已经阅读了该政策，但是由于当时没有读懂，因此并不认可自己作出的同意这一决策。法院裁判认为：由于电子商务平台上的货物和服务数量庞大，且涉及的供应商等关联方的大量信息是庞大的，因此无法一一列举出特定的名字，并在有关条款中作出概括的说明。因此被告的行为并无不当。原告是一个具有完全民事行为能力的成年人，可以充分了解以上条款，因此，"被告经营的电商软件隐私政策"对其具有法律效力。

众所周知，自然人向电子商务平台内经营者购买商品或服务时需要提

---

① 北京互联网法院（2019）京 0491 民初 313 号民事判决书。

供收货地址、收货人姓名、联系方式等个人信息，电子商务平台本身需要保存上述信息，用户与平台内经营者产生纠纷时，电子商务平台经营者有义务协助解决纠纷，包括居中调解、向交易关联方核实、披露交易方必要的信息等。据原告所述，其在购物后即对所购商品进行投诉，要求赔偿，电子商务平台将原告的联系方式和投诉情况告知商品的生产商，由生产商对原告投诉的情况进行核实系协助解决平台交易纠纷，对上述信息的使用亦未超出"被告经营的电商软件隐私政策"的范围，不构成对原告个人权利的侵犯。原告要求被告承担侵权责任于法无据。

由此案不难看出，人格利益中的商业利益不容忽视，单独某一个自然人的个人信息几乎不可能被转化为"资源"，普通人也很难实现其商业价值。因此，个人信息成为一种资源，将会产生海量的信息，而信息的收集、分析和再利用，完全取决于信息的控制者。个人信息的价值密度虽低，但个人的信息数量庞大。信息行业在收集个人信息和分析大数据上投入了巨大的人力和财力，需要建设充分的信息收集、处理平台，并不断提升信息的存储、分析和流转。另外，个人信息的保护与公共利益息息相关。在社会、经济、文化、社会等各个方面，由客户个人信息构成的商业信息作为一种商业活动所拥有的经济资源，能够帮助企业制定科学的经营策略、调整营销策略、精准地定位和挖掘潜在的商机。这个过程，不但关系到信息处理者的商业利益，也关系到整个民族利益：改善民生，优化资源，促进经济发展，促进社会进步，稳定市场秩序。在商品经济欠发达，科学技术也并不那么先进的年代里，私主体的权利相对简单，人格权之上只是承载着精神利益。一方面，由于信息技术的不断更新迭代，人格权的客体体现出不同于往昔的承载方式。另一方面，随着市场经济的不断发达，商品贸易和各类服务正在快速流通，使得上述这些人格要素之上，逐渐被赋予了财产价值。但这并非有意对传统民法哲学的颠覆，只是时代的发展导致的利益主体需求的变化。

因此，人格利益上的财产价值是否仍然属于人格权，或者形成一个单独的财产权？人们对此的不同答案便构成了人格权说与双重权利说。

（二）人格权益所涉主体多元

数字经济时代人格权益所涉利益主体多元，是人格权益客体扩张导致的必然结果。以个人信息为例，信息处理者同时包括国家和私主体。

1. 商事主体的个人信息利用需求

2020 年 11 月 30 日，习近平总书记在《全面加强知识产权保护工作激发创新活力推动构建新发展格局》讲话中强调，"要健全大数据、人工智能、基因技术等新领域新业态知识产权保护制度"[1]。中共中央、国务院在《关于构建更加完善的要素市场化配置体制机制的意见》《关于新时代加快完善社会主义市场经济体制的意见》等诸多文件中均强调了信息和数据等人格要素的重要性。"加快培育数据要素市场，提升社会数据资源价值，加强数据资源整合和安全保护"已经成为最高的政治共识。据相关数据显示，2020 年全球大数据产业规模达到 10 270 亿美元。[2]

信息从业者的大量涌现是时代发展的需要。这种变革极大地改变了传统的生产关系。一方面，传统工业经营者可以利用大量自然人的个人信息，提高经营效率，降低经营成本，并能及时掌握市场需要；另一方面，可以预见，在这一背景下，会有专门以收集、处理、储存、利用和传输企业使用者或其他自然人的个人信息为主要业务的人员。在传统的普通人身权，例如肖像权、隐私权等保护模式下，公开或使用他人的肖像、姓名以及个人的隐私，都是在特定的情况下，通过知情权、言论自由等与特定的人格权发生冲突来衡量。比如，一个公司想要利用自己的顾客的画像，没有征得别人的同意，是不可能获得法律的支持和社会的认可的；而在这个数字经济时代，一个公司想要大量地收集顾客的性别、年龄、购物习惯等等信息，并不是什么稀奇的事情，有些情况下，还会被司法机构承认。换句话说，后一种情况是有其现实需要的。

信息从业者对自然人个人信息的收集和利用应当得到一定程度的认可。一方面，信息从业者对自然人个人信息的合法使用有助于提高其生产水平；另一方面，从整个社会层面宏观地来看，个人信息的合理使用、大

---

① 《习近平在中央政治局第二十五次集体学习时强调 全面加强知识产权保护工作激发创新活力推动构建新发展格局》，载中国共产党新闻网，http://cpc.people.com.cn/n1/2020/1201/c64094 - 31951382.html，2023 年 4 月 9 日访问。

② 参见《2020 年版中国大数据市场现状调研与发展趋势分析报告》，载中国产业调研网，https://www.cir.cn/7/50/dashujudefazhanqianjing.html，2023 年 4 月 9 日访问。

数据的形成与处理，确实有助于提高社会福祉。但是，信息从业者若一味追求个人信息最大限度的利用，除了会侵害自然人人格利益，同时也会减损其自身的商业价值，甚至有损社会公共利益。故而，要求其进行个人信息保护，既是信息从业者的企业责任，同样也符合其自身的利益。唯有作为个体的人的信息能够获得适当保护时，信息从业者或者说商事主体才有可能培植消费者的信任，作为消费者的个人才能放心提供其个人信息，整个商业领域内个人信息的利用才得以进行。个人信息是所有商业数据、人工智能、大数据技术的基础，所以，信息从业者使用信息的时候，既要考虑对个人信息合法合理利用，还应当考虑到一定程度的对个人信息的保护。这样，才能够为数据和信息的处理活动，寻求一个合理的规则，维护信息主体与信息从业者之间的利益平衡状态，也防止因不当竞争而产生的负面影响。

2. 国家机关基于公共利益处理人格要素

出于行政效能和社会秩序的需要，国家机关是收集、储存和分析个人信息与隐私最多的机构。先不论信息化时代，即使是在工业时代，国家机关也需要通过对个人信息的收集和处理，来实现政府管理与宏观调控。但是在信息时代，尤其是在个人信息流转状态下，国家机关在信息之上的利益需求有着特殊之处。

首先，前文提及，通过国家机关控制和支配的公共信息或者说公共数据，在静态状态下仅涉及和自然人个人信息权益客体的重合与冲突。但是在信息流转过程中，一方面，个人信息可能成为公共信息；另一方面，公共信息的处理、储存和使用也难免同时涉及对自然人个人信息的处理。

其次，在工业时代，政府仅存在对隐私或者说私密个人信息的保护义务。而这种保护义务使国家天然地处于隐私主体和侵犯隐私者之外的中立地位。但这难免会导致国家权力对个人信息过度处理的风险，这种风险的背后是国家公权力与私人权益之间的边界冲突。因此不仅要考虑到国家公权力对公民的个人信息和隐私负有保护义务，更应当构建一套国家公权力处理个人信息的合法性判断规则。我国《宪法》明确规定了人格尊严不受侵犯，而这一规定需要部门法来实现，即国家应通过个人信息保护制度的确立，对国家机关自身以及信息从业者处理个人信息的行为予以相当程度的限制，以期实现公民个人信息和人格尊严的保护。

综合以上两点可以看出，在个人信息流转过程中，国家同时扮演信息处理者以及个人信息保护者这两种角色。一方面，政府在管理和维持公共安全方面担负着重要的责任，而公共安全、政府管理、社会福利等都需要对公民的个人信息进行全面的了解；另一方面，出于对公共安全、行政效能等价值的追求，各国政府积极地思考个人信息和相关数据的使用与其限制，并不断发掘处理个人信息所能够产生的更多的价值。因此，个人信息流传过程中的制度构建，应同时考量国家机关对个人信息的保护义务和利用功能。

（三）侵权责任认定困难

一般而言，人格权益受到侵害后，通过侵权责任法予以救济是最为基本与最为有效的救济方式，也同时体现出侵权责任法旨在权衡行为自由与权益保护的机能。[①] 然而，正如前文提到的，在数字经济时代，人格要素上呈现出财产利益，与此同时，人格权益所涉义务主体多元，新兴人格要素的侵权救济呈现出责任认定困难、责任主体不明等困境。[②] 在很多情况下，在理论上明确人格权益的属性、权益边界和相对人的行为边界，对于侵权的分析和认定而言是不够的。下文将结合相应实证分析，对于典型的数字经济时代人格权益侵权行为，以及相关案例中体现出的利益衡量予以介绍。

与传统民法中对自然人的人格权侵权行为不同，在数字经济时代，以个人信息为例，信息从业者作为经济实力和技术手段的主体，侵害自然人个人信息的行为具有显著特征。例如面向不特定主体、行为具有隐蔽性、运用技术手段等。通过对相关案例的检索和分析可看出，典型的个人信息侵权行为主要包括以下几种：

1. 未经同意收集个人信息

下文将以"俞某与北京乐友达科技有限公司等网络侵权责任纠纷案"[③] 为例，分析实践中发生的未经个人允许，擅自收集个人信息的

---

① 参见王泽鉴：《侵权行为》，北京大学出版社 2016 年版，第 7 页。

② 参见中国消费者协会：《100 款 APP 个人信息收集与隐私政策测评报告》，http://www.cca.org.cn/jmxf/detail/28310.html，2023 年 4 月 27 日访问。

③ 北京市海淀区人民法院（2018）京 0108 民初 13661 号民事判决书。

情形。

　　原告为自然人，被告一为实体店，被告二为兼具电商平台和支付功能的大型互联网企业。某日原告在被告一处购物，选择使用被告二的客户端进行支付，于支付完成之后发现页面底部具有一行内容为"授权被告二获取线下交易信息并展示"的文字表示，该文字字体非常微小，并且设置了默认勾选的选项。出于查询个人信息是否被泄露的目的，原告并未在"支付完成"页面进行进一步操作，而是立刻打开了被告二的电商客户端，发现刚完成的交易信息已经显示于订单信息当中。为避免之后的交易行为再次遭到泄露，原告随即在刚刚的"支付完成"页面中取消了默认勾选授权并点击完成。为验证取消授权的结果，原告第二次于被告一处进行交易，并同样使用了上述手机客户端进行支付。但在该次支付完成之后，尽管"支付完成"界面未显示前述授权申请，但原告的交易信息仍旧显示在线上订单信息中。据此，原告认为两名被告在未获授权的情况下对其线下交易中的个人信息进行了非法收集，甚至进一步整合、处理其个人信息，侵害了原告的个人信息利益。

　　通过对本案的梳理不难看出：个人信息的收集为个人信息处理活动的首要环节，其后的各种信息处理活动都以此为开端。本案中，原告为自然人，在其个人信息之上，承载着原告本人人格尊严与自由，以及对自己及信息支配的利益。而两名被告，作为商事主体，或曰信息从业者，在涉案信息上，有着一定程度的商业利益。但是，个人信息的使用，若非信息主体的同意，或存在其他法定合法性依据，均为对信息主体的侵权行为。而事实上，国家互联网信息办公室对目前公开的一些应用软件收集和利用个人信息的调查结果显示，有很多互联网企业都存在，未征得用户的许可就私自收集个人信息，甚至收集与提供的商品或者服务完全不相关的个人信息，且未向信息主体公开收集和利用的规则等，对个人信息的权益造成极大的威胁。① 此外，在日常生活中，人们往往会私自收集别人的个人资料。比如，某自然人在自己家门口设置了摄像头，尽管其本意是防止入户

--------

　　① 参见《关于抖音等 105 款 App 违法违规收集使用个人信息情况的通报》，http：//www.cac.gov.cn/2021－05/20/c 1623091083320667.htm，2023 年 4 月 11 日访问。

犯罪行为，但是这个摄像头，除了能够维护他的自身利益，还能成功拍摄到邻居的生活细节，那么这种行为就属于一种非经允许收集他人信息的侵权行为。① 更有甚者，售楼处会设置人脸识别设备对购房者的个人信息进行识别，以判断其是自访客户还是中介渠道客户，也属于擅自收集个人信息的情形。

2. 未经同意公开个人信息

信息处理者在未经过明确同意的前提下，擅自公开自然人的个人信息，同样是性质非常严重的个人信息侵权行为。下文将以"某自然人诉航空公司和信息技术有限公司隐私权纠纷案"② 为例，分析这一情形。

本案原告为自然人，被告共两名：被告一是航空公司，被告二是一个售票网站。某日，原告在被告二处订购一张机票，随后收到了短信，其中列明了原告的姓名、航班号等信息。但是原告并未同意其获取、公开自己的个人信息。法院认为，二被告均存在未经允许擅自公开已收集到的自然人个人信息，甚至其隐私的可能性，且明显存在过错，应承担隐私权侵权责任。

首先，本案发生于 2015 年，彼时我国甚至还未颁布《民法总则》，因此并没有任何私法制度层面的个人信息保护规范。因此，在那时，侵犯自然人的个人信息，即使是造成了较大影响，一般也会通过"隐私权纠纷"来加以解决。但是此时需要尤其注意的是个人信息侵权手段隐秘、技术含量高、举证困难的情形。因此，我国《个人信息保护法》第 69 条将其规定为过错推定责任。若处理者不能自证不存在过错，则推定为有错。但隐私侵权中，需要专门考量行为人之主观过错，就像本案中这样。

其次，即使以当下个人信息保护的角度审视这份 2015 年的判决，尚且有着很强的合理性和适时性。航空公司与购票平台皆为信息从业者，其与自然人相比，财力雄厚，物资丰富。加之信息不对称，个人与信息从业者尤其是大型企业对抗的实力悬殊。也正因为如此，立法在作出利益衡量之后，在《个人信息保护法》中将归责原则设置为过错推定原则，有其合

---

① 参见广东省高级人民法院（2016）粤民再 464 号民事判决书。

② 北京市海淀区人民法院（2015）海民初字第 10634 号民事判决书，北京市第一中级人民法院（2017）京 01 民终字第 509 号民事判决书。

理性。

个人信息的泄露比其收集不当、使用不当、共享行为等更为严重。实际上，可以将个人信息的非法泄露分为非定向泄露和目标泄露两种。前者的发生一方面是因为个人信息处理人员的疏忽，另一方面是因为其将自己的个人信息泄露给了不特定的第三方。比如，一家银行在没有得到委托人的许可和法律调查的情况下，将其客户的私人账户的详情告诉了第三方。[1] 再如，学校也会利用自己的工作优势，获得学生的资料，与校外培训机构、培训机构进行交换[2]等情形。

未经同意公开个人信息的危害性，较之未经同意收集信息，要严重得多，尤其是损害信息主体私生活安宁不受打扰的权利，使其处于精神焦虑状态，时刻担忧自己个人信息甚至私密信息被人知晓，进而陷入精神痛苦。而事实上从现行司法实践中的相关案例来看，个人信息泄露导致个人既有人格贬损或财产权益遭受侵害的情况确实也时有发生。[3]

3. 超出同意授权范围处理个人信息

尽管信息主体的同意，属于个人信息处理的一类免责事由。但是首先，此时的同意并非一种一劳永逸的终身允诺；其次，此处的"同意"是限制在严格的范围和时间限度内的。换言之，信息处理者在超出同意之明确规范的限度之内，擅自处理甚至公开自然人的个人信息，同样是性质非常严重的个人信息侵权行为。下文将以"孙某诉某电信企业案"[4] 为例，分析这一情形。

本案原告孙某为自然人，被告为某电信企业。本案中，原告曾使用被告所营业务并向其支付费用，故原、被告之间存在电信服务合同关系，

---

[1]　参见《非法提供个人信息要担责》，http：//epaper.tianjinwe.com/tjrb/html/2021 - 09/02/content_173_4973163.htm，2023 年 4 月 11 日访问。

[2]　参见《江苏盐城：10 万余条学生信息遭泄露！盐城警方揪出幕后黑手！》，https：//baijiahao.baidu.com/s? id＝1709264733904502609&wfr＝spider&for＝pc，2023 年 4 月 11 日访问。

[3]　参见北京市第一中级人民法院（2017）京 01 民终 509 号民事判决书，北京市朝阳区人民法院（2018）京 0105 民初 36658 号民事判决书，广东省深圳市中级人民法院（2019）粤 03 民终 3954 号民事判决书。

[4]　参见山东省滨州市中级人民法院（2021）鲁 16 民终 2594 号民事判决书。

原、被告之间的电信服务合同自原告入网时依法成立。随后，被告获得原告手机号码之后，长期无视原告拒绝推销的要求，多次给原告打电话、发短信推销业务，给原告造成了困扰，已经构成骚扰。据此，原告要求被告承担侵权责任。

在本案中，争议焦点有二：被告已经合法获得原告的手机号之后，向其进行电话推销是否合法？该行为是否构成对原告权利的侵害？对于这两点，法院认为："自然人的个人信息受法律保护。任何组织和个人需要获取他人个人信息的，应当依法取得并确保信息安全，不得非法收集、使用、加工、传输他人个人信息，不得非法买卖、提供或者公开他人个人信息。民事权益受到侵害的，被侵权人有权请求侵权人承担侵权责任。"原告与被告的电信服务合同内容，亦即案件通讯号码的话费套餐，足以满足原告的需要，但被告仍然锲而不舍地多次打电话，要求原告办理套餐升级等增加消费的业务，且在原告已多次向被告表示生活受干扰，要求停止此类推销的情形下，仍未停止。被告此行为超出了必要限度，违背了民法平等、自愿原则，侵害了原告受法律保护的个人信息，因此，被告应当负侵权责任。

通过此案不难看出，即使在合法获得他人个人信息的前提下，也并不意味着，可以对其个人信息予以无限度地使用。在具体的个案中，信息从业者应当明确告知信息主体，并且将"同意"的授权范围予以明确，以期保护信息主体之合法权益不受侵害。

通过前文关于个人信息侵权行为的实证考察不难看出，数字经济时代，人格权益主体的信息等人格要素，和社会经济发展一方所欲实现的商业利益、国家利益以及社会公共利益之间的矛盾，是数字经济时代人格侵权案件中透露出来的最直观的利益冲突。这一利益冲突在宏观上表现为，数以万亿计的不特定自然人的人格利益，和各类商事主体潜在的行为自由受限制的空间之间的矛盾。在微观层面上则表现为，每一个具体的个案中的特定信息主体个人信息权益保护与特定信息处理者之处理信息行为自由，以及信息之上所含有的商业利益或其他利益之间的冲突。

## 三、完善数字经济时代人格权益保护的相关建议

前文提及，人格权益的客体扩张，导致其权益属性不明确，涉及相关利益多元以及侵权责任难以认定等问题。

（一）明确人格利益的权益属性

在正视人格权益上彰显的人格利益的同时，也不能忽略其财产利益。人格权益客体同时兼具财产利益应当如何处理。以个人信息为例，其人格利益从来没有被否定过，而财产利益也应当得到重视。这一过程中，如何平衡个人信息之上的人格利益与财产利益也就成了不可回避的现实问题。

1. 人格权益上存在财产利益的正当性

有观点认为，所谓"人格利益上具备财产性"是一种伪命题。毕竟但凡出现了财产利益则必然超出了人格权益的范围，理应成为一项独立的财产权。[①] 换言之，这种观点下，并不存在所谓人格要素上的财产利益，这种观点实际上是一种纯粹的精神利益理论的表现，在纯粹的精神权利中，财产利益因违背人格权的伦理价值而被绝对排斥于人格权利体系之外，以权利内容作为区分人格权利与财产权的基本标准。但权益的内容具体为何，不能作为区分人格权益和财产权益的唯一标准。与此同时，承认人格权益上存在的财产利益，也并不会瓦解人格权本身，原因有三。

其一，将财产利益归入人格权益之中，无碍于对人格利益本身的尊重与保护。基于康德理性哲学的大陆法系人格和人格权利，被赋予了一种神圣的道德价值。主体与客体的绝对对立，甚至将人格权利排除在外，而人格因素是人的主体，不能被控制。虽然人格权是以人格因素作为对象而被确认的，可是人这个主体本身，没有脱离理性主义。"人格权也就被裹挟在维护人格尊严及人格自由发展的精神利益或伦理价值之下，不能转让、不能处分、不能继承，也不具有财产价值"[②]。由该观点不难看出，之所

---

① 参见谢晓尧：《商品化权——人格符号的利益扩张与平衡》，载《法商研究》2005 年第 3 期，第 81 - 87 页。

② 黄芬：《人格要素的财产价值与人格权关系之辩》，载《法律科学（西北政法大学学报）》2016 年第 4 期，第 69 - 76 页。

以反对人格利益上可以存在财产利益，是因为一旦认可这一命题，似乎就意味着认可了人格权益的客体——人格的要素，可以像任何财产性质权利的客体一样，被处分、被转让，甚至为他人所操控。但是，人格权益与作为财产权的物权本质不同，后者的客体是纯粹的可以外在于人的物。将"人"这一主体当成客体对待，难免解构、消磨掉了人作为主体的价值。申言之，似乎这样的观点，就等同于把人格要素，甚至把人格本身物化掉。

在这种情况下，认同"双重权利论"，似乎真的能够坚守人格权益的纯粹的精神利益与神圣的道德价值基础之上，个人的商业价值与个人要素的商业价值相分离，而人格因素不是某项财产价值的承载者，它企图通过以人格为对象的财产权来维系人格权纯粹的精神利益。[①] 但是，综合考量两种不同利益即可看出，上述理解是对人格要素之商业价值的误读。的确，在现代科技的帮助下，个人信息，如电话号码、行程轨迹、人脸识别特征等都可以被复制到不同的载体之上，然而，即便其权利客体或者对象有可能被以各种方式记录和表达，也不意味着这种要素本身会变成财产权客体。然而人格符号承载的人格尊严等利益，与类似商标或外观设计这种符号标记之间，存在根本差别：首先，人格要素是自然人作为人不可或缺的，它不可以外在于人本身而存在，也不能受到除主体之外的第三人的支配。其次，即使具有一定的财产性，人格要素之上的财产性，也只是人格的衍生物。公众人物的肖像之所以拥有代言商品刺激购买的能力，是因为肖像背后的公众人物本人的人格型要素，即使它释放出商业价值，也并不意味着人格要素具有了独立的财产性。

数字经济时代，随着技术手段的发展，越来越多人格符号显示出其独有的商业价值，但是，这种变化并不能使人格要素和人这个主体本身分离。它或许可以成为自然人人格要素面向财产性的一种延展，但究其本源，始终是一种人格要素。

其二，即使承认人格权益之上存在财产利益，也并不会导致人格权和

---

① 参见王坤：《人格符号财产权制度的建构及其法律意义》，载《浙江社会科学》2013 年第 11 期，第 69 - 75、157 页。

财产权边界的瓦解。仅以权利具体内容来定义权利的性质，这种思路是民法哲学在商品经济和信息技术都不发达的时代的产物，当然在一定时间段内有着合理性。彼时人格利益和财产利益都相对简单而纯粹，本身也并不存在很多人格权益上附着财产利益的情形。自人类进入工业社会后，技术和经济的发展，社会生产关系的进步，使权益的类型丰富、内涵扩张。自此，不同性质的两项利益也完全可以存在于同一种权利之上，就像知识产权同时具备人身权利属性和财产权利属性一样。权利本就是被建构出来的产物，它的存在和定义应当以权益主体的需求为标准，而不是固守于某一项即使改变也不会造成太大影响的"原则"。

其三，如果绝对化地仅仅以权利内容作为衡量标准，可能会导致"权利"概念体系不合理地扩张。人格权益上的财产利益，本质是人格权益，但兼具财产利益而已。人格权益的客体难免带有商业利益或财产属性，如果仅以此为由将其认定为财产利益，那么随着商品经济的发展，人格权益难免存在被解构的风险。

2. 正视人格权益客体财产利益的必要性

必须承认的是，对人格权益上财产利益予以保障——无论以何种手段——是一种客观的需要，并非一时兴起的观点。尽管此时的人格利益和财产利益对于主体而言都非常有价值，但是正如前文所述，人格权益之上的财产利益，源自人格特性本身，而并非天生就有的。可是无论什么样的人格特征，都必须依附人这一主体，一旦与这些人格特征脱离，利益将会荡然无存。从这个角度讲，对人格权益的保护，其实也促成了一种对其之上的财产利益的保护。

在人格权益制度下，不同个人利益之间有着密切的关系，一旦与个人的关系彻底断绝，财产利益就会消失。利用他人的人格因素进行商业利益谋取私利，不但会对物权造成实际损害，而且会对权利人产生消极的心理影响。因而，人格利益与财产利益相互交织、不可分割。

主张人格权利应该是纯粹的道德价值而不具备财产权属性，其理由多种多样，受到传统哲学的影响，科技、经济等诸多因素的制约，从而使人格权利的观念得以建立和延续，其在一段时间里也有着一定的正当性。但是，由于技术与经济的双重作用，人格权利也难以逃脱商品化的"冲击"，其财产价值难免被充分地发掘和应用。这种趋势并非"潘多拉之盒",将财产利益纳入人格权益的保护范畴也并非瓦解人格利益。这种趋势有其合理性和必然性:一则回应了人格要素本就应当具备财产价值这个现实情况;二则强调了人格权益上即使存在财产利益,也未曾改变其人格权益本质。

(二)二元化的人格权义务主体

如前所述,在数字经济时代,国家机关或为最大的个人信息处理机构,形成了国家机关与信息从业者并存的个人信息责任主体二元格局。因此,有必要对于人格权的义务主体予以类型化分析。对人格权义务主体予以区分,其意义在于判断国家机关与非国家机关在触及私主体人格权益时,其注意义务是否存在程度和性质上的区别。①

以个人信息为例:国家一方面是个人信息处理者,另一方面也是凌驾于各类私主体之上的个人信息保护者。在兼具两项身份的前提下,其信息处理行为与结果具有强制力、公益性,以及不可替代性。尽管《个人信息保护法》并没有采二元的义务体系,但国家机关出于公共利益的需要而处理个人信息时,对其处理行为的合法性判断不应与一般规则相同,还应考量其手段与目的的正当性。

1. 平衡人格利益上私人利益与公共利益的冲突

在处理私人利益与公共利益冲突的问题上学界存在着分歧,其中主要存在三类不同的观点。② 第一种观点认为公共利益显然应该得到更多的重视。毕竟,自由的市场经济和竞争之中,即使个体的利益得到满足,也并不能使整个社会的整体利益得到满足,故应存在一个高于一般竞争者的"裁决者"来区分和界定社会公共利益,并有针对性地对其加强保护,而不是依靠市场来调节③。第二种观点主张私人利益永远优先于公共利益。如英国功利主义法学家边沁指出,"法律一般的和最终的目的,不过是整

---

① 参见王爽:《二元责任主体架构下国家机关处理个人信息的规则建构》,载《内蒙古社会科学》,2021年第4期,第104-111页。

② 参见王怡坤:《国家机关处理个人信息正当性标准研究》,载《中国法律评论》2021年第6期,210-218页。

③ [美]肯尼思·阿罗:《社会选择与个人价值》,四川人民出版社1987年版。

个社会的最大利益"①，并认为私人利益应有更高的优先程度，虽然私人利益应该和公共利益相结合，但私人利益才是真正的。社会公共利益是众多私人利益的集合体，而私人利益只能通过提高私人利益来实现。第三种观点相对更加缓和，认为私人利益与公共利益发生冲突时，法律就是为了寻找合适的方法来计量利益。在这一矛盾面前，私人利益至少是相对更加优先的，换言之，正如德国学者罗伯特·阿列克西（Robert Alexy）提出的私人利益具有"初步的优先性"，并主张在特定的环境下，为公共利益和私人利益之间设定"论证门槛"（argumentative threshold）。②

前述第三种观点可能相对而言更加合理，更适合用以解决人格权益涉及的公共和私人利益之间的矛盾。具体而言，它要求国家机关等公权力机关，或者其他支持公共利益的主体，在保障私人利益的"初步优先性"的前提下，提供更有力的理由，来限制私人利益。一方面，表达对私主体之主体资格的尊重，最大程度降低公权力机关滥用权利伤害私人利益的可能；另一方面，也能有效防止私人利益被过分夸大，进而落入无政府主义。

2. 国家机关行为目的的正当性判断

如前文所述，由于个人信息所涉及的公共利益与私人利益都并非绝对优先于另一方，因此，在发生利益冲突的场合，在私人利益相对更优先的前提下，针对具体情形，对二者进行特定的衡量。

一方面，人格权益涉及自然人的人格尊严与自由，应在多数情形下优先受保护，尽管这一优先性也并不绝对；另一方面，国家机关以公共利益为目的，涉及公民人格权益的行为，应当具有足够的正当性，甚至应当证明其正当性依据是有必要强于私人利益。与此同时，国家机关需对这种正当性予以充分的证明，如美国学者肯尼斯·阿罗（Kenneth J. Arrow）所说："倘若在特定的场景或者语境下，有更强有力的理由证实应当首先支持私人利益而非公共利益；或者存在其他更加有效的方式，足以同时保全

---

① ［英］罗素：《西方哲学史》（下卷），马元德译，商务印书馆 1991 年版，第 329 页。

② See Ronald Dworkin, Rights as Trumps, in: Jeremy Waldron ed, Theories of Rights, Oxford University Press，1984：153.

公共利益与私人利益。那么此时对私人利益的限制就是不正当的"①。

换言之，如果国家机关需要处理个人信息，除了应当符合前文相关规则，还应当达到以公共利益为目的限制私人利益的论证门槛。在此基础上，在具体的个案之中，应当采取以下思路对国家机关行为的正当性予以判断。首先，确认被处理或者待处理的信息，为可以识别或者关联到具体自然人的个人信息。其次，若该处理行为符合前述法定合法性依据，则无须经过信息主体的同意，仅针对其处理行为的目的，即所预期实现的公共利益予以证明。具体而言，国家机关此时应当有强有力的证据，证明以下两点：一是此时处理个人信息所能够带来的公共利益，远大于个人信息之上的私人利益；二是预期的公共利益达成，通过处理公民个人信息的手段最为合理，且该具体手段对信息主体造成的伤害是最小的。也就是说，国家机关所需要越过的这一道论证门槛，第一步是证明其处理个人信息行为的目的正当，即证明其公共利益属性；第二步则是证明该手段与目的合比例。最后，若该处理行为不符合前述法定合法性依据，则国家机关处理相关信息还应当得到信息主体的同意，此时国家机关应履行告知义务。

根据比例原则以及《个人信息保护法》第6条的要求，国家机关处理个人信息的行为应符合以下三项标准：一是适当性，即处理信息的手段与目的应当直接相关；二是必要性，即最小损害原则，指在诸多达成目的的手段之中，应选择对个人权益影响最小的手段；三是合比例原则，即个人信息处理活动不能与其所要达成的目的之间不成比例。

（1）比例原则的判断前提应严格限定于具体目标

手段合理性是判断目的合理性的后续行为。如果说目的合理的标准是该目的确属公共利益的范畴，那么手段合理所需要判断的就是：这种方法是否能达到这种目的，在此之外，是否有更好的解决方案，是否可以确保对个人利益的损害降到最低。判断手段合理的前提是行为目的的确定和精准。所以，在探讨国家机关对个人信息数据的处理方式是否正当时，不能允许该机关处理自然人的个人信息之目的笼统地解释为"为了公共利益"，

---

① ［美］肯尼思·阿罗：《社会选择与个人价值》，四川人民出版社1987年版，第32页。

而应当是一种（或者多种，但核心利益是公共利益）更加具体和细化的目标，而且这种目标本身应当符合宪法。

（2）将社会治理成本纳入考量范围并赋予不同权重

传统比例原则中，均衡性原则的目标是实现帕累托最优。假定一个社会成员的数目是固定的，而整个社会可以提供的资源也是固定的。在这种情况下，从一种分配状态向另一种状况转变，只要不使任何人的处境恶化，就应该使其中一个人变得更好。当然，这是一种理想的状况，但是，其应用并没有考虑到政府的运作费用。然而，在没有代价的情况下，实现社会治理和资源配置是不可能的。国家机关如果想要合理地收集、储存、使用自然人的个人信息，势必要投入大量的时间、人力以及资金作为成本。尽管社会治理成本并不会对某一个信息主体直接造成太多影响，但也应当在选择手段时被考量。因此传统比例原则在考量一项手段是否符合必要性和合比例原则时，仅将不同手段减损的私人利益和行为达成的目的纳入考量难免失之偏颇。相较之而言，更加合理的方式是除了使用个人信息所带来的净收益与净成本，还应考量为达成这一手段所需要付出的社会治理成本。但社会治理成本也只是考量因素，而非决定性因素，应在具体情境下赋予不同要素以不同程度权重。

（3）引入定序变量法则对不同价值全盘考量

必要性原则与合比例原则的考量，都需要同时分析公共利益增进的程度与私人利益减损的程度，即在个人信息的合理利用所获益和对信息主体造成的权益侵害或者侵害之风险之间进行权衡。此时可引入成本—收益分析法中的定序变量法则，对法律和公共政策所涉及相关价值予以衡量。即"在规范价值理论指导下，对法律与政策所涉及的相关价值予以区间化的按照成本收益分析的基本原理进行通盘权衡"①。在这个时候，不需要将"人格尊严"这种具有较高主观价值的价值量化为特定的价值。只是需要政策制定者在面对各种价值时，能依据特定情况作出区间式的评估，而要考虑的价值可以用区间的形式估计，然后再对其进行分类和评估。由此，

---

① 戴昕、张永健：《比例原则还是成本收益分析——法学方法的批判性重构》，载《中外法学》2018年第6期，第1519–1545页。

利益衡量就更可操作。

## 四、数字经济时代人格权益侵权责任认定

在权利与利益区分保护的立法体例下，侵权责任法的保护方式分为三个梯度。因此，应结合个人信息中利益客体，以及相关专门立法的规定，对个人信息侵权责任进行类型化分析。

（一）对绝对权的保护

如前文所述，在我国《民法典》中，隐私权与个人信息利益虽然在外延上存在明显的重合，两项权益在功能上有一定程度的交互。但是二者的内涵仍然可以予以澄清。依据《民法典》的规定与通说观点，主要可以从以下角度区分二者：一是个人信息利益相对更主动，更能积极地行使和利用，即主体可对其个人信息自由支配和自主决定。但隐私权则更被动、属于消极的排他性权利。二是个人信息具有可利用性，而隐私的可利用性值得商榷。三是个人信息具有自动处理性。隐私通常不涉及大规模处理，因此隐私侵权通常具有个别性。[①] 由此可得：首先，隐私权作为法律权利在侵权法保护路径上相对更保守。加之个人信息可使用甚至可商用，所以相对个人信息侵权，侵犯隐私权的侵权责任构成应当更宽松。其次，基于权利不得减损和人格尊严高于私法自治的保护原则。隐私权作为完整民事权利，彰显的是一种人格尊严，而个人信息彰显的更多的是一种个人的行为自由利益。也正是基于此，二者发生重复情形下，应优先适用隐私规则。最后，隐私侵权和个人信息侵权的保护方式不同。隐私受到侵害的，权利人可直接基于《民法典》第995条的规定，行使人格权请求权，要求停止侵害、排除妨碍，但个人信息利益由于不属于严格意义上的人格权，因此，其受侵害后，难以直接适用人格权请求权，可以基于侵权责任请求权予以保护。综上，在个人信息侵权责任的认定上，应优先考量隐私权相关规范的适用可能性。

---

① 参见王利明：《和而不同，隐私权与个人信息的规则界分与适用》，载《法学评论》2021年第2期，第15页。

（二）违反保护性法律的侵权责任

隐私权作为典型人格权，可基于人格权请求权和侵权责任请求权受到保护。但当个人信息中不属于隐私的部分，即未权利化的利益受到侵害时，依据前文所述三类保护路径，可寻求现行立法中保护性规范的保护。

保护性规范的优势在于其本身具有规范效力，可以明确某项具体利益的保护条件。当前我国法律体系中，对个人信息进行规范的民法之外的法律制度主要包括《网络安全法》、《数据安全法》以及《个人信息保护法》等法律法规。值得注意的是，除民法以外的法律所规范的行为人的义务，应当区分情况予以认定。若法律直接规定行为人在某特定场合具体行为义务的类型，这种义务就非常确定，对此类行为的认定实际上有助于在侵权法上完成认定行为人的过错。但如果法律不具体规定，或难以规定行为义务的类型，只是对民法规定的权利之外的利益进行保护，则要对规范的目的进行考量。根据通说，单纯保护公共利益的法律并不能成为民法上行为义务的要求。① 观察我国现行立法可以看出，关于个人信息处理和使用等行为的规范，除《民法典》之外，主要体现在《网络安全法》、《数据安全法》及《个人信息保护法》之中。其中，《网络安全法》中所涉个人信息相关规范，旨在单纯保障网络信息依法有序自由流动，不能直接成为民法上行为义务的要求。而《个人信息保护法》的立法目的，则着眼于解决在个人信息被收集到被运用的过程中，如何保护自然人的相关权益不受侵害的制度建设问题。《民法典》人格权编与《个人信息保护法》之中关于个人信息的相关规定，尤其是除公共利益之外的私主体之间个人信息保护性条款主要分为以下三类：一是个人在其个人信息处理过程中的权利或利益；二是个人信息处理者处理信息的前提条件，以及处理信息过程中应履行的义务；三是私主体侵害上述权利，或者违反上述义务所需要负担的法律责任。上述相关规定，在个人信息的私法保护层面，形成了"权利—义务—责任"统一的保护性规范体系。在有保护性规范的情况下，现行立法同时为个人信息侵权责任的判定提供了支持和约束。一方面，相关的利益权衡已由立法者完成，并以民事法律规范的形式予以固定；另一方面，立

---

① 参见王泽鉴：《侵权行为》，北京大学出版社 2016 年版，第 201 页。

法作出的上述价值衡量，在为法律的具体适用提供指引的同时，也构成对自由裁量的约束。在个人信息侵权责任的判定上，可基于对相应规定的解释，通过《民法典》侵权责任编的相关规范得出结论。

**（三）违反公序良俗构成侵权责任**

在新型权利或利益面前，立法终究难免滞后，因此，即使按照前述保护性规范难以得出利益应受保护的结论，也不排除经侵权法评价框架而得出构成侵权结论的可能。若行为并未违反前述专门的保护性规范，可对于行为人是否在违背公序良俗的情形下损害个人信息并造成相应损害后果进行考量，并认定其行为是否构成侵权。值得一提的是，我国侵权责任理论通说在一般侵权构成上采"四要件说"，即在四要件具备的前提下，侵权法律效果即行发生。《民法典》第 1165 条第 1 款中"因过错侵害他人民事权益造成损害"之表达，分别列举了过错、违法性（"侵害他人民事权益"）、因果关系（"造成"）、损害后果这四个要件。而利益侵权语境下的"违反公序良俗"，与侵权责任要件中的"侵害故意"的内涵与外延并不相同，前者为客观归责，后者为主观归责，此时仍须加以区别。换言之，此时利益侵权在责任构成要件上有着更严苛的要求。在现行法下，违反公序良俗而导致他人个人信息利益受损，即使法律对其保护强度较低，行为人也应承担侵权责任。

1. 违法性的认定——以违反公序良俗为标准

对于违反公序良俗对个人信息造成的侵害的认定而言，第一个特殊之处就在于对侵害行为的违法性的判断。民法将个人信息利益的概念予以明确，能够在裁判案件中为"个人信息利益损害"提供一般的标准。但即便是认定案件中有损害行为，以及个人信息损害结果，行为与结果之间存在因果关系，也不足以据此认定侵权责任的成立，毕竟，这种情形下的行为也有可能属于行为人的自由范畴。尽管是违背公序良俗侵害个人信息的行为，和一般侵害绝对权的情形相比，尚欠缺明确的"违法性"要件及具体的判断标准。只有解决这一问题，个人信息的保护才能真正在要件形式上予以实现。

针对这种情形，《德国民法典》提供了一种思路，其第 826 条将"善良风俗"作为违法性判断要件的方式，值得借鉴。"公序良俗"虽属相对抽象的法律原则，但并非不可解释与执行。该原则或许可以为行为人提供注意义务的标准，也为客体和边界难以确定的人格利益划定了行为界限。个人信息利益客体与侵权方式可能会随着科技发展与社会关系变化而产生新的内容，而作为原则的"公序良俗"相对具体规范而言更具有灵活性，更适宜当前对于个人信息利益的保护需求。况且，对此类注意义务的违反，构成行为意义上的违法而非结果意义上的违法。人格利益的损害结果常常难以确定，但从行为不法的角度来看，对违法性的认定无疑会更加明确。

2. 违法性的认定——仍以过错为标准

《德国民法典》第 826 条的规范模式，对于民事法律利益，尤其是个人信息利益的保护无疑具有积极的借鉴意义。但不得不考虑的是，该条款将过错的标准予以升格，将过错限制在故意而将过失排除在外。"故意背俗致损"的理由是过失背俗致损的情况很少发生，与公共道德并非严重相悖。① 此种理由，在当时看来也许是合理的，但在权利意识普遍觉醒的当代，是存疑的。在信息时代，新类型的利益不断涌现，尤其是随着商品经济、信息网络、生物医疗技术的发展，各种以前未曾出现的人格利益也层出不穷。如果单以故意作为主观要件判断人格利益的侵权行为，则事实上大量的人格利益都得不到保护。因而，仅以故意作为个人信息利益侵害的主观构成要件并不可取，若非法律特殊规定的危险责任，则应以过错为主观构成要件。

---

① 参见王泽鉴：《侵权行为》，北京大学出版社 2016 年版，第 201 页。

# 第三章  数据要素的新质生产力本质

数字经济发展迅速，影响不断加大，正在成为重组全球要素资源、重塑全球经济结构、改变全球竞争格局的关键力量。2021年10月18日，习近平总书记在中央十九届中央政治局第三十四次集体学习时指出："数据作为新型生产要素，对传统生产方式变革具有重大影响。数字经济具有高创新性、强渗透性、广覆盖性，不仅是新的经济增长点，而且是改造提升传统产业的支点，可以成为构建现代化经济体系的重要引擎。"①

## 一、问题的提出

数据日益成为商业竞争的核心，在经营活动中的商业价值日益凸显。在新质生产力发展的背景下，数据要素被视为新质生产力的核心驱动力，通过促进技术创新和产业升级，推动生产力的质的飞跃。2022年12月19

---

① 习近平：《不断做强做优做大我国数字经济》，载《求是》2022年第2期。

日发布的《中共中央、国务院关于构建数据基础制度更好发挥数据要素作用的意见》(以下简称"数据二十条")指出,"构建适应数据特征、符合数字经济发展规律、保障国家数据安全、彰显创新引领的数据基础制度",从而确立了数据基础制度构建的必要性和价值目标。

从现实看,当前对于数据是否应确立财产权以及应确立何种形态的财产权等问题理论分歧众多。关于数据要素存在"行为法"和"财产法"两种法律保护框架:"行为法"主要体现为《反不正当竞争法》涉数据条款与司法案例构筑相应的数据抓取利用规则,而"财产法"则集中体现为通过法律确立数据的财产权,以强化对数据既有财产性利益的保护。当今,所谓数据确权的呼声愈发强烈。数据要素和传统的资本、劳动等生产要素相比存在很大的差异:数据要素因其承载的内容各不相同,难以被标准化;其稀缺性也因用户多元需要而难以被体现。对于数据要素的有效开发利用而言,其背后的理论争议可以进一步被总结为以下三点:

第一,数据要素的概念与本质难以界定,这使得当前对于数据要素的各种权利出现了明显的虚置。国家信息通信研究院认为,数据要素是指参与生产经营活动,以电子方式记录并为使用者和所有者带来收益的数据资源。[1] 宋冬林等经济学学者虽提出"数据作为一种经济资源,是指对客观事件进行记录并可以鉴别的符号,是对客观事物的性质、状态以及相互关系等进行记载的物理符号或这些物理符号的组合"[2],并认为数据作为数据化的知识和信息,能够在生产、分配、交换和消费环节提高经济运行效率,但以上对数据要素的定义并未准确反映其本质。徐信予与杨东虽然提出"数据要素的本质是市场供需信号"[3] 这一观点,但对于这一观点并未展开说明。

---

[1] 参见中国信通院:《数据价值化与数据要素市场发展报告(2021年)》,http://www.caict.ac.cn/kxyj/qwfb/ztbg/202105/P020210527392862309670.pdf,2024年3月19日访问。

[2] 宋冬林、孙尚斌、范欣:《数据成为现代生产要素的政治经济学分析》,载《经济学家》2021年第7期,第38页。

[3] 徐信予、杨东:《流量垄断的理论框架与规制路径》,载《经济理论与经济管理》2022年第12期,第20页。

第二，对于数据要素的价值出现了"数据石油论""数据劳动论"等观点，与传统的劳动价值一元论存在出入。数据要素是否存在劳动价值，直接决定了作为网民的个人是否参与数据利益的分配。如果沿着存在数据劳动这一逻辑进行推演，对数据要素的开放不得不考虑数据劳动者的权益，于是陷入了数据确权的循环论证之中。西方马克思主义学者将上网作为数字劳动的组成部分，认为社交媒体用户的劳动创造了平台经济的价值和剩余价值，马克思主义劳动价值论在社交媒体平台价值分析中无效。如果需要将在互联网上留痕的行为定义为"数字劳动"，那么就会衍生出"数字人权""数字劳动权"等一系列新兴权利，这直接提高了数据要素的开发难度。对于当前出现的各种新兴权利是否具备实践的可行性、合理性，在理论上需要从马克思主义劳动价值论本身进行讨论，在实践中则需要对商业模式的演进进行观察。

第三，数据要素驱动新质生产力发展的运作逻辑不清。当前对于数据要素驱动新质生产力发展的运作逻辑存在多种叙述，比如提高了决策支持，加速了创新，优化了供应链，节约了资本与加速了周转等，不一而足，但缺乏一以贯之的学理分类，这使得在数据要素驱动新质生产力发展的模式、路径与原理上出现了争议。

数据要素的概念不清，数据要素的价值来源不明，数据要素的新质生产力本质无法被准确认识，导致数据要素权利设置陷入空谈。下文基于对现有的法学、经济学等文献进行的系统性整理，在数据分类和数据价值厘定的基础上，提出数据要素的本质是市场供需信号这一观点，以拓宽相关研究的视角和空间。

## 二、数据要素的本质是市场供需信号

### （一）数据流通的本质是"信息交换"

现代科学已经可以说明构成客观世界的三大基础要素是物质、能量和信息。按照马克思主义唯物辩证法，我们所处的世界是物质的世界，推动物质世界实现永恒运动的便是能量，而物质世界中永恒运动所遗留下的种种"痕迹"便是信息。在信息学相关研究中，控制论之父维纳

（Norbert Wiener）认为，"信息是信息，不是物质或能量"①。科学史观认为：世界是由物质构成的，没有物质，世界便虚无缥缈；能量是物质的属性，是一切物质运动的动力，没有能量，物质就静止呆滞；信息是客观事物和主观认识相结合的产物，没有信息，物质和能量无从认识，也毫无用处。物质、能量和信息三者存在统一性，这种统一构成了万事万物的普遍联系。

在物质世界中，信息和能量构成了人类技术进步的两条主线：人类对物质世界的征服是将不可直接使用的能量转化为可用能量的过程，支配能量的法则为信息。数字经济的发展体现了通过信息克服不确定性以优化经济效率的技术—经济进路。② 人类征服自然、改造自然的过程，可以被视为人类将不可直接使用的能量转化为可用能量的过程，而信息则可视为组织和调动能量的法则。物理学家约翰·阿奇博尔德·惠勒甚至认为，一切都是信息——万物源自比特（It from Bit），因此，整个宇宙可以被看作一台巨大的信息处理机器。

与构成客观世界的三大基础要素相对应，在物质世界存在"物质交换""能量交换""信息交换"。不论是自然、社会、政府任意一个系统，各个系统在其内部与外部之间，都需要不断地进行物质、能量和信息的交换，只有这种交换不停止才能保持这一系统的持续存在。吴承明将政治经济学研究领域的广义交换界定为三个含义：商品交换，在自然性质上属于物质交换；劳动交换，在自然性质上属于能量交换；智能交换，在自然性质上属于信息交换。③ 因此，"信息交换"正是数据流通的本质。

对数据要素的讨论，需要从信息价值基础上的数据类型开始。在不同的语境下，"数据""信息"指向不同的层次："个人数据"指的是个人信息；"删除（电子）数据"指的是删除个人信息的字符层。从法律角度看，数据

①　Norbert Wiener, Cybernetics, or Control and Communication in the Animal and the Machine, Cambridge：the MIT Press，1985：132.

②　参见杨虎涛、胡乐明：《不确定性、信息生产与数字经济发展》，载《中国工业经济》2023 年第 4 期，第 24 页。

③　参见吴承明：《试论交换经济史》，载《中国经济史研究》1987 年第 1 期，第 3 页。

可以表现为对信息的记录。数据的内容是否具有经济价值，即是否能反映市场供需关系、加速市场流通，是区分数据要素与非数据要素的关键。

实践中数据类型的划分并不固定，而是根据适用环境或者研究环境的不同，呈现出高度的交叉性，缺乏有效的学理归纳。当前出现的各种数据概念缺乏一以贯之的逻辑，仅仅是在不同场景下的数据所承载信息内容的体现，而且在内涵上高度重合。比如"公共数据"与"私营数据"可能在内容上完全一致，但由于收集主体不同，面临的利用模式也会完全不同，其中最为典型的就是对天气信息的记录，可以同时属于"公共数据"与"私营数据"。从学理角度看，以上分类并非回答数据要素本质的有效的分类。笔者梳理了现有五种主要数据分类："公共数据与私营数据""原始数据与衍生数据""个人数据与非个人数据""公开数据与非公开数据""本地数据与云数据"（见表3-1）。

表3-1　价值取向下数据的五种划分方式

| 概念 | 标准定义 | 权利指向 |
| --- | --- | --- |
| 公共数据与私营数据 | 公共数据是政府部门收集的，用于公共管理的数据；<br>私营数据是指私营主体收集的，用于商业服务的数据 | 公共数据以开放为原则，以不开放为例外；私营数据以不开放为基本原则，以开放为例外 |
| 原始数据与衍生数据 | 原始数据是指不依赖于现有数据而产生的数据，即信息从自在态或自有态初次进入记录态信息的数据。<br>衍生数据是指原始数据经算法加工、计算、聚合后形成的，通过一定方式排列组合，具有使用价值的数据 | 服务于财产利益分配的目的。根据不同主体在数据流通中的贡献而划定其权益 |
| 个人数据与非个人数据 | 个人数据是指任何已识别或可识别到用户个人的信息。[①]<br>非个人数据是指不能直接或者间接识别到特定自然人的数据 | 数据对主体的价值和功能差异，即究竟是服务于维护人格尊严还是保护财产利益的目的 |

① 《个人信息保护法》第4条规定："个人信息是以电子或者其他方式记录的与已识别或者可识别的自然人有关的各种信息，不包括匿名化处理后的信息。"

续表

| 概念 | 标准定义 | 权利指向 |
| --- | --- | --- |
| 公开数据与非公开数据 | 非公开数据是指只有特定当事人有权获取、使用的数据。<br>公开数据是指向社会大众公开展现的数据 | 公开数据主要通过反不正当竞争法保护数据处理者的实质性投入权益，而非公开数据则适用商业秘密规则保护其保密性与商业价值 |
| 本地数据与云数据 | 根据存储的不同，可以将数据存储的场所分为本地环境和云环境。其中，本地数据是指储存在用户线下本地硬盘等存储设备的数据。云数据是指依托云计算技术，存储在远程第三方服务商（如阿里云、AWS）管理的分布式服务器集群中，用户通过互联网访问的数据 | 这一分类主要是技术选择，在学理分类上的意义不大，故不再赘述 |

资料来源：根据调研和相关资料整理而成。

　　将数据内容根据其经济价值、信息内容和商业模式进行划分，可以分为三类：技术信息、用户原创内容和经营信息（见表3-2）。

　　第一，不属于数据要素的技术信息。2020年《关于审理侵犯商业秘密民事案件适用法律若干问题的规定》所认定的"技术信息"，是指与技术有关的结构、原料、组分、配方、材料、样品、样式、植物新品种繁殖材料、工艺、方法或其步骤、算法、数据、计算机程序及其有关文档等信息。从学理上看，"技术是被捕捉到并被使用的现象，或者更准确地说，技术是那些被捕获并加以利用的现象的集合（collection of phenomena）"①。从技术信息的应用来看，其运用于生产环节中，直接提高了生产效率，而用户大数据带来的经济价值主要体现在流通领域。

　　第二，作为广告内容的用户原创内容，也不属于数据要素。用户通过数字平台进行展示的个人原创图片、文字、视频等内容的经济价值并不固

---

①　［美］布莱恩·阿瑟：《技术的本质：技术是什么，它是如何进化的》，曹东溟、王健译，浙江人民出版社2018年版，第53页。

定，因其根本目的在于展示价值、吸引点击，固然有一定的供需信号特征，但并不能在大尺度上准确反映市场供需信号，往往难以被简单界定为技术信息或经营信息。我们熟悉的微商在朋友圈发布动态是为了扩大商品服务的销售，换言之，广告商都希望自己的广告被广泛传播，以达到销售商品的目的，禁止广告内容的传播并不符合商家的利益诉求。因而用户原创内容不属于数据要素的范畴，更不必画蛇添足地施加"隐私保护"。

第三，数据要素属于商业秘密中的经营信息。我国现行法律所确定的商业秘密范围宽泛，从 2019 年修正的《反不正当竞争法》第 9 条第 4 款的字面看，商业秘密涵盖任何具有商业价值的商业信息（技术信息和经营信息）。企业作为市场经营的主体，将数据要素所蕴含的商业价值同社会生产经营活动相结合，从而实现其经济价值。因此，经营信息的内涵最符合数据要素本质。

因此，作为市场供需信号的数据要素就是"经营信息"，可以用商业秘密来保护。[①] 在具体适用上，市场供需信号必须符合"秘密性""价值性"和"保密性"三个构成要件，才能获得《反不正当竞争法》中商业秘密条款的保护。另外，须对需要进行商业秘密保护的数据要素进行范围限制和缩小，避免影响互联网内容的正常传播。

表 3-2 技术信息、经营信息和用户原创内容辨析

| 比较项 | 技术信息 | 经营信息 | 用户原创内容 |
|---|---|---|---|
| 概念 | 与技术有关的结构、原料、组分、配方、材料、样品、样式、植物新品种繁殖材料、工艺、方法或其步骤、算法、数据、计算机程序及其有关文档等信息 | 与经营活动有关的创意、管理、销售、财务、计划、样本、招投标材料、客户信息等信息 | 表现为用户通过数字平台进行展示的个人原创图片、文字、视频等内容 |

---

① 参见梅夏英：《企业数据权益原论：从财产到控制》，载《中外法学》2021 年第 5 期，第 1192-1193 页。

续表

| | 技术信息 | 经营信息 | 用户原创内容 |
|---|---|---|---|
| 保护方式 | 公开的技术信息可以采取知识产权进行保护 | 以自由抓取为基本原则 | 适用《反不正当竞争法》数据抓取相关条款 |
| | 符合"秘密性""价值性"和"保密性"的技术信息以商业秘密进行保护 | 符合"秘密性""价值性"和"保密性"的经营信息以商业秘密进行保护 | |
| 结论 | 不符合数据要素的特点 | 作为市场供需信号的数据要素就是"经营信息" | 不符合数据要素的特点 |

资料来源：根据调研和相关资料整理而成。

### （二）市场供需信号的形态演进：从电话黄页到数据要素

数据要素的本身强调了"经济性"，从这一性质出发进行市场条件下供需信号历史形态演进研究，可以溯源至"电话黄页""征信数据""社会信用数据""替代数据"等具有高度相关性的概念。受《市场信号传递：雇佣过程中的信息传递及相关筛选过程》[①] 一书启发，上文作出判断：与价格类似，数据要素带有预测市场内消费者和生产者需求与供给情况的预测信息，或者说是反映市场供需变化的信号。

笔者将从消费端的需求信号以及生产端的供给信号两个方面来分别进行举例，并以"电话黄页""征信数据""社会信用数据""替代数据"等概念的演进为历史参照，说明数据要素市场供需信号的本质。

第一，电话黄页。"黄页"起源于北美，1880 年世界第一本黄页电话簿在美国问世。黄页是国际通用的按企业性质和产品类别编排的工商电话号码簿，相当于一个城市或地区的工商企业户口本，按照国际惯例用黄色纸张印制。

第二，征信数据。中国人民银行的征信定义包含了"企业征信"与"个人征信"两项内容。征信是指对信用信息进行采集、整理、保存、加工，并提供给信息使用者的活动，从信用信息中可以推断征信主体恪守承

---

① ［美］迈克尔·斯彭斯：《市场信号传递：雇佣过程中的信息传递及相关筛选过程》，李建荣译，中国人民大学出版社 2019 年版，第 89 - 91 页。

诺的可能性。因此，在法律上的征信数据可以被定义为"反映自然人和法人还款付息的意愿和能力的信息"。

第三，社会信用数据。随着数据的使用范围扩大，以及个人征信依然处于中国人民银行的高度监管状态，非金融部门开始使用其现存的各类数据，"征信数据"等狭义的金融信用数据又向"社会信用数据"转变，但其"反映自然人和法人还款付息的意愿和能力的信息"之本质没有变化。

第四，替代数据。美国政府问责局（United States Government Accountability Office）在 2018 年 12 月公布的《金融科技：监管机构应该就放贷机构如何使用替代数据提供说明》中将替代数据定义为"信用报告机构使用的，用于计算信用分数的非传统信息"。替代数据与传统金融征信数据在使用群体和目的方面有交叉重合的部分，但替代数据在应用范围上可以不限于金融领域。简单地讲，替代数据就是通过一定的信息，来预判法人或自然人在经济领域的行为。

随着越来越多的社会交往线上化，数据总量迎来了井喷式增长。在这一过程中，数据要素更加强调的是数据的分析与预测功能，数字平台通过收集、处理、分析用户数据，组织并协调了规模极大、范围极广、响应极快的供求匹配网络，促进了商品流通。[①] 当用户的个人信息被平台（数据控制者）收集并用于大数据分析时，数据控制者往往可以对用户的个人生活习惯、消费倾向、兴趣爱好等进行精准的"数据人格"分析。这种"数据人格"使市场供需信号的传递进一步加速，从而进一步推动了社会化大分工、大交换。

从概念演进上看，数据要素延续了"电话黄页""征信数据""社会信用数据""替代数据"的内涵，充分体现了市场供需信号在不同条件下的形态变化。不管是数据要素发挥作用的机制，还是与数据要素类似的概念，其都指向反映市场供求变化的各种信息。因此，与"电话黄页"的内核一脉相承，数据要素的本质就是市场供需信号。

---

[①] 参见谢富胜、江楠、吴越：《数字平台收入的来源与获取机制——基于马克思主义流通理论的分析》，载《经济学家》2022 年第 1 期，第 16 页。

### 三、数据要素的价值来源于流通领域

#### （一）相对稀缺性主导了生产要素的演进

生产要素是指"人们进行物质资料生产所必需具备的因素或条件"①，生产要素的理论演进过程与社会历史阶段的进步高度统一。主导要素一般来说具有三个特点："可利用产出弹性最大""相对其他要素处于短缺状态""在经济中约束其他要素发挥作用"。与上述相对应，劳动、土地、资本、组织、知识、数据在农业经济、工业经济、数字经济的不同历史阶段被先后定义为该阶段主导性生产要素。

在农业社会时代，土地和劳动成为主要的生产要素，这也是古典经济学派、重农学派的核心观点。关于生产要素概念的论述最早由英国学者配第提出，其在《赋税论》提到"土地为财富之母，而劳动则为财富之父和能动的要素"②，其认为财富的最终源泉只能是土地和劳动。在农业时代的科学技术的约束下，生产成果以满足基本人群衣食住行需求为主，根据当时的经验，劳动、土地（地租）③和生产工具被认为是生产的基本要素。

进入工业时代，资本在经济发展中所发挥的作用开始变得重要，出现了古典自由主义学派主张的劳动、土地和资本组成的"三要素"理论。法国学者萨伊从财富的生产过程分析生产要素，将资本定义为一种崭新的生产要素，其认为生产出来的价值或财富都归因于劳动、资本和自然力三者的作用和协力。④古典经济学家穆勒则将生产要素进一步归纳为土地、劳动和资本，并把劳动划分为直接劳动和间接劳动两种不同形式。⑤

在第二次工业革命中，"组织"这一要素也被纳入了新的生产要素范

---

① 刘佩弦、常冠吾、刘振坤、徐华纲等主编：《马克思主义与当代辞典》，中国人民大学出版社 1988 年版，第 152 - 153 页。

② ［英］威廉·配第：《配第经济著作选集》，陈冬野、马清槐、周锦如译，商务印书馆 1997 年版，第 66 页。

③ 参见［英］亚当·斯密：《国富论》，胡长明译，北京联合出版公司 2014 年版，第 250 页。

④ 参见［法］让·巴蒂斯特·萨伊：《政治经济学概论》，陈福生、陈振骅译，商务印书馆 1997 年版，第 77 页。

⑤ 参见［英］约翰·穆勒：《政治经济学原理》（上卷），金熠、金镝译，华夏出版社 2017 年版，第 43 页。

畴。第二次工业革命中经济活动走向了规模组织化，英国"剑桥学派"（新古典学派）学者阿尔弗雷德·马歇尔在土地、劳动、资本"三要素说"的基础上，又提出"组织"也是一种生产要素。[①]

20世纪以来，新制度经济学派、新熊彼特学派推动"技术知识"进入生产要素的行列。加尔布雷思认为随着资本主义和科学技术的迅猛发展，生产所需要的技术知识越来越专门化，各类技术知识在企业中所发挥的作用也日益关键，主导生产要素从资本转向了知识。[②]

从生产要素的演进可以看出，相对稀缺性始终主导了生产要素的演进。佩蕾丝认为，技术革命都会出现数种关键生产要素，关键生产要素的主要特征就是"大规模可得""价格低廉"。[③] 在数字经济的大背景下，可以准确反映市场供需的信号直接影响了生产企业的市场效益。因此，可以传递市场供需信号的数据因相对稀缺而成为生产要素，但这种稀缺也并非不可改变。随着各种数据的日益丰富，代表用户有限注意力的流量才是真正的市场争夺焦点。

（二）"数据劳动"的争论决定了"数据劳动者"能否获得数据收益

经济学中出现了"数据劳动论"的观点。比如王传智在坚持马克思的劳动是创造价值的唯一源泉的前提下，认为"数据生产过程是劳动过程和价值增值过程的统一，与一般商品不同的是互联网平台用户的劳动全部转化为剩余劳动，劳动异化程度更高"[④]。数据虽存储在互联网平台中且在用户的休闲时间内产生，但是掩盖不了数据是用户劳动创造的事实。而蔡万焕、张紫竹则认为，生产工具和基础设施的发展，使得"数据成为劳动对象"。[⑤] 劳动对象是把自己的劳动加在其上的一切物质资料，分为两类：

---

[①] 参见［英］阿尔弗雷德·马歇尔：《经济学原理》，章洞易译，北京联合出版公司2015年版，第158页。

[②] 参见［美］约翰·肯尼思·加尔布雷思：《新工业国》，嵇飞译，上海人民出版社2012年版，第103页。

[③] 参见［英］卡萝塔·佩蕾丝：《技术革命与金融资本》，田方萌译，中国人民大学出版社2007年版，第21-25页。

[④] 王传智：《数据要素及其生产的政治经济学分析》，载《当代经济研究》2022年第11期，第26页。

[⑤] 参见蔡万焕、张紫竹：《作为生产要素的数据：数据资本化、收益分配与所有权》，载《教学与研究》2022年第7期，第58页。

一类是没有经过加工的自然环境中的物质，如矿藏、森林；另一类是经过加工的原材料，如棉花、钢铁、粮食等。"数据劳动论"将数据作为劳动对象，认为数据可以类比于各种以物质形态存在的原材料。

质疑"数据劳动论"的学者持"劳动价值一元论"，认为"活劳动"是创造价值的唯一途径，如谢富胜、吴越和王生升指出：平台创造的是使用价值，它只是流通组织，从事商品流通。[①] 这一过程也被周文和韩文龙描述为："平台经济加速生产与流通及消费的有效对接，提高生产效率，缩短流通时间，促进社会生产力的大发展"[②]。而数据因为可以被反复使用，属于马克思定义的"死劳动"，所以不符合"劳动价值一元论"。

数据劳动之所以需要被重点讨论，是因为其结论直接影响了数据收益的分配。按照生产决定分配的观点，生产的主体拥有收益权。如数据劳动存在，网民的上网行为将被定义为劳动，网民也将成为互联网所记录的相关数据的生产者，进而拥有对其产生的各种数据的收益权，那么只要涉及个人的数据，都必须将利益分享给产生数据的个人。因此，如果存在数据劳动，则会出现各种人身性质的数据权利。如果不存在数据劳动，则各种人身性质的数据权利可被归结为伪命题，数据的开发使用自不必考量所谓以上网冲浪形式出现的"数据劳动者"利益。这将直接影响我国数字经济发展的底层逻辑。

（三）数据要素是无劳动价值的经济信息

笔者认为，数据要素本质是对客观世界的记录，无劳动价值。虽然数据要素本身不存在劳动价值，但其市场供需信号的本质能够满足社会化大交换中对资本节约的要求，进而具有高度使用价值。这也是数据要素的生成获取、加工处理、交易定价等各类活动的基础。这主要表现在以下三个方面：

第一，数据要素指向的是信息而非物质，数据要素流通属于信息交换而非物质交换。马克思在讨论一般意义上的生产劳动时认为要考察所有社

---

① 参见谢富胜、吴越、王生升：《平台经济全球化的政治经济学分析》，载《中国社会科学》2019年第12期，第67页。

② 周文、韩文龙：《平台经济发展再审视：垄断与数字税新挑战》，载《中国社会科学》2021年第3期，第103页。

会形态下劳动的共性或一般意义，所以，劳动首先是人与自然之间的物质变换过程，是"人以自身的活动来引起、调整和控制人与自然之间的物质变换的过程"①。数据要素是对客观世界信息的一种记录，其生成的过程中并没有人与自然之间的物质变换。

第二，数据要素的生产并非物质产品的生产，故而没有社会必要劳动时间，根本不可能存在"劳动价值"。商品的价值量决定于生产商品的社会必要劳动时间，而"社会必要劳动时间是在现有的社会正常的生产条件下，在社会平均的劳动熟练程度和劳动强度下制造某种使用价值所需要的劳动时间"②。数据的生产不是物质产品的生产，它没有固定的模式和工艺流程，无法预测其劳动时间。不同数据要素所承载和反映的客观事实是异质化的，其生成和开发利用是高度个性化、多元化的，不存在所谓"社会正常生产条件"或"平均技术水平"，也不存在市场供需信号的"社会必要劳动时间"，更不存在"无差别的人类劳动"，因此也不会具有"价值"。

第三，数据价值高度依赖生产环节，其本质是流通劳动分享生产劳动创造的价值。数据要素作为市场供需信号的一种反映和记录，人类劳动的存在不影响数据要素内容的形成。上文已经论述，数据要素作用于流通环节，不仅加速了流通环节的资本周转，更节约了生产环节的资本投入，其价值来源于分享生产环节的剩余价值。

综上所述，数据价值源于流通领域中的仓储、物流、簿记等环节，不能脱离具体的场景存在，无法具化为物质商品，也就不存在"价值"。简而言之，数据要素并不能直接创造价值，其价值来源于分享生产环节所创造的剩余价值。因此，数据产品和数据服务的"形成"不宜称为"劳动"。

## 四、数据作为新质生产要素的运作逻辑

新质生产力是由技术的革命性突破、生产要素的创新性配置以及产业

① [德] 马克思：《资本论》（第 1 卷），人民出版社 2018 年版，第 207－208 页。
② [德] 马克思：《资本论》（节选本），人民出版社 2018 年版，第 118 页。

的深度转型升级催生的，但具体如何厘定技术、生产要素及产业转型在新
质生产力发展中的功能还需要在理论上进一步明晰。下文将从传统的产供
销结构中，分别解析技术、数据要素的不同作用。

（一）生产：技术信息提高了传统的劳动生产率

商业秘密中的技术信息指的是不为公众所知悉、具有商业价值并经权
利人采取相应保密措施的技术信息。根据《反不正当竞争法》的规定，商
业秘密包括技术信息和经营信息，其中技术信息是商业秘密的重要组成部
分。技术信息可以涵盖多个方面，比如生产方法、实验研究数据、软件算
法等。这些信息之所以被视为商业秘密，是因为它们能够为权利人带来经
济利益，并且权利人已经采取了合理的保密措施来保护这些信息不被未经
授权的第三方获取。

最为典型的就是诸如珍妮纺纱机这样的工具机器，其广泛应用有效克
服了手工生产难以标准化、流程难以控制的局限性，在节约人类劳动所代
表的生物力的同时提高了确定性。这种被固化的工具机器体现的就是技术
信息。

（二）供应：数据要素节约了生产环节的资本投入

流通组织地位随着生产力瓶颈逐渐上升，这在农业经济、工业经济或
者数字经济时代都得到了相应的印证。18 世纪工业革命前的包买商制度
就作为主要的商业组织模式存在于欧洲①，其现代化变形分包制在"二
战"后的日本大获成功，都深刻地揭示了流通组织的巨大价值。

数据要素在生产环节传递供需信号的典型就是德国提出的"工业
4.0"，其内涵是利用信息化技术促进产业组织内部流通效率的提高。"工
业 4.0"是指利用物联信息系统串联生产中的供应、制造、销售各个环节
的基础信息，使得在大型企业或供应链中得以最大限度减少"备货"，达
到快速、有效、精准的产品供应。其核心就在于作为企业内部供需信号的
各类工业数据，可以通过物联信息系统有效获取供应链中不同企业的生产
状况，进而为上下游企业反馈准确的生态情况，从而减少单一生产组织为
避免生产中断而进行的超额库存行为。因此，在生产环节的企业之间，通

---

① 参见林金忠：《包买商制度及其现代应用价值》，载《财经研究》2002 年第 3 期，第 57 页。

过传递相应的库存、运输、生产等信息，可以有效减少生产组织为应对市场供需变化所进行的超额生产与超额备货，进而节约了生产环节的资本投入。

以上表明，数据要素可以加速生产和流通环节的信号传递，这也被总结为三个具体的理论机制：第一，对于大型企业或大型供应链而言，其内部交易成本随着规模激增，而大数据分析可以准确地获取不同企业、部门间的"供需信号"以优化生产过程；第二，大数据有助于了解市场内的供需状况，这也可以被视为精准的市场调查，可以避免企业的无效投入，并使产品设计、创新和投放更为精准；第三，数据要素有助于推动产业链之间形成紧密的协作关系，推动形成基于数据的生产协作生态。在三者综合作用下，最终实现生产环节的"资本节约"。

（三）销售：流通环节的数据要素供需信号加速了资本循环

以个人产生的数据作为换取免费服务的对价，这一提法的背后是消费需求信号对生产的反作用。需求信号价值发挥的一个典型例子，就是热播美剧《纸牌屋》（House of Cards）的诞生。网飞（Netflix）公司拍摄的《纸牌屋》利用大数据技术分析用户偏好，并将这种需求信号应用于影视作品创作，其制作之前充分进行了"市场调查"——根据用户点击量、对某特定内容的注意力（在某网页停留时间）等信息，分析得出其用户的观影偏好，进而根据这种偏好制作用户喜爱的作品。

在当前的平台模式下，消费者需求端需求信号传递更为突出。数据的流通价值更是直接体现在市场竞争中，这种"反馈循环"可以通过用户反馈和货币反馈两种方式实现加速资本循环。

一是"用户反馈回路（user feedback loop）"，平台依靠其拥有的海量用户数据洞察消费者需求信号，并借此推送相应商品以吸引更多的用户。平台更是可以借助竞争对手的数据来进行市场决策，包括通过分析第三方商家的前期销售数据来模仿式进入，从而大幅减少新产品开发的市场风险。数据要素产生于用户在平台企业的互动中，用户不断的"搜索"与"选择"过程传递了用户对产品、服务的需求信号，使得平台得以搜集平台内产品、服务的受欢迎程度以及作为群体的用户的偏好，也使得那些满足市场需求的数字产品生产者能够迅速扩大市场占有率，获得高额利润。

二是通过向平台内消费者精准投放广告的形式获取经济收益，这也就是所谓的"货币化反馈回路（monetization feedback loop）"[①]。平台通过算法分析大数据，实现对消费者的"精准画像"，塑造消费者的"数字人格"，明确消费者消费能力、消费偏好等"供需信号"，平台经营者或平台内经营者进而得以通过精准营销实现供需匹配效果大幅度提高。一个反例就是欧盟《隐私与电子通信指令》（第 2002/58/EC 号指令）的发布实施，其阻断了涉及隐私的各种数据在精准营销上的使用，这直接导致了在线广告在促进销量方面的效果减弱了 65％以上。[②] 因此，在流通环节的数据要素一方面加速了供需对接，扩大了有效需求；另一方面避免了商品滞销和过多的中间商，使交易成本下降，进而加速销售商垫付资本的回笼。

（四）小结：数据要素正是通过提高分配环节的效率，来实现对社会再生产的整体优化

对于数据要素而言，其作用机制在传统的"生产—分配—交换—消费"循环中更多集中在分配与交换环节，这一过程中形成了以"信息传递—组织结构—责权利分配"为核心的全新运作模式。其中，组织上出现了平台这一全新的协作模式，取代了传统科层制下的"委托—代理"关系；数据的出现，使得大规模的协作不必依赖科层制的层层传递，在商业领域的 B2C 模式异军突起，对应了传统缺乏流通效率的"零售—批发"被逐步淘汰；最后，组织结构模式的变革必然带来责权利的再分配，而责权利再分配的结果一旦稳定，又会反馈到信息传递模式上，进而加强新的信息传递模式。"信息传递—组织结构—责权利分配"循环（见图 3-1）是古往今来各种改革的切入点，成为解构各类新政得失成败的一串钥匙，更是解读当前数据要素带来的生产力革命的全新视角。

这里以翟东升的"可贸易部门和非贸易部门"来解释数据要素的分配效应最为有效。以理发为例，2024 年某学校内的洗剪吹价格为充卡 30 元/次，不充卡 45 元/次，而一墙之隔的肖家河畔公园理发只要 5 元/次。对

①  贾晓燕、封延会：《网络平台行为的垄断性研究——基于大数据的使用展开》，载《科技与法律》2018 年第 4 期，第 26 页。

②  See Goldfarb A，Tucker C. E，Privacy Regulation and Online Advertising，*Management Science*，57（2011）：57-71.

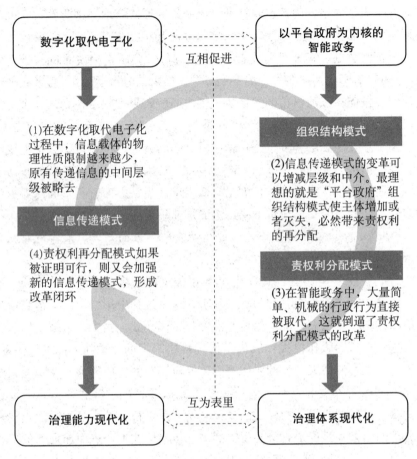

图 3-1 "信息传递—组织结构—责权利分配"循环关系图

此，翟东升的解释是"理发和其他生活服务的定价取决于周边客户的富裕程度"。"非贸易品（non-tradable goods）的劳动和消费过程应当被定义为财富分配过程，它与税收和福利、资产价格变动、家庭成员之间的分享和赡养、慈善捐赠等经济行为一起，构成一个社会内部成员之间共享财富的渠道。"①

对于数据要素而言，其与平台一起打破了长久以来的信息差，使得更

_____

① 翟东升：《货币、权力与人》，中国社会科学出版社 2019 年版，第 66 页。

为广大的社会成员得以分享改革开放以来巨大的物质财富。平台打破了层层的"批发—零售"体系，使得平台这一超强中介取代了数量巨大而不创造物质财富的中间商。也正因如此，"淘宝不死，中国不富"被各路商业资本喊得响彻云霄。运行良好的市场机制会让一个人凭运气挣的钱，靠实力流回社会。

正是在平台经济下，数据要素极大地降低了"可贸易部门"的各种商品的价格，使得社会各个阶层能够以更少的开销实现生活水平的提升，同时也使得我国国内市场得到充分开发。这也是数据要素通过改善分配环节取得社会再生产的整体优化的根本逻辑。

## 五、数据要素背后的权利设置方案选择

（一）"行为法"和"财产法"两种数据保护框架

数据要素为现代经济的关键资源，对其法律保护框架可以从"行为法"和"财产法"两种角度来理解。

（1）行为法主要关注行为人的行为是否合法，以及是否侵犯了他人的合法权益。在数据保护领域，行为法通常体现为规定数据处理者在收集、存储、使用、传输、共享数据时必须遵守的行为准则。例如，欧盟的《通用数据保护条例》（GDPR）就规定了数据处理的合法依据、数据主体的权利、数据保护人的责任等，以行为规范来保护个人数据。

现行《反不正当竞争法》已经为各种数据抓取行为提供了周密的保护体系，这也可以被总结为"互联网专条""商业秘密条款""一般条款"所构成的"三条文框架"数据抓取审查框架，又以"实质性替代原则"对不同平台的"合法"数据抓取行为进行规范。形成了百度、腾讯、阿里、抖音为代表的数字生态垄断格局。

"互联网专条"即《反不正当竞争法》（2019 年）第 12 条，特指妨碍、破坏其他经营者合法提供的网络产品或者服务正常运行的行为。在实务中，需要首先判断数据抓取行为是否造成了"破坏计算机系统"。

"商业秘密条款"即《反不正当竞争法》（2019 年）第 9 条："本法所称的商业秘密，是指不为公众所知悉、具有商业价值并经权利人采取相应

保密措施的技术信息、经营信息等商业信息。"其中经营信息就是指数据要素。在数据抓取行为不造成"破坏计算机系统"的基础上,判断抓取的数据是否符合"秘密性"、"价值性"和"保密性"的商业秘密构成要件。

"一般条款"即《反不正当竞争法》(2019 年)第 2 条:"本法所称的不正当竞争行为,是指经营者在生产经营活动中,违反本法规定,扰乱市场竞争秩序,损害其他经营者或者消费者的合法权益的行为。"本条作为兜底性条款,对市场经营者因自由抓取行为可能造成的其他损害行为进行兜底性保护。

从现实看,当前几乎所有的数据抓取行为,都可以被纳入"互联网专条""商业秘密条款""一般条款"所构成的数据抓取审查框架。因此,在自由抓取原则的基础上,配合数据抓取审查框架,足够满足现有数据要素的制度安排。

(2)财产法保护框架则侧重于将数据视为一种财产权益,赋予数据控制者或所有者以财产权来管理和控制数据。在这种框架下,数据可以被看作是一种无形资产,数据所有者享有排他性的权利,可以对数据进行商业化利用。财产法保护通常涉及数据的所有权、使用权、收益权和处置权等方面。

在实际应用中,两种法律保护框架有各自的优点和适用场景。行为法的优点在于为数据处理活动提供了明确的行为指引和责任追究机制,有助于保护数据主体的隐私和权益,防止数据滥用。财产法的优点在于明确了数据的产权归属,有助于激励数据的创造和流通,促进数据经济的发展。然而,数据的法律保护也面临一些挑战,如数据的边界难以界定、数据的无形性使权利难以捉摸、数据的可复制性使传统的财产权概念难以完全适用等。

因此,在构建数据要素的法律保护框架时,需要综合考虑行为法和财产法的特点,平衡好数据主体权益保护和数据流通利用的关系,同时考虑数据的特殊性质,制定适应数字经济发展的法律规则。

(二)对数据要素不宜一概适用"拟制物权"

数据要素的本质是市场供需信号,此种形态决定了数据要素可以被封锁但是难以被垄断。信息是资源,但又不同于物质资源具有消耗性:物质资源在交换过程中遵循等值交换原则，失去一物才能得到另一物。而信息则不同，交换信息后的双方，不但不会失去原有的信息，而且会享有新的信息。即使在信息进行单方面转让的过程中也是这样：转让者不会因转让信息而失去信息，相反，会使自己掌握的信息得到巩固。这说明，信息是作为一种共享性资源而存在的，是可以用扩散的方式来共享的。[①] 这种特点在数据要素上则进一步体现为以下三点：

第一，数据要素的本质是市场供需信号，其并不具有排他性，所以数据要素的收集不是零和博弈，具体表现为各种用户的访问、浏览等数字记录，而处于公开状态的各种互联网访问记录可以被任何主体所浏览。与有体物不同，信息具有可复制性，这就意味着数据要素收集的最优模式应当是互利共赢。同时平台用户多归属性明显，在平台广泛采取"注册制"的当下，相似的数据可同时被不同平台通过不同途径收集，更不用说还存在同一生态系统内不同平台之间的导流行为。后发平台只需要加入某一生态系统就可以共享该系统内各种用户的基础信息。以线上零售业为例，阿里系的淘宝和天猫聚集了中国网络零售市场最大的消费者与商户数据，但是京东依然可以依靠差异化竞争以及为小程序嵌入微信生态获取大量用户及数据；在阿里系和京东已经掌握大量数据（用户）的情况下，拼多多依然可以再次借助腾讯系的导流快速崛起，与阿里系和京东竞争并获取相同类型的数据。所以，后发的市场主体只要有产品和服务创新吸引到客户，就可以通过自行发展或加入某一生态系统收集到数据，实现对在位者的赶超。

第二，数据所承载的市场供需信号具有极强的可获取性和可替代性。从后发者进入来看，由于数据的可获取性、可替代性、异质性，先发者的数据存量对竞争不存在决定性影响。不同的企业可以通过不同途径收集、拥有相似或差异化的数据，在提供服务时可以基于与竞争对手相似的数据，也可以基于差异化的数据。另外，企业的产品和服务往往是差异化的，新进入者一般都会专注于特定内容或细分领域，进行差异化竞争，这个时候，即便提供的服务类型相同，最适合其发展所需要的数据也不尽

---

① 参见齐虹：《信息中介规则：信息服务原理研究》，中央编译出版社2012年版，第22页。

相同。

第三，信息本身无法构成垄断。当前的数字经济时代是一个信息爆炸的时代，从这个角度讲，信息并不稀缺，任何经济信息都无法被绝对意义上垄断。单个平台经营者可以垄断平台内的市场供需信号，但只要存在势均力敌的多个平台，整个统一市场内的供需信号就会分布在各个平台或者生态内。但在现实的生活中，任何数字生态都无法涉足所有行业，数据要素无法被某一生态或机构所独占。从个人的角度看，个体的注意力是有限的，在不借助各种搜索引擎和算法的前提下，个体的注意力会被垃圾信息吞噬。但这种垄断不是数据要素的垄断，而是注意力的垄断。统一大市场只是打破了地域垄断，对于行政垄断与行业垄断所形成的数据孤岛并不能以商业手段进行合并，只要存在数据孤岛，就不会出现绝对意义上的数据要素垄断。

（三）以"数据二十条"创制数据运营特区

关于隐私保护存在着这样一个悖论：如果相应个体并不注重隐私，那么对应的立法与规制就是毫无必要的。承载着个人隐私信息的数据，虽不能被称为一种智慧成果受知识产权保护，但隐私权作为一种基本人权，当其以数据的形式呈现时，受到相关法律的保护。目前我国针对数据的隐私保护问题，形成了以《民法典》、《数据安全法》、《个人信息保护法》以及《网络安全法》为基础的法律规制体系，对各主体的数据处理行为进行规制。对于一种难以界定的虚无缥缈的权利不宜泛化，因此，针对隐私的法律保护，应当将隐私控制在最小范围。

笔者研究的数据要素更偏向于经济价值的实现，而隐私这一概念更强调不同文化语境下的道德问题，隐私的这种模糊性显然不利于认清数据要素的本质，更不利于数字经济的发展。为更好地从经济法角度理解隐私，应当从信息维度视角观察"隐私"一词。数据之所以具有经济利益、涉及隐私等人格利益，就是因为这些数据承载了可用于再生产的各类信息。同一条信息往往同时反映了多重信息，比如，某个人的行程信息，不仅反映出一个人的住所、工作、社交等隐私，也可以反映出其消费偏好。因此，将涉及经济的信息与涉及隐私的信息加以分离这种想法本身就是缺乏科学性的。没有个人信息的数据无法反映出一定人的特征，更无法上升到经济领域。①

在制度安排上，通过"数据二十条"的数据资源持有权、数据加工使用权、数据产品经营权三项权利，来对抗"隐私权"对数据开放共享的体制机制性障碍，为现有的数据商业模式开辟自由探索的数字经济特区，抵御资本平台企业追求数据金融化。在现阶段，不必急于产权确认，而从现实看，我国数字产业发展，不仅面临着数字生态对数据的垄断，更为重要的是，在法律层面的个人信息权、隐私权等概念正在对中小企业持有、使用、经营数据造成限制，使现有的数字市场结构不断板结，甚至有排除自由竞争、向"小院高墙"倒退的趋势。因此，"数据二十条"所确立的"三权分置"，是数据企业抵御超级平台以个人隐私、个人信息所发起的诉讼的重要基础。

## 结　语

笔者的主要结论如下：第一，数据是信息的载体，而信息是数据表示的内容；第二，对于数据要素而言，其本质就是反映市场供需的信号；第三，数据要素的本质是对客观世界的记录，无劳动价值，其价值依附于商品生产和流通活动，体现在节约了生产中投入的资本，提高了流通环节的资本使用效率；第四，作为市场供需信号的各类经济数据在符合"秘密性"、"价值性"和"保密性"三项构成要件的情况下，可以被纳入现有《反不正当竞争法》商业秘密条款适用范围，获得相应保护。

对数据要素的本质讨论，是劳动价值论在新的历史时期的最新表现，既不能漠视数字时代的个人正当权利，也不能肆意赋予个人权利。必须认识到，上网冲浪等行为所留下的只是市场供需信号，其并非创造物质财富的劳动行为。如果上网冲浪等行为构成劳动，则依此逻辑推演，美国著名网红、第45任总统唐纳德·特朗普（Donald Trump）活跃在社交媒体上所创造的劳动价值巨大，特朗普本人应该是数字劳动的急先锋，是数字工

---

① 参见程啸：《论大数据时代的个人数据权利》，载《中国社会科学》2018年第3期，第105页。

人的代表。很明显这既不符合现实也很抽象。

数字经济时代的法律不应是制造稀缺，而应是维护丰裕。在大数据时代建墙，就如同在大航海时代闭关禁海，高筑"小院高墙"只能使得互联网经济向封建经济倒退。如果不能准确把握数据要素作为新质生产力的信息本质及价值来源，在理论上就会陷入边际效用理论背后的主观价值论误区，在实践中则加剧少数超级平台的流量垄断，最终造成社会整体交易机会的减损。通过法律手段将数据资源转换为少数平台企业的排他性财产，推动数据资源的财产化和金融化，不仅抬高了少数平台企业数据的市场估值，还可能阻碍了信息的自由流动。需要高度警惕对数据要素进行确权定价的新一轮"数字圈地运动"，厘定数据要素的市场供需信号本质，明确数据要素的非劳动性，走出数据物权化思维误区，将为推动我国经济高质量发展提供有力的理论支撑！

# 第四章 企业数据财产权的理论反思与规则重构

## 引 言

随着互联网行业的飞速发展，全球进入了数字经济时代。大数据和云计算作为新一代信息基础设施的重要组成部分，在产业数字化转型过程中发挥着重要作用。当前，我国正处在要素市场化改革的关键时期。数据的生产要素定位在党的十九届四中全会公报中被明确提出，数据要素在数字经济发展过程中的引擎地位在国家十四五发展规划中被重点强调。正是大数据在现代社会中扮演的重要角色使得数据获取和使用规则的建构成为国家治理中的一项重要议题。中央政府对数据要素的重视态度固然具有前瞻性，但并不是最早的。正可谓"春江水暖鸭先知"，早在十年前互联网企业就已经敏锐地嗅到了数据的重要价值，并开启了没有硝烟的数据争夺战。① 无论是大型科技巨头还是小型互联网公司在数据争夺战中都互不相让。一方面,掌握数据集合的企业拒绝共享。这些企业认为,它们在用户数据积累,原始数据加工、提炼等方面付出了巨大成本,没有理由与竞争对手无偿共享这些数据资源。另一方面,对数据有使用需求的企业要求数据共享。这些企业认为所有的数据都是用户的,任何企业无权独占,更何况收集用户数据本就有侵犯隐私之嫌。不同利益集团的胶着战况使得"数据属于谁?"似乎成为无法回避但又难以解答的问题。当前,数据实践已经走到了理论研究之前,企业之间的拉锯战倒逼立法与司法机关探索数据使用规则建构的新路径。为回应现实需求,国务院于 2022 年 12 月发布"数据二十条",明确指出要建立企业数据的确权与授权机制。然而财产权保护路径相较于其他保护路径是否确有独特优势?此处所确之"权"与传统排他性物权有何不同?未来实践中的产权保护路径应当如何纠偏?这些问题均值得进一步探讨。

笔者首先分析了当前实践与理论中几种主要的企业数据纠纷处理机制之不足,并论证设定企业数据财产权或许是更为合理的数据规则建构思路。接着对传统企业数据财产权理论进行反思与纠偏。然后提出将霍菲尔德的权利观作为理论基础,并厘清企业与用户个人间的数据财产权法律关系。最后尝试重构企业数据财产权法律规则并从法律关系内部视角对该规则展开动态权利束的"霍氏"研究路径阐释。

## 一、当前企业数据规则建构的主要实践与理论尝试之不足

当前我国司法实务中采用竞争法工具解决企业间数据纠纷的案例颇多,理论界亦提出了多个部门法视角的纠纷解决之道,其中比较典型的有:运用合同规则处理数据纠纷,运用商业秘密理论解释企业对某些原始

---

① 从百度诉奇虎、大众点评诉百度的平台数据抓取纠纷,到微博诉脉脉、淘宝诉美景等大企业打击小企业的"搭便车"行为,再到菜鸟与顺丰因物流数据争夺而隔空互撕,最终经国家邮政局出面调停才避免事态进一步恶化,华为和腾讯因用户信息读取而明争暗斗,一方甚至"上书"工业和信息化部最终也没能在根本上解决问题。

数据形成的衍生数据或经过算法分析形成的具有商业价值的信息合法占有。然而，上述对企业数据规则建构的探索尚有不足，值得反思。

第一，竞争法模式的原则性规定不能满足数据保护的特殊要求。竞争法是当前实务中解决企业之间数据纠纷的惯常依据。诸如，"微博诉脉脉案"① 中脉脉公司对微博客户头像、昵称等数据的抓取；"淘宝诉美景案"② 中美景公司帮助客户获取淘宝旗下产品"生意参谋"中的数据并从中盈利的"搭便车"行为；等等，法院均援引《反不正当竞争法》第 2 条的原则性规定，认定这些是违背商业道德的不正当竞争行为。然而，该条款作为一般性条款具有极大的不确定性，法官必须在裁判中进行个案分析，否则可能有损法的安定性。此种情形与美国大法官波斯纳评析知识产权纠纷中"copy"行为时的观点异曲同工。他指出，"搭便车"在知识产权法领域并不一定是坏事，因此不可以将非法侵占原则（misappropriation）作为知识产权法的组织性原则来评价"搭便车"行为。因为它的含义简单并且太过宽泛，会消灭版权法中的免费使用抗辩。③ 另外，《反不正当竞争法》实质上是将企业的数据权利降格为一种纯粹经济利益加以保护，只有在特定形式的侵害发生时企业才能获得救济。④ 所以可以认为《反不正当竞争法》的原则性规定对数据保护的强度和密度都有不足，学界对此已经基本达成共识。⑤

第二，合同规则的相对性限制了企业数据保护效果。在早期的平台数据抓取纠纷中，robot 协议被定性为民法中的意思表示，但它通常是向不特定多数人发出的，能否成为合同法意义上的要约，尚无定论。另外，如果通过用户协议约束用户复制或向外传播数据的行为可能存在以下问题：

---

① 北京知识产权法院（2016）京 73 民终 588 号民事判决书。

② 杭州铁路运输法院（2017）浙 8601 民初 4034 号民事判决书。

③ See Richard A. Posner, Misappropriation：A Dirge, Houston Law Review 40（2003）：625.

④ 参见程啸：《论大数据时代的个人数据权利》，载《中国社会科学》2018 年第 2 期，第 121 页。

⑤ 参见丁晓东：《论企业数据权益的法律保护——基于数据法律性质的分析》，载《法律科学（西北政法大学学报）》2020 年第 2 期，第 92 页；许可：《数据保护的三重进路——评新浪微博诉脉脉不正当竞争案》，载《上海大学学报（社会科学版）》2017 年第 6 期，第 22～23 页。

一方面，用户群体庞大，导致协议监管困难，准确查出是谁泄露了第一手数据往往成本高昂；另一方面，现实生活中非法窃取企业数据的往往不是合同相对方而是第三方（通常是与之有竞争关系的其他企业），想通过事前约定来避免侵权实难取得效果。[①]

第三，商业秘密模式以物理性措施保护数据不利于数据的充分利用。在美国，立法机关、法院及学界普遍认可商业秘密的财产属性。[②] 在我国，虽然商业秘密被规定在《反不正当竞争法》中，但学界大多对商业秘密的权利属性持肯定态度。[③] 因此，笔者将商业秘密从竞争法中分离出来，单独论述。有学者指出，企业掌握的数据集合通常是从消费者处收集并积累形成的，并且大多是从公开渠道获取或者用户基于服务需求而主动提供的，显然不符合商业秘密"不为公众知悉"的要求。[④] 事实上，单条的数据虽然可能取材于公共领域，但大数据集合并不可能直接从公共领域获取，而是需要企业付出巨大时间和金钱成本方可形成。[⑤] 另外，尽管商业秘密被列入《TRIPS 协定》的保护范围，但是和其他知识产权的保护方式相比，其并不需要满足新颖性与创造性要求。[⑥] 而能够给企业带来经济利益的属性使得数据集合符合商业秘密的"价值性"要求。综上所述，从法律属性角度来看，企业通过加工整理形成的数据集合是可以被认定为商业秘密的。然而，从现实意义层面考虑，将企业数据集合认定为商业秘密并不可取。流动性是数据的"生命"，采取物理性的保密措施阻碍了数据

---

① 参见丁晓东：《数据到底属于谁？——从网络爬虫看平台数据权属与数据保护》，载《华东政法大学学报》2019 年第 5 期，第 77 页。

② See SJacqueline Lipton, Balancing private rights and public policies: Reconceptualizing property in databases, Berkeley Technology Law Journal 18 (2003): 817.

③ 参见蒋志培等：《〈关于审理不正当竞争民事案件应用法律若干问题的解释〉的理解与适用》，载《人民司法》2007 年第 5 期，第 26 页。

④ 参见芮文彪等：《数据信息的知识产权保护模式探析》，载《电子知识产权》2015 年第 4 期，第 97 页。

⑤ 一位顺丰前员工曾在访谈中透露，"顺丰自 2003 年开始录入面单信息，经过十多年累积，形成了庞大的用户数据库，这是顺丰的血液"。参见习曼琳：《顺丰菜鸟之争背后：物流数据异军突起》，载界面新闻，https://www.jiemian.com/article/1387910.html，2023 年 5 月 19 日访问。

⑥ See Jacqueline Lipton, Balancing private rights and public policies: Reconceptualizing property in databases, Berkeley Technology Law Journal 18 (2003): 816.

流动。此外，数据并非消耗性物品，可以被多个主体在多个领域反复使用。例如，手环、运动手表等身体功能跟踪设备捕捉到的用户心率、血压、血氧等信息可以被提供给保险公司用于人身保险风险评估，可以被提供给医疗机构进行人体科学研究，也可以在应聘中起到强化简历的作用。因此，如果某些企业将其掌握的数据集合作为商业秘密加以保护，会影响其他企业对数据的使用。一方面，数据无法自由流动就难以得到充分利用，从而造成资源浪费。另一方面，各大科技巨头掌握丰富的数据却拒绝共享会形成数据壁垒，造成不正当竞争。这将违背数字经济时代基本的市场运行逻辑，不利于社会总体福利的增加。

## 二、传统企业数据财产权理论的剖析与反思

（一）传统企业数据财产权理论之检视

除了上文介绍的企业数据规则建构思路，以财产权作为逻辑起点建构企业数据规则也是学界热议的一种可尝试路径。尤其是 2022 年年底"数据二十条"发布以后，关于财产权建构思路的探讨愈发激烈。

推崇这一路径的学者通常的论证逻辑为：首先明确数据权利归属并辅之以经济学中的产权理论作为支撑，然后用功利主义的激励理论和成本—效益分析来解释企业享有数据财产权的可能性与必要性。和竞争法单薄的原则性规定相比，财产权利规则显然更为充实，能够有力应对未来层出不穷的企业数据纠纷。而在一定程度上排他性占有的权利内容更是缓解了合同规则因相对性局限所导致的对第三方数据侵权防护不力之困境。和商业秘密的保密性相比，数据权利的公示性特征也使数据使用的透明度有所提升。另外，从法律教义学视角看，明确数据权属也的确最符合现有法律体系的逻辑周延性。

具体而言，我国《民法典》第 127 条规定的"法律对数据、网络虚拟财产的保护有规定的，依照其规定"构成了数据保护的指引性条款。一方面，本条对互联网时代日益增加并且日趋复杂的数据纠纷给予了必要回应；另一方面，由于理论和实务界对数据的定性以及相关规则建构尚未达成共识，所以本条采用引致条款，即搁置争议而无实际规范内容。虽然是

引致条款,但本条规定在《民法典》的"民事权利"一章中。从体系化视角审视该章的 24 个条文可以看到:第 109 条至第 121 条罗列了人格权、身份权、物权、债权、知识产权等各项具体的民事权利。第 126 条是权利保护的兜底性条款,明确规定《民法典》对法律规定的其他民事权利和利益予以承认和保护。而第 128 条至第 132 条规定了对弱势群体的特别保护以及民事权利的取得与行使规则。因此,可以认为,《民法典》第 109 条至第 126 条已经完成了既有民事权利类型的体系建构。而数据保护的内容规定在第 127 条,也就是处在完整民事权利体系之后和特殊群体特别保护之前的位置。因此对其进行权利性保护或类似权利的保护显然符合法律规范的体系解释之义。[①]

然而,按照传统物权视域下的财产权理论,想要实现数据要素的市场化配置就必须先明确权利边界。似乎只有在传统的物权体系内找到数据的定位,才能开展自上而下的规则演绎。反观现实,这种理念值得商榷。当前实践中企业为攫取利益,争相收集数据的势头愈演愈烈。这说明即使没有劳动报酬理论作为支撑(基于私人付出的劳动而使自然共有之财产私有化),也不会影响企业收集原始数据以及生产衍生数据的热情。之所以如此,主要是因为在数字经济时代,对数据这样无形资产的争夺更多受到功利主义的指引。市场本身正在成为传统意义上确认产权的替代性激励机制。

从数字经济的运行逻辑上讲,数据需要在企业之间流动起来才能够创造价值。任何企业收集数据都不是为了在较长的一段时间内占有它们,然后放在"仓库"里等待升值抑或单纯地倒卖数据并从中赚取差价,因为这样所能获得的数据价值使用一次即告枯竭。企业(尤其是大型的平台企业)想要获得的是一个能够自给自足的资源之泉,以阿里巴巴的数据收集操作为例:通过淘宝、支付宝等应用程序,阿里巴巴可以获得用户年龄、性别、购物偏好与购买力等数据并形成用户画像。其所掌握的用户数据甚至比银行和通讯公司掌握的用户数据价值更高,因为银行只能掌握客户的资金状况,通讯公司只能掌握用户的通话偏好,而阿里巴巴却可以通过分

---

[①] 参见龙卫球:《再论企业数据保护的财产权化路径》,载《东方法学》2018 年第 3 期。

析其掌握的各种类型用户数据"推算"出一个人全部的生活习惯并预测其未来的消费趋势。这种基于算法形成的预测力正在帮助大型科技公司将具有"非竞争性"特质的数据变得越来越有竞争性。[①] 正如在物流行业内,菜鸟号称"快递智慧大脑",没有快递员也没有物流车却可以上通下达,输出仓配一体服务。科技巨头们深谙流动性是数据的价值源泉,但它们有意将数据的流动范围严格限制在其可控的架构内。[②] 从 2017 年的"丰鸟大战"[③] 中我们可以看到,菜鸟掌握着"淘系"用户的全部路由信息,且只供其"麾下"的"三通一达"[④] 使用。从所处物流环节来看,顺丰和菜鸟有着极强的互补性。但二者为了实现各自利益,一言不合就关闭数据端口,直接导致了当时正值销售旺季的杨果、荔枝等生鲜食品的物流信息无法查询。正可谓,"神仙打架,受伤的却是消费者和商家"。

总之,数据财产权的确立和商业秘密式的物理保密措施相比在一定程度上促进了数据利用的透明化。但是传统财产权带有浓重的物权色彩。在该理论支撑下,各大数字巨头受私利驱动将透明化的数据利用局限在其可控的网络架构内。具有竞争关系的企业之间,以及充分掌握数据的大型企业与数据资源匮乏的小微企业之间会被筑起牢固的数据壁垒,这将对市场竞争秩序产生不利影响。

(二)传统企业数据财产权理论之纠偏

从"数据二十条"的三权分置思路看,其权利保障理念似乎较传统物权思维已有所改变,即不再关注绝对意义上的控权,以及排他性权利保护,而是以"共同使用、共享收益"为确权、授权基本理念。实际上,这

---

① See Katerina Pistor, Rule by data: The end of markets?, Law and Contemporary Problems 83(2020): 103.

② 参见胡凌:《互联网"非法兴起"2.0——以数据财产权为例》,载《地方立法研究》2021年第6期,第23页。

③ 《顺丰菜鸟之争》,载百度百科,http://baike.com/item/顺丰菜鸟之争/20830652? Fr=aladdin,2023年7月2日访问。

④ "三通一达"是指中通、圆通、申通、韵达四家快递公司。这四家快递公司占快递行业的市场份额超过70%,并且都和阿里集团有着千丝万缕的联系:2018年5月,阿里巴巴宣布携手菜鸟等向中通快递投资13.8亿美元,持股约10%;2019年3月,阿里巴巴投资46.6亿元,成为申通快递第一大股东,拥有45.59%股份;2020年4月29日,阿里巴巴入股韵达,持有2%的股份。

并非对传统财产权理念的颠覆性处置，因为，早在 19 世纪中叶人们就已经意识到布莱克斯通（Blackstone）语境下的绝对支配性财产权概念有着太多的例外。① 19 世纪末，布莱克斯通的绝对支配性财产权概念几乎已被完全抛弃。新观点认为财产权不是指支配物的权利，而是包含对任何有价值的利益的支配权利（any valuable right）。当然，它不是一束绝对固定的权利，而是由视情况而受到一定限制的一组权利构成的整体。②

综观财产权观念的历史变迁，反思当前企业数据财产权理论之建构，有两个问题值得澄清与纠偏：第一，实现数据资源的保护和利用并非以确认权利归属为必要前提。在英美法系被广泛接受的霍菲尔德（Wesley Newcomb Hohfeld）财产权学说认为，财产法律关系是发生在人与人之间的，而不是发生在人与物之间。③ 王涌教授在整合奥斯汀与温德特夏的观点的基础上提出私权的双层客体结构，对于未来企业数据财产权的理论建构具有指导意义。所谓双层结构，第一层是指权利所规范的行为，第二层是指行为本身的客体（或对象）即为物。④ 当然，对此处的物需作广义理解，指法律关系保护的利益。当需要界定一项权利归属时首先要界定权利指向的行为，清晰界定了行为就等于厘清了不同主体间的法律关系，从而也就明晰了权利的内容及行为客体（或对象）的归属。按照这样的思路建构企业数据财产权理论才符合数字经济"流"的形态和"活"的运行逻辑。因此，企业数据财产权的理论建构应当关注法律主体的行为并以调整不同主体之间的法律关系为出发点和落脚点。第二，当前我们对数据这一新兴事物的认识与利用尚处于摸索阶段，不仅套用传统民法中的排他性物权理论可能行不通，而且任何想要毕其功于一役而提出的"一揽子"解决

---

① 布莱克斯通指出："财产权是一人主张并对世界上的外部事物行使的'唯一和专制的支配权'，完全排除了世界上任何其他个体的权利。" William Blackstone, *Commentaries on the Laws of England*（Ⅱ）（Chicago：University of Chicago Press，1979），1.

② See Kenneth J. Vandevelde, The New the New Property of the Nineteenth Century：The Development of the Modern Concept of Property, Buffalo law Review 29（1980）：333-340、357.

③ See Kenneth J. Vandevelde, The New the New Property of the Nineteenth Century：The Development of the Modern Concept of Property, Buffalo law Review 29（1980）：360.

④ 参见王涌：《私权的分析与建构：民法的分析法学基础》，北京大学出版社 2020 年版，第184 页。

方案均可能事倍而功半。① 将财产权系谱看作一个动态变化的权利束，在不同法律关系中探索其不同的样态，才是更为科学的应对策略。在大陆法系民法理论中，所有权概念是以权能列举的方式建构的。但是随着社会生活的不断丰富，人们逐渐发现占有、使用、收益、处分四项权能在通常情况下都难以完满实现。例如，用益物权的设定会使所有权人的占有和使用权能受限，相邻关系的一方有义务为对方权利行使之便利而在一定程度上约束自己使用所有物的行为，等等。由于现实生活中人们之间的复杂关系不言而喻，用从抽象到具体的事实类型化方法②，罗列和描述内容丰富的抽象权利概念总是力有不逮。既然权利的内容无法通过列举来穷尽，可以考虑反其道而行之，运用从具体到抽象的理论类型化方法来描述权利：把企业数据财产权理解为动态变化的权利束。这束权利如同一束光谱，根据发射对象的不同，光谱的光线可以有长有短、有强有弱。

## 三、重构企业数据财产权法律规则的基本理论支撑与必要关系厘清

（一）基本理论支撑：霍菲尔德的权利观

经济学家德姆塞茨在介绍关于产权的理论时曾指出，产权是一种使交易双方能够在交易过程中形成对对方合理预期的社会机制，是人与人之间的关系。③ 无独有偶，法学领域的一些学者受法律现实主义的影响，也认可财产权利是发生在人与人之间的，即使是大陆法系传统民法语境下的对物权也是发生在人与人之间的（此处呼应了上文提到的王涌教授主张的私权客体的双层结构）。首次对这种观点作出详细阐述的是美国学者霍菲尔德。为了避免误解，霍菲尔德主张用多方面的权利（multital right）替代

---

① 参见戴昕：《数据界权的关系进路》，载《中外法学》2021 年第 6 期，第 1563 页。

② 事实类型化方法是指通过列举和描述概念的外延来解释该概念，是一个从抽象到具体的过程。与事实类型化方法相对应的是理念类型化方法，它通过从具体到抽象的归纳之法来提炼概念，又可称为定型化方法。参见王涌：《私权的分析与建构：民法的分析法学基础》，北京大学出版社 2020 年版，第 32 页。

③ See Harold Demsetz, Toward a Theory of Property Rights, The American Economic Review 57（1967）：347.

对物权，用单方面的权利（paucital right）替代对人权：多方面的权利就是一个法律主体针对相互独立的数个相对人的数项权利之和。单方面的权利是指一个法律主体针对一个单一相对人的单一法律权利。[1] 正是由于权利发生在人与人之间，所以一方法律主体享受法律利益就必然存在其他法律主体承受相应的法律负担。权利的结构就表现了法律关系的结构，从法律关系的角度来解构权利也就顺理成章了。

在探讨基本法律关系时，霍菲尔德指出，把所有法律关系都含混地化约为权利（right）与义务（duty）的关系是我们有效解决法律问题的巨大障碍。因此，他界定了四类相关联的法律关系（jural correlatives），这些法律关系构成了社会生活中任何法律关系的最小公分母（见表 4-1）。[2] 相应地，right、privilege、power、immunity 这四个法律概念可以被理解为构成广义上权利的最小单元。

表 4-1　法律上的关联关系（jural correlatives）

| 权利（right） | 特权（privilege） | 权力（power） | 豁免权（immunity） |
|---|---|---|---|
| 义务（duty） | 无权利（no-right） | 责任（liability） | 无资格（disability） |

霍菲尔德对基本法律关系的分析不是一种形而上的思辨游戏，而是旨在为解决司法实践中的实际问题提供实用性工具。[3] 这也是我们把霍菲尔德的私权观作为理论支撑来建构企业数据财产权制度的重要原因。由于数据相关的法律关系涉及多元主体，因此在建构数据权规则时如果仅考虑单一视角、单一立场，必然会减少对其他主体利益的关注，从而影响了权利研究的公平性。因此有必要从内部关系视角出发，在不同场景下从双向甚至多方向考量各方利益，寻求建构企业数据规则的新路径。另外，以动态权利束描述企业数据财产权的属性也是出于实用主义的考虑。尽管霍菲尔

---

① See Wesley Newcomb Hohfeld, Fundamental Legal Conceptions as Applied in Judicial Reasoning, The Yale Law Journal 26（1917）：710-770.

② See Wesley Newcomb Hohfeld, Some Fundamental Legal Conceptions as applied in judicial reasoning, The Yale Law Journal 23（1913）：16-59.

③ 参见王涌：《私权的分析与建构：民法的分析法学基础》，北京大学出版社 2020 年版，第75页。

德没有明确地使用"权利束"这一表述，但是人们普遍认为他是开创权利束理论的鼻祖（以下将霍菲尔德的权利束理论简称为"霍式理论"）。霍氏理论的分析路径使得权利内部的各种权能，尤其是对物与对人的权利差异被同质化了，财产被理解为人与人之间对于物的一束法律关系。后来经过莫里斯·科恩（Morris Cohen）等人对相关理论的进一步丰富，财产权利束被更加明晰地看作是一种手段和安排。它并非建基于自然法而是来自人类的创造。为了实现经济激励或者其他更为重要的目的，私有财产权（也就是人与人之间的法律关系）可以相应地作出灵活调试，从而容纳多元化主体的多元化权益主张。① 到了 20 世纪，权利束理论在法律实证主义的大潮中经历了再发展，以罗纳德·科斯（Ronald H. Coase）为代表的一些学者将财产权刻画为不同私人之各种资源使用权的序列。在个案中，为了实现效率要求可以拿出序列中的任何一束权利在当事人之间重新配置。② 权利束理论的优势在于，它可以解释不具有物理排他性的多元权益的复杂交织现象。相较于割裂不同主体的排他性权利研究方法，权利束可以更好地整合权利内容，它不以权利冲突为研究的重点，而是关注如何兼顾各方利益。权利束的建构实际上是一个权利分割的过程。权利被分割后，权利主体可以针对不同的权利相对方让渡出权利的一部分，为的是平衡各方利益，从而获得更长远的发展。对于企业数据财产权来说，确定了企业掌控的原始数据与衍生数据这个束点后划分出不同法律关系中不同的权利内容，最终可以实现数据保护与利用的协同。霍式理论以及权利束相关的诸般其他理论体现了把权利打碎再整合的研究思路。权利被打碎后所呈现出的法律关系元形式为企业数据财产权相关法律规则的构造提供了理论支撑。

（二）必要关系厘清：企业与用户个人之间数据财产权的应然边界

从权利产生的视角看，企业数据权不仅包含数据处理企业的技术与资金投入，也和数据主体（也就是用户个人）及其社会活动密不可分。用户个人的原始数据是企业获取数据资源的源头，用户将个人数据权中的一部

---

① 参见［美］斯图尔特·班纳：《财产故事》，陈贤凯、许可译，中国政法大学出版社 2017 年版，第 163 页。

② 参见冉昊：《财产权的历史变迁》，载《中外法学》2018 年第 2 期，第 384 页。

分财产性利益让渡给企业，才使企业拥有足够的原始数据资源来创造衍生数据。因此，厘清企业与用户个人之间的法律关系是建构企业数据财产权法律规则的必要前提，而用户数据权利的必要保障是论证企业数据财产权存在合法性的逻辑起点。

对于企业而言，其收集数据的行为主要应当受到知情同意规则的约束，这是保护个人信息安全的基本要求。在立法层面上，我国先后制定了《网络安全法》《个人信息保护法》等一系列法律、法规，以及《信息安全技术 个人信息安全规范》等国家标准，明确并细化了知情同意规则，以规范企业获取个人数据的行为。在司法层面，我国法院在过去很长一段时间采用"三重授权"规则来处理企业之间的数据纠纷。所谓"三重授权"，是指企业获取用户数据需要经过用户同意（下文将直接从用户处获取原始数据的企业统一简称为"授权企业"），第三方企业想要使用已经被授权企业获取的用户数据需要取得用户和授权企业的双重同意。另外，欧盟于2018年通过的《通用数据保护条例》（GDPR）中规定了用户的数据可携权。这项权利意味着个人在其更换服务商时有权将其提供给前一服务商的数据转移给新的服务商。① 这体现了欧盟以个人信息自决权为核心的数据规则建构模式。无论是我国司法实务中使用的"三重授权"规则还是欧盟所保护的数据可携权，都体现了个人数据权利的过分延展。然而这种延展是否真的保护了用户利益，以及是否会给数据资源的利用带来负面影响，是值得反思的。

首先，个人数据权权能的扩张看似关照了用户权益，实际上并不能达到个人权益保护的目的。对于"三重授权"规则来说，赋予用户的授权环节越多，用户付出的边际认知成本也就越高；而且周围环境的影响以及企业的利益诱导会让人们认识到披露个人信息是符合其自身经济利益的。如果一个人向保险公司表明他不抽烟就可以支付较低的保费，如果一个人能够向雇主证明他很勤奋就可以获得更多的报酬，那么他们当然有动力披露自己的个人信息。当那些有正面信息的人选择披露信息时，博弈论中的"分散效应"（unravel effect）就会发挥作用：有负面信息的

---

① See EU General Data Protection Regulation，Art. 20.

人也不得不选择信息披露。因为如果拒绝，他们的情况可能会被揣测得比实际情况更糟。[1] 而对于数据可携权而言，企业与个人之间的信息不对称可能导致这项权利的行使更多受到外在力量的左右。而必要技术支撑的缺乏也会导致用户相对于企业而言，"带来"数据很容易，但是"带走"数据并且杜绝原来为自己提供过服务的企业再使用自己的原始数据几乎是不可能的。

其次，从竞争纬度考虑，"三重授权"很有可能成为企业间构筑数据壁垒的有力借口。为了使自己在市场竞争中保持优势地位，授权企业很有可能会把"用户授权不足"作为拒绝和第三方企业分享原始数据的理由。而实际上保护用户个人信息只是授权企业意图独享数据的借口。从另一个角度看，我们须意识到欧盟制定"史上最严的"数据保护规则所承载的政治考虑是冲击被美国垄断的欧洲数据处理市场，并扶持本土的数据处理产业，从而尽可能维护经济安全与主权独立。正如美国学者惠特曼所称，个人数据保护法的定位不是逻辑和经验的产物，而是当地社会焦虑与理想主义的产物。[2] 基于此，我们在学习和借鉴西方先进制度的时候应当保持批判性思维，客观审视其是否符合中国当下迫切发展市场经济的基本国情。

美国学者尼森鲍姆曾提出个人信息采集中的隐私保护情景正当性（contextual integrity）理论，或许可以为我国建构数据保护规则提供借鉴思路。她主张只要个人信息在合理的情景中流动就不属于侵犯隐私。[3] 这种理念套用在企业收集和使用用户数据上就意味着，只要企业的数据采集行为没有超出用户的合理期待，就不属于数据侵权。相应的，在知情同意规则的设置上企业也可以视具体情景灵活调整向用户告知以及获得同意的形式。以是否符合应用场景正当性作为数据使用是否合理的判断标准或许

---

[1] See Scott R. Peppet, Unraveling Privacy: The Personal Prospectus and the Threat of a Full-Disclosure Future, Northwestern University Law Review 105（2011）: 1156.

[2] See James Q Whitman, The Two Western Cultures of Privacy: Dignity Versus Liberty, The Yale Law Journal 113（2004: 6）: 1220.

[3] See Helen Nissenbaum, private as contextual integrity, Washington Law Review 79（2004: 1）: 138 - 140.

是更经济也更有效率的选择。个人数据自决权的过分延展会导致企业衍生数据的生产陷入低效，也可能使盲目的人们受利益驱使而展开数据披露竞赛，从而造成新的负外部性。

场景正当性理论间接约束了用户个人数据权权能的扩张。但是厘清企业与用户个人间的法律关系也不是一味要求限缩用户权利，而是要实现双方的利益平衡。正如科斯在《社会成本问题》一文中提出的"损害是相互的"这一经典论断[①]：个人数据自决权的扩张影响了数字经济的运行效率，而给予企业完全意义上的数据财产权利则无形中侵犯了用户利益。因此有必要将原始数据与衍生数据在归属上明确区分。这样的区分一方面可以为个人的消极防御性权利提供边界，防止其过度扩张阻碍数据的高效利用；另一方面也可以在一定程度上避免数据作为一项公地资源被企业毫无节制地榨取，从而侵犯了公民最基本的隐私安全。1968 年英国学者哈丁撰文介绍公地悲剧理论时提出了两个化解公地悲剧的方案：方案一是明确私人所有权，即通过私人权益的申明抑制公地资源被无节制地掠夺；方案二是公权介入，即由公权力机关通过法律的强制性规定阻止人们对公共利益的侵害。[②] 在数据权领域，区分原始数据与衍生数据的归属是借鉴方案一的体现。对于衍生数据而言，它在形式上是由个人原始数据派生而来的，但实质上是用户将数据的财产性利益让渡给了企业。衍生数据揭示的是与私主体相关的行为偏好信息。企业利用衍生技术形成的数据利用，占尽了私主体意思表示行为化信息利用的好处。[③] 因此，如果企业完全摆脱个人权益的束缚而独享衍生数据所带来的红利，就相当于"加工原料"的获取成本为零，这显然有失公平。正因为如此，有必要借鉴哈丁提出的方案二，即通过法律的强制性规定重构数据规则：基于权利保护和数据利用的双重目标，在企业数据权利束所蕴含的法律关系序列中具体选择需要保护的法律主体和法律利益。

---

[①] See Ronald H. Coase, the Problem of Social Cost, The Journal of Law and Economics 3 (1960): 19 - 28.

[②] See Garrett Hardin, The tragedy of the commons, Science 162 (1968): 1243 - 1248.

[③] 参见许娟：《企业衍生数据的法律保护路径》，载《法学家》2022 年第 3 期，第 73 页。

## 四、从法律关系角度出发重构企业数据财产权规则

本部分的论证逻辑为，先从外部视角构建企业数据财产权规则，再从内部视角以霍氏理论为工具阐述如何对这一系列规则进行企业数据财产权法律关系视角的构造。诚然，这些法律规则中所蕴含的法律关系并非均体现为企业享有（广义上的）权利、用户负担（广义上的）义务，但是按照财产可以化约为权利、权利体现为法律关系的霍氏理论逻辑，企业承担义务的情况也应当被描述在企业数据财产权利束所体现的法律关系中。

（一）企业与用户之间数据财产权法律规则及其霍氏理论分析

为了实现数据的高效利用，构建企业与用户间数据财产权法律规则时应当首先将数据分类，然后根据数据类别细化知情同意规则，并建立起数据定价机制。

第一步是数据的分类与知情同意规则的细化。第一，对于敏感个人数据的采集，企业应当严格履行知情同意规则，明确告知用户采集数据的内容及用途并获得用户的授权同意。第二，对于使用目的特殊的数据的收集，比如为了提供个性化服务而收集用户数据的，需要用户的明确授权同意。第三，对于企业为提供服务所必需收集的非敏感个人数据，可以适用选择退出机制，即在用户进入系统时告知其后台会收集哪些用户原始数据，并通过用户的访问行为默认其同意让渡相关数据权益。第四，对于与提供服务相关但并非必须收集的其他数据，可以放宽企业知情同意规则的履行形式，但企业在使用该原始数据时必须先进行匿名化处理或至少进行去标识化处理。

第二步是定价机制的确立。企业须支付给用户相应对价，以作为瓜分个人原始数据中蕴含的财产性利益的相应报酬。当前许多平台企业以免费提供服务的方式收集用户数据。"免费"的外衣使得用户往往难以产生交换意识，也认识不到个人数据的市场价值。因此，在未来构建数据定价机制时必须强调规则的透明化。企业在履行告知义务时应明确经济补偿的具体形式与计算方式。对于上述第四类非必须提供的非敏感个人数据，为了激励用户更广泛地授权，企业可以采取数据分红机制鼓励用户提供更多数

据。数据与服务的对价转换既是在价值层面上对用户个人数据权益的尊重，又能够在功能层面上促进数据流动与高效利用。当前，有学者将市场上普遍存在的企业免费使用数据模式下的数据定位描述为"数据作为资本"（data as capital），即企业将数据看作是用户享受服务所"排放"的"自然废气"，并默认其在此基础上投资形成的数据产品属于企业的专有资源。反对者提出"数据作为劳动"（data as labor）的观点来对抗"作为资本"的数据定位。① 其理由是，既然数据被视作人工智能相关产业的生产资料，那么用户作为数据主体，其一切生产数据的行为就可以被视为劳动。目前许多企业的关注点还停留在诸如生物识别信息、消费记录、行程记录等以消费为导向的原始数据上，这些数据并不包含太多的用户脑力劳动。但是在未来，为了进一步实现机器智能化，企业必然会增加对高质量用户数据的需求。用户生产数据过程中付出的脑力劳动在机器学习中扮演的角色会愈加重要；数据定价以及使用者付费原则的激励作用会愈加明显；企业使用数据后的付费义务也会被进一步重视和强调。

第三步是在知情同意规则被细化的基础之上进一步优化"三重授权"规则。首先，第三方企业想要使用的数据，如果是已经经过匿名化处理或去标识化处理的数据，那么可以直接从授权企业处获取，不需要重复征得用户授权。因为数据经过技术处理后再使用已经不会对用户权益产生不利影响。其次，授权企业在收集数据时告知用户将会转让这些数据并征得用户的概括性同意之后，再行转让数据无论多少次，转手多少主体也不需要再经过用户同意。当然，这是为了在保障用户人格权的前提下尽可能提高数据利用的效率。相应的对价性规则企业仍须遵守，即通过直接或间接的方式向用户支付报酬。另外需要明确，概括性同意让渡自己财产权益的用户应当获得程序上的更正与删除请求权，即如果衍生数据不准确或给用户带来事前难以预测的不利益，用户在让渡权益后仍可以请求企业对与之相关的数据进行更正或删除。

---

① See Imanol Arrieta-Ibarra, et al., Should We Treat Data as Labor? Moving Beyond 'Free', AEA Papers & Proceedings, 108（2018）：39.

从企业数据财产权内部视角解释上述法律规则，体现为企业与用户之间的六种具体的法律关系：第一，企业对于用户享有数据提供请求权（right）。对于用户接受服务所必须提供的一类数据，用户有提供数据的义务（duty）。当然，如果用户拒绝提供数据，则双方就不会产生与企业数据财产权相关的法律关系。第二，授权企业以及依法获取用户数据的第三方企业享有数据使用的自由（privilege）。只要企业获取数据的行为符合法定程序，并且在约定或法定的合理范围内使用该数据，用户就无权（no-right）阻止其使用。第三，用户对企业有支付对价请求权（right）。对于企业而言则体现为对价支付的义务（duty）。第四，用户享有数据保护请求权（right）。企业对于收集到的用户原始数据以及经过加工形成的衍生数据，均有保障其安全及避免数据泄露的义务（duty）。第五，对于用户已经授权可转让的或其他不会暴露用户个体特性的数据，授权企业可以转让，第三方企业亦可以通过数据抓取从授权企业处获得，而不需要经过用户同意。根据《信息安全技术　个人信息安全规范》3.14 和 3.15 的规定，经过匿名化处理的数据已不属于个人数据，经过去标识化处理的数据虽保留了个体颗粒性，但不借助额外信息亦无法识别或关联数据主体。因此，企业享有不再告知用户而转让或抓取数据的豁免权（immunity），用户无权力（disability）阻止企业的相关行为。第六，如果企业创造的衍生数据损害了用户的利益，相关用户有权利（right）请求企业更正或删除相关数据。企业负有依照用户请求更正数据错误或删除数据的义务（duty）。在这一情景中，企业更正或删除数据的义务会使其依据授权而使用数据的特权（privilege）受到一定程度的限制。

（二）企业与其他法律主体间数据财产权法律规则及其霍氏理论分析

用户与企业之间数据财产权法律关系的厘清是平衡数据资源相关权利保护与高效利用的重要一环。然而数据权利的冲突和竞争不仅发生在用户与企业之间，还发生在不同企业之间以及企业与国家之间。下面逐一加以分析。

1. 企业与企业之间数据财产权法律规则及其霍氏理论分析

美国法律经济学家卡拉布雷西和梅拉米德曾在 50 多年前撰文提出产

权保护的三大规则（以下简称"卡—梅框架"），即财产规则、责任规则和禁易规则。[1] 2012 年凌斌教授在"卡—梅框架"的基础上增加了管制规则和无为规则。[2] 如果说企业与用户个人之间数据规则的建构主要体现的是财产规则，那么企业与企业之间数据规则的建构则是责任规则与管制规则的体现。财产规则要求企业使用用户数据前须告知用户并取得其同意，也就是对用户原始数据控制权的尊重。而责任规则保护强制交易，即允许某些情况下第三方企业可以不经告知和同意进行数据抓取，仅通过价格补偿的方式保护授权企业的权利。管制规则的本意是支持市场交易的，但这种交易要受到严格的法律监管，通过国家直接干预私人之间交易的方式，平衡双方利益并保护该法益在私人效用之外的社会价值。这一规则主要适用于敏感个人数据或用户并未"一揽子"授权转让的其他数据。关于这些会暴露用户个体特征甚至可能泄露用户隐私的数据，虽然并非完全禁止出于营利性目的的获取，但获取方式需要受到知情同意规则的严格约束。

具体而言，建构企业间数据财产权规则首先仍要将数据依据内容分为敏感个人数据和非敏感个人数据。对于敏感个人数据的获取，第三方企业应当严格履行"三重授权"规则，自不必说。对于非敏感个人数据的获取，如果授权企业已经进行了匿名化处理或去标识化处理或者获得了用户的转让授权，第三方企业抓取这类数据时不需要征得授权企业的同意亦不需征得用户同意，但是需要支付一定的费用给授权企业。该笔费用应当由三部分组成，分别是用户资源共享费、数据收集劳务费以及授权企业代用户向第三方企业收取的原始数据相应对价。授权企业通过自身业务的吸引力形成用户群体才为后续原始数据的收集提供了可能性，也就是说，第三方企业在分享数据的同时间接享受了授权企业用户资源带来的红利，所以其向授权企业支付用户资源共享费理所应当；另外，授权企业在数据收

---

[1]　财产规则是指允许特定法益的自愿交易；责任规则是指通过司法定价促成法益的强制交易；禁易性规则是指某种情况下禁止法益交易。See Guido Calabresi & A. Douglas Melamed, Property Rules, Liability Rules, and Inalienability: One View of the Cathedral, Harvard Law Review 85 (1971): 1089 - 1128.

[2]　参见凌斌：《法律救济的规则选择：财产规则、责任规则与卡梅框架的法律经济学重构》，载《中国法学》2012 年第 6 期，第 13 页。

集方面付出了程序性的劳务，对此第三方企业应当支付相应的劳务报酬。

从企业数据财产权内部视角解释上述法律关系，须将法律关系分为两类：第一类是针对非敏感个人数据中已匿名化处理、去标识化处理或者其他用户授权企业可以转让的数据，授权企业与第三方企业之间存在两种法律关系，分别是第三方企业数据抓取的豁免权（immunity）与授权企业容忍抓取的义务（disability），以及授权企业的费用求偿权（right）与第三方企业支付费用的义务（duty）。第二类是对于敏感个人数据，第三方企业想要从授权企业处抓取为自己所用，需要征得用户与授权企业的双重同意。如果两方中任意一方不同意，第三方企业与该两方之间就不会形成法律关系。如果两方都同意，该两方就会同时与第三方企业间形成费用求偿以及数据安全保护的权利（right）与义务（duty）关系。

2. 企业与国家之间数据财产权法律规则及其霍氏理论分析

关于企业与国家之间的数据财产权法律规则建构：一方面，国家应当对外保护其本国数据主权，对内保护其本国企业的数据安全。2013 年美国"棱镜门"事件的曝光使得数据市场的自治模式受到了广泛质疑，也使得美欧关于数据传输的"安全港"协议被宣布无效。根据这份协议，成千上万家企业可以毫无障碍地将其掌握的数据从欧洲传输至美国。然而，多年后人们发现美国当局不仅没有对这些数据提供合理保护，甚至还存在数据窃取行为。这一事件让许多国家意识到，依靠其他国家难以保障数据安全，一国政府应当承担起保护本国企业数据安全的责任。这项责任的承担必然要求国家对企业数据加强监管，是对需要跨境流动的企业数据更要严加监管。企业为了配合国家监管应当依照主管行政部门的要求履行必要的数据披露义务。另外，在本国范围内，不同市场主体间可能存在数据窃取或对数据共享未支付合理对价等的侵权或违约纠纷。对于此类案件，司法机关应当公正处理、依法裁判，保障受害企业的合法权益，从而维护好数据经济秩序。另一方面，企业掌握的用户原始数据以及衍生数据涉及重大自然灾害、经济危机、恐怖袭击或其他违法犯罪活动的相关人员信息，或者具有灾害预警、分析及其他辅助性效用的，企业应当无条件地将数据提供给公权力机关。这种强制共享数据的义务不是一种财产性利益的让渡，而是企业应当履行的社会责任。在美国，苹果公司曾数度拒绝帮助 FBI 解锁恶性犯罪案件嫌疑人使用过的苹果手机。苹果公司 CEO 库克甚至发公开信表示，此举的目的是保护用户的数据安全和自由。[1] 笔者认为，这种事情不应也不会在中国发生，因为中国政府以人民为中心，信任政府才是明智的选择。中国企业应当为了公共安全而在数据提供方面全力配合政府。

从企业数据财产权内部视角解释上述法律规则，体现为企业与用户之间的三种具体的法律关系：第一，国家有保护企业数据安全的权力和义务（power+duty）。这是一种复合法律关系形式，也叫法律关系的次元形式。[2] 相对应地，企业就有配合国家履行职权的责任（liability）和请求国家保护数据安全的权利（right），即责任和权利（liability+right）。第二，为了履行保护企业数据安全，维护正常市场竞争秩序的义务，国家有必要对企业收集、使用、转让数据的过程进行监管。所以，这里也存在一对"power+duty-liability+right"的法律关系。第三，国家为了公共安全的需要而要求企业提供其收集的用户原始数据或经过加工创造出的衍生数据时，企业必须及时、无偿并毫无保留地提供。在这一情景中，国家与企业之间也存在一对复合法律关系，即国家享有履行职责的权力和特权（power+privilege），企业无权利（no-right）拒绝国家索取数据的要求，并负担无条件提供数据的责任（disability），即无权利和责任（no-right+disability）。

## 结　语

现实世界中的法律关系纷繁复杂，所以企业数据财产权的内容也必然多种多样。例如，不同企业经营业务范围不同，其对用户数据的请求权（right）范围会不同；不同类别的数据对用户而言重要程度不同，会造成用户在选择让渡相关财产权利时存在差异化考量，进而使企业获得的数据

---

[1]　参见《库克怒发公开信：苹果不会给美国政府开后门》，载第一财经，https://www.yicai.com/news/4751006.html，2023 年 7 月 1 日访问。

[2]　参见王涌：《私权的分析与建构：民法的分析法学基础》，北京大学出版社 2020 年版，第133 页。

使用权（privilege）有所差别。另外，不同级别、不同职能的公权力机关对企业数据监管的权力（power）也不可能完全一致。场景多元性使企业数据财产权的内容难以通过罗列的方式穷尽。因此，必须抛弃列举式的事实类型化方法，转而采用理念类型化方法，以法律关系（权利）的元形式为基础建构动态变化的权利束来解释企业数据财产权的内部构造。

数据作为数字经济时代推动社会发展的重要资源，牵涉多方利益，也因此引发了多方争夺。如何分好数据这块"蛋糕"，协调好权利保护与资源利用之间的关系，是数字经济时代面临的重大议题。正可谓"世易时移，变法宜矣"，既然传统的理论已经无法有效应对新问题，就没有必要生搬硬套。不考虑实用主义会导致理论建构不接地气。笔者尝试以霍菲尔德的权利束理论作为工具，在法律关系层面建构数据财产权，旨在消解毫无意义的数据确权争论，结合市场需求推动数据治理体系化变革。

# 第五章　数字经济背景下征信替代数据共享的法律机制研究

　　在数字时代，数据规模的不断扩张和信息技术的不断发展带来了前所未有的经济发展机遇，征信体系的发展无可避免地受到数字时代信息化生产方式的深刻影响。笔者所论征信替代数据指的是互联网平台企业在平台业务运营中积累、采集的与数据主体的信用状况具有相关性的网络数据，是数字经济时代的新型信息载体。征信替代数据因其规模性、丰富性，以及在信用评估、市场营销等各方面表现出的价值而逐渐成为市场竞逐的重要资源。

## 一、征信替代数据共享的利益基础和法律问题

　　关于征信替代数据的价值，在实践中一直存在争议。征信替代数据本质上具有大数据的特征，征信替代数据的共享则有大数据应用（big data application）的特征。征信替代数据共享并未改变传统征信机构收集、整

理、加工、保存、公布个人信息的本质。但是其带来了技术手段的更新，显著改变了传统信用信息共享机制的信息收集、加工、处理和使用方式，还在信息来源与评价技术等诸多方面产生了突破。同时，在信用产品的价值上，征信替代数据的共享也提供了新的可能性。

（一）征信替代数据的概念、产生背景和结构特点

基于征信替代数据的特殊性，在分析其在信用领域的共享价值之前，需要先对其概念产生背景和结构特点作简要论述。在此基础上，根据征信替代数据的结构特点和产生背景，对不同类型的征信替代数据的共享价值分别予以讨论。

1. 征信替代数据的概念

"替代数据"是数字时代讨论信用信息共享绕不开的一个概念。在征信领域，广义上的"替代数据"包括传统信贷数据之外可用于金融征信的各类非信贷数据，企业商务信用信息、公用企事业单位缴费信息以及公共信用信息等均可纳入替代数据的范围。如有学者认为，信贷领域的替代数据来源于互联网公司、科技公司等。[①] 在世界银行所作的关于将替代数据纳入征信报告的研究中，融资不足或未获得融资的中小微企业的替代数据源包括贸易信贷数据、公用事业偿付行为（电信数据、电费数据、天然气账单和水费）、法定付款、有形抵押品以及信誉担保等。[②] 关于个人征信替代数据的类型，有学者从数据覆盖度和可采集性的角度，将我国现有实践中的个人征信替代数据划分为六类：第一，来自电信公司、租赁公司、公共事业部门的数据，包括水电气、电信等基础设施费用、"五险一金"费用等；第二，来自金融机构、财政、司法部门的数据，包括存款及收入、银行账户支付数据、司法裁判数据等；第三，来自消费者个人的基本生活保障数据，包括职业、住房稳定性等；第四，来自消费者个人的学习和工作数据，包括学历、工作单位与职位、获奖证书等；第五，来自有关行政部门的数据，包括行政执法信息等；第六，来自电商、社交媒体等的

---

① 参见万存知：《大数据在征信体系建设中应用的思考》，载《金融电子化》2018 年第 12 期，第 27 页。

② 参见世界银行集团编著：《征信知识指南》（2019 年版），《征信知识指南》翻译组译，中国金融出版社 2020 年版，第 237 页。

数据，包括网络购物记录、社交平台互动记录、网页浏览记录等。广义征信替代数据的概念与非传统数据、非信贷数据等概念可以交互使用。

也有学者对替代数据作出了相对狭义的界定，这种界定通常将其与传统信用信息和互联网大数据相区别，主要指向公共事业缴费信息。如王晓明认为可替代数据指的是金融信用信息、贸易信用信息、公共信用信息这些传统信用信息之外的公共事业缴费信息。[①] 周诚君认为，替代数据主要是一些周期性支付数据和与小规模经营者、个体工商户经营活动高度相关的数据，包括通信缴费记录、水电气等市政公用设施支付信息、车险、经营流水、工资发放、税收和社保缴纳等数据，其既不同于中国人民银行征信系统采集的标准化数据，也不同于基于互联网行为产生的大数据。[②]

世界银行曾指出，替代数据并无明确统一的、被普遍接受的定义。[③] 以上观点实际上是从不同角度对替代数据作出的界定，虽然存在不同的理解，但综合来看，这些观点大致勾勒出了替代数据的基本特征，也即，与传统信贷信息不同，但与金融征信具有一定关联，且至少包括公共事业缴费信息。至于替代数据是否包括公共信用信息和互联网平台数据，观点不一，但概念上的界定并不影响对实践中各类数据在金融征信领域的可用性的讨论。笔者认为，一切可以用于金融信用评估的信息均属于"替代数据"，反过来，"替代数据"应当能够应用于金融信用评估，某类信息是否属于"替代数据"应从其是否与金融信用具有最基本的相关性判断。"替代数据"的内涵较为丰富，并且可能随着数字经济的发展而不断扩张。目前实践中关于"替代数据"的争议集中于公共事业缴费信息、企业商务信用信息、互联网平台数据、公共信用信息等多种信息类型。但从数字时代征信领域数据共享的实践趋势出发，源自互联网平台的征信替代数据最能体现数字经济时代信用信息共享的新特征。基于此，笔者就源自互联网平

---

① 参见王晓明：《征信体系构建：制度选择与发展路径》，中国金融出版社 2015 年版，第133 页。

② 参见周诚君：《替代数据征信监管需找准定位，服务小微市场主体》，载财经头条，https://cj.sina.com.cn/articles/view/5367424460/13fec65cc01900wpqs? tj = cxvertical_pc_tech&tr = 12&vt=4，2023 年 12 月 10 日访问。

③ 参见尚博文：《美国征信替代数据的应用与启示》，载《征信》2021 年第 10 期，第 61 页。

台的征信替代数据在金融信贷体系的共享进行研究，分析相关的法律问题并提出解决路径。

**2. 征信替代数据的产生背景**

在数字时代，各类数字技术的迭代更新为数据潜在价值的挖掘提供了无限可能。数据的商业利用价值不仅体现在精准营销，同时还体现在信用评估。信用信息共享制度从其诞生之初即以信息处理作为其制度运转的最基本形式。源源不断的信息供给是信用信息共享制度和征信体系正常运转的基础，也是驱动金融征信行业发展的主要动力，信息供给的数量和质量则决定着金融征信制度的运转效能。征信体系的发展无可避免地受到数字时代信息化生产方式的深刻影响，其不仅表现在传统信用信息的主体已经基于互联网的普及而得到大幅度扩张，得以覆盖更广泛的群体，也表现在传统信用信息的处理速度得到极大提高，对传统信用信息进行精细化分析、评估和加工处理的能力不断实现新的突破，同时还表现在信用信息的类型日益丰富和多元化，显现出突破传统信用信息类型的态势。除了金融信用信息、公共事业缴费信息等传统信用活动中产生的信用信息，基于丰富的互联网活动产生的极为多元化的平台数据已经成为可能影响征信的重要数据类型。如在共享经济领域，消费者在使用共享商品之后能否按时归还和支付租金显然是评价消费者信用度的重要因素。如何将平台数据纳入金融征信体系以提升金融征信效率，从而服务于金融市场的发展，逐渐成为数字经济时代金融征信领域的焦点问题。

**3. 征信替代数据的结构特点**

前已述及，征信替代数据本质上具有大数据的特征。根据数据读取、分析和表现的难易程度，可以以结构化程度为标准将大数据大体上划分为两类：结构化数据和非结构化数据。其中，结构化数据是能够用数据或统一的结构加以表示的高度组织和格式化的数据，其符合预定义的数据模型，更加易于读取和分析。非结构化数据是结构化数据之外的一切其他数据，表现形式极为丰富多样，但不符合任何预定义的数据模型，且难以组织和格式化，因此进行分析、处理的难度也比较大。随着大数据技术的发展，非结构化数据的可用性逐渐增强，其成为商家了解消费者行为和体验模式并进而提供更佳用户体验的重要基础。大数据的价值挖掘和利用需要经济、有效以及具有创新性的信息处理方式，从而为最佳决策提供可行的思路、见解和方案，因此其离不开人工智能、机器学习等信息技术的支撑。新技术的应用不仅将使大量数据的挖掘和提取过程变得更加容易、快捷以及更具成本效益，而且可以使人为干预的风险降到最低。① 在金融征信领域，信用数据也可以大致划分为结构化数据和非结构化数据，传统的金融信用信息、公共事业缴费信息以及公共信用信息等均属于结构化水平较高的数据，而大数据征信的作用则主要是通过区块链、人工智能等金融科技的运用，对占更大比例的非结构化和半结构化数据进行挖掘、提取和分析，从而促使此类数据在金融征信体系中变得可用，提高信贷机构的风控能力。

（二）普惠金融视角下征信替代数据的共享价值

仅从"信息越多、信用刻画越有利"② 这一信用信息共享推动者所普遍认同的朴素理念来看，征信替代数据因其内容的丰富和规模的庞大而具有多方面的共享价值。从普惠金融的视角出发，在面向缺乏公共征信系统记录群体开展的互联网小额借贷活动中，利用信用评价算法对平台内的数据进行分析处理，可以帮助预测信贷主体的信用状况。

随着数字经济的发展，来自互联网平台的海量数据在金融征信中的重要性已经获得相关政策的支持。2015 年国务院出台的《促进大数据发展行动纲要》提出，推动电子商务数据的融通共享，鼓励拥有技术条件的互联网企业开展大数据征信业务。但大数据拥有较为广泛的来源，包括社交媒体网站、网络借贷平台、移动支付公司、平台交易活动等，从而导致大数据的承载内容和表现形式均相当丰富，其中哪些数据在金融征信领域具有共享价值，哪些数据因不具有共享价值或受隐私保护等的限制而不能共享，均需要具体分析，且其所涵盖的数据类型可能随时间推移而改变，难

---

① 参见世界银行集团编著：《征信知识指南》（2019 年版），《征信知识指南》翻译组译，中国金融出版社 2020 年版，第 58 页。

② 虽然现实中由于互联网上大量信息的真实性难以确定而可能导致"信息噪声"现象，进而影响信用评估的效率和准确性，但理论上说，如果所共享信息为真或假信息能够通过技术予以辨别，则信息共享得更加充分除了可能导致授信主体决策时顾虑更多，从缓解信息不对称角度而言并没有坏处，而且相比于不充分的共享通常只有好处。

以在理论上完全固化。从现阶段国内外互联网大数据征信实践来看，消费信用数据、心理测量数据和社交数据的征信价值和共享中存在的困境受到普遍关注。

1. 消费信用数据与金融信用的相关性

随着新支付技术的兴起，现金和信用卡占据主导地位的传统支付格局已经逐渐被移动支付的出现和日益流行所打破。移动支付的优势是使用者能够随时随地进行支付或接受支付活动，且免去了现金的提取、携带和零钱兑换等麻烦，因此在人群中，尤其是年轻人中普及度极高。在我国，支付宝和微信支付已经成为主导支付市场的两个最重要的移动支付工具，两者均支持零成本支付，即同一平台上各方的交易是免费的，平台用户均不需支付交易成本即可获得免费的支付和实时结算服务。这种简单、便捷的数字支付方式受到我国广大居民的欢迎。移动支付系统的使用使交易全面数据化，直接产生了海量的支付流水数据。从信用的角度来看，这些数据可以界定为消费信用数据。

消费信用数据可以显示用户在特定时期内的资金流转状况，从而辅助判断其特定时期内的真实收入和财务状况，因此可以用于计算用户的信用评分，帮助缓解借贷市场的信息不对称。消费信用数据对于评估入驻平台的电商和消费者的信用状况均有价值，如对于电商而言，可以反映其经营、收入信息；对于消费者而言，可以反映其履行还款义务的状况。因此，消费信用数据与用户的金融信用状况具有更强的关联性。从国际经验来看，消费信用数据在金融征信，尤其是小微企业信用评估中的应用价值已经被部分国家的实践所证明。如在肯尼亚，移动支付覆盖率的提高与该国信贷市场规模的扩张具有重要的因果关系。[①]

2. 心理测量数据与金融信用的相关性

一些新的信用评分工具根据心理测量学的方法，通过一系列的性格和行为测试来生成信用评分，而不再仅仅依赖传统的历史信用记录。心理测量学的变量主要是以五大人格理论模型为主体的人格特质，包括智力水

---

① See Jack W., Ray A. and Suri T., Transaction Networks: Evidence from Mobile Money in Kenya, American Economic Review, 103 (2013): 356 - 361.

平、责任心、延迟享乐能力、情绪稳定性、性格外倾性等。按照相关模型专门采取的直接反映心理特征的数据被称为心理测量数据。

从世界范围内来看，当前已经有一些专业型的市场化征信机构通过互联网的应用程序、电话采访、问卷调查等渠道采集心理测量数据，将这些数据和其他数据结合进行信用评分，进而判断潜在借款人的还款意愿，为金融机构的信贷决策提供支撑，取得了良好的效果。如创业金融实验室（EFL）在 20 多个国家的征信市场使用了以心理测量数据为基础的信用评估方法，其中，在肯尼亚的应用结果显示，以心理测量评分的高低进行排序，位于评分金字塔顶部的 25％的信用主体的违约率明显低于位于评分金字塔底部的 25％的信用主体，后者是前者的 7 倍。[1] 因此，结合我国经济社会发展和信用信息共享实际，将心理测量数据纳入金融征信体系的信息采集范围，对于提升信贷机构的决策效率、发展普惠金融具有重要的意义。

3. 社交数据与金融信用的相关性

与消费信用数据相比，在互联网大数据共享中争议更大的是社交平台上产生的搜索数据、浏览数据、互动数据、交往数据、购物数据等，这些数据可以统称为社交数据，具有非支付性、非交易性等特征。

关于社交数据能否用于金融征信的争议点主要在于其与金融信用的相关性不明确以及对信用主体的隐私权造成侵犯的可能性较大。有观点认为，社交数据能够反映信用主体的兴趣爱好、行为习惯、情绪状态等，与信用风险评估具有值得重视的相关性，如通过对信用主体在社交媒体平台上的言论和互动进行情绪分析，可以获知信用主体的情绪状态，从而辅助判断信用主体的还款能力和意愿；通过对信用主体在社交媒体平台上展示的兴趣爱好和建立的社交关系等进行分析，可以辅助判断信用主体的行为方式、人格特征和性格特点，进而对其信用状况作出更加精准的评估。[2]

---

① 参见王静、杨渊、赵以邦：《心理测量学在信用风险评估中的应用研究》，载《征信》2019 年第 8 期，第 13 页。

② 参见金科应用研院：《社交媒体数据在信贷风控中的应用：情绪分析与用户画像》，载人人都是产品经理网，https://www.woshipm.com/user-research/5864101.html，2024 年 7 月 9 日访问。

有观点认为，社交数据中呈现的好友亲密度、好友经济状况有助于预测信用主体的还款能力，社交圈质量和稳定性、社交影响力、理性程度、兴趣爱好等可以反映信用主体的个人品性，因此可以用于预测信用主体的还款意愿。[①] 有观点认为，社交数据能够反映个人的理性程度，因此可以帮助评估信贷记录较少的新市民群体的信用水平。[②] 张继红认为，网络社交数据属于非结构化和非常规性数据，其虽然能勾勒出人们的节点网络和行为网络，但这两种网络是否可以决定一个人的真实人际网络很难确定，因此网络社交数据能否真正反映借款人在现实生活中的客观经济状况尚存在疑问。[③]

笔者认为，社交数据因其非支付性特征，在金融征信中的价值一般不如金融信用信息，甚至也不如公共事业缴费信息、消费信用数据等非金融或类金融信用信息，但其与信用主体的金融信用状况并非完全没有关联，其对信用主体整体人格特征的反映有助于判断其诚信道德素养，对信用主体具体情绪状态、社交状态等的反映则有助于判断其在特定时间的信用水平。同时，随着互联网的普及和社交平台使用率的提高，社交数据的覆盖面日益广泛，且其涉及维度较为多元，成为传统信用信息之外的重要替代信息。因此，社交数据在金融征信领域具有共享价值，只是其共享过程中需要突破的技术性和制度性障碍较为复杂。

（三）征信替代数据共享面临的法律困境

当前，我国征信立法以传统的信用信息共享活动为现实基础，存在规范内容与征信替代数据共享中信息处理行为的技术特征明显脱节的问题，具体可以从以下三个层次进行理解。

1. 征信替代数据的非结构化特点超出传统征信立法的规制范围

征信替代数据作为平台经济活动中产生的数据，具有非常明显的数字

---

[①] 参见刘黎春：《社交数据在征信领域的应用探索》，载中文互联网数据资讯网，http://www.199it.com/archives/455121.html，2024年7月9日访问。

[②] 参见张健华、张伟、朱诗怡、李昱彤、庞鑫：《"征信新规"下的信用数据分享问题研究》，载清华五道口金融科技研究院官网，http://thuifr.pbcsf.tsinghua.edu.cn/info/1013/2373.htm，2024年7月9日访问。

[③] 参见张继红：《大数据时代金融信息的法律保护》，法律出版社2019年版，第366页。

时代特征。征信替代数据的处理和共享也具有与传统信用信息的处理迥然相异的技术特点。由于平台经济的崛起仅仅是近些年在互联网迅速普及和数字技术飞速更新的背景下才成为人们无法回避的社会现实的，因此传统的征信立法对征信替代数据的共享并无准备，由此造成征信立法与征信替代数据共享实践脱节的问题。征信替代数据的共享具有两大特点：一是所采集信用数据类型具有典型的非结构化特点，与传统信用信息的高度结构化的特征具有截然不同的属性；二是征信替代数据共享所使用的技术手段中常常融入具有高度复杂性和难理解性的算法技术。而我国《征信业管理条例》对信用信息处理规则的勾画是以传统结构化数据的常规处理为现实基础的，在立法时对信用评价算法的运用也缺乏预见。征信替代数据的采集究竟能否适用传统的告知同意规则和最小必要原则，不同类型的征信替代数据是否可以采用统一的规制措施，尚需立法的进一步明确。

2. 传统征信业的监管思路无法适应征信替代数据的市场化共享

在公共征信和市场化征信双轮驱动的征信体制下，实现征信替代数据在金融征信体系的共享理论上有两种可能的路径：一是将征信替代数据纳入公共征信机构的信息采集范围；二是通过市场化征信机构探索开展征信替代数据的共享业务。而从现实来看，公共征信机构的权威性、精准性和统一性使其在面对新的信息共享利益诱惑时不得不保持一定的保守性和传统性，而征信替代数据的非结构化特征使其真正价值尚无法直接、轻易判断，因此推动征信替代数据向公共征信机构共享并不现实。但通过市场化的方式实现征信替代数据的共享具有较大的可行性。市场化的征信业务能够相对准确、灵活地探知市场需求，把握征信市场规律，且在业务创新方面具有较大的活力。因此，征信替代数据共享应以市场化方式为主。但我国当前征信立法仅仅笼统地将征信替代数据共享纳入中国人民银行管理的传统征信模式，以传统的征信机构作为征信替代数据共享渠道，在哪些方面应当控制较严、哪些方面应当相对放松控制上，并非真正依据征信替代数据市场化共享的客观规律作出判断。

## 二、比较法视野下征信替代数据共享的经验

互联网大数据往往记录了数据主体在网络上的行为轨迹，其中一些数

据能够反映信息主体在不同领域的交易、交往活动，进而反映信息主体在日常生活中的行为习惯、兴趣爱好、性格特点、道德品格等，从而能够通过某些侧面反映出其信用状况。对于大数据征信的价值和可能的探索空间，在全球范围内已有征信机构给予关注。在一些数字经济发展较为迅速、征信市场较为开放发达的国家，如美国、英国，不少专业化的征信机构充分意识到了互联网大数据在金融征信中的可用性，并已展开了创新性的业务实践。

（一）征信替代数据共享的域外探索

近年来，随着新技术的兴起，信贷市场上出现了一些以金融科技为基础的新兴信贷机构。这些金融科技公司的主要目标是通过软件和现代技术提供金融服务，是大数据技术与金融市场相结合的产物。其主要利用自身积累的技术优势和数据资源，通过对互联网大数据进行采集和加工处理，为正规金融体系之外的消费者开发替代信用评分工具，从而与传统的征信及信贷模式展开竞争。从全球范围来看，英美等发达国家的金融科技公司的发展较具代表性，如美国的专注于新兴市场金融服务的移动技术和数据科学公司 Tala、专门为中小型电商提供营运资金贷款服务的网站平台Kabbage，英国的专注于通过性格特征了解消费者的公司 VisualDNA 等。

1. 美国：Tala 和 Kabbage 公司的大数据征信模式

目前，除了全面型征信公司，在美国还分布着数量众多的专业型征信公司（special consumer reporting agency，SCRA）。这些专业型征信公司的基本商业理念与传统的征信机构是一致的，即通过信息共享机制解决金融或商业交易过程中的信息不对称，有效管理信用风险，但其应用领域更加专业和精细，涉及租房、车险、财险、银行账户和支票核查、低收入或次级贷款人群等。[①] 因此发展专业型征信机构对于充分利用大数据技术进行信用评估具有重要的优势，同时，专业型征信公司在专注于为普惠金融提供信用服务方面也具有明显特色。这为我国在数字普惠金融背景下发展新型市场化征信机构提供了新的启发和想象空间。以下就其中较为典型的

---

① 参见刘新海：《专业征信机构：未来中国征信业的方向》，载《征信》2019 年第 7 期，第12－18 页。

使用征信替代数据发展信用融资的两家公司 Tala 和 Kabbage 进行简要分析。

Tala 创建于美国加州，其创立的初始目的即是为没有正式信用记录、无法获得主流金融服务的群体提供小额贷款，这些群体包括小微型企业主或新兴的中产阶级等。Tala 的征信信息来源主要包括手机设备上的日常生活数据和网络活动中的行为数据。前者包括客户的自拍照、身份证照片、通话记录、短信以及手机设备类型、ID、操作系统等；后者主要涉及客户对互联网应用程序的使用情况，包括其访问的页面、是否阅读相关条款和条件、相关费用的支付情况等。实践证明，Tala 的大数据征信模式取得了良好的效果。相关数据显示，截至 2020 年左右，Tala 已经累计向 400 万名用户提供了超过 10 亿美元的贷款，且偿还率达到 90%。[①] 在应对法律和监管方面，Tala 使用标准化对话单独获得用户的授权后才对其数据进行采集，并且对其所请求采集的数据内容及如何处理均有较为详细的解释。

Kabbage 创建于美国亚特兰大。作为一家为电商提供营运资金支持的企业，Kabbage 最初主要采用电商的经营数据作为提供具有贷款性质的商业预付款的决策依据，以规避信用风险。这些经营数据包括产生于互联网经营活动的记账数据、发货数据等。2011 年，Kabbage 突破传统信用信息类型的束缚，开始选择采用电商的社交数据对其进行信用评分，这些数据包括网友对其商品的评论数、好评率、浏览量、转发量、点赞数等社交互动数据。Kabbage 的实践结果表明，社交互动数据的使用在降低电商的违约率方面展现出良好的效果。

无论是 Tala 还是 Kabbage，均强调大数据在初次授信中的作用，并重视初次授信之后信用主体的还款情况，将其作为下一次授信活动的重要依据。

2. 英国：VisualDNA 公司对心理测量数据的采集

英国与美国具有类似的发达征信市场，在专业化征信和大数据征信方面亦有较多相似之处，这里择取较具特色的使用心理测量数据进行评估的 VisualDNA 进行简要分析。VisualDNA 的主要经营业务是通过高度定制的信息开展基于个性的营销活动。在征信方面，VisualDNA 的业务特色是运用行为学分析方法，面向用户设计一系列问题和调查问卷以对其进行心理测试，并通过心理测试结果判断用户的个性特征，包括坦率程度、责任心、外向性、情绪稳定性、亲和力以及认知偏差等。VisualDNA 设计将这些心理行为特征和其信用状况相匹配的具体方法，如艰难处境中仍然具备逻辑思考能力的借款人意味着其在不利情境下仍有可能具有还款意愿。为了确保心理分析结果的准确性，VisualDNA 还注重将心理分析数据和用户储存在本地终端上的数据交互验证。

3. 整体特征：审慎推进业务创新

当前全球范围内对互联网大数据，特别是社交数据的采集和共享仍然处于探索阶段。即使在征信业比较发达的美国，多数大数据征信机构在对大数据进行收集和利用时，并非对各类数据均不加选择地予以使用，而是主要选择与信用风险强相关的支付类数据，并且通常对这些数据进行深入研究、反复测试后才谨慎纳入信用报告和信用评分。美国联邦储备系统（The Federal Reserve System，以下简称"美联储"）曾经警告金融科技公司，使用社交数据等互联网大数据来评估信用存在一定的风险，这样的评估方法有可能会导致违反公平贷款相关法律。美联储总监布雷纳德（Lael Brainard）总体上肯定了金融科技的创新潜力，但认为其可能尚不适用于信贷价值评估领域，使用非传统的新型数据可能会导致消费者保护问题，因为其还没有和信用价值之间建立受到普遍认同的实际联系；也可能会导致透明度问题，因为个人、监管机构等不可能总是清楚这些新型数据如何被使用。① 在征信业发展实践中，为了在信息保护上满足合规要求，征信机构在采集大数据时的谨慎做法主要涉及三个方面：一是严格按照《公平信用报告法》的规定，排除使用消费者的隐私信息；二是将信用评分所依据的全部数据纳入信用报告中并免费提供给消费者，保证所使用信用信息的透明、清晰、可了解，保障消费者的知情权、异议权和纠错权；三是使用相对固定、安全、可信的信用评分算法模型，避免算法模型的变化导致

---

① 参见黄鑫：《美联储警告金融科技公司：新型信贷评估方式存在风险》，载未央网，https://www.weiyangx.com/221158.html，2023 年 11 月 9 日访问。

不公平的信用评分。①

（二）征信替代数据共享立法的国际经验：以美国和欧盟为例

探讨互联网大数据征信的法律规制经验，至少应当检索两个方面的内容：一是专门针对互联网大数据征信的法律规制；二是专门针对征信领域或信息处理领域的法律规制，特别是针对大数据时代数据处理的法律规制。由于大数据征信是近些年新兴起的征信活动，其业务尚未大范围普及，因此对于如何监管来自互联网大数据的信用信息的采集和共享，包括如何确定大数据中可以用于金融征信的数据类型和范围，目前尚未在全球范围内达成共识。基于此，专门对大数据征信进行的立法尚不多见。征信或信息立法较为发达的美国和欧盟均未就大数据征信建立专门的规则体系。因此，对大数据征信进行法律规制主要是通过传统的征信和信息立法框架。从全球范围来看，由于美国和欧盟在国际上的政治、经济地位及对其他立法体的影响力，两者的信息立法分别代表了两种典型的信息共享和保护的规制模式，以下就其中与大数据征信具有关联的部分进行梳理分析。

1. 美国立法的宽松倾向：重视数据价值释放

在全球范围内，美国是典型的采用市场化征信模式的国家。经过多年发展，美国已经拥有了高度发达的征信市场。在隐私和信息保护方面，美国作为最早提出并通过法律对隐私权予以保护的国家，截至目前已然构建了较为健全的隐私权保护法律体系，覆盖宪法、联邦立法和州立法等各个层级。但在隐私权保护的立法模式选择上，美国采取的是分行业立法模式，即针对不同行业分别制定专门的隐私保护规则体系。自 1974 年以防范联邦政府侵犯公民隐私为主旨的《隐私法案》（Privacy Act）出台至今，美国还没有形成一部全面的、囊括政府和私营部门数据处理行为的隐私保护法规。因此，美国征信行业的隐私和信息保护规则主要存在于专门的征信立法中。以下围绕美国征信行业专门立法，分析其对平台数据共享的规制作用。

---

① 参见刘新海、曲丹阳：《基于征信大数据的替代信用评分》，载《征信》2016 年第 3 期，第 33 - 36 页。

（1）征信专门立法的自由市场导向：以"选择退出"（opt-out）权利为核心

20世纪70年代以来，美国制定了多部关于征信管理的立法对信用信息的处理行为进行规范，构建了较为完备的征信监管法律框架。其中，1970年颁布的《公平信用报告法》是最为核心的征信立法，其内容主要是围绕信用报告相关行为，明确消费者、征信机构、信息提供者和信用报告使用者等多方主体的权利和义务，引导征信行业健康发展。在征信机构的界定上，《公平信用报告法》将"消费者报告机构"界定为"任何为收取费用或基于合作性的非营利目标，以向第三方提供消费者报告为目的而完全或部分从事收集或评价消费者信用信息或其他信息的实体"。根据该定义，以通过采集互联网替代数据进行信用评估为主要业务的金融科技公司也属于消费者报告机构。在征信监管体制上，美国采用的是事中和事后的行为监管模式，而并没有针对征信机构设置特别的市场准入限制。因此美国的征信市场法发展自由而充分，专业化的大数据征信业务也是在这一监管环境下得以探索出丰富的经验。在信用信息的保护上，1970年《公平信用报告法》严格规范了征信机构收集和使用信用信息的用途、目的、程序和准确性等，但并没有对其采集信息的类型进行过多限制。该法第603条d款规定消费者报告可以包含反映消费者个人的可信价值、信用状态、偿债能力、性格、一般声誉、人格特征、生活方式的任何书面的、口头的或其他形式的信息。该款规定较为宽松，导致几乎任何与消费者信用具有关联的信息均可以采集。1974年颁布的《平等信贷机会法》禁止债权人根据种族、肤色、宗教、国籍、性别、婚姻状况或年龄歧视任何信贷申请人。因此，有关种族、肤色、宗教等方面的信息一般不得采集。但这些限制对美国信用信息共享而言只是最基本的限制。

基于立法对信用信息采集的宽松态度，随着美国征信市场的快速发展，征信机构之间的竞争日益激烈，征信机构所采集的信用信息类型也不断丰富。《公平信用报告法》颁布后，美国国会根据征信市场的发展变化对其进行了多次修改或补充。这些立法主要强化了征信机构保护消费者信息权益的义务。在征信机构可采集信息的类型方面，主要是对消费者的医疗记录和就业记录的采集进行了限制，即消费者对医疗和就业信息有"选择进入"（opt-in）的权利，征信机构不经消费者同意不得采集这两类信息。而在美国的征信立法框架下，获取和使用其他类型的信用信息，一般不需要事先获得消费者的授权，消费者对这些一般信用信息享有的是"选择退出"（opt-out）的权利，即有权选择拒绝征信机构、金融机构等数据处理机构处理其信用信息。为了加强大数据时代的信用信息保护，除了对少部分信息的采集加强限制，2003 年《公平和准确信用交易法》还增加了向消费者提供免费信用报告、应对"身份盗用"、设立全国性欺诈报警联合系统等相关条款。从整体来看，美国征信监管体制的发展特征可以总结为：随着征信市场的发展，越来越多的义务被赋予征信机构以及数据提供者。但在美国，征信行业对信用信息的收集、共享和使用在法律层面相对于其他行业和领域具有明显的便利和优势。根据美国 1973 年提出的"公平信息实践原则"（Fair Information Practice Principles，FIPPs），个人有权决定关于其本人的何种信息可以被收集。这一原则相当于赋予了个人关于其信息收集的同意权，并在美国多部关于隐私的法案中具化为法律规则。但在征信领域，相关立法并未全面赋予信息主体同意权，大部分信用信息的采集并不需要事先获得信息主体的同意。

（2）信用评价算法的商业秘密属性

随着信息技术的发展，在线隐私保护的重要性日益凸显。大数据行业的兴起使传统的隐私保护规则面临前所未有的现实挑战。仅就征信领域而言，在金融科技公司开始宣称"一切数据都是信用数据"以及网络监视和算法评判日益流行的时代，数据处理的大规模和不透明倾向使 20 世纪 70 年代通过的限制信用报告信息最大化和防范歧视性贷款的《公平信用报告法》《平等信贷机会法》等法律面临着被规避的风险。为了应对大数据时代隐私保护遭遇的新挑战，美国一些州开始探索构建与大数据环境相适应的消费者隐私权保护规则体系。如美国加利福尼亚州的《在线隐私保护法》（California's Online Privacy Act），要求商业网站以及其他收集加利福尼亚州居民信息的在线服务运营商以显眼的方式在网站上提供有关数据使用习惯的通知并遵守这些通知。2022 年 6 月，美国众议院和参议院发布了《美国数据隐私和保护法案（草案）》。虽然其尚未成为正式的联邦法律，但其中的规则设计体现了美国在数据利用和保护方面的态度，即在加强个人数据权利保护的同时，强调数据价值释放的重要性。与欧洲数据隐私保护中强调"同意"作为数据处理的合法要件不同，《美国数据隐私和保护法案（草案）》为一般个人数据处理设计了"选择退出"的权利，也即在对一般个人数据进行处理时并不需要取得个人同意，仅需告知个人有权选择拒绝数据处理，对于敏感个人数据等特定类型数据的处理活动则一般需要取得个人同意。这些敏感个人数据包括政府颁发的不需要公开显示的标识符、医疗信息、生物特征信息、遗传信息、向第三方传输精确的地理位置信息、私人通信信息、识别个人在线活动的信息、个人设备上供私人使用的信息、访问和浏览媒体的记录等。就一般个人数据的保护而言，选择退出规则与同意规则相比更有利于互联网企业对个人一般数据进行利用，但《美国数据隐私和保护法案（草案）》将在线活动信息纳入了需经同意才能采集的敏感个人数据，而这部分信息对互联网企业进行用户画像、精准营销等活动显然更为重要，仅就此而言，《美国数据隐私和保护法案（草案）》关于敏感个人数据的规定似乎会对大数据征信、精准营销等大型科技公司的网络业务活动产生不利影响。但《美国数据隐私和保护法案（草案）》还规定了敏感个人数据同意规则的例外情况，即在满足合理必要性、相称性且仅限于特定目的的情况下，数据处理机构可以出于发起或完成交易、维护系统、改进产品或服务、解决安全事件、防止欺诈或非法活动、遵守法律义务或行使法律请求、防止个人遭受严重损害、根据法律召回产品、为公共利益或符合法律规定的科学历史统计研究目的、与执法机构合作等目的得到限制处理情况的豁免。这就为数据处理机构充分利用数据价值提供了较高的自由度。

在个人数据权利体系方面，《美国数据隐私和保护法案（草案）》赋予了个人对其数据的访问权、更正权、删除权和可携带权等，但从防止阻碍数据创新的角度对私人诉讼权作出了限制。在数据处理机构的义务方面，《美国数据隐私和保护法案（草案）》专门为数据处理机构，特别是大型数据处理机构设置了较为严格的义务，包括数据最小化、算法影响评估、权衡数据处理的好处与不利后果等。其中数据最小化义务要求数据处理机构不得收集、处理或转移超出合理必要、相称和有限的范围的受保护数据，其中包括在转移个人的综合互联网搜索或浏览历史之前，必须获得数据主体明确的同意，并通过单独的、明确的通知对第三方传输的方式进行解释。算法的不透明是数据隐私保护的难点，《美国数据隐私和保护法案（草案）》对这一问题的回应是：一方面，鼓励数据处理机构在消费者容易获得的地方公开进行算法影响评估；另一方面，明确数据处理机构可编辑并隔离任何《美国法典》第 1839 条定义的商业秘密，不受前述公开披露条款的影响。由此看出，《美国数据隐私和保护法案（草案）》更加强调算法技术作为商业秘密应当受到保护。这一点与欧盟更加重视算法运行逻辑的公开存在区别。整体而言，《美国数据隐私和保护法案（草案）》的数据隐私保护立法模式既体现出大数据时代加强隐私保护的全球趋势，同时又在许多重要方面表现出重视数据价值释放的理念，尤其是在将算法技术作为商业秘密予以严格保护方面。《美国数据隐私和保护法案（草案）》目前尚未成为正式的联邦法律，因此无法检测其实际实施效果，但由于其对大型科技公司课以较重的义务，其发布后遭到了美国一些大型科技公司的反对。

除了不断提出新的关于大数据时代个人隐私保护的法案，美国还出台了相关政策报告阐述大数据时代个人信息保护的原则，为个人信息保护实践提供了重要指引。如 2014 年美国总统科技顾问委员会（President's Council of Advisor on Science and Technology，PCAST）出台了一份研究报告《大数据与隐私：技术角度》，倡导"结果导向型"治理方式。该报告认为，大数据的处理流程分为三个部分，即数据收集、数据分析和数据利用。由于数据收集和分析过程经常涉及一些非人为性或非目的性因素，因此对数据收集和分析过程进行规制不具有可行性，应当将法律规制集中于最后的数据利用环节，以数据利用方式是否会给信息主体带来损害为评判标准。同时，该报告强调法律应当着眼于技术背后的目的性结果管控，从数据终端用途的层面防止数据利用给信息主体造成不良后果。在"结果导向型"保护的理念基础上，该报告强化了金融机构等数据控制者的义务、责任以及消费者所享有的保障性权利。[①] 该研究报告给出的大数据利

---

① See President's Council of Advisor on Science and Technology，Big Data and Privacy：A Technological Perspective，2014.

用和保护的平衡方案在一定程度上符合大数据采集、分析和使用的普遍性特点，对完善大数据立法亦具有启示意义。

2. 欧盟立法的严格倾向：重视信用主体的权益保护

与美国相对开放和自由的信息使用方式不同，欧盟在个人信息保护领域建立了最为严格、管辖范围最宽、处罚最严厉的法律规范体系。在欧盟数据保护立法的基础框架下，欧洲绝大多数国家对个人信用信息的使用都有着相对严格的限制，但征信业承载公共利益的重要性、特殊性使其在严格的知情同意规则之外具有"法定义务"与"合法利益"的合法化理由。在数字时代，欧盟对大数据共享的规制延续了严格保护信息的一贯思路，主要体现在数据用户画像、自动化决策等方面。

（1）征信业的合法化理由："同意""法定义务"与"合法利益"

1995年欧盟议会和理事会正式签署的《数据保护指令》（EU Data Protection Directive 95/46/EC）① 建立了一套综合性个人数据保护法律框架，其内容主要包括：确立了数据处理的合法化标准，即在何种情形下才能处理数据；关于敏感个人数据的处理及法定例外，明确禁止收集包含借款人的种族或民族、政治主张、宗教或哲学信仰、工会会员身份、健康或性生活等方面内容的敏感个人数据；数据控制者的义务与责任，包括从数据主体处收集数据时须履行的告知义务、未从数据主体处获得数据的披露义务、保密和安全管理义务、向监管机构履行通知义务等；赋予数据主体广泛的数据权利，包括获取权、修改权、删除权、贴标隔离权、反对权以及自动化处理的个人决定权等。《数据保护指令》规定的数据处理合法化情形主要有6种，其中与征信相关的主要是"同意"情形、"法定义务"情形与"合法利益"情形。其中，"法定义务"情形主要为公共征信机构的信用信息处理活动提供了合法性。在欧洲，由本国中央银行运行的公共征信系统是欧洲信用信息共享的一个普遍特征。这些公共征信系统是强制性的征信系统，根据中央银行的监管要求，所有金融机构必须向其报告数据。"同意"情形和"合法利益"情形则为市场化征信机构的发展提供了

---

① Directive 95/46/EC of the European Parliament and of the Council of 24 October 1995 on the protection of individuals with regard to the processing of personal data and on the free movement of such data.

合法化标准。"同意"情形要求数据主体必须明白无误地对数据处理表示同意，"合法利益"情形要求数据控制者或任一第三方出于合法的利益才能对数据进行处理，这一合法利益不能违背保护数据主体隐私权的利益要求。在欧洲，与个人隐私利益相比，银行体系的稳定性通常被视为一个级次更高的公共利益，由此，在允许市场化征信机构存在的欧洲国家，如英国、德国、瑞典、芬兰等，征信机构采集个人数据以帮助商业银行进行信用评估、降低信贷风险的业务活动获得了合法化基础。《数据保护指令》对数据主体赋予的获取权、反对权等使其有权向任何存储其信息的机构就特定信息提出异议，并可以选择拒绝银行及其他相关各方共享其信用信息，达到了较高的信用信息保护水平。但随着互联网信息技术的发展，数据的采集、传输和处理方式发生了巨大的变迁，《数据保护指令》在应对网上个人数据处理方面逐渐显得乏力。

(2) 用户画像和自动化决策的限制

为了解决大数据时代的隐私保护困境，欧盟于 2016 年通过新的个人数据保护法《通用数据保护条例》。① 该部法律被称为史上最严格、保护水平最高的数据保护规则，其通过以下几个方面强化了个人对其数据的控制：修改并扩大"个人数据"所涵盖的范围；明确数据主体可以便捷地访问其个人数据；确立数据主体享有被遗忘权及可携带权；对"同意"作出了更加清晰的界定；明确个人数据处理的基本原则，包括合法性、合理性、透明性、目的限制、数据最小化、准确性等；强化数据控制者及处理者的义务；强化各成员国数据保护机构的监管权力等。《通用数据保护条例》对互联网时代的大数据处理作出了明确回应，主要体现在对个人数据范围的界定、对数据用户画像的规定、对数据处理机构义务的强调等方面。

《通用数据保护条例》第 4 条第 1 款规定：个人数据是指任何一个已

---

① REGULATION (EU) 2016/679 OF THE EUROPEAN PARLIAMENT AND OF THE COUNCIL of 27 April 2016 on the protection of natural persons with regard to the processing of personal data and on the free movement of such data and repealing Directive 95/46/EC (General Data Protection Regulation) (Text with EEA relevance) THE EUROPEAN. 4. 5. 2016 L 119/1 Official Journal of the European Union.

经被识别或可识别的自然人（数据主体）的信息；一个可识别的自然人是指能够被直接或间接识别，尤其是通过诸如姓名、身份证号码、定位数据、在线识别标识，或者通过一种或多种针对该自然人之生理、心理、基因、精神、经济、文化或社会身份等具有特定意义的要素。由此，定位数据、在线识别标识等新型数据类型被纳入个人数据的范围予以保护。《通用数据保护条例》第 4 条第 4 款规定，"用户画像"指的是为了评估自然人的某些条件而对个人数据进行的任何自动化处理，特别是为了评估自然人的工作表现、经济状况、健康、个人偏好、兴趣、可靠性、行为方式、位置或行踪而进行的处理。《通用数据保护条例》第 21 条对数据主体的反对权作了专门规定，该条第 1 款规定：对于根据第 6 条第 1 款第（e）项或第（f）项的规定①而进行的关乎数据主体的数据处理，包括根据这些条款而进行的用户画像，数据主体应当有权随时反对。此时，控制者须立即停止针对这部分个人数据的处理行为，除非控制者证明，相比数据主体的利益、权利和自由，具有压倒性的正当理由需要进行处理，或者处理是为了提起、行使或辩护法律性主张。从该立法表述可以看出，在《通用数据保护条例》确立的制度框架下，数据主体对基于公共利益进行的数据处理拥有较为强力的反对权。《通用数据保护条例》第 22 条对用户画像作了更加全面的规定。根据该条的规定，当完全依靠包括用户画像在内的自动化处理对数据主体作出具有法律影响或类似重大影响的决策结果时，数据主体有权反对此类决策。根据该条的其他规定，在一般情况下，只有获得数据主体的明确同意，数据处理机构依据自动化处理作出的针对数据主体的决策才具备合法性。对于"法律影响或类似重大影响"，欧盟数据保护工作组发布的《关于自动化个人决策目的和识别分析目的准则》进行了补充解释，其引入了"实质性影响"概念以解决"重大影响"概念的模糊性问题，并专门就非传统类型的信用评估对信贷决策的影响进行了举例。由

---

① 《通用数据保护条例》第 6（1）条（e）和（f）项规定，只有满足至少如下一项条件时，处理才是合法的，且处理的合法性仅限于满足条件内的处理：（1）处理是数据控制者为了公共利益或基于官方权威而履行某项任务而进行的；（2）处理对于控制者或第三方所追求的正当利益是必要的，这不包括需要通过个人数据保护以实现数据主体的优先性利益或基本权利与自由，特别是儿童的优先性利益或基本权利与自由。

此，对信贷的影响属于《通用数据保护条例》第22条规定的"重大影响"的范围，用户画像的主体有权随时拒绝单纯依赖其用户画像作出的信贷决策，实践中如欲通过用户画像作出信贷决策则应当征得信用主体的明确同意。此外，为确保数据处理的透明性，《通用数据保护条例》第13条规定，当涉及包括用户画像在内的自动化决策时，数据控制者应当将相关算法逻辑以及预期后果的有效信息提供给数据主体。

《通用数据保护条例》的出台对征信业运行和发展具有重大影响。《通用数据保护条例》的初衷是应对互联网大数据对个人隐私的威胁而强化个人数据权利保护，与大数据征信所追求的信息充分共享乃至最大化共享之间存在价值冲突。具体而言，第一，数据主体被赋予的反对权、可携带权和删除权等会影响征信的业务模式和信用报告完整性，如通过反对权的行使，个人可以随时拒绝征信机构根据"合法利益"处理其数据等。第二，《通用数据保护条例》对"用户画像"和"自动化决策"的限制，会影响完全自动化的个人数据收集、处理和应用实践，特别是大数据技术在信用风险评估中的应用。当基于不良信用画像作出对信用主体不利的信用评估和信贷决策时，信用主体通常不愿意接受。要求数据控制者将算法运算逻辑的相关信息向数据主体提供，也将使这类信息无法作为商业秘密进行保护，从而阻遏算法技术创新的动力。第三，《通用数据保护条例》首次提出个人数据采集的最小化原则，要求包括征信机构在内的一切数据处理机构在采集数据时坚持比例原则，不得采集和处理对业务开展不必要的个人数据，这与大数据征信所追求的最大规模收集和利用数据相悖，因此会对征信机构可采集的数据造成限制。①

（三）启示：域外征信替代数据共享的立法经验分析

近年来，在美国、欧盟等的数据保护立法实践中，均未专门针对大数据征信进行针对性的规则设计，但关于数据处理的规定会对大数据征信产生重要的影响。从大数据征信监管的视角比较《美国数据隐私和保护法案（草案）》和欧盟的《通用数据保护条例》，可以发现两者整体上均重视大

---

① 参见《欧盟〈通用数据保护条例〉及其对征信行业的影响——专访欧洲征信协会主席内尔·门罗》，载《中国征信》2016年第7期。

数据时代的隐私保护，对数据处理者规定了趋于严格的义务，比如均强调数据最小化原则，对数据采集广度进行限制，但在一些规则细节上存在差异，体现出信息共享理念的不同。

在互联网平台作为征信主体的法律资格方面，英美等高度支持自由市场经济的国家对征信机构并没有采取严苛的市场准入限制，因此市场化征信具有较为自由的发展和创新空间，这为互联网平台成为征信主体、开展征信业务提供了有利土壤。我国作为社会主义市场经济国家，当前尚不具备全面放开征信市场的现实条件，但基于实践中征信替代数据的共享需求，从回应型法的角度，不妨对征信替代数据的共享进行专门的制度设计，有针对性地明确互联网平台参与征信业务的条件，既为征信替代数据进入征信市场适度打开窗口，又将其可能的危害或威胁降至最低，实现征信替代数据共享和信息权益保护的良性平衡。

在可采集的信息类型方面，《美国数据隐私和保护法案（草案）》将包括电子邮件在内的私人通信信息、基于时间积累或第三方网站或在线服务产生的在线活动信息、个人设备上供私人使用的信息、访问和浏览媒体的记录等列为敏感个人数据，这类数据的采集一般需要经过数据主体的明确同意，但如果满足17种例外情形之一，也可以不经数据主体同意。另外，对于汇总的互联网搜索和浏览历史，需要经过数据主体的特别同意才能向第三方传输。《通用数据保护条例》将地址数据、在线识别标识列入一般数据进行保护，对这类数据的采集应当满足"同意"或"合法利益"等合法化条件。

在自动化的用户画像与算法技术的透明性方面，《美国数据隐私和保护法案（草案）》并未禁止根据长期收集的或通过第三方网站、在线服务收集的有关个人数据对用户的偏好、特征或兴趣选择进行预测，只是针对定向广告设置了"选择退出"机制，在算法技术的透明性方面更加重视将算法技术作为商业秘密进行保护；《通用数据保护条例》则对数据用户画像和自动化决策进行了较为全面的规定，并设置了相对严格的决策使用条件，在算法技术的透明性方面，更加强调对数据主体知情权、受到公平对待权等权利的保护，因此要求将算法运算逻辑和预期结果的有效信息向数据主体提供。

## 三、反思与完善：我国征信替代数据共享法律机制的构建

上述美国和欧盟在可采集的信息类型、用户画像与算法技术的透明性两个方面的立法实践对我国大数据征信时代的立法探索具有重要的启发意义。同时，美国和欧盟立法均强调数据最小化原则，我国个人信息保护和征信相关立法亦规定了信息处理中的最小必要原则，但该原则与大数据征信等大规模处理数据的活动可能存在一定冲突，因此对这一原则应当进行适度反思，并判断其优化可能。此外，从世界范围来看，大数据征信业务的探索和发展主要是通过市场化征信机构基于市场竞争和业务创新的动力进行的，因此在讨论上述问题之前，应首先对我国大数据征信市场监管的改革进行探讨，分析如何通过征信市场监管体制的完善提高大数据征信的发展质量和水平。

（一）大数据背景下信用信息共享监管的创新

在大数据征信领域，与采集信息范围较为狭窄的公共征信机构相比，市场化的征信机构因其更强的灵活性和竞争性而在推进互联网大数据共享中发挥着更加突出的作用。从世界范围内的大数据征信探索实践来看，在美国、英国、韩国等征信市场较为发达的国家，运用互联网大数据进行信用评估的商业模式和技术模式均因拥有自由度较高的法律和监管环境而不断取得新的突破。相较而言，我国虽采用政府和市场双轮驱动的混合征信模式，但对市场化征信机构，特别是个人征信机构采取较为严格的监管措施，导致征信市场发展不够充分，征信业务模式的创新也较为缓慢。但随着金融体制改革的不断深化以及市场经济发展水平的不断提高，市场对多元化征信供给的需求只增不减，亟待得到更为充分的满足。

1. 征信"断直连"背景下个人征信牌照的分类设置

信贷市场的需求呼唤放宽大数据征信市场准入的条件。《征信业务管理办法》对征信"断直连"作出了规定，禁止未获得征信业务牌照的机构直接向从事信贷业务的金融机构提供信用信息和信用服务。这一规定对我国征信业务实践产生的直接影响是大量缺乏征信从业资质的互联网平台、数据服务商、金融科技公司等无法再利用自身占有的信息资源直接向金融

机构提供征信助贷服务，从而切断了互联网大数据向金融征信体系流动的一个重要的"直通道"。由此，欲实现大数据由互联网平台等数据服务机构向信贷机构流动，必须以中国人民银行征信中心或具有从业资质的正规市场化征信机构为中介，形成"数据服务机构—征信机构—信贷机构"的三方关系架构，因此原有的数据服务机构与信贷机构直接签订的合同需要"换签"成数据服务机构、信贷机构与征信机构三方主体签订的合同，可以是两两协议或三方协议。但在《征信业务管理办法》出台后，由于合规成本上升、无法与信贷机构需求精准对接等原因，多数数据经纪商、互联网平台等数据服务机构并未真正改变与信贷机构的业务合作经营模式。征信"断直连"的目的是清理征信市场，规范征信业务活动，使数据处理更加安全，避免信息滥用给个人信息权益造成侵犯。但实践中信贷机构，尤其是中小型信贷机构对数据服务机构的风控助贷业务具有较强的依赖性，这类助贷业务的市场需求短期内将持续存在，因此征信"断直连"的实施将使自身信用风险管理能力不足的信贷机构面临更大的风控压力，从而更加倾向于减少向薄信用记录者发放贷款，这将不利于普惠金融的发展，立法对此有必要作出进一步的回应。

从促进个人征信市场繁荣发展的立场出发，对个人征信机构可以设置分类牌照。世界银行金融基础设施技术援助负责人赖金昌预测，未来中国的征信相关市场分为三个层级：第一层级为全面征信机构，第二层级为专业类征信机构，第三层级为数据分析和风险管理服务商。[①] 借鉴这一思路，结合我国实际，可以在坚持以下原则的基础上设置分类牌照：对于不开展大数据征信业务的传统个人征信机构，应当严格按照现行立法规定的市场准入条件发放牌照，消除隐形影响因素，减少不当的行政干预；而对于欲同时从事个人大数据征信的机构，由于对信用数据的处理具有规模化、非透明化甚至在一定程度上的无序化特征，因此可以设置相对于传统个人征信机构更加严格的市场准入条件，但应当主要在技术设施上增加要求，且应当在立法中明确规定，而不应在具体审批环节设置隐形条件。其

---

① 参见张奇、谢水旺、侯潇怡：《个人征信业下半场：综合征信＋专业征信格局将现？》，载界面新闻，www.jiemian.com/article/1273702.html，2024 年 7 月 9 日访问。

一，在具体大数据征信机构市场准入条件的增设上，应当重点关注信息安全保障的软硬件设施、数据控制能力以及内部控制等方面的要求，具体应当至少包括欺诈防范系统和数据规范性验证系统的构建。其二，对于股权独立性因素，应当进行正确理解。股权结构应当是市场自发调节形成的，而非政府强制实现的，政府主导下的联合共建思路可能会引发新的行业发展困境。结合我国的具体国情，大型金融科技公司可作为个人征信优质的后备力量，这类公司由于股权高度集中，不满足独立性要求，无法单独申领牌照；同时，这类公司基于数据优势，通常也不愿与其他机构联合共建。那么，监管层需要重新审视独立性要求，打破当下牌照申领的僵局，引领优质的大型金融科技公司、互联网金融公司有序进入个人征信行业，创造更充分的市场竞争。[①] 其三，在优化市场准入条件的同时，为确保大数据征信的监管效率，应当通过"白名单"的形式将获批专门牌照的机构面向社会开放查询通道，保障信息主体的合法权益。同时，制定相应的配套管理措施，实现征信市场监管资源与不同征信业务行为的精准匹配。在日常监管过程中，中国人民银行征信中心可以充分发挥在公共征信活动开展及征信市场监管中积累的经验优势，为大数据征信机构采集、共享征信替代数据提供合规指导，确保源于自然人主体的互联网大数据在共享实践探索过程中的安全。

2. 构建欺诈防范系统和数据规范性验证系统的义务要求

对大数据征信机构的市场准入控制应当重点关注其能否构建有效的数据安全管理系统，包括欺诈防范系统和数据规范性验证系统。数字经济的发展使各个国家、区域之间的联系越来越紧密，身份盗窃等数字欺诈事件的发生也越来越频繁，美国艾克飞发生的信息泄露事件对 1.45 亿美国消费者的非金融记录造成破坏。因此，大数据征信机构负有确保数据安全的持续性义务，应当发展有效的欺诈检测和欺诈监控系统，并定期进行技术检查和升级维护。从严重程度的角度看，金融欺诈可以分为一般欺诈和严重欺诈两种类型：一般欺诈指的是通过应用程序非法获取信用信息，严重

---

① 参见邓建鹏、马文洁：《大数据时代个人征信市场化的法治路径》，载《重庆大学学报（社会科学版）》2021 年第 6 期，第 163－176 页。

欺诈指的是身份盗用等行为。大数据征信机构一方面应当根据不同欺诈行为的特点完善自身的欺诈防范系统，另一方面也应当通过开发信用产品和服务帮助信贷机构识别并防止欺诈。

此外，大数据征信机构还需要建立数据规范性验证系统，并具备完善的准确识别和核实个人身份的措施。在征信体系相对完善的发达国家，互联网大数据征信也面临着数据的真实性、完整性、可用性难以保证的问题，如美国国家消费者法律中心曾经在 2014 年对主要的互联网大数据征信公司进行了调查，调查结果显示，由于互联网大数据征信公司接收到的互联网数据具有规模大、数量多、来源杂等特点，加之所使用的数据模型繁多复杂，大量非结构性数据的使用缺乏规范，导致信息错误率超过50%。[①] 因此，在难以对每一次接收到的数据单独进行全面审核的情况下，大数据征信机构需要建立数据规范性验证系统以自动拒接存在严重错误的数据或不符合完整性要求的数据，并将这些数据返给数据提供机构供其更正并重新发送。

（二）征信替代数据共享中的采集行为规制

征信替代数据的采集是征信替代数据共享流通的首要环节，由于征信替代数据的法律属性、采集方法等均与传统信用信息有很大不同，因此对现行立法中关于信用信息共享的规定应当进行反思和优化。

1. 告知同意规则的反思与调适

我国《个人信息保护法》规定采集个人信息应当符合 7 种情形，但除了第一种取得个人同意的情形，剩下的几种情形都比较具体，征信行业一般只能通过第一种情形获得采集个人信息的合法性。《征信业管理条例》亦明确规定，采集个人信息应当经信息主体本人同意。《征信业务管理办法》进一步要求征信机构采集信息前应当明确告知信息主体采集信用信息的目的。由此可见，与美国和欧盟相关立法中存在"合法利益"情形、"选择退出"机制等其他采集个人信息的合法渠道相比，我国关于个人信息和信用信息采集合法化条件的规定更为严苛。应当承认，严格适用告知

---

① 参见张杰：《互联网金融发展与征信体系建设完善研究》，经济管理出版社 2020 年版，第180 页。

同意规则对于保护个人信息的自主价值确实具有重要的作用。但随着信息技术的发展、信息处理活动的日益复杂化以及包括信息主体本人在内的各方主体对信息流动需要的急剧增加，告知同意规则的严格适用容易陷入形式化窠臼，带来巨大的信息共享成本，阻碍信息经济价值的充分实现。但如果彻底放弃告知同意规则，将使信息处理者缺乏制约，使个人的合法权益无法得到有效保障。因此，对个人信用信息处理的告知同意规则，可以从利益平衡理念出发，在现行立法的基础上进一步优化。

加强信息保护或促进信息共享的法理基础均在于信息之上所承载的利益，如人格利益和商业利益，而不同类型的信息所承载的利益可能由不同比例的"成分"构成。就互联网信用数据而言，反映人际交往活动的社交数据，尤其是电子邮件、聊天记录等私人通信数据拥有相对较强的人格属性，而反映支付信用的消费信用数据则人格属性较弱、商业利用价值更强。同时，信息所承载的利益，尤其是互联网大数据所承载的利益，可能归属于多个主体，由此形成"双重权益"或"多重权益"的格局，如数据的人格利益往往归属于数据源主体，但数据的财产利益则可能不仅归属于数据源主体，同时也在一定程度上归属于对数据生成作出了一定贡献的互联网平台企业。

笔者认为，可以基于约翰·洛克的劳动赋权理论对平台数据共享中的利益关系进行协调和分配。洛克从每个人自己拥有财产并且用自己的劳动取得财产的观念出发提出一套为私人财产观辩护的理论。他认为，人们一旦在土地上进行耕种或采集食物，那么至少在人们能够利用其所耕种或采集而得的实物，而同时又给他人"留有余裕"的情况下，人们便对那些客体拥有一种自然权利。[①] 根据洛克的劳动赋权理论，由于互联网平台企业在数据收集、整理、挖掘过程中均需投入一定的劳动，因此其应当享有通过劳动创造的价值，这些价值应当受到法律的保护和尊重，进而，平台企业就其作为数据处理主体所采集的数据，在尊重数据来源主体的法定在先权益的前提下，可以对此类数据依法享有数据财产权，具体包括持有权、

---

① 参见［英］洛克:《政府论》，瞿菊农、叶启芳译，商务印书馆 2022 年版，第 160 页。

使用权、收益权、处置权等。① 基于此，对于平台采集和共享个人信用数据，不应一律适用告知同意规则，而应根据数据的类型确定是否需要获得数据主体的同意。

2. 征信替代数据共享的分类规制：区分一般替代数据与敏感替代数据

基于以上分析，立法上可以根据"不同利益分别保护"的理念，针对平台数据在征信领域的共享设计专门性规则体系。首先，将平台数据划分为一般替代数据和敏感替代数据，分别进行概念界定并列举常见的数据类型，如：一般替代数据主要指与履约信用的相关性较为明显、涉及支付活动且公共性较强或隐私特征不明显的互联网数据，如基于互联网平台的在线交易活动产生的消费信用数据，但对于私密性较强的私人转账类数据、私密物品交易数据等，不宜纳入一般替代数据；敏感替代数据主要指与履约信用可能具有相关性、一般能够反映信用主体人格或道德特征的心理测量数据和社交数据，后者包括互联网浏览和搜索历史、社交媒体互动和交往信息等。

其次，在此分类基础上，分别规定一般替代数据和敏感替代数据的采集规则。对一般替代数据，允许数据处理机构不经数据主体同意即可采集；对敏感替代数据，基于人格利益保护的需要，则应在通过具体流程征得数据主体明确同意后才能采集。但无论是一般替代数据还是敏感替代数据，采集行为都必须基于平台自身征信业务需要，如需将数据向其他主体转移，则应事先向数据主体履行告知义务；如属于敏感替代数据，还应当获得信息主体的明确同意。在具体立法设计上，为保持法律规范体系的融贯性，可以对《个人信息保护法》规定的适用告知同意规则的例外情形进一步细化，如对"公共利益""合理范围"等进行更详细的界定，或者借鉴欧盟或美国的立法模式，将"合法利益"或"特定目的"作为例外情形引入我国立法，为采集个人一般性替代数据提供更加充分的自由度。为了强化对信息主体权益的保护，在信用报告或其他信用产品的输出环节，应当再设置一道敏感信息防护关卡，即要求通过隐私计算等技术在信用产品

---

① 参见王利明：《数据何以确权》，载《法学研究》2023 年第 4 期，第 56-73 页。

中对敏感信息尽可能地进行隐匿化处理。

3. 最小必要原则的优化：引入风险最小原则

我国《个人信息保护法》第 6 条规定了信用信息采集的最小必要原则或数据最小化原则，即处理个人信息应当满足三个原则性的要求：一是处理的目的应当明确、合理；二是处理行为和处理目之间必须具有直接的相关性；三是处理过程中应当确保相关行为对信息主体的影响降至最小。根据《征信业务管理办法》第 7 条的规定，采集个人信用信息，应当满足合法、正当、最小、必要等原则性要求。由此可见，在我国，采集个人信息均应当遵守数据最小化原则。这一点与美国、欧盟立法上的相关要求趋同。但数据最小化仅是一项原则性要求，其在具体信息处理场景的适用尚需更加细化的规定。比如，对如何界定"最小"和"必要"、如何判断是否"过度采集"等问题，应当作出更加明确的指引。对此，我国立法尚未构建更加具体的判断标准。而在大数据征信领域，杨婕认为，必要原则属于宏观层面的法律原则，严格适用必要原则与数字经济创新发展需要的自由、开放环境间存在矛盾，鉴于个人信息之上承载着人格尊严、商业利用等多重价值，对必要原则的适用应当实现弹性化，尤其是在个人征信等对个人信息具有"敞口"需求的领域，过度限制个人信息处理行为将使信用画像等商业模式难以为继。[①] 此外，僵化、机械适用数据最小化原则可能导致网站频繁弹出征求用户同意的窗口以获得数据处理合法性，从而给用户造成骚扰，且难以真正防止信息的滥用。数据最小化原则与大数据征信等数字时代信息处理活动之间的价值冲突是世界信息立法上的普遍难题，在我国关于信用信息类型规定不够细化的情况下，这一难题更加突出。实践中，一些上市的网络平台并没有严格执行个人信息处理的最小必要原则。

鉴于大数据征信处理信息的规模化特点，可以在区分可采集的信用大数据类型的基础上，引入风险最小原则对最小必要原则进行补充。风险最小原则是利用知识和技术事先开展防范的风险规制原则，具有"自设计预

---

① 参见杨婕：《论个人信息保护中的必要原则：法律理解、实践困境与化解思路》，载《信息安全研究》2016 年第 9 期，第 675 - 680 页。

防"的内在特征,强调信用信息处理行为,特别是信用评价算法的使用应当对信息主体的信息权益造成最小的伤害。风险最小原则可以使信用信息流通的实际需要得到更为灵活、富有弹性的满足。但为规避"风险""风险的可接受性"等概念的模糊性,在运用风险最小原则时应当结合风险评估制度,界定、描述与衡量风险规模,计算风险概率,判断风险的可接受程度,在类似的风险之间权衡,以最小代价取得最大收益。[①] 就信用信息采集范围而言,笔者当前的设想是:对于敏感替代数据等敏感度较高的个人信用信息,无论其在经济生活中可能带来何种便利,必须坚持数据最小化原则,在最少够用的范围内进行处理。对一般替代数据等敏感度较低的个人信用信息,可以在有直接相关性的最大范围内处理,但仍应坚持风险最小原则,将给个人信息权益造成的损害控制在不显著的范围内,将给个人信息权益造成的危险控制在不巨大的范围内。[②]

(三)信用画像、自动化决策及算法透明度

我国《个人信息保护法》第 24 条分别针对自动化决策的算法透明度、算法歧视、决策应用的限制、用户拒绝权等作出了规定。但具体在实践中对于如何保证决策的透明度,所谓决策透明度更多的是指结果透明度还是过程透明度,是否需要将自动化决策的算法逻辑和预期结果向信息主体公开,决策透明度与商业秘密保护如何平衡,以及如何避免不合理的差别待遇,该条规定并未给出明确的答案。2022 年实施的《互联网信息服务算法推荐管理规定》规定了算法推荐服务提供者公布算法运行逻辑的义务。但该规定仅适用于算法推荐服务,无法适用于信用服务领域。《个人信息保护法》第 24 条第 2 款赋予个人针对信息推送、商业营销"选择退出"的拒绝权或反对权,但仅针对信息推送和市场营销的场景,适用面过窄。《个人信息保护法》第 24 条第 3 款的规定借鉴了《通用数据保护条例》的相关条款,赋予个人对完全基于自动化处理作出的对其有法律影响或类似重大影响的决策的拒绝权。从内容来看,该款规定是为保护信息主体的合

---

① 参见〔英〕珍妮·斯蒂尔:《风险与法律理论》,韩永强译,中国政法大学出版社 2012 年版,第 178 - 179 页。

② 参见武腾:《最小必要原则在平台处理个人信息实践中的适用》,载《信息安全研究》2016 年第 9 期,第 675 - 680 页。

法权益不被自动化决策侵犯所设计。但关于具有法律影响和类似重大影响的决策类型，欧盟数据保护工作组发布的《关于自动化个人决策目的和识别分析目的准则》进行了补充解释，我国立法上却尚未对"重大影响"作出进一步的细化，导致其适用范围不明。在征信专门立法中，《征信业务管理办法》第29条对信用领域的数据用户画像作出了专门规定，其主要要求包括不得将与信息主体信用无关的要素作为评价标准，应当确保用户信用评价规则可解释、信息来源可追溯等。但该规定的原则性过强，且并未设置相应的责任条款，单纯依靠行业自律难以保证对信用画像的实际规制效果，同时，其并未对信用主体是否拥有拒绝单纯依据用户画像作出信贷决策的权利作出规定。

1. 自动化决策的拒绝权设计

基于以上分析，在对平台数据的类型、采集规则、反对权等进行明确规定的基础上，征信立法应当对运用大数据进行信用画像作出更加细致的规定。

首先，可以借鉴《通用数据保护条例》对"用户画像"的界定，将"信用画像"界定为：为了评估自然人与信用相关的人格特征、行为习惯等而对个人数据进行的任何自动化处理。由此，在立法上将信用画像与自动化处理进行衔接，增强了相关规则的协调性和适用性。

其次，补充对《个人信息保护法》第24条第3款规定的"重大影响"的界定。从欧盟的立法经验来看，信贷决策涉及个人的重要利益，因此欧盟将其纳入有重大影响的决策范围，从而在法律上赋予信用画像的主体随时拒绝单纯依据信用画像作出信贷决策的权利。这在一定程度上会打击征信机构发展信用画像服务的动力，但综合来看有利于实现信用主体的合法权益与信用大数据利用价值之间的平衡。对于自信拥有良好移动支付记录、社交记录等网络行为痕迹的个人而言，其仍然可以选择接受信用画像服务以及依据画像作出的决策，从而增强贷款的可得性，获得更加便利的金融服务。对于不愿意公开自己的生活事实或者不愿意被画像"数字化"呈现的个人而言，其隐私权、信息自主权通过拒绝权得到了良好的保障。有学者指出，算法结果拒绝权使被信用评价算法评判为不良信用者或受其不利影响者获得了信用修复和重新接受社会价值衡量的机会，从而避免受到信用评价算法的"奴役"。① 另外，有些个人可能拒绝依据信用画像作出的信贷决策，但不拒绝信用画像本身，甚至可能依据信用画像对自身的信用状况进行反思和改善，赋予个人对单纯依据信用画像进行决策的拒绝权而不是对信用画像本身的"拒绝权"或"同意权"，为自动化信用画像的科技研发和限制性利用预留了法律空间，有助于保障互联网平台企业对平台数据的财产权益。当然，为实现平台与个体之间的利益平衡，信用画像自动化决策拒绝权的行使应当受到限制。具体规则可以设计为：在信用主体明确同意及法律规定的情况下，信用主体不得行使自动化决策的拒绝权，避免使平台利益遭受不当损失。

2. 商业秘密与知情权的平衡：以算法的"解释程度"为支点

信用画像算法采用一种相对复杂的技术逻辑和相对多元化的信息维度对信用主体进行评价，突破了传统信用评价的常规逻辑和运作模式。其一方面确为提升评价精准度和全面性创造了一种新的可能和发展前景，另一方面也使信用主体的获得公平授信权等信息相关权益面临着潜在的威胁。因此，规制信用画像算法是平衡技术权力和信息权益的一种必然选择。有学者指出，从法律实用主义的角度，规制信用算法也是一种务实的选择。②

信用画像所使用的算法规则应当具有可解释性已形成算法规制领域的共识。但对于是否需要公开解释，以怎样的方式进行解释，可以借鉴欧盟相关立法，规定在依据信用画像作出决策前应当对算法进行解释，并以数据主体的知情权为核心，从算法的"解释程度"入手进行规则设计，实现商业秘密保护和信息主体权益保护之间的精巧平衡。为了保障个人对依据信用画像所作决策的拒绝权，《通用数据保护条例》要求依据自动化处理作出决策前告知信息主体自动化决策的算法逻辑及预期后果。但对该算法逻辑及预期后果具体何指，《通用数据保护条例》并没有给出具体、详细的解释。与《通用数据保护条例》配套出台的《关于自动化个人决策目的

---

① 参见林洹民：《个人对抗商业自动决策算法的私权设计》，载《清华法学》2020 年第 4 期，第 125 - 139 页。

② 参见杨帆：《个人信用分：平台企业大数据应用的法律规制》，上海人民出版社 2023 年版，第 169 页。

和识别分析目的准则》则对所涉及的逻辑（logic involved）、预期后果（envisaged consequences）进行了解释。对所涉及的逻辑的解释是：机器学习的发展及复杂性使得弄清自动化决策过程或识别分析工作成为一种挑战，数据控制者应通过容易理解的方式向数据主体说明算法运行的逻辑或自动化决策的原理，而不必将算法运行的所有技术细节均向数据主体公布，只要确保被提供的信息是对数据主体有意义的即可。对预期后果的解释是：信息的提供必须是针对已计划的或者未来预计的处理程序，同时自动化决策的方式很可能会对数据主体产生影响；为了让信息具有意义和可以理解，数据控制者应当给出真实的、切实可能产生的影响类型示例。借鉴这些规则，从保护商业秘密的角度出发，我国立法上也不宜要求数据控制者将其算法技术的全部信息向数据主体披露，而只需使用自然语言对算法运行逻辑作出清晰易懂的、能够满足数据主体知情权的解释即可。同时，数据控制者应当建立定期测评算法系统的内部机制，采取适当的安全措施以增强信用画像的准确性和公平性，减少错误和误差，保护数据主体的合法权益。

# 第六章　数字经济时代的反垄断问题

面对数字经济的挑战，大多数国家（地区）都在探索数字行业的规制措施、规制替代措施以及交易规则等，《反垄断法》的立法、执法与司法同样在探索之中。

欧盟对于数字行业创设了包括但不限于以下规制性法律法规：《通用数据保护条例》、《数字市场法》、《数字服务法》、《数据法》、《机器化产品条例（草案）》①、《人工智能法》、《非个人数据流动指令》、《关于改善平台工作条件指令（草案）》②、《网络安全法》等涉及平台、数据、算法等各个方面的法律法规。

被称为"反垄断法数字化改革进程"的德国《反限制竞争法》第十次修正案于 2021 年 1 月 19 日正式生效。该修正案以解决平台和大数据带来

---

① See Proposal for a REGULATION OF THE EUROPEAN PARLIAMENT AND OF THE COUNCIL on machinery products，COM/2021/202 final.

② See Proposal for a DIRECTIVE OF THE EUROPEAN PARLIAMENT AND OF THE COUNCIL on improving working conditions in platform work，COM/2021/762 final.

的挑战为主要目标，提出了一系列核心规制改进条款，主要集中于滥用市场力量行为规制领域，包括在市场支配地位认定因素中加入"获取竞争相关数据的能力"，重点考虑"中间人力量"、引入"具有跨市场竞争优势平台"的特殊规制，在滥用行为中明确数据作为必要设施的认定前提，完善禁止滥用相对优势地位行为制度等。[①] 2023 年 11 月 7 日，德国《反限制竞争法》第十一次修订完成。其目标之一便是为欧盟《数字市场法》的施行做好预备措施，同时在该《反限制竞争法》的修订版本中设置在德国境内施行欧盟《数字市场法》的法律依据，从而构筑起德国《反限制竞争法》与欧盟《数字市场法》交融适用的机制。通过德国《反限制竞争法》第十一次修订，德国联邦卡特尔局将有可能获得针对违反欧盟《数字市场法》行为进行调查的权限，得以对违反欧盟《数字市场法》第 5、6、7 条的行为开展调查，也计划为在德国境内私人执行欧盟《数字市场法》提供可能性。

在美国，新布兰代斯学派认为，互联网巨头的过分集中对于政治与经济都是危险的，坚持要严厉监管大企业和保护小企业，反对经济集中，支持经济民主，呼吁回到布兰代斯时期的政策。巴里·林恩强调反垄断立法的目的在于保护生产者的利益和保护民主不受财富与权力过度集中的危害。国会众议院司法委员会发布的《数字市场调查报告》也建议在数字市场的语境下，恢复并重申反垄断法的初衷和广泛目标，明确反垄断法律不仅仅旨在保护消费者，也保护工人、企业家、独立企业、开放市场、公平经济及民主理想。[②]

在我国，2021 年 1 月，中共中央办公厅、国务院办公厅印发了《建设高标准市场体系行动方案》，提出通过 5 年左右的努力，基本建成统一开放、竞争有序、制度完备、治理完善的高标准市场体系，并强调要"推动完善平台企业垄断认定、数据收集使用管理、消费者权益保护等

---

① 参见袁嘉：《数字背景下德国滥用市场力量行为反垄断规制的现代化——评〈德国反限制竞争法〉第十次修订》，载《德国研究》2021 年第 2 期，第 89 页。

② See Subcommittee on Antitrust, Commercial and Administrative Law of the Committee on the Judiciary, *Investigation of Competition in the Digital Markets*，https：//judiciary. house. gov/uploadedfiles/competition_in_digital_markets. pdf.

方面的法律规范。加强平台经济、共享经济等新业态领域反垄断和反不正当竞争规制"。中共中央全面深化改革委员会会议于 2021 年审议通过的《关于强化反垄断深入推进公平竞争政策实施的意见》正式把强化竞争政策基础地位、促进形成公平竞争的市场环境上升为国家战略。全国人大常委会已经通过修订《反垄断法》来应对数字经济的挑战并进一步完善反垄断立法。

## 一、数字经济领域反垄断立法目标的厘清[①]

罗伯特·博克教授认为，除非我们能确切地回答一个问题，否则无法做到反垄断政策的理性化：该法是干什么用的，即它的目标是什么？所有其他问题均取决于我们对这一问题的回答……只有在解决了反垄断政策的目标后，才有可能形成连贯的反垄断具体规则。[②] 反垄断法的立法目标在不同的国家可能会有不同的答案，在同一国家的不同历史时期也可能会有不同的答案。反垄断法是一个在各种利益、各种价值和各种目标之间进行衡量、选择的开放规范系统。在数字经济时代，在产品供给呈现为"多产品组合供给"，市场呈现为"双边甚至多边市场"，市场竞争呈现为"跨市场竞争"，产品或服务定价呈现为"免费模式与交叉补贴"等后，反垄断立法、理论以及实践均需要回答的核心问题之一，便是数字经济时代的反垄断立法目标是否需要重构：维护市场竞争是否仍是反垄断法的核心目标？"鼓励创新"是否应当成为反垄断法新增的独立立法目标并体现在立法目的条款中？"维护公平交易"是否也应成为反垄断法新增的独立立法目标并体现在立法目的条款中？

（一）数字经济时代"维护市场竞争"的反垄断立法目标并未改变

反垄断法的立法目标是反对垄断行为和保护竞争，就如伯吉斯所言：

---

① 参见孟雁北：《数字经济反垄断法"反什么"？——以〈反垄断法〉立法目标切入》，载《探索与争鸣》2022 年第 7 期，第 47 - 55 页。

② See Robert H. Bork, *The Antitrust Paradox：A Policy at War with Itself*, New York：the Free Press，1993：50.

"反垄断法的目的是简单明确和不存在争议的，就是要保护竞争。"① 美国新布兰代斯学派将数字平台垄断视为美国当前反垄断理论的最大挑战之一，并认为针对数字平台应当采取更为严厉的执法措施，反垄断法应当更关注市场竞争过程与市场结构本身，回归反垄断立法本质，关注有效竞争。② 但是，数字经济给反垄断法带来的诸多挑战仍未改变反垄断法的核心目标——"维护市场竞争"，各司法辖区在反垄断法的核心立法目标是维护市场竞争方面，已经达成共识。在数字经济领域，市场竞争不仅仅能够促进数字市场现有企业和新进入者创新并提高生产率，还可以刺激企业加强在隐私和数据保护等其他方面的投入，为消费者福利提供保障。因此，数字经济时代反垄断法维护市场竞争的核心立法目标并没有发生改变。

美国关于数字经济时代反垄断立法目标的争论并未改变反垄断法"维护市场竞争"的目标选择。美国关于反垄断法立法目标的争论其实从未停止过，只是基于数字经济存在的诸多竞争或非竞争问题提出政策主张的新布兰代斯学派使美国关于反垄断法立法初衷的讨论备受关注而已。哈佛学派认为，消费者利益是由竞争带来的，反垄断法的目标是维护竞争，根据其"市场结构—市场行为—市场绩效"（Structure—Conduct—Performance，S-C-P）范式，市场结构状况决定了经营者的利润最大化方式，从而决定了当事人的行为选择。按照哈佛学派理论的逻辑，"维护竞争"是指维护"竞争性的市场结构"，其核心要素是使每个经营者都处于竞争压力之下，由此可以保护竞争性的价格形成机制，但不是保护来自具体经营者的具体竞争活动。芝加哥学派否认市场结构具有决定性作用，认为反垄断法的目的是增进经济效率，而不是片面地维护竞争性的市场结构，反垄断法应以维护效率为目的，应以"对效率的影响"作为评判行为合法与否的标准。后芝加哥学派也坚持以经济效率作为垄断行为的判断标准，但同时认为反竞争效果分析还应充分结合结构性因素。新布兰代斯学派则认为，反垄断

---

① ［美］小贾尔斯·伯吉斯：《管制和反垄断经济学》，冯金华译，上海财经大学出版社2003年版，第168页。
② See Linda M. Khan, Amazon's Antitrust Paradox, Yale Law Journal, 126 (2017): 710 - 802.

法应当更加重视竞争过程与竞争结构，而不是竞争效果，消费者福利标准作为芝加哥学派一直以来所倡导的反垄断策略需要发生变革。[①] 瓦伊桑通过大量研究表明消费者福利标准未能真实反映反垄断法的立法初衷。[②] 尽管数字经济时代的美国关于反垄断立法的初衷充满争论，但核心议题是反垄断法维护的市场竞争究竟应当是"竞争状态""经济效率""可竞争性"还是"竞争过程""竞争结构"，反垄断法是"维护市场竞争"的法律这一共识并没有受到原则性影响。

数字经济时代，反垄断法以"效率"为中心的价值目标不断受到挑战，芝加哥学派将促进经济效率作为反垄断法唯一目标的主张也不断受到质疑，也有观点认为对消费者福利标准需要进行澄清，此处的消费者不仅是商品和服务的最终购买者，任何交易中的买方都可以被称为消费者。阿里尔·伊扎拉奇则提出，数字经济条件下竞争法应当采用多元价值体系，尽管消费者福利标准是首要因素，但是有效的竞争结构、效率与创新、公平和经济自由、多样性和民主，以及欧盟内部市场一体化等因素也同等重要。[③] 当然，这些争议和讨论并没有改变反垄断法"维护市场竞争"这一核心立法目标已经达成共识的客观事实。

（二）"鼓励创新"应成为数字经济时代反垄断法独立的立法目标之一

数字市场的创新是促使市场竞争以效率更优的方式发展的关键因素，商业模式的变化使市场竞争从价格竞争转向质量竞争、创新竞争等非价格竞争，创新已成为数字经济时代的主要特征，不断进行循环创新对经营者长期的动态竞争尤为重要。无论是从竞争的激烈程度，还是从消费者的选择范围与受益程度看，反垄断法都应当关注并促进这种创新竞争。熊彼特认为，真正有价值的竞争并非价格竞争，而是由各种创新引起的成本或质量方面占有优势的竞争，创新引致的竞争才是超越利润和

---

① See Lina M. Khan, The New Brandeis Movement: America's Antimonopoly Debate, Journal of European Competition Law & Practice, 9 (2018): 131-132.

② See Sandeep Vaheesan, The Twilight of the Technocrats Monopoly on Antitrust, Yale Law Journal Forum, vol. 127, https://www.yalelawjournal.org/forum/the-twilight-of-the-technocrats-monopoly-on-antitrust.

③ See Ariel Ezrachi, EU Competition Law Goals and the Digital Economy, https://papers.ssrn.com/sol3/papers.cfm?abstract_id=3191766.

边际产出的竞争。① 数字市场属于动态创新、创新驱动型、技术密集型市场，技术更新使得数字市场的破坏性创新速度加快，动态竞争的存在使得新进入者可以不断挑战在位经营者。数字经济时代的反垄断法需要思考维护市场竞争是否可以当然促进创新这一古老议题。

创新竞争作为数字经济发展的重要方式使"鼓励创新"成为反垄断法独立的立法目标之一。动态效率也被称为创新效率或技术进步，是指通过新产品的发明、开发和传播以及增加社会福利的生产过程来实现的效率。② 创新的动态效率是影响消费者福利和社会总福利的重要因素，因此效率目标在大多情形下是可以包容创新目标的，甚至可以认为创新目标是效率目标的子目标，此时的创新目标即便非常重要，也没有成为反垄断法独立的立法目标之一的必要性，但数字经济的到来正在改变上述判断。当新兴市场中的初创企业可以凭借创新实现"赢者通吃"，数字技术高速迭代可以快速削弱在位经营者的竞争优势，使新进入者相对容易地参与竞争，且一旦实现了"颠覆式创新"，便有可能打破原有的市场结构时③，在技术、信息、数字化、网络化条件的共同作用下，数字市场进入壁垒在一定程度上会被降低，在位经营者会面临比传统产业更为严酷的市场进入挑战，从而使这种创新竞争推动了数字经济的发展。面临创新竞争，超级平台可能会通过扼杀式并购、先发制人并购等方式收购创新型初创公司，而初创公司往往可能会选择在早期阶段将业务出售给超级平台，此时创新性的市场进入就会因并购而减少。当超级平台借助用户规模、海量数据以及算法技术产生的强大市场聚合力与传导效应，对数字市场潜在的创新进行阻碍或者控制时，数字平台市场力量对创新的损害就会引发反垄断法的关注，"鼓励创新"也因此成为数字经济时代反垄断法独立的立法目标之一。

创新与效率就如同竞争与效率的关系一样，在大多数情形下具有一致

---

① 参见［美］约瑟夫·熊彼特：《资本主义、社会主义与民主》，吴良健译，商务印书馆1999年版，第149页。
② 参见兰磊：《反垄断法唯效率论质疑》，载《华东政法大学学报》2014年第4期，第123页。
③ 参见袁嘉、梁博文：《有效创新竞争理论与数字经济时代反垄断法修订》，载《竞争政策研究》2020年第3期，第20页。

性，不过数字经济时代掠夺式创新等概念的提出已经凸显创新与效率发生背离的可能性。掠夺性创新是指通过产品的一个或多个技术要素的变化以限制或消除竞争的行为，掠夺性创新可能采取的形式包括技术平台的变更以及产品技术设计的变更，但这些形式的目的可能旨在消除第三方主体的技术以及与占市场支配地位的经营者之间的兼容性，或者旨在损害竞争性技术的运行等。[1] 此时，在数字经济创新竞争的重要性不断增强的时代背景下，创新目标就如同效率目标一样，也就具有了成为反垄断法独立立法目标之一的必要性。

反垄断法"鼓励创新"的立法目标需要通过完善创新抗辩制度予以实现，但创新抗辩制度是否一定独立于效率抗辩制度进而成为独立的新的抗辩制度还有待于进一步观察与深入研究。在数字经济时代之前，创新抗辩常常被效率抗辩所涵盖，在数字经济时代到来之后，随着创新竞争的重要性日益凸显，尤其是"鼓励创新"可以成为反垄断法独立的立法目标之一后，创新抗辩制度的相对独立性、创新与竞争的关系、创新与效率的关系、何谓反垄断法意义上的创新、创新抗辩的适用条件等问题均需要从理论、立法以及实践的视角进行系统的深入研究。

（三）"维护公平交易"不宜成为反垄断法独立的立法目标之一

工业经济时代经营者的市场力量主要体现为一种控制价格的能力，数字经济时代超级平台的市场力量更多体现为一种控制交易内容的能力，从而使我们需要从更广阔的视角关注反垄断法在实现公平交易中应该发挥的作用。"维护公平交易"立法目标的选择实质上是反垄断法能否规制剥削性滥用行为议题的重新讨论。数字经济时代之前，各司法辖区反垄断法关于规制剥削性滥用行为主要聚焦于不公平定价的规制，且存在以美国为代表的"放任派"和以欧盟为代表的"规制派"两大对立阵营[2]，形成了反垄断法"不予规制"或"规制"剥削性滥用的两种政策主张。鉴于大多数司法辖区持有的是反垄断法规制不公平定价等剥削性滥用的政策主张，尽管规制的力度与适用条件存在差异性，但也由此可知在许多国家（地区）

---

[1] 参见韩伟：《创新在反垄断法中的定位分析》，载《中国物价》2019 年第 8 期，第 41 页。

[2] See Michael S. Gal, Monopoly Pricing as an Antitrust Offense in U. S. and the EC: Two System about Monopoly, *Antitrust Bulletin/Spring-Summer*, 49 (2004): 346.

反垄断法的立法目标中已明确或者隐含着"维护公平交易"的立法选择。[①] 数字经济时代的超级平台正逐渐演化成超级生态系统，其可能会利用自身的权利（力）来影响甚至控制交易相对人，从事显著损害包括消费者在内的交易相对人的合法权益的行为时，会使超级平台与平台内经营者、超级平台与消费者之间的公平交易问题日益凸显。尽管存在差异，基于反垄断法应在确保公平交易中发挥一定作用的共识，大多数司法辖区反垄断法均通过对平台剥削性滥用行为予以规制的政策选择表明"维护公平交易"已成为反垄断法的立法目标之一的态度。

美国反垄断法虽没有改变以往观点，但是其一贯坚持的反垄断法不予规制剥削性滥用行为的政策主张在数字经济时代已经被更多地反思并有可能发生变化。随着超级平台市场力量的高度集中引发的大讨论，美国平台反垄断监管的政策风向也开始发生变化，美国联邦贸易委员会开展了一系列针对平台巨头的反垄断调查和诉讼活动。当超级平台以数据为驱动力，以消费者注意力为主要竞争优势，既作为在线市场的交易中介，又在某种意义上具有基础设施的作用之时，其市场地位会持续强化，市场竞争机制就可能很难对超级平台形成有效的约束。例如，超级平台掌握了大量的消费者数据，从而使消费者隐私保护的传统私法范式面临挑战，当超级平台在数据获取和交易过程中以不合理的交易条件侵害消费者的利益或者剥削交易相对人时，市场自我矫正的能力因超级平台力量的强大却在减弱。当大量企业围绕超级平台构建它们的业务，销售它们的服务或商品给平台的使用者时，于是出现了超级平台与平台内经营者之间不公平交易的规制问题。

数字经济时代的反垄断法需要关注能否以及如何"维护公平交易"问题，"维护公平交易"目标可以被反垄断法的"社会公共利益"目标所涵盖。从各司法辖区的立法来看，韩国和日本反垄断法比较特殊，其反垄断法本身在立法目标中就强调对公平交易的维护。这一点与韩国和日本经济发展中财阀经济特点有关，从在韩国《垄断规制和公平交易法》和日本

---

[①] 参见孟雁北：《反垄断法规制平台剥削性滥用的争议与抉择》，载《中外法学》2022 年第 2 期，第 331 - 332 页。

《禁止私人垄断和确保公平交易法》的反垄断法案名称中都有"公平交易"一词也可以推断出来。但是，对大多数国家或地区而言，反垄断法的核心立法目标仍是"维护市场竞争"，这些国家（地区）虽不拒绝将"维护公平交易"作为反垄断法的立法目标之一，但态度是审慎和保守的，在制度构建与实施中也尽量避免对"维护市场竞争"这一核心立法目标产生冲击。因此"维护公平交易"的立法目标不宜独立规定在反垄断法的立法目的条款中，而更适宜被"社会公共利益"目标所吸收。

## 二、数字经济领域垄断协议的规制

我国 2022 年《反垄断法》修改中增加了第 19 条规定，即："经营者不得组织其他经营者达成垄断协议或者为其他经营者达成垄断协议提供实质性帮助。"除了对我国反垄断法将垄断协议分为横向垄断协议和纵向垄断协议不周延之处进行弥补以及对枢纽卡特尔进行规制，也可以更有效地规范数字经济里最引发关注的算法共谋、区块链共谋、平台最惠国待遇条款等行为。

（一）算法共谋的规制

数字经济视域下垄断协议体现了深刻的"互联网"烙印，主要表现为算法共谋。相比于传统上的垄断协议而言，算法共谋是更为隐蔽的新型合谋，该种共谋引入算法"黑箱"机制，采用更为自主的机器学习技术构造的智能算法作为联结共谋的来源。[①] 根据智能算法的作用及隐蔽性，有学者将算法共谋分为四种：信使共谋（Messenger）、轴辐共谋（Hub and Spoke）、预测代理共谋（Predictable Agent）、数字之眼共谋（Digital Eye）。这四种共谋一种比一种复杂，也一种比一种自主化。[②]

尽管算法等工具为数字经济的发展与平台经营者的经营活动提供了很

---

[①]　参见黄晓伟：《互联网平台垄断问题的算法共谋根源及协同治理思路》，载《中国科技论坛》2019 年第 9 期，第 10 - 11 页。

[②]　See Ariel Ezrachi and Maurice E. Stucke, *Artificial Intelligence & Collusion：When Computers Inhibit Competition*, University of Illinois Law Review 5（2017）：1781 - 1795.

大的便利条件，例如准确识别消费者所需，使得经营者有目的性地提高其产品质量等①，但是就算法共谋而言，该种垄断协议在算法的作用下对竞争的消弭作用非常迅速且持久，会对其他未共谋的经营者及消费者造成很大的损害。我国反垄断法虽然持续关注此类行为，但在垄断协议的体系内对该种共谋仍面临规制难题。② 这些挑战究其根源有以下几点：

第一，识别算法共谋行为存在一定的困难。如何精准识别算法共谋行为是实现规制效果的前置性条件，但在数字经济背景下，算法共谋常常以默示的形式加以呈现，基于其高智能、隐蔽性的显著特点，不会轻易被反垄断执法机构所捕捉。算法共谋难以识别，主要存在于三个方面：首先，由寡头垄断问题导致的默示共谋在执法机构的眼中通常被认为很难维持，因为这需要市场上极少的经营者和超高的进入壁垒。其次，算法作为中介使得经营者达成垄断协议，并且自动、迅速调整价格回应竞争对手的价格调整，增大了反垄断执法机构察觉算法共谋行为存在的难度。③ 最后，算法与区块链和智能合约等的性质一样，加深了共谋者之间的信任，在一定程度上克服了"囚徒困境"而减少了经营者"背叛"的风险，这样会弱化举报、垄断协议宽恕制度的效果。④

第二，判定算法共谋具有违法性存在一定的困难。大多数司法辖区的反垄断法将"沟通/交流"或"意思联络"作为认定垄断协议成立的基准。⑤ 这导致认定预测型算法共谋以及自我学习型算法共谋等意思联络意图不明显的算法共谋构成垄断协议面临更多挑战。当下，反垄断执法机构很难认定算法机器人、算法运营商、技术开发方等多方主体是否存在主观

---

① See Michal S. Gal and Niva Elkin-Koren，*Algorithmic Consumers*，Harvard Journal of Law & Technology 30（2017）：309.

② 参见刘佳：《人工智能算法共谋的反垄断法规制》，载《河南大学学报（社会科学版）》2020年第4期，第84页；时建中：《共同市场支配地位制度拓展适用于算法默示共谋研究》，载《中国法学》2020年第2期，第100-101页。

③ See OECD，*Algorithms and Collusion：Competition Policy in the Digital Age*，（2017）：35-36.

④ 参见周围：《算法共谋的反垄断法规制》，载《法学》2020年第1期，第43-45页。

⑤ See William H. Page，*Objective and Subjective Theories of Concerted Action*，Antitrust Law Journal 79（2013）：215.

过失或恶意，进而导致执法机构难以搜集算法共谋证据。[①]

第三，确定算法共谋的法律责任存在一定的困难。虽然有观点认为设计使用算法的"人"是当然的责任主体，但是开发者与使用者的责任之争一直未能停歇。[②] 不过，随着算法自主化的逐步加深，其责任主体也变得逐步模糊，对于明示共谋而言，算法基本上是执行算法开发者或管理者的指示，开发者或管理者是责任主体。但对于默示共谋而言，管理者往往不具有主观意图或不知情，此时确定责任主体就会变得困难。[③]

在各司法辖区的反垄断法已经为规制算法共谋提供法律依据的情形下，反垄断执法机构和法院如何更准确地对构成垄断协议的算法共谋进行认定仍需要理论与实践的探索。

（二）区块链共谋的规制

区块链共谋是学术界关注的一种更为新型的数字化垄断协议行为[④]，即在同一相关市场上互相竞争的企业可能会采用区块链作为工具形成共谋，并可区分为经营者是采用"公链"还是"私链"作为共谋交流工具。当经营者采用"公链"时，所有价格信息对于全体经营者都是持续可见的，这样可以增加经营者之间的互信，但执法机构也可以很容易观察并查证这种通过"公链"形成的价格共谋（虽然价格信息在很大程度上都会被编码），进而将其认定为垄断协议行为。[⑤] 因此，经营者通过"公链"进行共谋的行为在理论上具有可行性但实践中因被查处的概率太高而较少真正出现。也许经营者更乐意采用的是通过"私链"进行共谋，这样既能够增强参与"私链"建设的经营者之间的互信与持续信息的观察，也能降低

---

① 参见殷继国、沈鸿艺、岳子祺：《人工智能时代算法共谋的规制困境及其破解路径》，载《华南理工大学学报（社会科学版）》2020 年第 4 期，第 37 页。

② See Lea Bernhardt and Ralf Dewenter, *Collusion by Code or Algorithmic Collusion? When Pricing Algorithms Take Over*, European Competition Journal, 16 (2020): 319 - 320.

③ 参见李振利、李毅：《论算法共谋的反垄断规制路径》，载《学术交流》2018 年第 7 期，第 78 页。

④ See Hitoshi Matsushima, *Blockchain Disables Real-World Governance*, Kyoto University, Institute of Economic Research Working Papers, 1017 (2019).

⑤ See Lin William Cong and Zhiguo He, *Blockchain Disruption and Smart Contracts*, The Review of Financial Studies, 32 (2019): 1754.

被执法机构发现的可能性。①

区块链共谋一般会采用智能合约的形式来完成，区块链上存储的信息可以充当经营者之间智能合约的条款，特别是在"私链"上的智能合约，在可以随时对信息进行调整的情况下，达成合约的意思表示，合约的内容（也即决定各个经营者关系或者整个共谋的组织框架的条款）也能随时调整。由于智能合约的共谋具有合作性以及动态性，这使得整个共谋的组织框架会变得极为稳定和复杂。与传统合谋相比，区块链上信息的可见度更高，信息更为丰富和完善，同时具有私密性，可以对未参加合谋的经营者产生极佳的隐匿效果。②

区块链和智能合约技术还提供了一个迅速可行的对共谋"背叛"行为进行惩罚的机制。由于合约的高度智能和自动化，如果某一经营者降低了共谋确定的价格，合约则很容易就可以检测到具体是哪一个经营者降低了价格并立刻启动惩罚措施，甚至这种惩罚"背叛"的行为也是高度动态化的。例如，只需要调整意图背叛者初始参加共谋所要支付的比特币等加密货币数额，就可以增加他们参加共谋的成本。同时，由于经过数字化的运算，共谋产生的利益也会较为均衡地分配到每个参与者手中，这样会避免由于利润分配不均所产生的共谋"背叛"现象。

就区块链共谋的规制而言，现行的反垄断执法体制在一定程度上还难以对高度去中心化和隐秘性的区块链共谋进行识别和认定，也因此对反垄断执法机构的监管技术提出了更高的要求，反垄断执法机构需要尽快向智能化的监管方向发展，如监管沙盒等监管科技理念以及大数据与代码化的法律构成和监管技术的运用等，甚至可以探索反垄断执法机构在评估存在反竞争效果的前提下"推定"区块链共谋行为存在的可行性等。③ 区块链共谋是数字市场可能出现的新型的垄断协议行为，但目前尚缺乏实证研究

---

① See The Law Society and Tech London Advocates, *Blockchain：Legal and Regulatory Guidance Report*，The Law Society，September 7，2020.

② See Thibault Schrepel, *Blockchain ＋ Antitrust：The Decentralization Formula*，Edward Elgar（2021）：162-163.

③ See Thibault Schrepel, *Blockchain ＋ Antitrust：The Decentralization Formula*，Edward Elgar（2021）：173-174.

的样本也没有典型案例出现，更多来自学术和行业的观察，仍需对此进行更深入的理论研究。

（三）平台最惠国待遇条款的规制

广义的平台最惠国待遇条款指的是某个平台经营者给予第三方经营者的交易条件不低于曾经给予或将来给予任何其他第三方经营者的交易条件。[①] 狭义的平台最惠国待遇条款，是指平台经营者要求第三方平台内经营者的交易条件（例如价格）不低于该第三方经营者自身对外的销售条件。[②] 平台最惠国待遇条款虽然可以通过禁止滥用市场支配地位制度予以规制，但也存在适用禁止垄断协议条款予以规制的可能性和案例。

"美国苹果电子书案"是平台最惠国待遇条款中比较典型的反垄断案例。在该案中，苹果要求电子书出版商应当给苹果 iBook 平台最优惠的价格，如果在第三方渠道的售价低于在 iBook 上的售价，则 iBook 售价也要相应调整。法院认为，苹果与出版商间的行为模式就像车轮子的轴辐形状一样，属于"轴辐式"（hub-and-spoke）的横向定价。苹果作为轴心，分别与出版商签订纵向协议，实质上是苹果组织出版商之间形成了横向的固定价格行为。另外，在判断该行为是否违法时，法院根据横向价格协议行为采用本身违法原则确定其违法性，其指出，苹果采用平台最惠国待遇条款的唯一目的，就是促使出版商终止与亚马逊的"批发模式"，从而抬高电子书的价格。[③]

德国的缤客（Booking.com）案是第一起最惠国待遇条款被认定为垄断协议的案件。在该案中，缤客要求在其平台内发布酒店预订信息的酒店不得在其自身的网站上为消费者提供相较于缤客平台上更低的价格或者更好的交易条件。德国最高法院认为，该条款限制了酒店经营者与消费者共享其非在缤客上发布预订广告而节省下来的佣金，也限制了酒店经营者的

---

[①] 参见郜庆：《垄断协议视角下的最惠国待遇条款》，载《人民论坛》2020 年第 15 期，第 252 – 253 页。

[②] See Philippe Chappatte and Kerry O'Connell, 'E-Commerce: Most Favoured Nation Clauses' Global Competition Review, 07 December 2021, https://globalcompetitionreview.com/guide/digital-markets-guide/first-edition/article/e-commerce-most-favoured-nation-clauses.

[③] See United States *v.* Apple Inc., 952 F. Supp. 2d 638 (S. D. N. Y. 2013).

自主定价权，但节省下来的佣金可能会引发价格的下降，因而增进消费者的福利。由于缤客在德国的市场份额超过了 30%，酒店也难以选择其他平台经营者来替代，并且该最惠国待遇条款也与酒店和缤客之间中介服务合同目的没有太大关系，因而无法适用"附属限制原则"予以豁免。①

平台最惠国待遇条款的竞争损害主要表现为直接或间接导致零售价的提高，即卖方在不同平台的售价大致相同，且基本没有降价动机。从行为表现上，平台最惠国待遇条款和反垄断法上的转售价格维持（RPM）类似，即都由卖方设定下游零售价，且各零售渠道价格基本一致。行为表现的相似性使得二者也有类似的经济效果，以至于很多学者认为有关 RPM 的文献可以用于分析平台最惠国待遇条款的竞争损害，并将这两种行为放在一起讨论。② 此外，除了价格上的影响，平台最惠国待遇条款还可能引发促进市场封锁（产生对于其他平台或其他平台内经营者的排他性效应）以及共谋的出现等影响。与此同时，平台最惠国待遇条款尽管具有上述反竞争效果，但也可能提高经济效率，如推动经销商提供一系列的额外服务，从而提高产品的价值（促进非价格竞争）；通过减少品牌内竞争扩大销售规模；有助于保持对经销商的激励等多方面的经济效率等。③ 因此，在认定平台最惠国待遇条款是否构成垄断协议时适用合理原则进行分析是必要的。

## 三、数字经济领域滥用市场支配地位行为的规制

当亚马逊、苹果、脸书和谷歌等超级平台已从"富有挑战精神的初创企业"转变为"我们曾在历史上看到过的如石油大亨和铁路大亨那样的超级垄断者"时④，这些超级平台更像是一个集中了数据、资本和技术的充

---

① BGH, Beschluss vom 18. Mai 2021-KVR 54/20-，BGHZ 230，88-120.
② 参见焦海涛：《互联网平台最惠国条款的反垄断法适用》，载《商业经济与管理》2021 年第 5 期，第 72-77 页。
③ 参见孙晋、徐则林：《平台经济中最惠待遇条款的反垄断法规制》，载《当代法学》2019 年第 5 期，第 101 页。
④ See Subcommittee on Antitrust, Commercial and Administrative Law of the Committee on the Judiciary, *Investigation of Competition in the Digital Markets*，https：//judiciary. house. gov/uploadedfiles/competition _in _digital_markets. pdf.

满力量且隐匿无形的复杂系统。这个复杂系统同时有着权力的高度集中、统治（支配）技术的智能化管理以及资源（数据）的分布式汲取三重优势，形成了一个既具有统一意志，又具有以松散、耦合、开放能力为汲取特征的权力系统。① 因此，防止平台滥用市场支配地位行为是数字经济领域反垄断法规制的重点，我国 2022 年修改的《反垄断法》新增的第 22 条第 2 款"具有市场支配地位的经营者不得利用数据和算法、技术以及平台规则等从事前款规定的滥用市场支配地位的行为"，可以为规制平台滥用市场支配地位行为提供法律依据，但如何规制平台自我优待行为、算法歧视行为以及实现数据可携带和互操作义务，仍需进行更多的理论和实践探索。

（一）平台自我优待行为的规制

平台自我优待行为是目前讨论较多的滥用市场支配地位行为，关于自我优待行为的界定并未达成共识。通常而言，自我优待行为是指平台经营者相比于在其平台上的其他经营者而言，通过制定平台规则或者利用自己的独特资源，更加优待其自身业务的行为。这种行为在竞争法框架下的讨论始于 2015 年的"欧盟谷歌在线比价服务案"。在该案中，谷歌调整了搜索结果排列顺序的算法，更加偏袒其自营比价服务 Google Shopping，将该业务总是置于搜索结果页面的顶端，造成竞争优势的纵向延展。②

数字平台的自我优待会产生一定的反竞争效果，以数字广告平台为例，有学者总结了如下反竞争效果，即：（1）导致对广告信息主体参与的限制，排挤效应明显，如数据访问优待中拒绝访问数据的行为、数据使用优待中广告服务器提供商禁止广告发布商同时将广告空间路由至多个广告交易所的行为、广告发布优待中广告服务器提供商禁止发布商在其搜索结果页面上放置来自竞争对手的广告的行为、市场经营中其他优待行为中广告服务器提供商与广告交易所捆绑经营的行为；（2）导致对广告信息类型的限制，市场封锁效应明显，如数据访问优待中变相拒绝访问数据的行

---

① 参见樊鹏、李妍：《驯服技术巨头：反垄断行动的国家逻辑》，载《文化纵横》2021 年第 1 期，第 20 页。

② 参见孟雁北、赵泽宇：《反垄断法下超级平台自我优待行为的合理规制》，载《中南大学学报（社会科学版）》2022 年第 1 期，第 7 - 79 页。

为、广告发布优待中优先展示平台自营产品信息同时通过算法降低竞争对手信息可见度的行为；（3）导致阻碍了广告信息的有效传输，增加了竞争对手的成本，造成了无谓损失，如数据使用优待中广告服务器提供商要求广告发布者优先将其广告空间路由至自家的广告交易所的行为、数据传输优待中传输速度的特殊安排。因此，数字广告平台自我优待行为不符合信息流的规范与标准，背离了数字广告场景正义的立场，可从形式意义上认定自我优待行为的反竞争效果。[①]

与此同时，自我优待行为并非完全不合理，其可能产生的竞争收益效果也不容忽视。有学者认为，需要对自我优待行为的反垄断的违法性判断保持谨慎。例如，即便亚马逊的自我优待行为可能会产生反竞争效果，但由于该行为可能会降低消费产品的价格并增加产品种类，亚马逊可能以此为借口，辩称其对竞争对手带来的损害可以被消费者所获得的效用抵消。[②] 因此，在认定平台自我优待行为是否构成滥用市场支配地位时，需要认定平台是否具有市场支配地位，需要关注是否存在竞争损害。对此，反垄断执法机构可能需要保持谦抑的态度[③]，在未十分确定平台自我优待行为的竞争损害时，不应对平台自我优待行为的违法性轻易下结论。

（二）算法价格歧视行为的规制

算法价格歧视行为是较为多见的数字市场滥用市场支配地位行为，其以"大数据杀熟"等个性化定价行为为代表。2013 年英国公平贸易办公室（OFT）《个性化定价：提升透明度去增进信任》的报告中，认为"个性化定价是这样的做法：企业可能会利用观察到（通过自愿、推断或者是搜集的有关个人行为或是特征）的信息，为不同的消费者（无论是个体还是团体）制定不同的价格，这些价格是企业认为消费者愿意支付的费用"[④]。除了

---

[①] 参见邓辉：《数字广告平台的自我优待：场景、行为与反垄断执法的约束性条件》，载《政法论坛》2022 年第 3 期，第 109 页。

[②] 参见孙秀蕾：《从亚马逊发展模式看数字经济平台的"自我优待"行为及规制》，载《南方金融》2021 年第 6 期，第 88 页。

[③] 参见孔祥俊：《论反垄断法的谦抑性适用——基于总体执法观和具体方法论的分析》，载《法学评论》2022 年第 1 期，第 41 页。

[④] OFT，Personalised Pricing-Increasing Transparency to Improve Trust 2013，https：//webarchive. Nationa-larchives. gov. uk/ukgwa/20140402165101/http：/oft. gov. uk/shared _ oft/markets-work/personalised-pricing/oft1489. pdf.

个性化定价行为，算法歧视行为还体现在内容推荐、搜索结果显示以及具有社会经济特征的其他方面的歧视。①

许多学者和实务界人士认识到其可能趋近于传统价格歧视理论中"一级价格歧视"的构架。这是由于在人工智能时代到来之前，经营者很难精确把握每位消费者的保留价格，一级价格歧视不易发生，但在数据规模扩大与算法分析优化紧密结合的当下，一级价格歧视就具备现实可能性，由停留于纸面的传统分析模型转变为可付诸实践的流行商业模式。② 当然，从行为的本质上看，个性化定价行为也符合传统上基于消费者群体进行"三级价格歧视"的特点。③

就算法价格歧视行为而言，其未必当然会对消费者福利和社会总福利产生负面效果，也就并非当然构成反垄断法禁止的滥用市场支配地位行为。④ 算法价格歧视在一定程度上属于经营者行使自主定价权的行为，在市场结构具有竞争性，消费者和经营者之间的信息足够透明的前提下，个性化定价有可能对经营者、消费者与市场皆有益处，也可能会损害其他经营者或消费者的合法权益，因此会受到消费者权益保护法、个人信息保护法的关注，而且，反垄断法能够规制的是具有市场支配地位的平台个性化定价行为，对于不具有市场支配地位的平台经营者从事的个性化定价行为，反垄断法是很难对其进行规制的。

（三）数据可携带和互操作义务的施加

从欧盟与美国经验来看，数据可携带与互操作义务（事前或事后附加）的目标是促进平台间的互联互通以防止平台拒绝交易的风险。

数据可携带一词源于欧盟《通用数据保护条例》（GDPR）中的数据可携带权，其赋予数据主体要求数据控制者以结构化的、通用的和机器可读的形式向其提供个人信息，以及无阻碍地将其向该控制者提供的个人信

---

① 参见李丹：《算法歧视消费者：行为机制、损益界定与协同规制》，载《上海财经大学学报》2021 年第 2 期，第 18 - 19 页。

② 参见朱建海：《大数据"杀熟"反垄断规制的理论证成与路径优化》，载《西北民族大学学报（哲学社会科学版）》2021 年第 5 期，第 114 页。

③ See OFT, The Economics of Online Personalised Pricing, OFT1488, para. 2. 9 (2013).

④ 参见周围：《人工智能时代个性化定价算法的反垄断法规制》，载《武汉大学学报（社会科学版）》2021 年第 1 期，第 111 页。

息转移到第三方控制者的权利。① 互操作是实现个人信息移转的一种手段，其根据开放程度可以分为协议互操作、数据互操作以及全协议互操作。② 由于目前数字平台的竞争更多体现为数据的竞争，其对于用户注意力的吸引与用户粘性的意义重大，数据互操作更加符合数字市场的反垄断规制要求。数据互操作也在一定程度上代表了平台的互联互通，因为现有的互操作机制基本依赖于应用程序编程接口（API）的开放，即经授权后，其他移动或网络应用程序的开发人员能够通过特定 API 访问当前系统或平台的信息与数据。③ 因此，数据可携带与互操作机制对于破除数据的拒绝交易行为与平台封禁行为至关重要，这可以从外部以及内部降低超级平台的用户"锁定效应"，让更多的中小型平台经营者能够获取相关数据而与超级平台互相竞争。

需要注意的是，无论是欧盟《数字市场法》、美国的《通过启用服务交换增强兼容性和竞争性法案》还是德国的《反限制竞争法》（第十次修正案），其都将事前性的可携带与互操作义务施加于占据战略性市场地位的经营者之上。例如，欧盟《数字市场法》规定了"平台守门人"才负担该等义务。④ 从事后的反垄断救济而言，其也旨在破除违法性的平台封禁行为，适用于滥用市场支配地位的救济措施，只有平台经营者具有市场支配地位且具有竞争损害，其拒绝交易行为才违法。这比事前的义务负担更为严苛，因为即便是 Facebook 这样的超级平台，美国法院也不认为其拒绝交易行为当然违反反垄断法。⑤ 总之，反垄断法和行业规制下的数据可

---

① See Regulation （EU） 2016/679 of the European Parliament and of the Council of 27 April 2016 on the Protection of Natural Persons with regard to the Processing of Personal Data and on the Free Movement of Such Data，and Repealing Directive 95/46/EC （General Data Protection Regulation），［2016］OJ L 119/1，Art. 20 （hereinafter GDPR）.

② See 40 Jacques Crémer，Yves-Alexandre de Montjoye and Heike Schweitzer，*Competition Policy for the Digital Era*，Luxembourg：Publications Office of the European Union，2019，58 - 59.

③ 参见焦海涛：《平台互联互通义务及其实现》，载《探索与争鸣》2022 年第 3 期，第 111 页。

④ See Proposal for a Regulation of The European Parliament and of The Council on Contestable and Fair Markets in the Digital Sector （Digital Markets Act），COM/2020/842 final，Art. 6 （1）（h）.

⑤ See Federal Trade Commission，v. Facebook，Inc.，Civil Action No. 20 - 3590 （JEB）（2021）.

携带和互操作的义务并不适用于所有平台，应当遵循非对称的监管理念。① 反垄断法对其规制时仍应遵循滥用市场支配地位的分析框架。

## 四、数字经济领域经营者集中行为的规制

对于经营者集中，特别是数字市场领域的经营者集中，许多国家开始采用积极干预主义的态度，且价格以及市场进入壁垒以外的因素逐渐被纳入考量范围，例如数据的控制和消费者隐私保护等。② 甚至有的国家想要审查每一起经营者集中案件，许多国家也都在逐步降低申报门槛。③ 这与新布兰代斯学派的观念不谋而合，作为"麦迪逊主义"的拥护者，布兰代斯法官极力鼓吹政治经济权力的民主分配。④ 从反垄断的角度来说，虽然企业规模大并非完全"坏"，但新布兰代斯学派重视对市场结构以及竞争过程的分析，而不完全取决于竞争效果，并且认为过于强大和集中"市场力量"会损害竞争，企业的效率如创新，并不是自发的，而是需要政府政策加以扶持才产生。⑤ 另外，放任主义大多重视经营者集中审查的"假阳性"结果，认为假设进行规制，将会严重损害市场经济，而忽视"假阴性"结果，导致经营者集中审查的正确率非常高，但往往忽视可能对扼杀式收购等"假阴性"案例的审查。⑥

我国 2022 年修改的《反垄断法》增加第 26 条第 2 款关于"经营者集中未达到国务院规定的申报标准，但有证据证明该经营者集中具有或者可能具有排除、限制竞争效果的，国务院反垄断执法机构可以要求经营者申

---

① See Inge Graef, *The Opportunities and Limits of Data Portability for Stimulating Competition and Innovation*, Competition Policy International-Antitrust Chronicle, 2（2020）：1-8.

② See Kelly Fayne and Kate Forman, *To Catch a Killer：Could Enhanced Premerger Screening for 'Killer Acquisitions' Hurt Competition?*, Antitrust 34（2020）：8-9.

③ See Kelly Fayne and Kate Forman, *To Catch a Killer：Could Enhanced Premerger Screening for 'Killer Acquisitions' Hurt Competition?*, Antitrust 34（2020）：8-9.

④ See Lina M Khan, *The New Brandeis Movement：America's Antimonopoly Debate*, Journal of European Competition Law & Practice, 9（2018）：131.

⑤ See Lina M Khan, *The New Brandeis Movement：America's Antimonopoly Debate*, Journal of European Competition Law & Practice, 9（2018）：131.

⑥ See Kevin A Bryan and Erik Hovenkamp, *Startup Acquisitions，Error Costs，and Antritrust Policy*, The University of Chicago Law Review, 87（2020）：332-333.

报"的规定，可以更好地对数字市场的扼杀式并购、纵向合并与纵向一体化、数据驱动型并购予以反垄断审查。同时，基于数字市场经营者集中可能给竞争带来的损害，我国的经营者集中审查制度也应予以回应，以规制其带来的潜在反竞争影响以及损害创新影响。

（一）扼杀式收购行为的规制

数字市场的巨头平台对该领域初创企业的大量收购引发了新的垄断隐忧。这是由于有研究表明，许多扼杀式收购会引发数字市场巨头企业关停（"扼杀"）初创企业的产品生产或商业模式的研发，而这一类的产品和商业模式通常具有创新性，对消费者有足够的吸引力，假设此收购没有发生，那么假以时日初创企业有可能成长起来，给在位企业施加巨大的竞争压力，在未来加强市场的竞争，反之，此等收购便减少了未来市场的竞争。[①]

经营者集中审查制度需要进行调整以适应数字市场初创企业并购所带来的变化。首先从经营者集中申报制度上来说，需要建立多维度的申报框架，应当采用多重的申报标准，尽可能将可能会产生巨大竞争损害的初创企业收购纳入经营者集中审查的执法框架中来。德国《反限制竞争法》第十次修正后第39a条便采用了收购方市场份额的标准，同时设立一定的限制性适用条件。[②] 英国则创造了"市场供应份额测试"（Share of Supply Test），要求总共大于25％的市场供应份额的企业收购需要向竞争执法部门进行申报。[③] 另外，如美国《哈特-斯科特-罗迪诺法案》（Hart-Scott-Rodino Act）所规定的交易额的标准也是较为热议的替代性标准，可以结合一定的营业额条件加以综合适用。[④] 这些国家的制度都可以为我国申报标准的变革提供参考。在对初创企业收购的竞争评估之中，可以有条件地适用"反事实"（Counterfactual）分析工具，评估在没有收购的情况下初创企业在未来是否能够对在位企业造成竞争威胁，进而建立完善的潜在竞

---

① 参见李凯、樊明太：《我国平台经济反垄断监管的新问题、新特征与路径选择》，载《改革》2021年第3期，第59-60页。

② Siehe § 39a II GWB.

③ See The Enterprise Act 2002（Share of Supply Test）（Amendment）Order 2018，§ 3 (4).

④ See Hart-Scott-Rodino Antitrust Improvements Act of 1976，15 U. S. C. § 18a (a)(2).

争分析体系，不过这种分析工具由于具有不确定性而不得滥用。[①] 在经营者集中救济的问题上，开放平台、修改算法、承诺平台兼容和互操作性等行为性条件以及数据剥离等结构性条件[②]，都结合了数字市场的要素与特征。

（二）纵向合并与纵向一体化的规制

数字市场中平台通过不断的纵向合并形成的纵向一体化问题也值得关注。在数字经济的背景下，大量的纵向并购或混合并购形成的平台巨头纵向控制带来的竞争损害不容忽视，也有可能呈现新的样态。[③] 这一类型并购产生的竞争促进效果通常会大于竞争损害效果，反垄断执法机构一般会采取放任的姿态[④]，但是，平台可以通过纵向并购的行为大举进入其他市场，进而通过"垄断杠杆"将其在某一市场上的巨大市场力量传导至其他市场，在其他市场也形成巨大的市场力量。有学者指出，在实施纵向并购行为之后，目前可见的有许多搜索引擎平台在搜索结果页面中推广自身的相邻产品，实时聊天应用软件降低第三方经营者与自身的兼容性等行为使得第三方更难通过平台分发其商品或服务，从而使得平台的"赢家通吃"效果更加明显。这更需要反垄断执法机构给予一定关注。[⑤]

另外，数字市场中不少纵向并购甚至混合并购可能会构成扼杀式并购的现象值得关注。[⑥] 首先，由于数字平台往往横跨多个市场，或者占据着

---

① "反事实"状态是指假如反垄断执法中涉案行为未发生情形下市场竞争会达到的（均衡）状态。"反事实"的竞争分析则是在"反事实"状态下分析竞争状态以及与涉案行为发生时的竞争状态作比较。参见林平：《反事实状态与反垄断执法误差》，载《竞争政策研究》2016年第3期。

② 参见《国务院反垄断委员会关于平台经济领域的反垄断指南》第21条。

③ 例如，平台采用纵向一体化的策略更有可能对于本上下游市场的经营者造成边际挤压（Margin Squeeze）的排他性效果，而不仅仅是传统上减少供应量的效果。See Steven C. Salop, *Invigorating Vertical Merger Enforcement*, The Yale Law Journal 127 (2018): 1962. See also, Friso Bostoen, *Online Platforms and Vertical Integration: The Return of Margin Squeeze?* Journal of Antitrust Enforcement 6 (2018): 355.

④ See U. S. Department of Justice & Federal Trade Commission, Vertical Merger Guidelines (2020), 2.

⑤ 参见李世佳：《网络平台纵向一体化的反垄断法规制——兼论杠杆理论在平台经济中的新生》，载《商业经济与管理》2022年第2期，第89页。

⑥ See OECD, *Start-ups, Killer Acquisitions and Merger Control-Background Note*, DAF/COMP (2020) 5, para. 10.

多边市场，甚至平台产品的相关市场界定面临困境等①，因此，在这种情况下，数字平台巨头收购一家初创企业，除了明显有横向竞争关系的企业能够被认定为横向并购，其他收购行为皆有可能被认定为是纵向并购甚至混合并购，特别是在被收购企业的产品与收购方的核心产品具有较强的互补性的时候。② 其次，由于互联网平台具有利用"垄断杠杆"的趋势，借用自身平台在某一市场中的优势向另一个从未涉足过的市场"转移"其市场力量③，而这种转移也有可能通过收购另一市场的潜在竞争者实现。在此种情况下，收购方是否会"扼杀"被收购方却值得怀疑，因为潜在竞争者毕竟会有较高期望的创新产品，除非数字平台巨头自身正在开发替代性的产品，不然没有理由认为该平台会抛弃被收购方的产品转而开发新的产品。因此，在纵向并购或者混合并购中，需要十分注意该种并购是否为扼杀式并购或者仅仅是能够产生一定经济效益的初创企业并购。④ 这两者的损害理论不完全一样⑤，需要区分看待。

鉴于横向并购和纵向并购对竞争的影响不同，而数字市场中的非横向并购出现了更多新的特点，我国可以参照欧美实践，分别制定横向并购和纵向并购（混合并购）的反垄断配套规章和指南，这会有利于反垄断执法机构准确评估互联网平台纵向并购后产生的排他性效应。⑥ 另外，国外有

---

① 参见林子樱、韩立新：《数字经济下平台竞争对反垄断规制的挑战》，载《中国流通经济》2021年第2期，第30页。

② 无论是替代产品还是互补产品，对于现有企业造成威胁的总是在其核心市场上，也即平台总是有意图去收购能够威胁其核心产品的企业。See Massimo Motta and Martin Peitz, *Big Tech Mergers*, Information Economics and Policy, Forthcoming, 5 (2020).

③ See Patrick F Todd, *Digital Platforms and the Leverage Problem*, Nebraska Law Review 98 (2019)：486 - 489.

④ 例如中小企业的退出市场以及不同企业不同擅长之处的结合（例如收购企业擅长创新项目的具体实施而被收购企业擅长创新项目的提出），都有可能构成经济效率的正当理由。See D Daniel Sokol, *Merger Law for Biotech and Killer Acquisitions*, Florida Law Review Forum, 72 (2020)：1 - 6.

⑤ See OECD, *Start-ups*, *Killer Acquisitions and Merger Control-Background Note*, DAF/COMP (2020) 5, paras. 17 - 19.

⑥ 十几年前，在反垄断执法较为先进的美国，有机构和学者呼吁美国1984年的《非横向合并指南》需要学习欧盟进行改革，美国后来制定了新的《纵向合并指南》，但此后仍不断面临争议。See James Langenfeld, *Non-Horizontal Merger Guidelines in the United States and the European Commission：Time for the United States to Catch Up*, George Mason Law Review 16 (2009)：851.

学者提出了"业务线限制"的综合性救济方案，目的是减轻数字巨头无限制地采取"垄断杠杆"的行为造成的跨市场的竞争损害效果。[①] 就这一点而言，我国经营者集中审查的具体实践也可以考虑借鉴该研究成果。

（三）数据驱动型并购的规制

数据驱动型并购是数字市场中并购反垄断审查中的另一个关注点，数据驱动型并购的实质是平台经营者为了并购相对方的数据而进行的并购。有学者指出，通过数据驱动型并购，并购企业不仅能够最大限度整合和利用数据资源，获取数据处理技术，开发和改进数据产品，而且可以通过机器学习、算法训练进一步提高网络服务质量和企业运营效率，实现竞争优势的最大化。[②] 当然，数据驱动型并购通常也会带来反垄断隐忧：其一是数据驱动型并购常常能够逃避经营者集中反垄断审查程序，因为数据驱动型并购大多体现出对初创企业的并购以及非横向并购的特征，这样使其营业额相对较低，即便交易额较高，非横向并购的反垄断审查也相对较宽松，这样使得数据驱动型并购很容易未经实质审查即完成。[③] 其二是数据驱动型并购很可能对创新有极大的损害。有学者指出，在数据驱动型并购之后，平台经营者很可能实施数据封锁行为，这种行为会阻止竞争对手的进一步研发行为，可能会提高市场进入的门槛，使得新的具有创新潜力的初创企业难以进入市场。该学者还指出，数据驱动型并购还会因为并购后的创新转移效果（外部化的创新激励内部化，使得创新动机出现停滞）以及与初创企业收购相伴随的扼杀现象使得市场创新出现进一步的停滞。[④] 总之，平台巨头自身聚集越多的数据，其越有可能对市场竞争与创新所造成损害，特别是在目前数字市场以"数据为王"的背景下。

由于数据驱动型并购常常伴随着纵向并购和初创企业并购而出现，因

---

① See Working Party No. 2 on Competition and Regulation，*Lines of Business Restrictions-Background note*，OECD，DAF/COMP/WP2（2020）1，para. 11.

② 参见卢均晓：《数据驱动型国际并购反垄断审查：挑战与应对》，载《国际贸易》2021年第11期，第70-72页。

③ 参见曾彩霞、朱雪忠：《大数据驱动型并购的事先申报制度研究》，载《同济大学学报（社会科学版）》2021年第3期，第118-119页。

④ 参见王磊：《数据驱动型并购创新效应的反垄断审查》，载《北京大学学报（哲学社会科学版）》2022年第3期，第132-137页。

此笔者建议在强化对平台企业两种并购的经营者集中审查的同时，侧重于平台并购的数据面向进行分析，特别是在经营者集中审查的过程中要兼顾数据产业政策与竞争政策的协调，运用"反事实"等相关经济学分析工具判断数据驱动型并购对创新的影响。

综上所述，我国《反垄断法》已于 2022 年进行修正，其中修改的一个背景就是要应对数字经济带来的挑战。相关制度的修改和执法、司法实践还需要结合我国已经出台的《禁止垄断协议规定》《禁止滥用市场支配地位行为规定》《经营者集中审查规定》和《关于平台经济领域的反垄断指南》，进行更多的探索，以便对数字市场的垄断协议、滥用市场支配地位和经营者集中进行有效、合理的规制。

# 第七章 数字经济时代的 反不正当竞争问题

## 一、数字经济与互联网不正当竞争行为

### （一）数字经济时代下的市场竞争

### 1. 数字经济为市场竞争开辟了新空间

回顾数千年人类文明史，无论是农业文明时代还是商工文明时代，线下实体经济都构成人们经济生活的基础。近代以来，资本主义制度以及随之而来的现代市场经济体制对整个人类社会的发展产生了深远的影响。作为商品经济的高级形态，市场经济与竞争相伴相生，无论是资本主义市场经济还是社会主义市场经济，竞争规律对于促进生产技术发展、提高社会生产力都发挥着不可替代的作用，构成市场经济最基本的运行机制。经营者围绕产品和服务的价格、质量等展开的品牌竞争，有助于消费者以最小的代价获得物美价廉的产品和服务。自 20 世纪四五十年代以来，以电子计算机的发明和使用为标志的人类第三次科技革命使人类的生存空间得到

又一次重大扩展，互联网技术的迅猛发展使人类迈进信息文明时代。尤其是 21 世纪 20 年代以来，传统 IT、互联网技术已进化升级为以人工智能、区块链、云计算以及物联网为代表的新一代信息技术，并加速向实体经济融合渗透形成新的经济形态——数字经济。作为引领全球经济发展的新引擎，数字经济是重塑全球经济结构、改变全球竞争格局的关键推动力。[①] 数字经济在赋予社会主义市场经济全新内容的同时，也正在重新定义市场竞争。一方面，数字经济将市场经济运行的场域拓展至互联网空间，催生并加剧互联网竞争，互联网领域的竞争秩序成为整个市场竞争秩序的重要组成部分；另一方面，数字经济时代下的市场竞争呈现出多样和新颖的特征，丰富了市场竞争的内涵。

2. 数字经济培育了新型市场竞争主体

习近平总书记强调："数字技术、数字经济可以推动各类资源要素快捷流动、各类市场主体加速融合，帮助市场主体重构组织模式"[②]。数字经济培育了一大批市场主体，其中以互联网企业为代表的新兴市场主体成为推动数字经济发展最活跃的力量。是否拥有数量充分且科技实力雄厚的互联网企业是判断一个国家数字经济发达程度的核心因素，如作为全球数字经济第一大国的美国不仅拥有谷歌、亚马逊和推特等世界级互联网巨头，并基本实现了对主要经济领域的全覆盖。近年来，随着"网络强国""数字中国"等战略的持续深入推进，我国自主研发互联网技术的能力大大增强，逐渐从全球互联网技术创新的追赶者转变为引领者。互联网技术的飞跃有力地促进了我国互联网产业的发展，各类互联网企业如雨后春笋般不断涌现，其中不乏阿里巴巴、腾讯以及百度等世界级互联网巨头。[③] 当前，数字经济已经成为中国经济不可分割的一部分，我国互联网企业数量众多，其研发的各类互联网应用覆盖范围非常广泛，涵盖了即时通信、

---

① 参见毕马威、君联资本：《创新为先·价值为本 新发展格局下中国数字经济企业观察报告》，https://assets.kpmg.com/content/dam/kpmg/cn/pdf/zh/2023/04/new-development-pattern-chinese-digital-economy-enterprises-observation.pdf，2023 年 5 月 3 日访问。

② 《把握数字经济发展趋势和规律 推动我国数字经济健康发展》，载《人民日报（海外版）》2021 年 10 月 20 日，第 1 版。

③ 关于我国互联网企业的总体发展现状和态势，可参见中国互联网协会于 2024 年 10 月发布的《中国互联网企业综合实力指数报告（2024）》。

网络视频、网络支付以及网络购物等多个领域。[1]

### 3. 数字经济拓展了统一国内消费市场

庞大且统一的国内市场对扩大贸易规模、促进经济繁荣至关重要。作为拥有 14 亿多人口的世界上最大的发展中国家，我国与生俱来地具备超大规模市场优势，有利于形成专业化分工体系和供需之间的快速反馈与改进。与此同时，我国又是一个国土面积大国，地理距离通过影响交通成本和信息摩擦对线下经济交易活动产生重要的影响，使线下各个市场彼此之间相互区别，由此市场分割和地方保护有了存在的土壤。但在数字经济时代，基于互联网所天然具有的跨地域性和无边界性的特点，其能够打破时空阻隔，模糊产业之间的边界，形成协同开放的经济模式。自由、开放和共享是互联网的本质特征，借助于数字经济的发展能够不断降低地理距离等自然因素给建设全国统一大市场所带来的成本，对于畅通国内大循环和国内国际双循环、提高社会主义市场经济运行效率、激发市场主体活力等都具有重要的意义。例如，以亚马逊、阿里巴巴等为代表的电子商务平台的兴起消除了全国乃至世界各地因地理距离而产生的商业和沟通障碍，在各省市和区域线下市场分割的局面无法在短时间改变的背景下，互联网能够在最大程度上消弭全国不同地区之间存在的制度和政策落差，在事实上形成具有统一的交易规则、信用体系和商业服务体系的全国统一大市场。

### 4. 数字经济推动商业模式不断创新

商业模式虽然在实践中得到广泛应用，但理论界对其定义尚未达成一致，也未能总结出普适性的商业模式构成框架和要素。作为一个体系完整和内涵丰富的概念，价值是构成商业模式的核心要素之一，其是基于机会开发、旨在实现交易成本最低、企业价值最大化的企业资源和活动的最优安排。[2] 易言之，企业通过自身独特的商业模式来创造价值、传递价值与获取价值。在人类数千年的商业文明中，商业模式并非一成不变，从最古老的"店铺模式"到当下各种新兴的线上商业模式，商业模式无时无刻不

---

[1]　2025 年，我国各类个人互联网应用持续发展。详见中国互联网络信息中心：《第 55 次中国互联网络发展状况统计报告》，第 27 页。

[2]　参见夏清华：《商业模式的要素构成与创新》，载《学习与实践》2013 年第 11 期，第 55 页。

在迭代更新。商业模式创新能为企业带来意义非凡的成果，包括新技术的商业化、构建企业核心能力以及拓展企业的交易边界等。[①] 商业模式的每一次创新都能在一定时期内为企业带来竞争优势，同时随着市场行情和趋势、消费者需求的不断变化，企业为寻求盈利必然会不断调整和创新商业模式。在数字经济时代下，互联网技术已成为推动商业模式不断创新的重要力量，创造出许多前所未有的具有高创新、高价值、高盈利、高风险特征的"互联网＋"商业模式，主要包括传统的移动互联网商业模式和利用网络技术、大数据、算法等手段的新型互联网商业模式。相较于传统商业模式，"互联网＋"商业模式深受互联网技术升级换代的影响，因此变革速度更快，如无法持续创造价值将很快被市场淘汰。

（二）数字经济时代下互联网竞争的主要特征

1. 利用网络技术进行动态竞争

互联网行业以网络技术为立业之本，技术动态性是其区别于其他行业的主要特征之一，其发展过程呈现出高度的动态性。在传统线下竞争中，企业主要围绕同类产品或服务的价格、质量展开静态竞争。互联网企业之间的竞争虽仍主要围绕网络产品或服务展开，但互联网经济各行各业提供的在线服务，本质上是一种需依靠频繁地投入研发创新资金进行更新换代的数字信息产品。[②] 当前，网络技术已经成为互联网企业能否取得竞争优势的关键因素，以谷歌、腾讯为代表的互联网巨头同时也是世界知名的科技企业，缺乏核心技术做支撑的互联网企业难以打造出具有竞争力的网络产品和服务。最新的网络技术不仅能够向用户传递最先进的互联网科技理念，还能够降低企业研发成本、提高生产效益。互联网企业天然地融入了技术创新的原始基因，这在平台型互联网企业中体现得尤为明显，只有跟上技术迭代和创新的步伐才能源源不断研发出更好地满足用户精神需求的网络产品和服务。动态竞争还意味着互联网企业及其产品的生命周期被大大缩短：一方面，较宽松的市场准入门槛和退出机制使参与竞争的互联网

---

① 参见吴晓波、赵子溢：《商业模式创新的前因问题：研究综述与展望》，载《外国经济与管理》2017年第1期，第114-127页。

② 参见蔡红君、方燕：《技术动态性、市场多边性与互联网反垄断认识误区》，载《财经问题研究》2020年第5期，第31页。

企业处于动态变化之中，除互联网巨头之外的广大中小型互联网企业的寿命明显短于传统实体企业；另一方面，除淘宝、微信和百度等国民级应用之外，大部分未能获得用户青睐的网络软件和服务很快被市场所淘汰。

2. 通过网络平台进行跨界竞争

与具备清晰边界的实体产业不同，互联网市场中的业务边界呈现出高度模糊的特征，以网络平台的形式开展跨界竞争成为互联网企业的普遍做法，即在立足于基本服务的同时有效整合多种不同类型的增值服务。互联网企业开展跨界竞争，是其双边乃至多边市场模式下的必然结果，"对于平台上每一种产品或服务而言，它们不仅要与同类产品或服务竞争，也要同大量与客户需求相邻的替代性产品或服务竞争，因而互联网平台提供的产品或服务往往不是单一的，相反是一套彼此支持、有机组合且密不可分的业务体系"①。从经济学的角度上看，跨界竞争之所以能够成为互联网平台竞争的主流形式，原因在于网络产品和服务的复制不会带来生产要素的固定投入，其边际成本很低甚至为零，但围绕设计研发等环节产生的固定成本很高。因此，互联网平台提供的产品和服务越多，其平均成本就越低，利润空间就越大，风险也就越小。对于互联网企业而言，利用平台进行跨界竞争有利于在短期内积聚大量用户，提高网络产品和服务的市场占有率。如腾讯从最初的社交和通信业务扩展至金融业务、娱乐业务、咨询业务和地图导航业务等，百度的业务领域也不再局限于最初的网络搜索引擎服务，而是逐渐拓展至社交、视频、综合咨询、地图导航以及电商等多个领域，除主干业务之外的其他衍生产品和服务也需面临和参与竞争。

3. 围绕注意力资源进行生态竞争

在信息大爆炸时代，网络信息的供给是无限的，而人们的时间和注意力是有限的，对碎片化的注意力资源进行争夺是互联网企业之间竞争的主要表现，因此互联网经济是典型的注意力经济。"注意力经济作为抽象劳动的特殊形式，它通过挪用增值信息，调整资本的自我增值，通过将消费

---

① 沈拓：《不一样的平台：移动互联网时代的商业模式创新》，人民邮电出版社 2012 年版，第 30 页。

者注意力转变为有关消费习惯、喜好、趋势、生活方式等信息源，然后再利用这些信息源调整商品生产状况。"[1] 互联网企业的业务拓展围绕用户注意力而展开，通过最大限度吸引公众注意力来培养潜在的消费群体，以期获得未来商业利益。

虽然实体企业也会通过投放广告等宣传手段引起消费者对其产品或服务的兴趣，但其本质上仍是单方面向其传递有关信息而非争夺注意力。作为互联网市场中的稀缺和关键资源，用户注意力的聚集能够使互联网企业在获得竞争优势时事半功倍。在日趋激烈的互联网竞争中，用户注意力能够为互联网企业源源不断带来流量和经济收益，这在网络短视频、网络直播等领域体现得尤为明显。近年来，随着互联网消费逻辑的不断转变，以及流量逐渐向头部企业聚集，广大中小型互联网企业纷纷丧失流量话语权，仅靠设计研发出好的产品再花钱推广就能获得成功的时代已经一去不复返。面对移动端用户流量增量枯竭，大型互联网公司开始在 B 端市场投入更多力量，互联网竞争的焦点从流量的争夺演变为对互联网生态体系的争夺。[2]

（三）数字经济时代下不正当竞争行为的新表现

1. 互联网领域的传统不正当竞争行为

互联网在对传统经济市场的商业格局造成冲击的同时，各种线下不正当竞争行为借助电子商务、网络直播等方式不断延伸至互联网领域。我国现行《反不正当竞争法》第二章规定了六类传统不正当竞争行为，分别是混淆、商业贿赂、虚假或引人误解的商业宣传、侵犯商业秘密、不正当有奖销售和商业诋毁，以上行为均可在网络环境中发生。网络环境中的混淆行为可以表现为擅自使用他人有一定影响的域名主体部分、网站名称、网页等[3]，以及电商领域频发的"盗图抄店"等。网络环境中的商业贿赂

---

[1] 马俊峰、崔昕：《注意力经济的内在逻辑及其批判——克劳迪奥·布埃诺〈注意力经济〉研究》，载《南开学报（哲学社会科学版）》2021 年第 3 期，第 70 页。

[2] 参见《极光：从流量的纷争到生态的游戏——移动互联网五年回顾与展望》，载搜狐网，https://www.sohu.com/a/482341434_399033，2023 年 5 月 14 日访问。

[3] 参见《反不正当竞争法》第 6 条第 3 项。根据《反不正当竞争法（修订草案）》第 7 条第 3 项、第 5 项，互联网环境中的混淆行为包括以下两种行为：擅自使用与他人有一定影响的域名主体部分、网站名称、网页、新媒体账号名称、应用程序名称或图标等；擅自将他人有一定影响的商品名称、企业名称（包括简称、字号等）等设置为搜索关键词。

行为表现为通过网络红包等隐蔽方式收送回扣，从而确保竞争优势。网络环境中的不当商业宣传行为表现形式多样，如网络虚假广告、虚假直播带货、"刷单炒信"和编造用户评价等。网络环境中的侵犯商业秘密行为表现为通过黑客手段等窃取企业存储于网络系统中的商业秘密等。网络环境中的不正当有奖销售行为表现为经营者通过电商平台、微信开展各种线上不正当有奖销售。网络环境中的商业诋毁行为表现为利用互联网捏造并传播虚假负面信息诋毁竞争对手，或者雇用网络水军进行恶意评价等。需要强调的是，互联网虽然拓展了传统不正当竞争行为的发生场景，但并未改变其行为本质，发生在网络环境中的"盗图抄店""刷单炒信""恶意差评"等只是传统不正当竞争行为在网络环境中的新表现。

2. 作为规制重点的互联网新型不正当竞争行为

（1）互联网新型不正当竞争行为的内涵解读

互联网新型不正当竞争行为的概念尚未出现在反不正当竞争法的文本中。[①] 在《反不正当竞争法》互联网条款[②]实施之前，其主要指发生在网络环境中且不属于第二章列举条款任何一种情形的不正当竞争行为，其"本质上是不正当竞争行为却又无法归入反不正当竞争法所禁止的不正当竞争行为，而只能依照一般条款进行规制的行为"[③]。

目前，多将其等同于互联网条款所指代的行为，即经营者利用技术手段，通过影响用户选择或者其他方式，实施的妨碍、破坏其他经营者合法提供的网络产品或者服务正常运行的行为。[④]

---

① 关于互联网新型不正当竞争行为的概念，无论是现行《反不正当竞争法》还是《反不正当竞争法（修订草案）》中均未出现，其主要在理论界被广泛使用。但是在《关于〈中华人民共和国反不正当竞争法（修订草案征求意见稿）〉的说明》中，出现了"新型不正当竞争行为""新型网络不正当竞争行为""网络新型不正当竞争行为"等表述。参见国家市场监管总局《关于公开征求〈中华人民共和国反不正当竞争法（修订草案征求意见稿）〉意见的公告》，中央人民政府官网，http://www.gov.cn/xinwen/2022-11/27/content_5729081.htm，2023年5月14日访问。

② 互联网条款即为《反不正当竞争法》第12条。

③ 张今：《互联网新型不正当竞争行为的类型及认定》，载《北京政法职业学院学报》2014年第2期，第6页。

④ 参见《反不正当竞争法》第12条。

需要从以下两个方面准确把握互联网新型不正当竞争行为的内涵：一是此类行为以网络环境为场域，从而与线下的传统不正当竞争行为相区分。网络环境为互联网新型不正当竞争行为的产生提供土壤，无论是网络技术的使用、网络平台的经营还是网络产品的运行均离不开网络环境。二是此类行为以网络技术为手段，从而与网络环境中的传统不正当竞争行为相区分。网络产品与服务不仅凝结了经营者的劳动，其本身也是互联网科技运用下的产物，由于其表现为各式各样的虚拟产品和服务，对其妨碍和破坏同样离不开网络技术的使用。当然，某些网络环境下的传统不正当竞争行为，如不当域名抢注、在搜索引擎中使用他人关键词等，也会在某种程度上涉及对网络技术的运用，因此并非任何使用网络技术的不正当竞争行为均可构成互联网新型不正当竞争行为。

（2）互联网新型不正当竞争行为的主要特征

近年来，北京、上海与杭州等地法院受理的互联网新型不正当竞争行为案件数量激增，相较于传统不正当竞争行为，其主要具有以下特征：首先，从行为主体上看，此类不正当竞争行为多发生在互联网企业之间。原因在于，互联网新型不正当竞争行为的实施高度依赖网络技术，以网络技术为基础的互联网企业才能成为此类行为的主要实施主体，尤其是研究型和平台型互联网企业多为民营企业，对网络产品或服务的使用覆盖率要求更高，对用户注意力的争夺也就更激烈。其次，从行为对象上看，此类不正当竞争行为围绕网络产品或服务展开。与线下产品的有形性和异质性不同，网络产品或服务却呈现出高度的同质化，即相同或相似的网络产品或服务所具有的功能以及带给用户的体验都大同小异。在争夺用户注意力和竞争优势地位的过程中，使用网络技术造成他人网络产品和服务无法顺利运行成为不少互联网企业的共同选择，此类手段不仅在效果上立竿见影且不易为用户察觉。最后，从结果上看，此类不正当竞争行为扰乱了互联网竞争秩序。所谓互联网竞争秩序，是指互联网企业之间利用各自的网络技术优势，围绕网络产品和服务展开的竞争活动有条理、不混乱。公平有序的互联网竞争秩序能够使优质的网络产品和服务得到用户的认可，从而脱颖而出。这是市场在资源配置中发挥决定性作用在互联网领域的体现。互联网新型不正当竞争行为封堵了其他经营者，尤其是中小型互联网企业通过创新技术运用、精进业务能力取得消费者认可，进而获取商业机会和竞争优势的通道。尤其是互联网巨头之间的不正当竞争行为甚至还会冲击和动摇互联网竞争秩序，具有更大的社会危害性。

## 二、互联网新型不正当竞争行为的法律规制现状及难点

（一）互联网新型不正当竞争行为的法律规制现状

1.《反不正当竞争法》中的互联网条款

《反不正当竞争法》第12条①，即理论界所称的"互联网专条"或"互联网条款"，是当前规制互联网新型不正当竞争行为最主要的法律依据。在内容上，该条通过概括、列举和兜底的方式对经营者利用网络技术手段实施的妨碍、破坏其他经营者合法提供的网络产品或服务的行为进行了规制。但是，互联网专条所列举的行为类型更多的是基于对既有审判经验的归纳和总结，列举范围仍较狭窄；兜底条款难以被单独适用，可操作性不强。

伴随着互联网技术的发展和商业模式的创新，为更好地适应数字经济时代下的反不正当竞争实践，2021年12月，国家市场监督管理总局启动《反不正当竞争法》的修订工作。针对新经济、新业态、新模式发展中出现的扰乱竞争秩序的行为，2022年11月发布的《反不正当竞争法（修订草案征求意见稿）》在原互联网条款的基础上新增了大量数字经济反不正当竞争规则，例如，第4条规定：国家健全数字经济公平竞争规则。经营者不得利用数据和算法、技术、资本优势以及平台规则等从事不正当竞争行为。第15条至第20条结合数字经济领域竞争行为的特点，尽可能对现有的互联网新型不正当竞争行为类型，如数据获取和使用中的不正当竞争行为、利用算法实施的不正当竞争行为，以及阻碍开放共享等网络新型不

---

① 该条规定："经营者利用网络从事生产经营活动，应当遵守本法的各项规定。经营者不得利用技术手段，通过影响用户选择或者其他方式，实施下列妨碍、破坏其他经营者合法提供的网络产品或者服务正常运行的行为：（一）未经其他经营者同意，在其合法提供的网络产品或者服务中，插入链接、强制进行目标跳转；（二）误导、欺骗、强迫用户修改、关闭、卸载其他经营者合法提供的网络产品或者服务；（三）恶意对其他经营者合法提供的网络产品或者服务实施不兼容；（四）其他妨碍、破坏其他经营者合法提供的网络产品或者服务正常运行的行为。"

正当竞争行为予以详细列举。① 此外，第 22 条还明确了平台经营者加强竞争合规管理的责任，以推动互联网反不正当竞争的社会共治。2024 年 5 月 6 日，国家市场监督管理总局公布《网络反不正当竞争暂行规定》，在《反不正当竞争法（修订草案征求意见稿）》第 15 条至第 20 条的基础上进一步细化了对互联网新型不正当竞争行为的规定。②

2024 年 12 月 25 日，《反不正当竞争法（修订草案）》面向社会公开征求意见。其对互联网条款的修订主要体现在以下两个方面：一是对互联网新型不正当竞争行为的概念予以调整，将经营者实施此类行为的手段由"技术手段"进一步扩展为"利用数据和算法、技术、平台规则等"；二是在列举条款中新增两种新的行为类型，分别是以欺诈、胁迫、电子侵入等不正当方式获取并使用其他经营者合法持有的数据，以及滥用平台规则实施的恶意交易行为。③

2. 地方反不正当竞争立法情况

2018 年以来，部分省市以《反不正当竞争法》新增互联网条款为契机，逐渐启动地方条例的修订工作，对互联网新型不正当竞争行为作出明确规定，但在所列举的行为类型上与《反不正当竞争法》互联网条款有所差异。如作为全国首个新修订的反不正当竞争地方性法规，《上海市反不正当竞争条例》第 16 条新增三种行为类型：一是无正当理由对其他经营者合法提供的网络产品或者服务实施拦截、关闭等干扰行为；二是违背用户意愿下载、安装、运行应用程序，影响其他经营者合法提供的设备、功能或者其他程序正常运行；三是对非基本功能的应用程序不提供卸载功能或者对应用程序卸载设置障碍，影响其他经营者合法提供的设备、功能或者其他程序正常运行。④《四川省反不正当竞争条例》第 22 条新增无正当

---

① 关于《反不正当竞争法（修订草案征求意见稿）》，可参见《国家市场监管总局关于公开征求〈中华人民共和国反不正当竞争法（修订草案征求意见稿）〉意见的公告》，中央人民政府官网，http：//www.gov.cn/xinwen/2022 - 11/27/content_5729081.htm，2023 年 5 月 14 日访问。

② 《网络反不正当竞争暂行规定》（2024 年 5 月 6 日国家市场监督管理总局令第 91 号公布）第 12 条至第 21 条。

③ 参见《反不正当竞争法（修订草案）》第 13 条第 2 款第 4 项、第 5 项。

④ 参见《上海市反不正当竞争条例》（2020 年 10 月 27 日上海市第十五届人大常委会第二十六次会议修订）第 16 条。

理由对其他经营者合法提供的网络产品或者服务实施拦截、关闭、降低或者提高搜索结果排名，以及未经用户许可或者授权，下载、安装、运行、更新应用程序，影响其他经营者合法提供的设备、功能或者程序正常运行两种不正当竞争行为。①《浙江省反不正当竞争条例》第17条新增三种行为类型：一是未经用户同意下载、安装、运行应用程序，影响其他经营者合法提供的网络产品或者服务正常运行；二是对非基本功能的应用程序不提供卸载功能或者对应用程序卸载设置障碍，影响其他经营者合法提供的网络产品或者服务正常运行；三是恶意对其他经营者合法提供的网络产品或者服务实施拦截、过滤、修改、关闭、卸载、下架、屏蔽链接、覆盖内容等干扰行为。②

（二）互联网新型不正当竞争行为的法律规制难点

1. 互联网新型不正当竞争行为难以实现类型化

自互联网新型不正当竞争行为产生以来，理论界对其进行类型化的尝试就从未止步，但由于缺乏明晰的分类标准，对此类行为的类型化一直处于学理上的摸索阶段，产生了包括二分法、三分法、五分法、六分法和七分法等在内的多种分类方法。③ 相较于理论界对互联网新型不正当竞争行为类型化的大胆尝试，立法者在该议题上则显得更为谨慎，作为立法成果的互联网条款仍未就类型化标准作出明确解答。"类型化既是一种精致化的具体思考，又体现为一种抽象的概括思维，其本质的特征在于其以事物的根本特征为标准对研究对象进行类属划分。"④ 德国法学家卡尔·拉伦茨进一步提出，类型化思考首先根据"相关性"和"紧密性"标准，从拟进行类型化的相关具体事物中区分不同行为的一般的特征、关系及比例，

---

① 参见《四川省反不正当竞争条例》（2021年11月25日四川省第13届人大常委会第31次会议修订）第22条。

② 参见《浙江省反不正当竞争条例》（2022年7月29日浙江省第13届人大常委会第37次会议修订通过）第17条。

③ 关于理论界对互联网新型不正当竞争行为的分类，可参见刘继峰、赵军主编：《互联网新型不正当竞争行为研究》，中国政法大学出版社2019年版，第31-35页。

④ 吴莉娟：《互联网新型不正当竞争行为的类型化分析——兼论〈反不正当竞争法〉类型化条款之完善》，载《竞争政策研究》2019年第6期，第30页。

并个别赋予名称。① 但大多数学者对互联网新型不正当竞争行为的分类，仍停留在对行为具体表现形式的归纳上，反映到立法层面则是互联网专条的列举条款之间存在内容交叉，在网络平台环境下不具有互斥性，某些竞争行为能够同时满足多项列举条款。② 正如有学者指出，"网络条款在类型化效果上的缺陷，源于其分类标准的非理性"③。互联网专条列举条款"只是对部分既有网络案件类别的罗列，背后并无理性标准作为支撑，也非与其他分类方法比较得出的优选方案"④。

此外，网络技术的飞速发展和商业模式的日新月异也在一定程度上加大了互联网新型不正当竞争行为类型化的难度。有学者认为："在竞争行为随技术发展变化而自行消亡或者被新形式的竞争行为替代因而不具有稳定性、长期性、普适性的情况下，市场本身即可完成调整和修复，使竞争回归理性和正常状态，人为进行类型化和通过法律进行强行规制的必要性已经大大降低。"⑤ 为了构建公平有序的互联网竞争秩序，不能以此类行为不具有稳定性而否定对其类型化的必要性。但可以肯定的是，未来网络技术的发展还会催生出许多当前尚不存在的不正当竞争行为类型，仅凭列举条款无法担负有效规制互联网新型不正当竞争行为的重任，在触及此类行为本质的类型化标准明晰之前，只能以兜底条款弥补此类行为类型化基础不足所带来的缺憾。

2. 互联网新型不正当竞争行为使竞争关系宽泛化

我国《反不正当竞争法》虽未出现"竞争关系"的表述⑥，但其在不正当竞争行为的法律规制以及司法判定中都扮演着不可或缺的角色。理论

---

① 参见［德］卡尔·拉伦茨：《法学方法论》，陈爱娥译，商务印书馆2003年版，第338页。
② 如互联网条款第3项的恶意不兼容行为符合第2项"强迫用户……关闭、卸载其他经营者合法提供的网络产品或者服务"的行为特征，两者不具备绝对的互斥性。
③ 蒋舸：《〈反不正当竞争法〉网络条款的反思与解释：以类型化原理为中心》，载《中外法学》2019年第1期，第184页。
④ 蒋舸：《〈反不正当竞争法〉网络条款的反思与解释：以类型化原理为中心》，载《中外法学》2019年第1期，第184页。
⑤ 李扬：《互联网领域新型不正当竞争行为类型化之困境及其法律适用》，载《知识产权》2017年第9期，第7页。
⑥ 无论是《反不正当竞争法（修订草案征求意见稿）》还是《反不正当竞争法（修订草案）》，均未出现"竞争关系"的表述。

界根据不同的标准，进一步细化了竞争关系的类型，常见的分类包括直接竞争关系与间接竞争关系、狭义竞争关系与广义竞争关系、水平竞争关系与垂直竞争关系。在司法实践中，竞争关系，尤其是直接竞争关系或狭义竞争关系①，即生产经营相同或相似抑或可替代商品的经营者之间在特定的市场经营活动中争夺市场份额而形成的社会关系②，是认定传统不正当竞争行为的前提条件。易言之，商品不相同、不具有替代关系的经营者之间不存在竞争关系，不发生不正当竞争行为。直接竞争关系的认定通常基于以下标准，即产品或服务具有可替代性、竞争者范围的限定性以及经济环节上的同一性。

但是，互联网经济的发展从根本上改变了经营者之间原有的竞争形式，跨界竞争与流量争夺成为常态，异质化竞争逐步走向同质化，使互联网企业之间的竞争关系呈现出传统不正当竞争案件中所不具有的新特点。如在截取直播信号、屏蔽网络视频贴片广告以及抓取具有商业价值的数据等互联网新型不正当竞争行为中，难以从同业竞争者的角度界定双方之间的竞争关系。毋庸置疑，互联网新型不正当竞争行为对既有的竞争关系理论提出新的挑战。一方面，如何准确界定竞争关系的内涵。如有学者从广义的角度将竞争关系定义为"市场主体之间在竞争过程中形成的社会关系"③，而最高人民法院认为，竞争关系是"与经营者在生产经营活动中存在可能的争夺交易机会、损害竞争优势等关系"④。对直接竞争关系的内涵予以扩张，在一定程度上突破了同业竞争者的主体限制。另一方面，如何准确认识竞争关系在认定互联网新型不正当竞争行为中的地位。近年来，为了更好地应对数字经济下各种新型不正当竞争问题，在理解和适用反不正当竞争法的过程中出现越来越多的实用主义倾向。"实用主义的主要特征是结果导向，只要在结果上能够解决问题，就不必太在意法律目标、法律规则的束缚，尤其在法律规则不确定的情况下，法律适用者应创

---

① 狭义竞争关系与直接竞争关系具有基本相同的内涵，一般不作特别区分。

② 参见郑友德：《知识产权与公平竞争的博弈——以多维创新为坐标》，法律出版社 2011 年版，第 263 页。

③ 种明钊主编：《竞争法》（第 3 版），法律出版社 2016 年版，第 11 页。

④ 《最高人民法院关于适用〈中华人民共和国反不正当竞争法〉若干问题的解释》第 2 条。

造性地适用规则，以求问题的解决。"① 具体而言，就是淡化竞争关系因素，甚至在认定不正当竞争行为时完全摒弃竞争关系因素，如何解释竞争关系完全服务于对竞争行为的认定。

3. 互联网新型不正当竞争行为使利益衡量更加复杂

作为不正当竞争的重要组成部分，互联网新型不正当竞争行为同样会影响经营者利益、消费者利益以及社会公共利益三个方面。反不正当竞争法视野下的经营者利益，是指经营者在公平有序的市场竞争秩序中，通过自身合法的生产经营活动获取交易机会和商业利益以提升竞争优势地位。无论反不正当竞争法对所保护法益的表述发生何种变化，聚焦于经营者利益的保护是其最基本的功能。《反不正当竞争法》将消费者利益纳入保护范围。② 与《消费者权益保护法》聚焦消费者个体的权益保护范式不同，《反不正当竞争法》从维护竞争秩序出发，对消费者群体的同质性利益予以整体和宏观上的保护，目的是防止经营者以损害消费者利益的方式获取竞争优势。反不正当竞争法作为经济法的重要组成部分，维护社会公共利益、实现市场主体间利益的实质公平是其核心目标。《反不正当竞争法》对一般条款的修订也体现出此种倾向，将"扰乱社会经济秩序"的表述修改为"扰乱市场竞争秩序"，同时置于"经营者合法权益"之前。可见，不正当竞争行为首先是扰乱市场竞争秩序、损害社会公共利益的行为，若仅是损害了经营者利益或消费者利益则谈不上不正当竞争，反不正当竞争法当然无介入空间。

在传统不正当竞争行为中，经营者利益、消费者利益以及社会公共利益往往具有一致性，经营者实施的仿冒混淆、虚假宣传、商业诋毁以及不当有奖销售等不正当竞争行为在损害其他经营者利益和社会公共利益的同时，并不会增进消费者福利，甚至还会对消费者利益产生不同程度的损

---

① 焦海涛：《不正当竞争行为认定中的实用主义批判》，载《中国法学》2017年第1期，第151页。

② 1993年《反不正当竞争法》第2条第2款规定："本法所称的不正当竞争，是指经营者违反本法规定，损害其他经营者的合法权益，扰乱社会经济秩序的行为。"现行《反不正当竞争法》第2条第2款规定："本法所称的不正当竞争行为，是指经营者在生产经营活动中，违反本法规定，扰乱市场竞争秩序，损害其他经营者或者消费者的合法权益的行为。"

害。但在互联网新型不正当竞争行为中，经营者利益、消费者利益与社会公共利益并不必然具有一致性，甚至彼此存在冲突。如在互联网条款所列举的网络流量劫持、网络不当干扰以及恶意不兼容等新型不正当竞争行为中，消费者的知情权、选择权受到损害，经营者利益、消费者利益与社会公共利益呈现出一致性。但在截取直播信号、屏蔽网络视频贴片广告等新型不正当竞争行为中，消费者利益并未明显遭受损害，甚至在短期内还会有所增进，表现为消费者能够以更低的成本享受网络直播服务、不用观看贴片广告即可享受网络视频服务等等，这也成为经营者认为其行为不构成不正当竞争的主要抗辩理由。由此可见，互联网新型不正当竞争行为中的利益衡量更为复杂，其结果直接关系到能否弥补反不正当竞争法立法定位与实际扮演角色之间的裂隙。

4. 互联网领域商业道德具有高度抽象性和不确定性

商业道德，又称为商业伦理，是商业机构为了在公平、合法及符合道德环境下营运而遵从的一套道德原则、价值观及行为准则。① 作为一般道德在经济领域的集中体现，商业道德是为促进商业活动中的商业交易顺利进行而必须遵守的最低标准。商业道德是典型的抽象概念，其涵摄范围及边界呈现出高度模糊的特征：首先，商业道德所表达的市场主体在商业活动中应当遵守的最低标准并非明确的行为规则，市场主体不能通过商业道德明确自己应当如何行为。除了列举条款规定的不正当竞争行为类型，哪些行为违反商业道德并不存在统一答案。其次，违反商业道德不具有明确的法律后果，原因在于，违反商业道德的行为本身不是单一的行为类型，而是由多种行为构成的集群，只有明确行为类型才能确定相应的法律责任。但不容否认，商业道德对于规范市场竞争行为、维护公平有序的市场竞争秩序发挥着不可或缺的作用，正是其对经营者内心所产生的强大约束，才能使经营者之间开展正当竞争成为主流，不正当竞争行为难以侵蚀市场竞争秩序之根基，故被纳入反不正当竞争法一般条款。②

---

① 香港商业道德发展中心对商业道德的概念阐释，参见 https://hkbedc. icac. hk/edm/zh-hans/business_and_professional_ethics，2022 年 6 月 3 日访问。

② 现行《反不正当竞争法》将一般条款中"公认的商业道德"调整为"商业道德"，《反不正当竞争法（修订草案）》予以维持。

互联网领域的商业道德同样呈现出高度抽象性和不确定性：其不仅与互联网行业惯例关系模糊，同时对传统商业道德产生巨大冲击；此外，某些特定行业的商业道德仍处于不断完善的过程中，缺乏行业普遍认可并遵守的商业道德准则。这反映在司法实践中，一是法院在认定经营者是否违反商业道德时易简单泛化为对涉案竞争行为的一般道德评价，表现为将商业道德等同于诚实信用，或将是否违反商业道德与行为不正当性直接挂钩，而忽略对其他相关因素的考量；二是法院即使实现了对商业道德的具化，但对该标准的运用仍处于模糊的阶段，甚至出现截然相反的判决。如在"北京字节跳动科技有限公司诉北京微梦创科网络技术有限公司不正当竞争纠纷案"中，一审、二审法院围绕非搜索引擎应用背景下利用 robots 协议限制网络机器人抓取数据行为的正当性评价，均将商业道德纳入裁判依据的范围。其中，一审法院认为，被告（上诉人）在 robots 协议中以文字宣示方式单方限制原告（被上诉人）抓取相关网页内容的被诉行为违反了公平竞争、诚实信用原则和作为互联网行业公认商业道德的《互联网搜索引擎服务自律公约》。① 二审法院认为：《互联网搜索引擎服务自律公约》仅可作为搜索引擎服务行业的商业道德，而不能成为互联网行业通行的商业道德。在不损害消费者利益、不损害公共利益、不损害竞争秩序的情况下，应当允许网站经营者通过 robots 协议对其他网络机器人的抓取进行限制，这是网站经营者经营自主权的一种体现，在非搜索引擎应用场景利用 robots 协议对其他网络机器人的行为进行合理限制不构成不正当竞争行为。②

### 三、互联网新型不正当竞争行为法律规制的完善路径

（一）健全数字经济公平竞争规则

1. 构建触及数据竞争内核的反不正当竞争规则

数字经济与互联网经济一脉相承，又基于对物联网、云计算、大数据、人工智能、区块链等数字新技术的运用而演化为更高级别的经济发展形式。作为一种全新的经济形态和阶段，数字经济在以下三个方面与互联

---

① 参见北京知识产权法院（2017）京 73 民初 2020 号民事判决书。
② 参见北京市高级人民法院（2021）京民终 281 号民事判决书。

网经济存在明显区别：一是数据代替信息成为关键生产要素。从微观上看，数据资源成为各平台竞争的核心，数字经济时代下的商业竞争不再是传统意义上的市场份额，而是用户数据；从宏观上看，数据资源成为各国数字经济的新竞争点，未来国家数据主权的竞争将体现在对数据资源的争夺上。2022 年 6 月 22 日，中央全面深化改革委员会第二十六次会议通过《关于构建数据基础制度更好发挥数据要素作用的意见》，作为构建数据基础制度的明确指引和顶层设计，其也将会直接影响作为数据基础制度组成部分的数字竞争规则的制度选择。二是算法代替网络技术成为重要推进力量。数据所蕴含价值的充分挖掘必须依靠特定的算法，其能够直接决定数据分析环节的成败。利用算法进行不正当竞争也早已引发相关部门和社会公众的关注，2021 年 9 月 17 日，国家互联网信息办公室等九部门联合印发《关于加强互联网信息服务算法综合治理的指导意见》，明确提出要防止利用算法打压竞争对手。① 三是平台代替实体企业成为主要的组织形式。数字经济背景下，互联网平台成为最主要的企业组织形式，是推动数字经济发展的重要力量："它既是数据的搜集和利用者，又是算法的开发和维护者；既是供应端的协调员，又是需求端的组织员。"② 结合数字竞争所独有的特征，在立法层面应更加注重规制互联网新型不正当竞争的系统性和体系性，对数据、算法、技术、资本优势以及平台规则等相关竞争逻辑均有所体现。③

---

① 《关于加强互联网信息服务算法综合治理的指导意见》（国信办发文〔2021〕7 号）第四部分第 15 项规定：防范算法滥用风险。维护网络空间传播秩序、市场秩序和社会秩序，防止利用算法干扰社会舆论、打压竞争对手、侵害网民权益等行为，防范算法滥用带来意识形态、经济发展和社会管理等方面的风险隐患。

② 王帅：《作为必需设施的超级平台及其反垄断准入治理》，载《北方法学》2021 年第 5 期，第 148 页。

③ 《反不正当竞争法（修订草案）》虽未采取数字经济专章的形式，但实际上已经触及数字竞争的主要内核，如孙晋指出："数字平台利用数据、算法、技术、资本优势，已衍生出数据竞争、寡头竞争、并购突出、跨界竞争等新的竞争特点。"［孙晋：《数字平台垄断与数字竞争规则的建构》，载《法律科学（西北政法大学学报）》2021 年第 4 期，第 64 页。］《反垄断法》（2022 年修正）第 9 条规定，经营者不得利用数据和算法、技术、资本优势以及平台规则等从事本法禁止的垄断行为。《反不正当竞争法（修订草案）》第 13 条第 2 款规定，经营者不得利用数据和算法、技术、平台规则等，通过影响用户选择或其他方式，实施妨碍、破坏其他经营者合法提供的网络产品或服务正常运行的行为。

### 2. 完善平台内部自治规则，推动社会共治

数字经济下的反不正当竞争不仅涉及外部监管，同时与平台治理息息相关。有学者就视频发布平台的内容合规审核予以强调，认为作为保障内容合规的重要自治手段，"平台希望通过审核机制，能够规范平台上主体行为，创造良好平台环境和社会形象"[①]。在反不正当竞争视域下，推动数字平台内部竞争合规建设是加强平台治理的重要组成部分。所谓的平台竞争合规，就是数字平台在反不正当竞争执法机构的指引下，根据自身工作计划和合规惯例采取相应的措施，旨在使平台最大限度地合乎竞争法律规范的动态过程。当前，我国的数字竞争规则仍处于不断完善的过程中，外部监管依据尚不充分，仅依靠执法机构难以预防和有效应对各类互联网新型不正当竞争行为。在平台竞争合规体系建设方面，监管者仍然是主导力量，如2021年10月29日，国家市场监督管理总局公布《互联网平台落实主体责任指南（征求意见稿）》，向社会征求意见；2022年7月，浙江省市场监督管理局批准发布省级地方标准《互联网平台企业竞争合规管理规范》等等。上述规定有力地推进了数字平台竞争合规制度的完善。与此同时，要充分调动数字平台在防范新型不正当竞争行为方面的能动作用。正如《反不正当竞争法（修订草案征求意见稿）》第22条规定：平台经营者应当加强竞争合规管理，积极倡导公平竞争。平台经营者应当在平台服务协议和交易规则中明确平台内公平竞争规则，引导平台内经营者依法竞争。作为反不正当竞争的法定主体，各平台企业应积极采取必要措施和方法，进一步建立健全公平竞争的内部管理制度，实现平台、平台内经营者以及消费者共赢的良好局面。

### （二）将竞争关系作为认定不正当竞争行为的必要条件

### 1. 竞争关系前置是避免法律冲突的必然选择

竞争关系是不正当竞争行为区别于一般违约行为或侵权行为的核心标志，淡化竞争关系会导致不正当竞争行为的认定标准变得宽松，从而将本应由其他法律部门规制的违法行为误认为不正当竞争行为。在反不正当竞

---

[①] 江小涓、黄颖轩：《数字时代的市场秩序、市场监管与平台治理》，载《经济研究》2021年第12期，第32页。

争法列举条款中，只有商业诋毁明确了行为人与其他经营者之间具有竞争关系①，发生在非竞争对手之间的诋毁行为不构成不正当竞争。这也成为实用主义在法律适用中蔓延的原因之一，《反不正当竞争法》未在其他列举条款和一般条款中采用"竞争对手"的表述，因此有观点认为，除商业诋毁行为之外的其他不正当竞争行为不需要诉争双方具有竞争关系。易言之，除非反不正当竞争法明确行为对象是竞争对手，否则不应前置竞争关系。如此解读易导致反不正当竞争法与民法典的法律适用相冲突，原因在于前者并非如后者属于完全意义上的私法，其在保护私益的同时还承担着捍卫公平有序竞争秩序、保护社会公共利益的重要使命，因此不正当竞争行为与一般侵权行为的法律性质并不相同，这也决定两种行为的法律责任与追究模式不同。如果否定竞争关系在认定不正当竞争行为中的作用，就会频繁出现不正当竞争行为同时满足违约或侵权行为的构成要件，不可避免地产生法律责任与追究方式上的冲突。如在经营者与商业秘密权利人不具有竞争关系的前提下，侵犯商业秘密行为还可构成侵权行为，但此时经营者只需承担相应的民事责任，若权利人放弃追究或与之达成和解，法律责任将无从产生或得以减免。但是构成不正当竞争的侵犯商业秘密行为还涉及损害竞争秩序，经营者须承担相应的行政责任，且在责任内容与承担方式上不受商业秘密权利人意志的影响。另外，对除商业诋毁之外的其他不正当竞争行为否认竞争关系的作用也不利于反不正当竞争法自身适用逻辑的统一。在商业诋毁条款中明确使用竞争对手并不意味在其他不正当竞争行为的认定中彻底排除对竞争关系的考量。因此，法律适用应避免不必要的制度重合与冲突，对性质不同的违法行为，应根据其性质选择法律适用。② 竞争关系前置是准确适用反不正当竞争法，避免不同法律制度交叉、冲突的必然要求。

2. 互联网环境下竞争关系的认定存在进一步细化的空间

否定竞争关系、以竞争行为替代竞争关系等实用主义做法存在违背法

---

① 《反不正当竞争法》第 11 条规定："经营者不得编造、传播虚假信息或者误导性信息，损害竞争对手的商业信誉、商品声誉。"

② 参见焦海涛：《不正当竞争行为认定中的实用主义批判》，载《中国法学》2017 年第 1 期，第 158 页。

律适用基本逻辑、引发相关法律制度冲突等弊端。在准确把握立法精神的前提下，寻求反不正当竞争法适用范围的适度扩张应进一步丰富竞争关系的内涵而非淡化竞争关系的作用。《最高人民法院关于适用〈中华人民共和国反不正当竞争法〉若干问题的解释》对竞争关系的认定否定了理论界和实务界的实用主义倾向，同时体现出审判部门为全面、准确概括互联网环境下竞争关系表现形态所进行的不懈探索。① 互联网经济拓宽了经营者之间的竞争方式，也丰富了竞争关系的内涵。在互联网新型不正当竞争行为中，经营者妨碍、破坏他人提供的网络产品与服务主要是为了争夺用户注意力，其蕴含着用户可予支配的时间、金钱，在网络时代下体现为流量、点击率等等。互联网新型不正当竞争，不再局限于发生在具有完全相同产品特征的同类品牌之间的形式竞争，也超越了发生在具有类似特征的产品或服务之间的品类竞争。但仅将互联网环境中的竞争关系落脚于"争夺交易机会"与"损害竞争优势"仍存在根据行为结果定义竞争关系之虞，两者分别是对行为方式与行为结果的描述，未能触及竞争关系的本质。因为从最终结果上看，市场上所有竞争者所共同竞争的，都是消费者口袋中数目有限的金钱和24小时中有限的业余精力。②

（三）确立多种利益衡平保护的"多益平衡"理念

1. 加强对互联网新型不正当竞争行为中消费者利益的保护

消费者是网络产品和服务的最终承受者，处于互联网竞争生态链的末端。囿于自身能力，消费者往往只能被动接受互联网不正当竞争行为对自身利益所带来的损害。无论是从反不正当竞争法对消费者利益保护的规定，还是基于消费者在互联网竞争中的弱势地位，都要求进一步加强对互联网新型不正当竞争行为中消费者利益的保护。在反不正当竞争法视野下，相较于消费者的局部利益和眼前利益，应不断加强对其整体利益和长远利益的保护。

① 《最高人民法院关于适用〈中华人民共和国反不正当竞争法〉若干问题的解释》（法释〔2022〕9号）第2条规定，与经营者在生产经营活动中存在可能的争夺交易机会、损害竞争优势等关系的市场主体，人民法院可以认定为《反不正当竞争法》第2条规定的"其他经营者"。
② 参见覃仪、崔军：《专题解读：反法最新司法解释再谈"竞争关系"》，载微信公众号"知产力"，2022年5月18日访问。

首先，消费者的自主选择权是保护的重点。互联网条款中的强制跳转、强迫和不兼容等表述在一定程度上反映出用户自主选择权是互联网新型不正当竞争行为所侵犯的重点。反不正当竞争法虽未明确规定消费者的选择权，但根据一般条款的自愿原则，消费者面对经营者当然具有决定是否使用其产品、接受其服务的权利。流量劫持、恶意不兼容便是经营者利用技术手段诱导或强迫消费者在自身和竞争对手提供的网络产品或服务中作出选择，从而侵犯其自主选择权。

其次，以更长的时间维度来评估不正当竞争行为对消费者利益的影响。某些新型不正当竞争行为未侵犯消费者的自主选择权，甚至在短时期内还有利于消费者福利，如网络视频贴片广告屏蔽行为能够节省用户时间、网络游戏直播画面截取和网络数据抓取行为可以让消费者以更少的对价获取质量相当的服务，因此较少遭到消费者群体的反感和抵制。但事实上，经营者为及时止损会对不正当竞争行为予以反击，建立在经营者利益受损基础上的用户短期福利终将被更高的使用成本所取代。屏蔽贴片广告使视频网站经营者无法完全履行与广告商之间的合同，进而影响其收入来源，为此不得不考虑改变建立在视频免费基础之上的"网络视频＋贴片广告"模式，如收取费用或仅限 VIP 用户观看。利用网络爬虫技术抓取经营者向用户公开的具有商业价值的信息，虽然扩大了用户的选择范围，但也挫伤了经营者免费提供信息的动力，长此以往也不利于消费者整体利益的实现。

2. 确定市场竞争秩序是衡量社会公共利益的关键因素

高度抽象的社会公共利益致使其界定标准模糊、缺乏统一定义，在司法适用中存在较大的不确定性与随意性，引发社会公众诸多质疑。事实上，"在不同领域和不同情形下，公共利益是不同的，情况相当复杂，不宜也难以对各种公共利益做出统一规定"①。在司法实践中，对社会公共利益的理解不能停留在社会大多数人享有的利益的层面上，而应尽可能地具化其所指代的内容。在能够左右社会公共利益的诸多因素中，社会经济

--------

① 中国长安网：《公共利益界定标准模糊频惹纠纷 专家建议界定内涵拧紧公共利益闸门》，载中国长安网，https：//baijiahao. baidu. com/s? id=1689273977565096211&wfr=spider&for=pc，2022 年 5 月 23 日访问。

秩序无疑占据着举足轻重的地位，两者在我国的民事法律制度中被多次使用。[①] 1993 年《反不正当竞争法》虽未使用社会公共利益，但也规定不得扰乱社会经济秩序。[②] 无论是包含政治秩序、经济秩序和社会秩序在内的社会公共秩序，还是其所要维护的社会公共利益，都是"公序"的直接体现。《民法典》最终确认了公序良俗的基本原则地位，通篇共出现 8 次"公序良俗"、3 次"社会公共利益"和 1 次"社会和经济秩序"。当然，"公序"的内涵和外延并非一成不变的，社会事务的纷繁复杂要求其在维护社会公共利益方面发挥更大的作用。

各个法律部门通过维护社会公共秩序的不同部分来保护相应的社会公共利益。反不正当竞争法维护的是社会经济秩序中的市场竞争秩序，故本法所保护的社会公共利益，乃是因公平有序的市场竞争秩序所带来的社会整体福利的不断增长。反不正当竞争法的立法目的表明其所保护的竞争秩序具有价值预设，即能够促进市场经济健康发展，有利于保护经营者和消费者利益。易言之，反不正当竞争法所维护的市场竞争秩序能够保障公平竞争和充分发挥市场功能，从而实现包括经营者和消费者总福利在内的社会公共利益。因此，若要证明不正当竞争行为损害社会公共利益，必须首先证明其扰乱市场竞争秩序。然而，传统范式下的道德评价止步于涉案行为道德上的是与非，利益衡量也只是对经营者利益和消费者利益的直观感受，并未触及竞争秩序的内在逻辑，无法回答涉案行为是否扰乱竞争秩序。

无论是政治秩序、经济秩序还是社会秩序，其效用的发挥依赖各组成要素的结构关系与运行规律。古典自由主义经济学认为，市场能够实现最有效率的资源配置，而市场这只"看不见的手"无外乎通过供求机制、价格机制、竞争机制、激励机制以及风险机制等发挥作用。因此，回答竞争秩序是否被扰乱的前提是准确找出与其对应的市场机制，"将抽象的竞争

---

① 例如，《民法通则》第 7 条规定："民事活动应当尊重社会公德，不得损害社会公共利益，扰乱社会经济秩序。"《合同法》第 7 条规定："当事人订立、履行合同，应当遵守法律、行政法规，尊重社会公德，不得扰乱社会经济秩序，损害社会公共利益。"

② 1993 年 12 月 1 日起施行的《反不正当竞争法》第 2 条第 2 款规定，本法所称的不正当竞争，是指经营者违反本法规定，损害其他经营者的合法权益，扰乱社会经济秩序的行为。

秩序解构为可以分析、可以观察、可以推演甚至可以实证检验的若干维度，借此确立新范式下反不正当竞争案件的分析框架和分析进路"[1]。目前理论界对互联网环境中的竞争秩序构成要素仍处于探索中，不过已经有学者尝试将准入机制、供求机制、价格机制、信息机制、信用机制与创新机制作为构建和影响竞争秩序的核心组成部分。[2] 各不正当竞争行为正是通过对以上机制的破坏来扰乱市场竞争秩序，但存在不同侧重。如商业贿赂行为通过干扰新竞争者加入相关市场来破坏准入机制，仿冒混淆行为、虚假宣传行为使消费者和其他市场参与者基于虚假或容易受到误导的信息作出错误决策，扰乱了市场正常的信息发现和流动，构成对信息机制的破坏。商业诋毁行为直接破坏被诋毁者的商业信用，仿冒混淆行为也能够在客观上降低被仿冒者的商誉，属于破坏信用机制的行为。就互联网新型不正当竞争行为而言，其主要是通过破坏正常的供求机制来扰乱竞争秩序，表现为要么从主观方面干扰消费者的自主决策和选择，要么从客观方面造成消费者决策和选择困难，二者均人为地扭曲了供求关系，实质上都破坏了正常的供求机制。

3. 根据法的价值位阶平衡多方利益冲突

本质上，经营者利益、消费者利益和社会公共利益间的冲突反映的是法的价值层面的直接冲突，主要是法的目的价值的冲突。在法的价值体系中，存在着秩序、自由、效率、正义、人权等基本价值，但人类生活需求的多样性决定了价值目标的多元化，加之人类社会利益主体的多元化使法的价值冲突变得更为常见和复杂。[3] 在法的诸多基本价值之中，不同法律在贯彻和实现法的价值时不可能面面俱到、雨露均沾。如商事法律制度自诞生以来便将提升交易效率、维护交易安全作为重要价值追求。个人征信法律制度赋予个人征信机构采集、加工和利用个人信用信息的权利，旨在

---

[1]　丁文联：《市场机制与竞争秩序——反不正当竞争新范式下的分析进路》，载金杜律师事务所官网，https://www.chinalawinsight.com/2020/07/articles/intellectual-property/市场机制与竞争秩序——反不正当竞争新范式下/♯page＝1，2022 年 6 月 2 日访问。

[2]　参见丁文联：《市场机制与竞争秩序——反不正当竞争新范式下的分析进路》，载金杜律师事务所官网，https://www.chinalawinsight.com/2020/07/articles/intellectual-property/市场机制与竞争秩序——反不正当竞争新范式下/♯page＝1，2022 年 6 月 2 日访问。

[3]　参见张文显主编：《法理学》（第 3 版），高等教育出版社 2007 年版，第 302 页。

以信息自由实现提高信贷交易效率、维护金融安全和经济秩序的目的，体现了效率、自由和秩序等法的多种价值。反垄断法通过预防和制止垄断行为，不仅致力于实现市场主体竞争自由，还能够保护市场公平竞争，提高经济运行效率，体现了法的自由、效率和秩序价值。虽然反不正当竞争法更关注竞争公平，但也并非与竞争自由绝不相关，禁止不正当竞争行为可视为对经营者竞争方式和手段的限制，故反不正当竞争法同样体现了法的秩序、效率和自由价值。经营者在市场竞争活动中围绕获取交易机会和竞争优势展开了一系列权利和利益的较量，存在着竞争自由和竞争秩序、竞争公平和竞争秩序、竞争自由和竞争公平、交易效率和竞争秩序等价值冲突。

在法的价值发生冲突时需按照法的价值位阶原则予以排序，即法的基本价值优先于法的一般价值，而在基本价值中，正义应优先于自由、效率、秩序和人权。所谓正义，就是能够促进社会不断进步，符合最大多数人的最大利益。秩序同样是最为重要的法的基本价值之一，"法治社会构建的合理基础，就是既承认个体的独立自由和利益，又在个体与个体、个体与社会发生冲突的情况下，构建人类社会的秩序"①。反不正当竞争法的发展历程业已表明，不应在脱离竞争秩序的语境下使用竞争自由，绝对的竞争自由必然导致不公平竞争和低效率竞争。总而言之，平衡不正当竞争中的利益冲突，必须处理好权益背后所反映的法的各项价值之间的微妙关系，促进竞争秩序、竞争自由和竞争公平之间的关系达到最佳协调状态，并共同服务于正义的价值总目标。

**（四）进一步具化互联网领域的商业道德**

**1. 优先认定互联网行业普遍遵循和认可的行为规范**

《最高人民法院关于适用〈中华人民共和国反不正当竞争法〉若干问题的解释》第3条第1款规定："特定商业领域普遍遵循和认可的行为规范，人民法院可以认定为反不正当竞争法第二条规定的'商业道德'。"最高人民法院首先从文义解释的角度理解商业道德，即将商业道德拆解为"商业＋道德"来明晰其基本内涵。道德属于上层建筑的范畴，同时又是

---

① 王伟等：《法治：自由与秩序的平衡》，广东教育出版社2012年版，第69页。

一种社会意识形态。人们通过道德来认识自身行为对他人、集体和社会的影响，同时又凭借道德对他人行为进行善恶评价。它通过社会舆论、传统习俗和人们的内心信念来维持。道德所具有的认识功能、指引功能和评价功能使其成为人们普遍遵循和认可的行为规范，故商业道德是市场主体在商业领域普遍遵循和认可的行为规范。由此看出，最高人民法院仍然肯定了商业道德的普适性和共通性，在某种程度上是对 1993 年《反不正当竞争法》一般条款中"公认的商业道德"表述的承袭和延续。在实践中，作为行为规范的商业道德与法律规范存在紧密关联，那些关系到经济健康发展基础的商业道德将不可避免地实现法律化。互联网行业作为新兴领域，仍然适用线下商业领域中的大部分行为规范，如诚实信用、不得损人利己以及不得欺骗或误导消费者等等。总之，商业道德体现出特定商业领域的经营者在生产经营过程中针对行为底线的内心确信，其"普遍遵循和认可"的特质使其可归属于众所周知的事实。

2. 将互联网行业主管部门、行业协会以及自律组织制定的相关文件作为补充

互联网经济的经营方式和商业模式与线下实体经济相比存在较大差异，线下实体企业之间的竞争规则无法完全适用于互联网企业。总体而言，我国互联网主要行业的商业规则仍处于探索阶段，特定行业内经营者普遍遵守和认同的规则底线尚未形成。因此，利用网络技术实施的新型竞争行为以及其所代表的新兴商业模式是否违反商业道德，业内市场主体难以达成共识。囿于案情复杂，加之在认定此类行业的商业道德时还会面临专业和技术障碍，法院难以根据公认的商业道德对涉案竞争行为是否正当进行认定。为此，《最高人民法院关于适用〈中华人民共和国反不正当竞争法〉若干问题的解释》第 3 条第 3 款规定："人民法院认定经营者是否违反商业道德时，可以参考行业主管部门、行业协会或者自律组织制定的从业规范、技术规范、自律公约等。"在互联网领域，行业主管部门制定的相关文件主要指网信部门、电信主管部门、公安部门和其他有关机关发布的部门规章和其他规范性文件，侧重对互联网企业实行"他律"。随着"多元共治"社会治理局面的形成，互联网行业的自律水平也将不断提升。广东省高级人民法院在审理互联网新型不正当竞争案件的过程中已经认识

到行业自律对于商业道德的补充作用。① 需要强调，行业主管部门、行业协会和自律组织发布的相关文件并非直接适用，对于行业主管部门制定的部门规章和规范性文件，法院仍须审查其合法性，而对于行业协会和自律组织制定和发布的行业规章、自律公约，应重点审查其内容是否能够反映互联网行业市场竞争的实际和正当竞争需求。

3. 借助多元因素衡量经营者的行为是否违反商业道德

从法的体系解释的角度看，商业道德在一般条款中并非孤立的考量元素。为全面和周延地认定涉案竞争行为是否违反商业道德，应尽可能将相关因素纳入衡量范围。《最高人民法院关于适用〈中华人民共和国反不正当竞争法〉若干问题的解释》第 3 条第 2 款规定："人民法院应当结合案件具体情况，综合考虑行业规则或者商业惯例、经营者的主观状态、交易相对人的选择意愿、对消费者权益、市场竞争秩序、社会公共利益的影响等因素，依法判断经营者是否违反商业道德。"经营者故意违反行业规则或者商业惯例、交易相对人的自主选择权和相关权益遭到侵害、市场竞争秩序被扰乱以及社会公共利益受损都能够进一步印证经营者未能遵守商业道德。在司法实践中，在尚不存在行业内普遍遵守和认可的行为规范的情况下，法院在参考行业主管部门、行业协会和自律组织相关文件的基础上，应综合围绕以上衡量因素进行释法说理。

---

① 《广东省高级人民法院关于网络游戏知识产权民事纠纷案件的审判指引（试行）》（粤高法发〔2020〕3 号）第 28 条第 2 款规定："审查是否违反商业道德，应以网络游戏及衍生产业的经营者普遍认同和接受的商业伦理为标准，并符合反不正当竞争法第一条规定的立法目的。确定商业道德可参考以下因素：（1）网络游戏及衍生产业的行业惯例；（2）行业协会或自律组织制定的从业规范或自律公约；（3）网络游戏及衍生产业的技术规范；（4）其他有参考价值的行业惯例、从业规范或自律公约。"

# 第八章　数字经济时代劳动者权益保护机制研究

　　数字经济是由互联网、数字技术和信息技术等驱动的经济形态，以数字化、网络化、平台化等新型生产和商业形态为特征，对于解决劳动者就业问题而言意义重大。首先，数字经济能够增加就业机会和职业选择。数字经济的快速发展和数字技术的广泛应用催生了大量新的企业和职业，使劳动力市场得到了极大的扩展。劳动者拥有更多的就业机会和更丰富的职业选择，可以根据自己的兴趣和特长选择适合自己的职业，提高就业的匹配度和工作的满意度。例如，平台经济的快速发展，使创业门槛大大降低，劳动者可以通过网络销售自己的产品和服务，实现自主创业和就业。其次，数字经济能够提高工作效率和灵活性。数字经济发展的前提在于数字技术的持续进步，这也使得劳动者的工作方式和工作模式发生了巨大变化。如疫情期间的远程办公、视频会议、在线协作等技术使得劳动者可以随时随地进行工作，无须约束于固定的工作地点和工作时间。劳动者还可以通过自动化和智能化的方式，完成重复和烦琐的工作，从而减轻工作负担，提高工作效率和效益。最后，数字经济充分提高了劳动者的职业技能和知识水平。数字经济发展可以帮助劳动者培养数字技能、服务技能以及其他应用技能，这些技能受到数字经济的快速发展、人工智能和物联网等技术的广泛应用的影响。许多数字技能和应用技能对于就业市场越来越重要，包括软件开发、数据分析、网络安全、数字咨询和数字营销等等，这些技能可以提高劳动者的技术水平和实践能力，有助于薪资和生活水平的提升。

但是，与数字经济蓬勃发展相对的是法律滞后性问题逐渐凸显。在劳动者保护问题上，数字经济使劳动合同关系与劳务合同关系之间的界限变得越来越模糊，自由职业者、临时工等新就业形态的工作模式使得传统劳动法所调整的劳动关系难以确定，随之而来的劳动报酬、劳动保障、监管与救济等问题也均需要通过更加灵活的解决方式来适应数字经济的发展。因此，正视数字经济时代下劳动者权益保护面临的问题，构建数字经济时代劳动者保护机制尤为重要。

## 一、数字经济时代劳动者权益保护面临的问题

### （一）平台用工模式下劳动关系判定问题

在数字经济不断发展的背景下，基于平台用工的劳动纠纷数量也不断增多，造成此种情形出现的主要原因在于平台的融入使得劳动争议具有了全新的特征：一是判决难度增大。平台用工模式涉及的领域不断扩展，从最早出现的网约车领域逐渐向外卖、快递、直播行业覆盖，相对应的互联网平台也从少数网约车平台扩展至网购平台与 MCN 机构等。这无疑为司法机关作出正确的劳动关系认定、妥善解决劳动纠纷增大了难度。二是劳动纠纷的集中度增强。平台用工的劳动纠纷多数产生于互联网领域，加之平台经济吸纳的从业者数量众多，诸多诉求相似，极易产生同一平台可能被数名从业者起诉的情况。三是对司法人员的要求不断提高。相对于传统劳动纠纷而言，平台企业通过数据、算法的构建追求利润最大化的目标，而数据与算法的"黑箱"特征、高专业性让司法人员很难理解与解释算法内在逻辑或决策机制，这无疑是对司法人员的工作能力与工作水平提出了

更高的要求。

在我国的司法实践中，《关于确立劳动关系有关事项的通知》（以下简称《通知》）规定的三要件在一定时期内起到主导作用，尤其是在大型国有单位中，劳动者与国有单位的从属性特征十分明显，劳动者的对外身份特征甚至就是其所从事的工种，如"王工""李局"等。但随着数字经济的发展，《通知》所提供的劳动关系认定标准已经远远落后于劳动者与用人单位之间的从属性的变革，新型的用工形式层出不穷，具有代表性的事例即为在疫情期间，劳动者无法到用人单位办公，用人单位通过互联网将相应的工作安排，由劳动者在一定时间内主要依靠自我管理、自我安排完成。①

此种情况下，以《通知》所规定的认定标准为裁判规则来解决平台用工劳动纠纷愈发吃力。首先，《通知》规定，"劳动者受用人单位的劳动管理"。平台用工模式因其灵活的特点使人身从属性大幅减弱，新就业形态劳动者凭借自身的能力或者优势在互联网平台中选择自己心仪的就业机会，有接受工作的自由与不接受工作的自由，而这种新型的劳资关系模式使得新就业形态劳动者对于资方的人格从属性减弱，更加突出双向选择。其次，《通知》规定，"从事用人单位安排的有报酬的劳动"。在平台用工模式下，经济从属性的表现形式更加复杂化。就报酬而言，新就业形态劳动者既可以选择通过与传统劳动关系相似的方式获取固定薪资与福利，也可以凭借完成任务量获取相应的报酬，报酬的支付手段与支付周期也与传统行业有所不同。最后，《通知》规定，"提供的劳动是用人单位业务的组成部分"。在平台用工模式下，平台企业对于新就业形态劳动者而言更多是就业信息发布的信息平台，并不参与到实体业务的运营当中去，这便导致了平台企业经营的业务与劳动者提供的服务存在差距，无法轻易证明该劳动是平台业务的组成部分，即组织从属性在逐渐淡化。

虽然有的学者认为传统劳动关系判断标准并非完全落后，因其具有极

---

① 参见林嘉、莫于川：《依法战疫，重大公共卫生事件中的法治之维》，中国人民大学出版社 2020 年版，第 69 页。

大的包容性与伸缩性，能够解决数字经济大背景下的劳动关系认定问题①，但司法实践中"同案不同判"现象已经出现。例如，在"孙某良与北京亿心宜行汽车技术开发服务有限公司劳动争议案"中，法院认为双方不具备劳动关系特征而判定不成立劳动关系；而在"7 名'好厨师'APP 的厨师起诉上海乐快信息技术有限公司案"中，法院认为双方"合作"模式符合劳动关系要件，支持了原告的主张。② 因此，完善劳动关系判定方法刻不容缓。

（二）平台用工模式下新就业形态劳动者权益保障问题

平台用工模式的出现大幅提高了劳动力配置的效率，该模式虽然能够帮助新就业形态劳动者享有自主选择与灵活工作的权利，但也极易导致劳动者的合法权益受到损失。原因在于：其一，互联网平台企业在成立初期为尽快抢占市场份额，通过大量的优惠政策吸引消费者，使用"价格战"的方式吞噬市场份额。该平台企业在相关市场中拥有垄断地位后，一方面会通过合并、收购等商业手段挤压新兴企业的发展空间，另一方面则会通过调整经营政策来提高价格、压缩成本以获取更大利润。因此，垄断企业的出现大幅缩减了就业岗位，限制了新就业形态劳动者自主选择不同工作平台的可能性，他们被迫接受垄断平台的标准。并且，垄断企业在一定程度上便拥有了劳动者劳动报酬的决定权。平台通常利用算法分配工作任务、控制工作过程、对从业人员进行奖惩，这些算法往往由平台单方制定，内容复杂且可能不合理，还可能产生歧视和偏见而从业人员难以获得救济。③ 其二，我国《劳动法》第 8 条与《工会法》第 6 条明确规定，工会的基本职责是维护职工的合法权益，职工有权通过工会与用人单位进行平等协商。但在平台用工模式中，仅有少数城市为部分新就业形态劳动者成立了工会组织，导致多数劳动者缺乏协商渠道。这极易激化用人单位与

---

① 参见谢增毅：《互联网平台用工劳动关系认定》，载《中外法学》2018 年第 6 期，第 1546 - 1569 页。

② 参见余少祥：《平台经济劳动者保护的法理逻辑与路径选择》，载《人民论坛·学术前沿》2021 年第 20 期，第 44 - 54 页。

③ 参见谢增毅：《平台用工劳动权益保护的立法进路》，载《中外法学》2022 年第 1 期，第 104 - 123 页。

新就业形态劳动者之间的矛盾。

如何保障新就业形态劳动者的合法权益？在现有的法律体系中有两种方式可以选择：其一，将新就业形态劳动者纳入劳动法律规范进行保障。此种做法会在一定程度上加重平台企业的负担。相关数据显示，国内"五险一金"缴费已占到工资总额的 40％～50％，无疑会限制企业的发展。其二，将新就业形态劳动者纳入民事法律体系的调整范围内，即平台企业与新就业形态劳动者之间构成的是劳务关系。显而易见，此种做法将极大地减轻平台企业的成本压力，但也将新就业形态劳动者的权益保障置入危险的地位。可见，新就业形态劳动者保障机制的创建需要找到兼顾权益保护与经济发展的办法。

## 二、完善数字经济时代劳动者权益保护机制的基础

### （一）良好的法律基础

随着中国特色社会主义法律体系的建成与发展，劳动法律规范作为中国特色社会主义法律体系的重要组成部分也在不断得到丰富。在劳动关系领域，我国陆续制定并颁布了《劳动法》《劳动合同法》《就业促进法》《劳动争议调解仲裁法》等法律规范，全方位多角度保障劳动者的合法权益，高效解决劳动纠纷；在社会保障领域，《社会保险法》的出台是中国人力资源社会保障法制建设中的一个里程碑，有助于建立覆盖城乡居民的社会保障体系，更好地维护公民参加社会保险和享受社会保险待遇的合法权益，促进社会主义和谐社会建设①；在特殊群体保障领域，我国颁布了《老年人权益保障法》《妇女权益保障法》《残疾人保障法》等法律，以保障特殊群体平等且充分地参与社会生活，享受社会物质文化成果。中国特色劳动法律规范为拓展劳动者权益保护的广度与深度奠定了基础，促进法律法规向准确化、具象化发展。

### （二）党中央、国家政策的支持

党中央高度重视对新就业形态劳动者合法权益的保护。习近平总书记

---

① 参见林嘉：《中国社会法建设 40 年回顾与展望》，载《社会治理》2018 年第 11 期，第 22 - 30 页。

在谈论我国社会保障事业的发展时指出："部分农民工、灵活就业人员、新业态就业人员等人群没有纳入社会保障，存在'漏保'、'脱保'、'断保'的情况""要健全农民工、灵活就业人员、新业态就业人员参加社会保险制度"①。党的二十大报告也将支持和规范发展新就业形态、加强灵活就业和新就业形态劳动者权益保障纳入就业优先战略之中。可以看出，党中央不断深化社会保障制度改革，推进建设中国特色社会保障体系，为构建新就业形态劳动者制度指明了前进方向。

同时，新就业形态劳动者制度的建立离不开国家政策的支持。例如，2021年7月人力资源社会保障部等八部门共同出台《关于维护新就业形态劳动者劳动保障权益的指导意见》，开创性地提出"不完全符合确立劳动关系的情形"，强调"规范用工，明确劳动者权益保障责任""补齐劳动者权益保障短板、完善劳动者权益保障工作机制"。它的出台意味着在国家政策层面对我国传统劳动"二元论"的突破，为新就业形态劳动者制度的确立提供了政策导向。又如，2022年12月，最高人民法院发布《关于为稳定就业提供司法服务和保障的意见》，在准确把握新就业形态民事纠纷案件审判工作要求、依法合理认定新就业形态劳动关系、加强新就业形态劳动者合法权益保障、推动健全新业态用工综合治理机制等方面作出了规定。该意见是司法机关注重新就业形态劳动者的重要体现。再如，2023年人力资源社会保障部编制了《新就业形态劳动者休息和劳动报酬权益保障指引》《新就业形态劳动者劳动规则公示指引》《新就业形态劳动者权益维护服务指南》，为指导企业依法规范用工、维护新就业形态劳动者基本权益打下了良好基础。

（三）法律移植的便捷性

1. 德国的司法实践

德国将劳动主体依据从属性原理分为三种，分别是自营劳动者、类似劳动者与劳动者。其中，自营劳动者不具备人身、经济从属性；类似劳动者是具备经济从属性而不具备人身从属性的劳动主体；劳动者则属于"集

---

① 习近平：《促进我国社会保障事业高质量发展、可持续发展》，载《习近平谈治国理政》（第4卷），外文出版社2022年版，第343、345页。

大成者"，即既具备人身从属性，又具备经济从属性的劳动主体。类似劳动者的存在对于构建中间类型劳动制度的研究意义最大，他与雇主仅存在经济从属性的关系，主要体现在类似劳动者将雇主所支付的劳动报酬作为主要生活来源。只要劳动者获取该雇主的报酬占据主要生活来源的五成以上，司法机关便根据经济从属性标准认定为存在劳动关系，这充分体现了司法机关处理劳动纠纷的简洁、高效。同时，德国法对类似劳动者权利的保障规定在《德国民法典》《联邦休假法》《家内工作法》等法律规范中，这些规范为劳动主体的解除权、请求权、带薪休假等权益提供系统保障。① 在立法层面，德国"三分法"的制度设计确立了类似劳动者的法律地位，保障其参与政治生活的权利；在司法层面，司法机关灵活适用从属性判断标准，增强判断劳动关系的可操作性。但德国法律规范并非完美无缺，以"家内工作者"为例的类似工作者在用工时所受到的保障相较于劳动者而言较少，而雇主减少了劳动法律的束缚，也减少了在工作场所和生产工具方面的资金投入，加剧了类似劳动者保障不足的现实情况。②

德国"三分法"的制度设计对于类似劳动者而言使其在工作上拥有相对更多的灵活性，可以自定义自己的工作时间、价值服务、收费标准等，从而更好地满足客户的需求和自身的兴趣爱好。虽然不像雇员一样享受企业提供的社会保险、带薪休假、福利津贴等，但他们可以选择自己的社保方案，获得相应的医疗、养老、失业保险等福利待遇；对于企业而言，类似劳动者可以帮助企业更好地控制成本，由于他们与企业签订的是自由职业者或独立从业者的劳动合同，企业无须为他们支付多余的福利支出，从而减轻成本负担，提高企业的收益率和成本效益。

2. 美国的司法实践

在数字经济与数字技术发展的大背景下，美国逐渐涌现出一大批新型就业者。据美国统计机构表示，新型就业者已占据就业总人数的四成。显然，美国将劳动主体分为雇员与独立承揽人的传统二分法受到了数字经济

---

① 参见郑冲、贾红梅：《德国民法典》，法律出版社1999年版，第143－150页。
② 参见王倩：《德国法中劳动关系的认定》，载《暨南学报（哲学社会科学版）》2017年第6期，第39－48、130页。

的挑战①，已经不能满足当下认定劳动关系与保障劳动者权益的需要，故是否应当从国家立法层面将新型劳动者单独纳入法律体系中，是美国学界当下争论的课题之一。

该争议无法绕开的案件即是"美国加州 Uber 司机集体诉讼案"。司机群体要求州法院认定其属于劳动者，应当享受 Uber 公司提供的保险、福利等劳动保障。② 随着案件的不断发酵，美国学界有学者便提出建立经济从属性独立承揽人制度，该主体特点在于其存在于雇员与独立承揽人之间，受控程度低于雇员，但与独立承揽人相比受到一定的经济控制。关于是否应当建立经济从属性独立承揽人制度，美国学界存在两种不同的看法。一部分美国学者支持实行经济从属性独立承揽人制度，原因在于，证明该新型劳动主体究竟是属于雇员还是属于独立承揽人在司法层面投入的资源巨大，造成了积重难返的现象，并且在诉讼过程中，从业者的权益无法得到有效保障。③ 反对意见则认为，现行法规并未到彻底变革之日，司法机关仍能通过现存法律规范判决案件，并且现有制度架构能够更进一步地推动数字经济的发展，降低成本。④

虽然该案告一段落，但基于平台用工模式产生的新型就业者的数量仍在稳步提升，导致与互联网平台企业相关的劳动纠纷也成了美国司法机关需要重点解决的问题。美国加州于 2019 年针对新型就业者的劳动认定标准出台了 Assembly Bill No. 5 法案，法案旨在保护在平台用工下非典型劳务提供者的合法权益，并对于劳务提供者的身份鉴定作出了更加严格的规定，即"ABC"测试。"ABC"测试首先假设案件中的员工符合劳动者标准，除非平台企业能证明：（A）无论是合同内容还是在实际工作中，从业者的工作内容都不受平台企业的控制和指导；（B）该从业者从事的工作

---

① 参见赛思：《美国"零工经济"中的从业者、保障和福利》，载《环球法律评论》2018 年第 4 期，第 7 - 37 页。

② See O'Connor v. Uber Techs. -82 F. Supp. 3d 1133（N. D. Cal. 2015），https：//www. lex-isnexis. com/community/casebrief/p/casebrief-o-connor-v-uber-techs-1206877015.

③ See Adalberto Perulli, Economically Dependent/Quasi-Subordinate（Para-subordinate）Employment：Legal，Social andEconomic Aspects，European Commission，2002，p. 15.

④ See O'Connor v. Uber Techs. -82 F. Supp. 3d 1133（N. D. Cal. 2015），https：//www. lex-isnexis. com/community/casebrief/p/casebrief-o-connor-v-uber-techs-1206877015.

超出了平台企业的业务范围；（C）该从业者通常独立从事业务。① "ABC"测试实际是要求平台企业承担证明不构成劳动关系的举证责任。该规定不仅遭到了包含 Uber、CTA 在内的多个平台企业的明确反对，新型就业者也在奥克兰港通过集体罢工反对该法案的实施。原因在于，加州 Assembly Bill No.5 法案对于平台企业而言带来了巨大的成本压力，除了医疗、养老、失业救济、有薪假、加班费各种福利，为高危职业者支付的工伤险费用也是一笔很大的支出。同时对于新型就业者而言，成为正式员工意味着放弃工作的自主权和选择权，实际收入也会普遍降低。可见，将新型就业者认定为劳动者的做法对平台企业与新型就业者而言是双输的局面。

通过德、美两国司法实践的分析可以得出结论：创立第三类主体的做法能够将新就业形态劳动者纳入法律规范的保障范围内，也使得劳动关系认定的操作性更强、灵活度更高，弥补劳动关系认定随着数字经济与信息科技的发展陷入滞后的局限性。但在法律移植的过程中，也应当注意到创设全新的法律制度意味着对现行制度进行变革，若不掌握变革的程度，便会带来立法混乱、司法停滞的后果。

## 三、完善数字经济时代劳动者权益保护机制的思路

（一）完善劳动关系判定方法

1. 劳动关系的判定需要确立"事实第一原则"

书面劳动合同在我国劳动关系认定中起到了重要影响。为了解决 20 世纪 50 年代我国确立的固定工制所带来的劳动者缺乏积极性、企业机构臃肿混乱的状况，1980 年，中共中央以《转发全国劳动就业会议文件的通知》为起点开展劳动合同制改革，但由于计划经济的影响深入人心，社会上将劳动合同制与计划经济体制下的"临时工"视为同种类型，而"临时工"的身份即意味着工资低、福利少，广大民众对"吃饱穿暖"的基本需求使其拒绝对劳动合同制的接受，从而阻碍劳动合同制打破计划经济体制下固定工制的改革。此时，为了减轻改革阻碍，国家决定将工资、福利

---

① See Assembly Bill No.5 CHAPTER 296 SEC.2.2750.3.

待遇、休假等劳动者权益以法律规章的形式加以明确，并要求其必须以书面形式规定于劳动合同中。此种做法极大地缓解了社会对于劳动合同制改革的抵触态度。自此，书面劳动合同作为劳动合同制改革的"中流砥柱"，不仅仅具有确定劳动内容的功能性作用，在社会民众的心中更是被拔高到"保障劳动者合法权益"的必备要件。虽然自《劳动合同法》生效以来，"用工"成为确立劳动关系的标志，但这不足以打破劳动者，甚至是国家机关工作人员对书面劳动合同的依赖并仍将订立书面合同作为判定成立劳动关系的重要标尺。在数字经济的大背景下，破除劳动关系认定中对书面劳动合同的依赖影响至关重要。究其原因在于书面劳动合同是我国劳动法律体系中劳动合同制改革的重要载体，也是21世纪初推进劳动合同普及的重要力量。久而久之，对书面劳动合同的依赖使其被赋予了远超于达成合意的功能，在众多劳动纠纷中，书面劳动合同作为认定劳动关系的重要标准即为该项功能的衍生品。所以，破除书面劳动合同垄断地位的前提即为限缩书面劳动合同的功能，此时便需要确立"事实第一原则"，对我国的立法与司法活动进行指导。①

国际劳动组织将"事实第一原则"定义为：劳动者从事劳务并获得报酬相关的事实作指导，而不论在各方当事人之间可能商定的任何契约性质或其他性质的相反安排。而对于该项原则在我国法律体系中应从以下两个角度进行应用：从立法角度而言，订立书面劳动合同在数字经济的大背景下应当采用列举法的方式，使得应当以书面方式订立劳动合同的用工领域清晰明了，而对于其他领域则应根据"法无禁止即允许"的原则允许采取非书面方式订立劳动合同，同时应当将"事实第一原则"具体化、细致化，如以行政法规、地方性法规或部门规章等形式为劳动者与用人单位提供详细的指导；从司法角度而言，当下我国的互联网数字经济蓬勃发展，要在一定程度上克服法律的滞后性，应当注重发挥司法解释的作用。

2. 纠正劳动关系认定司法判定目的

数字经济催生了新就业形态，但司法机关在实践操作中，长期注重新型劳动关系是否与《通知》中规定的三要件符合。这在潜移默化之中既赋

---

① 参见董保华：《"隐蔽雇佣关系"研究》，载《法商研究》2011年第5期，第110-117页。

予劳动关系认定这一程序远超于其本身的价值意义，又加大了劳动者实现自身合法权益的难度。因此，对司法机关过度重视劳动关系认定的做法可以通过改变审理合同文本的方式加以纠正。如在审理新就业形态劳动者与用人单位之间的劳动争议中，司法机关习惯从整个合同文本出发去思考该案件应当依据劳动法律规范还是民商事法律规范进行调整，但新就业形态形式的新颖性，使得该合同文本并非如一般劳动合同文本一样整体受到劳动法律规范的保护。此时司法机关可以改变审核合同文本的方式，将合同整体逐条分割，区分适用劳动法律规范的条款与适用民商事法律规范的条款并各自依照相应法律规范进行调整，同时在最大限度地保障劳动者合法权益的要求下进行相应的判定。此种做法不但可以减轻劳动关系认定时实体意义带来的判定思路的偏移，更能够精确依照法律规定，保障劳动者的合法权益。① 但是，这并不意味着为保护新就业形态劳动者权益而削弱劳动关系认定的作用，而应看作是劳动关系认定程序作用的复归，如工伤认定等严格依赖劳动关系认定的问题，才是其程序意义发挥的重要之处。因此，司法机关要牢牢抓住保障权益这一"牛鼻子"，与时俱进，不断改良劳动关系认定的思路与方法，使每一位劳动者在每一个案件中感受到公平正义。

3. 司法机关应注重实质性审查

法谚有言，"法律的生命在于实施而非经验"。我国司法机关应杜绝"唯经验论"，避免采用"一刀切"的方法解决法律问题。司法机关在对平台用工下劳动关系进行判定时，应当避免通过《通知》对当代新型劳动关系进行僵化的认定，遇到案件时便将三要件进行机械地套用，而应当把握住劳动关系认定的核心，即对劳动关系的从属性进行实质审查。

对于人身从属性的实质审查而言，法官认定劳动者与互联网平台之间是否成立劳动关系，应注意到尽管互联网平台通常不直接设定劳动规章或员工守则，但其设置的平台准入规则（如服务标准、操作规范、资格认证等）往往构成劳动者使用互联网平台、接单或提供服务的前提条件。同

---

① 参见王天蔚：《中间类型劳动者制度构建研究》，载《燕山大学学报（哲学社会科学版）》2020 年第 6 期，第 46－52 页。

时，劳动者虽非固定周期领取工资，但其报酬多寡直接取决于平台算法统计的服务效率、用户评价（如网约车平台的"五星好评"机制）、订单完成量等关键指标。尤为关键的是，互联网平台不仅能依据算法进行利润分成，更能直接决定劳动者可接订单的数量、类型、优先级甚至派单范围。这实质上赋予了互联网平台对劳动者的"奖惩"能力——表现优异者获得更多的优质订单，反之则可能被限流或降权；深刻体现了人格从属性的核心特征，即劳动者对平台的依附性。

对于经济从属性的实质审查而言，虽然互联网平台企业并未占据生产资料，而是由劳动者提供自己所使用的生产资料，但笔者认为，经济从属性实质审查应将重点放在生产资料与劳动力结合这一层面上。在互联网数字经济下，经济从属性的表现形式也更加复杂，仅生产资料是否为劳动者占有这一旧判断标准显然已经无法满足当下劳动形式实际发展的需求。劳动者若想实现生产资料与劳动力的结合必须依靠互联网平台，同时劳动者所获得报酬与人身从属性相似，通过互联网平台算法进行分成。故笔者认为，司法机关对经济从属性的实质审查应当跳出生产资料归何方所有的僵化思维，而注重生产资料与劳动力结合过程中是否产生劳动关系。

综上，注重对从属性的实质性审查是解决劳动关系司法判定僵化问题的途径之一，不仅在判决方法上可以有效地跳出司法机关刻板、机械应用法条的误区，提升司法机关判决的合理性，更能为劳动者争取到更多的合法权益，保障社会公平公正。

（二）构建新就业形态劳动者权益保护机制

1. 不应将劳动报酬纳入保障范围

新就业形态劳动者的劳动报酬与他提供的服务质量、水平等因素息息相关，被服务人员将服务金额支付至互联网平台端，经算法分成，将相应的劳动报酬由互联网平台端支付给劳动者。在劳动报酬流转的过程中，互联网平台端仅仅作为劳动报酬的"中转站"并收取一定的"过路费"而已，能够获取报酬的多少几乎完全取决于劳动者自身提供服务的质量与水平，故劳动报酬不应当纳入劳动法律规范的保护范围中。

但新就业形态劳动者的最低工资标准是否应当设定是值得商榷的，数字经济下的平台企业逐利的本质特征没有改变，若设定最低工资标准，企业中的新就业形态劳动者在选择不工作的情况下却获取最低工资不利于企业的良性发展，而不设定此项标准又可能出现企业恶意压缩新就业形态劳动者的就业机会，损害其合法权益。因此，笔者认为，新就业形态劳动者的最低工资标准不应当在劳动法律规范中明确规定，但应当要求地方政府等公权力机关牵头促进新就业形态劳动者与用人单位之间签订如"最低完成工作数量、最低完成工作时长、最低工资标准"的合意协议。如此既能保障用人单位获得足够效益以促进市场经济发展，又能使新就业形态劳动者享有稳定的收益。

2. 劳动关系解除应当受到法律保障

当涉及劳动关系解除问题时，新就业形态劳动者与一般劳动者相同，两者相对于用人单位而言均处于弱势地位。用人单位的解雇在一定程度上来讲使劳动者失去了主要生活来源。虽然在数字经济下新就业形态劳动者的用工方式更加灵活，但这并不能成为用人单位"灵活"解除劳动关系的理由，新就业形态劳动者的劳动关系解除也应当受到劳动法律规范的保障。

涉及新就业形态劳动者的劳动关系解除应从以下两个角度进行规范：首先，用人单位所进行的过错性辞退应当包含以下几种情况：1）新就业形态劳动者因其失职或营私舞弊对用人单位造成重大损害；2）新就业形态劳动者以欺诈、胁迫等手段或者乘人之危非法获取互联网平台工作机会，被依法追究刑事责任的。值得注意的是，试用期制度并不适合应用在新就业形态劳动者制度中，原因在于新就业形态劳动者有自由选择自身合适工作岗位的权利，同时互联网平台端也会对不同倾向的劳动者提供不同的准入渠道，故适用于一般劳动者的"在试用期被证明不符合录用条件"这一点不应被纳入新就业形态劳动者过错性辞退制度中。

其次，用人单位所进行的非过错性辞退的重点在于解除劳动关系的程序。与一般劳动者相比，新就业形态劳动者在工作灵活程度与获取劳动报酬的方式上均很大差别，故要求用人单位提前通知的时间不宜过长，提前15日通知即可。同时，不以书面形式作为解除的必要要求，额外支付1个月的工资则更是无从谈起。

3. 个别社会保障权益应当受到法律保障

新就业形态劳动者与用人单位的从属性关系有弱化的趋势，因此对于社会保障权益，新就业形态劳动者可享受个别权益的保障：平台企业应当为新就业形态劳动者提供工伤保险的保障，如外派配送员、网约车司机等，因其工作任务含有潜在的劳动风险，理所应当享受相应的社会保险权益。对于医疗保险，现有法律已有明确规定，《社会保险法》第23条第2款规定灵活劳动者医疗保险由个人承担；因新就业形态劳动者具有流动性大的特性，养老保险不应当包含在新就业形态劳动者所享有的社会保障权益内。对于失业保险，社会保障权是现代社会中保障人生存和发展的一项权利。在彻底消除绝对贫困、全面建成小康社会的中国，社会保障权的重点应当逐步转移至对公民发展权益的保障上来。失业保险的初衷是保障劳动者安稳度过失业期，并为其再就业提供动力；失业保险是践行倾斜保护原则的重要体现，更是切实保障新就业形态劳动者发展权益的途径之一，故应当被纳入新就业形态劳动者社会保障权益并受到法律规范保障。

4. 平等权应当受到法律保障

对于新就业形态劳动者所享有的平等权，应当结合数字经济的实际发展情况从以下两个方面进行阐述：首先，在新就业形态劳动者范围内，平等权应当受到保障。在平台企业委派工作机会时，应当根据劳动者对该项工作的适合程度决定工作任务的归属，而不应当根据年龄、性别、外貌、身高等因素优先同意或者拒绝。其次，平等权的另外一层含义在于新就业形态劳动者应当不受其他类型劳动者歧视。不能否认的是，如今固定制用工仍然为劳动者青睐的第一选择，同时也是用工方式的主流，社会层面上仍存在将新就业形态劳动者从事的行业视为与"临时工"同种类型的问题。因此，新就业形态劳动者不应当因其特性而受到不平等待遇。平等权的保障不仅能让新就业形态劳动者的实质权利得到应有的保障，更有利于帮助其获得社会认同感，毕竟，社会的和谐与发展需要多种类型劳动者共同助力。

（三）构建完备的监管体系

新就业形态劳动者权益保障的最大障碍仍应当回归到平台企业本身上来。平台企业为获取最大化利润，最需压缩的即是人力成本；平台企业通过"外包、转包"等"去劳动关系"方式，使得新就业形态劳动者与平台企业"脱钩",最大限度地削减自己履行企业责任时所产生的负担。因此,在平台企业占据绝对优势地位的情况下,企图依靠平台企业自治来保障新就业形态劳动者权益的想法已经不切实际,亟待公权力"入市"来进行市场监管。

首先,与当下我国商事改革"放宽市场准入、加强事中与事后监管"的趋势不同①,对平台企业的监管应当突出事前监管,即严格平台企业的准入资格与条件。原因在于,在数字经济迅速发展以及互联网科技不断进步的基础上,平台企业与传统企业相比较更突出"线上、云端"的特性,更多采用数据算法作为自身企业运行的机制,国家监管机关如对已经开始"运行"的平台企业进行监管,所需要的技术成本、调研成本与技术人才成本将不可估量。同时不可忽略的是,当下平台企业的发展速度极快,若出现监管不及时的情况,产生损失的概率是极大的。

其次,建构"监管闭环"。对于平台企业,国家监管机关应当给予其足够的行政指导,在帮助其在运行的过程中自查自纠后及时进行检查、复查,将仍存在问题的平台企业予以公示,并实施信用惩戒。国家市场监管总局发布了《互联网平台分类分级指南(征求意见稿)》,在其中依据种类与体量对网络平台进行分类,迈开了对平台企业进行行政指导的第一步。同时,以《社会信用法(草案)》为代表,我国社会信用立法也在如火如荼地开展。随着"十四五"规划的不断推进,构建以信用监管为基础的新型监管机制有望成为对平台企业实施"闭环监管"的终点。

最后,实行穿透式管理模式。互联网的一大特征即是"没有疆域",依托互联网发展的平台企业也承载了此种特征,导致市场监管的难度极大,尤其对于地方监管机关而言,在缺少足够的权限与技术的情况下极难接触到平台企业的本质。因此,正确处理好国家市场监管总局与各地方市场监管局的关系极为重要,中央机关应当适度开放权限至地方机关并加以技术指导,在地方机关不具备相应能力解决平台企业问题时,中央机关可以采取"指定管辖"的模式作为兜底手段。

---

① 参见王伟:《构建新型市场监管体制的法治逻辑(上)》,载《中国信用》2017年第10期,第109-111页。

### （四）拓宽救济渠道

一方面，构建畅通的申诉通道。数字经济并非仅为社会创造出大量的就业机会，也在很大程度上推动了数字信息技术的革新。政府机关应积极吸纳新生技术，通过网站、小程序、App 等方式为新就业形态劳动者创设更多的申诉途径，使劳动者在相关权益受到损害时，能够第一时间以视频、录音记录等方式直接通过申诉通道进行上传留档，在依法依规维护自身合法权益的同时，对于平台企业、国家机关工作人员等主体也起到了监督作用。

另一方面，不断提升新就业形态劳动者的权利意识。对于新就业形态劳动者这一新兴的"第三类"劳动者，不仅司法实践需要与时俱进地革新，社会层面也需要时间接纳。基于此，应不断加强对新就业形态劳动者制度的宣传，引导其树立维权意识，积极争取自身合法权益。具体而言，宣传与教育工作应当以信息技术的发展为基础，依靠新就业形态劳动者工作与互联网绑定程度高的现状，通过网络手段对其进行潜移默化的教育。考虑到新就业形态劳动者的教育背景不同，宣传与教育工作应当将重点放在具体实例的讲解上，覆盖绝大多数的劳动者群体，使其将权利意识扎根于心。

### （五）推进商业保险与社会保险衔接

工伤保险与失业保险是新就业形态劳动者应当享有的权益，但以养老保险与医疗保险为代表可以看出，新就业形态劳动者因其特殊性并不能受到全方位社会保障，这对于劳动者个人和社会未来而言都构成了巨大的风险。故笔者认为，推进商业保险与社会保险相衔接，引入商业保险作为新就业形态劳动者权益保障体系的一部分。

由于商业保险是个人向保险公司支付保险金，部分劳动者在面对既得利益与未知风险时会果断地选择前者，该情况其实与劳动者对商业保险的认知不足有关。笔者建议公权力机关可以与商业保险机构展开积极合作，宣传商业保险的功用与效益，同时也应当竭力为民争利，与商业保险机构订立适合绝大多数劳动者的险种与保险金额。

除此之外，推动商业保险成为新就业形态劳动者权益保护体系的一部分也需要政策的支持。其一，通过政策规定失业保险一定比例的金额采用趸缴的方式一次性缴清养老或医疗商业保险[①]，对于劳动者而言可以避免盲目消费、投资导致的"老无所依"，同时也缓解了未来社会的压力；其二，运用政府公信力为劳动者提供担保是政策支持的关键。可通过设立政府风险补偿基金，为保险公司承保新就业形态劳动者提供部分风险兜底，减少其顾虑，激励开发普惠产品。需明确支持产品的准入门槛与基本保障标准，确保覆盖职业伤害、重疾、养老等核心需求，防止保障空心化。

笔者认为，商业保险毕竟以盈利作为其发展的根基，在新就业形态劳动者制度建立的初期，应当以建立试点的方式有序推进。在行业领域，可以在新就业形态劳动者集中的外卖行业中展开；在地区领域，可以优先选择数字经济发展较快的东部城市。在获取足够的样本与经验后陆续推进商业保险接入新就业形态劳动者制度这一举措。

（六）严格平台企业的责任

在数字经济中，平台企业是至关重要的一环，严格规定平台企业的责任对于新就业形态劳动者制度的建立有着不可或缺的作用。

首先，平台企业应当严守安全"红线"。平台企业可以依据自身应用互联网技术的高熟练性对新就业形态劳动者进行线上安全教育，并将安全教育考核作为参加工作的必要条件；同时，平台企业应依照国家立法标准与政策制定、完善企业安全管理的相关规定，将安全规定落实在生产经营的全过程；值得注意的是，安全投入是安全生产、经营的重要基础，平台企业的逐利性会导致其尽可能压缩安全投入的资金，公权力机关应当督促平台企业扩大安全投入，努力改善劳动条件，使劳动者有与之配套的安全生产、经营的设施设备；严守安全"红线"不能忽视科技的作用，平台企业应将其所掌握的先进科技应用到安全管理中，如行车记录仪、"一键报警"等，促进安全生产经营现代化、信息化。

其次，平台企业应改良算法。以外卖配送员为例，据上海市公安局交警总队统计，2021 年上半年，涉及全市送餐外卖行业的伤亡道路交通事故共 76 起。这与平台企业利用算法对外卖配送员的利益进行侵占息息相

---

① 参见唐金成、陈嘉州：《论社会保险与商业保险的互动协调发展》，载《西南金融》2007年第 7 期，第 46－47 页。

关，平台企业在没有全面考虑到天气、交通等外部因素的情况下便确定固定的配送时间，规定较为严苛的惩罚标准，使得外卖配送员为了及时送货到位、免受处罚而存在不得已违反交通规则的情况。因此，平台企业应当改良算法，在网络订单创立时适当放宽时限的要求，并严格规定单位时间内可接取的订单数，同时应通过大数据等技术对于天气变化、实时交通讯息等因素进行整合得出合适的工作时限。

# 第九章　数字经济治理体系的运行逻辑 ——以合作治理为视角的考察

## 引　言

　　数字经济是伴随着当下计算机、网络和通信技术与经济融合而形成的一个新的经济形态，一般是指各类数字化投入带来的全部经济产出，包括数字技能、数字设备、数字化中间品和服务以及数字价值链过程中产生的大量数据。[①] 2016 年 G20 杭州峰会发布的《二十国集团数字经济发展与合作倡议》指出："数字经济是指以使用数字化的知识和信息作为关键生产要素、以现代信息网络作为重要载体、以信息通信技术的有效使用作为效率提升和经济结构优化的重要推动力的一系列经济活动。"随着大数据、云计算、人工智能、ChatGPT、物联网、无人驾驶、虚拟现实技术、元宇

---

　　① 参见张茉楠：《大变革 全球价值链与下一代贸易治理》，中国经济出版社 2017 年版，第 141 页。

宙等新技术的迅猛发展，数字经济被赋予了新的动能，使得经济社会的发展理念、行为方式、社会结构等发生了近乎革命性的重塑。毫无疑问，以计算机网络为依托的数字经济已经成为当下经济社会增长的重要驱动力量。

近年来，习近平总书记多次发表关于数字经济发展的重要论述。2021年9月26日，习近平总书记向世界互联网大会乌镇峰会致贺信时强调"让数字文明造福各国人民，推动构建人类命运共同体"。2021年10月18日，习近平总书记在中共中央政治局第三十四次集体学习时强调，要把握数字经济发展趋势和规律，推动我国数字经济健康发展。2022年1月，习近平总书记在《求是》杂志发表《不断做强做优做大我国数字经济》，回顾了我国数字经济发展历程，分析了数字经济发展面临的困境与机遇，并为未来数字经济的发展指明了方向。"十四五"规划第五篇"加快数字化发展，建设数字中国"，明确要求"加快数字经济、数字社会、数字政府，以数字化转型整体驱动生产方式、生活方式和治理方式变革"。当前，数字经济已成为"数字中国"建设的重要一环。数字经济带来了商业模式的重构、产业的深度融合以及数据的价值凸显等经济社会运行方式的重大改变。一方面，数字经济连接一切的特性对各行各业的发展经营模式、盈利模式等都产生了革命性、颠覆性的影响，数字技术革命盘活了社会资源，促进了机会公平，提高了经济运行效率，正在改变甚至重塑着人们的生活。另一方面，数字经济所带来的种种商业模式变革，构成了对既有制度规则的"突破"，并带来了诸如隐私和数据安全、垄断和市场失序、数据茧房、深度合成技术滥用、元宇宙中道德失范等一系列的负外部性影响。这给旨在维护公共利益、促进经济社会发展的政府监管带来了相当大的挑战。

对于数字经济所带来的深刻变革，如果仍然保持一种维护旧秩序的心态，仅仅局限在传统的治理体系和制度框架下去进行秩序构建，显然不符合经济社会发展规律。相反，面对当前的这样一种普惠性、创新性甚至前所未有的经济形态，国家有必要从制度上进行回应，并将其转化为法治建设的重要实践。从网约车、第三方支付、共享单车、平台经济等一系列新业态监管政策的发展历程来看，疏胜于堵已经成为多方的共识，传统的以政府为单一主导的管控压制型监管模式显然已经不能适应数字经

济时代的监管需求，因此亟须对监管机制进行重构。近年来，我国提出
了构建数字经济治理体系的全新思路，旨在引入多元治理主体，运用多
元治理手段，聚合治理资源，为数字经济治理提供重要的政策依据和实践
进路。

　　笔者在分析我国当前数字经济治理面临的现实挑战的基础上，对我国
数字经济治理体系的理论逻辑、制度逻辑和技术逻辑进行了讨论，就推动
数字经济治理三方控制机制等问题进行了阐释。

## 一、数字经济治理面临的现实挑战

### （一）数字经济的发展带来全新风险

　　数字经济是一种物理空间与网络空间相结合的立体经济形态，其"破
坏性创造"带来了经济社会的发展变革，同时也引发了创新与规制、竞争
与垄断、传统行业与新业态的利益博弈等一系列紧张关系。数字经济在带
来商业模式、交易方式、权益关系等诸多变革的同时，也带来了诸多风
险。它可能是"技术—经济"决策导致的风险，也可能是法律保护的科技
文明本身带来的风险。[①] 从重大风险源来看，风险可分为两种：一是无序
竞争所引发的风险，二是由技术本身所引发的风险。而从风险的发生领域
来看，风险又可分为市场风险、社会风险、安全风险等。当前，数字经济
的运行风险呈现出新的特点：

　　一是各种新技术、新业态造成新风险不断涌现。人工智能、人脸识
别、人像采集、地理定位等技术引发了对隐私权保护的担忧，导致从"陌
生人社会"进入了"透明人社会"；海量的数据被滥用使个人生活被转化
为商机，造成了"大数据杀熟"、"算法歧视"以及数据垄断。电商与传统
线下经济激烈竞争，而财富和话语权则涌向掌握技术和算法的少数精英手
中，从而造成新的社会不平等。在平台经济领域，以"二选一"为典型的
垄断、资本无序扩张、平台用工等问题，一度成为平台治理的重中之重。
在当前广受社会关注的 AI 机器人中，如果利用这种生成式人工智能技术

---

　　① 参见吴汉东：《人工智能时代的制度安排与法律规制》，载《法律科学（西北政法大学学
报）》2017 年第 5 期，第 128 页。

生成了虚假信息，开发者是否应对回答的内容负责，如何防止基于大数据训练而成的这些数据对他人隐私和著作权的侵犯，都需要法治予以回应。

二是"万物互联"放大各种风险。在数字经济时代，数据安全和隐私侵犯风险、信息碎片化风险、人工智能运行程序错误风险等，可能会导致大规模的风险传播，从而妨碍经济运行和人们的正常生活。而数字经济"连接一切"的特征使得所有的参与主体暴露在更加广泛的关系网络之中，这尽管增加了交易机会、提高了交易效率，但同时也使各个主体的风险大大增加。数字经济时代信息传播速度快、风险波及范围广，超越了地理空间和时间维度，加上数字经济本身显著的跨界融合特征，增强了风险的延展性，使各种风险通过互联网等渠道出现了放大效应、乘数效应。

三是数字经济引起市场主体之间的利益博弈。移动电商、直播带货、共享出行、短租服务、知识付费、元宇宙中的数字收藏品或虚拟化身等新兴业态或新型财产权益，不可避免地给传统行业带来了巨大的冲击，诸多线下零售业、银行业、出租车行业、音乐产业、旅游业、影视娱乐业等传统行业面临着被解构和重新洗牌的危机。在新兴产业内部，对"利益蛋糕"的争夺与竞争日益激烈。由于互联网时代的竞争具有高度自由性，数字经济实体之间的竞争带有了一种"丛林规则"的意味，对数字经济背景下市场支配地位的认定，传统的竞争立法显得有些力不从心。对于数字新兴产业来说，网络市场的控制权成为"网权争夺的聚焦点"①。这种市场主体之间野蛮的"开疆拓土"就要求政府在监管过程中必须平衡多方利益，结束"野蛮生长的时代"，进而确立新的适应数字经济发展要求的法治秩序。

四是计算机程序代码和算法挑战既有规范体系。数字经济的重要特点即通过计算机程序代码和算法来实现自动化决策，数字经济企业是其所在平台的控制者，通过代码编程强行创设平台内部的运行规则，例如设定交易的程序、划定平台各方参与者的权限、设置激励和惩戒措施等，而平台的参与主体只能处于被动的接受地位。在网络世界中，代码和算法本身可谓就是一种"法律"。这种"私权力"并非通过法律规范授权产生，而是

---

① 蔡之文：《网络传播与革命：权力与规制》，上海人民出版社 2011 年版，第 5 页。

基于技术本身进行自我权力的赋予。这一高度专业化的特征加剧了信息的不对称，算法的不透明和自主性使平台形成了绝对的话语权，一旦设计开发者在算法"黑箱"中装进了过度的商业资本追求、价值偏好和不公正因素，凭借算法来侵蚀大众权益的情况就会变得日益普遍化。①

（二）数字经济治理的立法供给不足

在数字经济蓬勃发展的同时，我国数字立法不断发展完善，为数字经济治理提供了重要的法律支撑。

数字经济法治建设呈现出"冲击—反应"②的回应性特点。随着近年来互联网信息技术的重大突破，数字经济产生了质的飞跃，与其他产业深度融合，引发了交易规则、行为方式、商业理念等一系列变革，旧有的规则已经无法对于这些变革作出有效回应，在这样的背景之下，推动数字时代的法治建设成为各界的迫切需求。为回应数字经济发展所产生的一系列问题，我国相继出台了一系列法律、行政法规等，包括《民法典》《个人信息保护法》《数据安全法》《反电信网络诈骗法》《网络安全法》《电子商务法》《电子签名法》《反不正当竞争法》《电信条例》等，从制度层面回应了现实需要。当前，以高质量立法推动数字经济发展，已经成为重要的立法方向。

当然，由于数字技术的发展过于迅速，相关立法还存在整体性、系统性、前瞻性不足等问题，亟须进一步完善，提高立法质量。我国数字经济规则的形成过程呈现出回应性治理的倾向。这种治理方式是各国在数字经济治理过程中的一种共性现象。数字经济的立法供给存在新旧交融的特点。所谓"新"，是指由于数字经济与其他产业深度融合的趋势日趋显现，已有法律难以进行有效规制，故针对一些重点领域进行有针对性的规制，由此产生了全新的立法规则，如数字经济促进立法、算法监督管理立法、生成式人工智能立法等。所谓"旧"，是就法律适用机理而言的，数字经济中的部分行为所涉及的权利义务关系并未彻底颠覆传统的法律规则，监

---

① 参见马长山：《人工智能的社会风险及其法律规制》，载《法律科学（西北政法大学学报）》2018 年第 6 期，第 51 页。

② "冲击—反应"模式是美国学者费正清用来解释中国近代化发展的理论模型，此处借助该概念意在阐述中国数字领域的法律制度建设是对现实制度冲击的被动回应。

管者更加倾向于在既有的法律规范框架内进行规制。针对数字经济发展所带来的问题，我国除制定效力层级较高的法律、行政法规之外，同时基于监管的现实需要也出台了大量的部门规章和规范性文件，规制主要集中于网络知识产权保护、网络域名备案、网络运营服务安全管理、网络信息管理、网络金融安全、网络安全突发事件处理等方面。[1]

在当前数字经济蓬勃发展的时代背景下，数字立法针对重点问题开展治理，提供规则供给，固然带有强烈的问题导向，但是也可能存在立法滞后、立法碎片化等问题。一方面，全新的立法规则未能及时出台，难以满足对新技术、新模式的法律调整需要；另一方面，原有的立法规则未能有效调适或改造，滞后于网络空间和数字技术的发展要求。然而，在旧制度与新技术的碰撞中，制度必须适应技术的变化需要，最终导致制度不得不紧随技术而变迁。在数字经济时代，科技对制度带来的挑战有着新特点、新变化，要求我们审视现有制度的不足，及时提炼新的利益诉求并将其转化为制度话语进行表达，以期推动各方权益的平衡，实现数字经济领域的良好治理。

（三）单向度监管模式有碍提升数字经济治理效能

面对数字经济的迅猛发展，传统的单向度监管机制自身存在着一些不能适应数字经济发展需要的现实问题，有碍于数字经济治理效能的提升。

1. 传统的监管模式有碍提升数字经济治理效能

以政府为中心所形成的监管模式强调政府在监管中的主导地位，这种监管模式在很大程度上制约着政府的数字经济监管能力。其一，单向度管理方式的制约。在"政府一元规制"模式中，政府掌握着监管的绝对话语权，其他主体则处于被动服从的状态，成为政府政策单方面的执行者。然而，互联网所塑造的多元社会具有了对公共政策的反向规制和塑造能力，不再被动接受管制和适应公共政策，而是会在一些新兴领域进行"众创式"革新来倒逼政府确认或者顺应。[2] 其二，监管权配置不合理的制约。政府内部具体的监管权力配置存在分散性，而数字经济的发展会产生众多

---

① 参见徐汉明：《我国网络法治的经验与启示》，载《中国法学》2018年第3期，第53、56页。

② 参见马长山：《互联网时代的双向构建秩序》，载《政法论坛》2018年第1期，第133页。

新的商业模式、交易规则，其性质的界定往往具有相当的模糊性，这就形成了众多监管"飞地"。对此，如果监管部门采取一种谨慎甚至保守的态度，可能产生监管的真空地带或多头监管状况。其三，监管理性不足的制约。法律规制的正当性基础在于发现市场运作中的缺陷并予以纠正。但是法律规制的有效性不会因规制具有正当性而必然实现，对数字经济监管的效果很大程度上取决于法律本身的科学性以及政府监管能力等因素。由于法律本身具有滞后性，政府掌握信息具有有限性，政府并不一定能非常准确地把握市场的具体动向，这将导致规制资源的匮乏以及规制方法的单一，政府监管失灵不可避免。

2."信息孤岛"降低了监管效能

数字经济时代，数据信息的重要性愈发显现。政府监管和执法的核心在于市场主体相关数据的获取，监管对象的识别、监管场景的评估、执法工具和救济方式的选择等都离不开信息，但由于资源与介入方式的限制，监管主体往往面临信息不足、调控能力有限等困境。[①] 在政府信息领域，大量的监管信息数据分散在网信、市场监管、公安、海关、文化旅游、法院、税务、环保等部门手中，出于安全性和相关规范的制约，这些信息数据主要限于内部系统使用，从而导致了信息数据条块分割、"信息孤岛"的局面。同时，政府及各部门在信息共享的思路、方式、内容等方面也存在较大分歧。在商业数据领域，大量的信息分散在各个市场主体之间，包括电商企业、第三方交易平台、数据服务企业等，大量信息游离于监管范围之外。部分法律制度过于抽象、过于原则等问题使得在数据采集、披露、使用、共享、信息主体权益保护等环节，政府监管策略的选择受到限制。

3.海量规模增加了监管成本

传统的大规模科层级结构监管模式不尽符合当下数字经济发展变革的要求。尽管近年来监管部门连续开展诸多专项治理工作，在打击网络盗版侵权、扫黄打非、加强个人信息保护、维护网络秩序与安全方面取

---

① 参见王锡锌:《数治与法治：数字行政的法治约束》，载《中国人民大学学报》2022年第6期，第19页。

得了重要成果，但是由于疾风骤雨般运动式的监管存在偶发性、周期性等问题，制度化的长效监管机制仍然有待建立。同时，在监管实践中存在一些简单套用线下管理的方法、手段，倾向于将线下市场的监管体制移植到线上数字经济的监管当中来①，这种方式存在执行效果不佳，与现实有所脱节的问题。② 基于"管制型"思维所采用的监管办法是以惩罚、约束为主要手段的"以牙还牙式"（tit for tat）监管，可能造成政府与市场主体之间的对抗和紧张。对于成长中的数字经济而言，强制性的约束可以使经营主体服从，但是也可能造成市场活力降低，阻碍商业模式和技术创新。

4. 跨界融合挑战了分业执法

跨界融合是数字经济的显著特征，由此所形成的新业态不仅造成了新的风险，同时也挑战了传统的分业监管执法模式。例如，共享房屋、"网约车"、直播带货等新业态的出现，模糊了传统意义上民和商之间的关系，导致民事主体和商事主体、民事行为和商事行为之间的界限不再清晰。传统的监管主要是针对"商"的监管，注重采取诸如准入管理、财产用途管理、职业资质管理等手段，不能有效适应民商融合的趋势，导致形成诸多监管灰色地带，出现了以私人行为之名而行商业营利之实以逃避监管的行为。这就意味着，互联网同金融、教育、医疗、交通等相关领域的融合，可能使得其与日益细化的监管分工之间形成错位。

## 二、数字经济治理体系的理论逻辑

近年来，我国提出了构建数字经济治理体系的全新思路。习近平总书记在中央政治局第三十四次集体学习时强调："完善数字经济治理体系。要健全法律法规和政策制度，完善体制机制，提高我国数字经济治理体系和治理能力现代化水平。要完善主管部门、监管机构职责，分工合作、相

---

① 参见宋亚辉：《网络市场规制的三种模式及其适用原理》，载《法学》2018 年第 10 期，第 81 - 82 页。
② 参见周汉华：《论互联网法》，载《中国法学》2015 年第 3 期，第 20 - 37 页。

互配合。要改进提高监管技术和手段，把监管和治理贯穿创新、生产、经营、投资全过程。要明确平台企业主体责任和义务，建设行业自律机制。要开展社会监督、媒体监督、公众监督，形成监督合力。"① 2021 年 12 月底，国务院印发《"十四五"数字经济发展规划》，其中第八部分"健全完善数字经济治理体系"提出，要强化协同治理和监管机制，增强政府数字治理能力，完善多元共治新格局。2022 年 6 月，国务院印发《关于加强数字政府建设的指导意见》，提出要充分运用数字技术支撑构建新型监管机制，以有效监管维护公平竞争的市场秩序。党的二十大报告指出，要完善社会治理体系，健全共建共治共享的社会治理制度。2023 年 2 月，中共中央、国务院印发《数字中国建设整体布局规划》，提出要建设公平规范的数字治理生态，完善法律法规体系，及时按程序调整不适应数字化发展的法律制度。这些顶层设计为构建以社会共治为基础、以公私合作为特征的数字治理体系提供了重要的政策遵循和实践进路。当前，诸多政策性文件所提出的数字经济治理体系，绝不仅仅是全新的概念和表达，而是针对数字经济发展时代要求而构建的一种不同于传统社会的新型合作治理机制，并与实现国家治理体系与治理能力现代化的基本目标高度契合。

传统意义上的社会治理以政府作为经济社会管理的指挥、控制和协调中心，强调政府的权威与核心地位，本质上是一种单中心治理。然而，在经济社会发展变迁的过程中，这种单中心治理的局限性越来越明显，与经济社会发展变迁的要求偏离越来越大。于是，公私合作治理成为顺应经济社会发展要求的治理方式。在社会公共事务的管理和决策过程中，政府尽管仍然享有至关重要的地位，是决策中心，但是，并不是唯一的治理主体，而是存在着多个治理主体。② 多元化的社会治理格局是在一定的规则约束下，包括政府、企业、行业协会、社会公众等主体在内从事合作性的活动或者利用核心机制来解决冲突。③ 单一监管主体制度产生的监管俘获、信息获取有限、监管资源与社会公共事务不匹配等现象使得扩充监管

---

① 习近平：《习近平著作选读》（第 2 卷），人民出版社 2023 年版，第 538－539 页。

② 参见王伟：《市场监管的法治逻辑与制度机理——以商事制度改革为背景的分析》，法律出版社 2016 年版，第 52 页。

③ 参见［美］埃莉诺·奥斯特罗姆：《公共服务的制度建构》，三联书店 2000 年版，第 12 页。

主体成为必然，监管多元主义（Regulatory Pluralism）应运而生①，更加强调监管主体的多元性。朱莉娅·布莱克（Julia Black）提出了"去中心化监管"（Decentred-Regulatory）的理念，认为监管主体应当囊括政府机构、非政府机构或组织、经济力量以及社会力量。② 同时，监管实践的探索体现了监管理念和方式的深刻转变，也为合作治理的理论发展带来了丰富的实践经验。合作共治的理念是在政府单中心治理背景下，基于治理失灵所进行的对全能型、管制型政府的反思，也是对传统单向度的管制型监管理论的创新。

数字经济治理体系的运行呈现出显著不同于传统经济治理体系的特征，具有开放包容、跨界融合以及技术驱动等趋势，需要通过公私合作治理机制的创新缓和传统市场监管机制与数字经济发展之间的紧张关系，促进数字经济的发展。

（一）在价值取向方面

合作治理强调包容性治理，旨在构建各个参与主体平等、共赢的发展模式，注重治理资源的共享性、参与性和兼容性。正如有的学者认为，包容性制度是"法治遵奉的信条"，其要求的不仅仅是市场，而是能够创造公平竞争环境和经济机会的包容性市场。③ 针对数字经济发展的新业态、新模式，政府应当承认其"新"的特征，重在贯彻"底线监管"、包容审慎等原则，通过沟通、对话、利益诱导等柔性机制，而非通过强制性的行政管控和行政命令，实现市场经济所追求的公平、效率等价值，为数字经济的发展创造一个相对宽松的环境。④

（二）在治理主体方面

合作治理以多元主体的参与作为基础，从过去单纯依靠政府监管的模

---

① 参见［英］科林．斯科特：《规制、治理与法律：前沿问题研究》，安永康译，宋华琳校，清华大学出版社 2018 年版，第 112－138 页。

② See Julia Black, Critical Reflection on Regulation, Austrialian Journal of Legal Philosophy, 27 (2002): 16－19.

③ 参见［美］德隆·阿西莫格鲁、詹姆斯·A. 罗宾逊：《国家为什么会失败》，李增刚译，湖南科学技术出版社 2015 年版，第 230 页。

④ 参见冯俏彬：《发展新经济关键要改进政府监管"旧"模式》，载《中国经济时报》2016年 10 月 31 日，第 5 版。

式向多元化协同监管模式转变，形成以企业自治、行业自律、平台治理、社会广泛参与和监督、政府有效监管的立体化治理体系。通过构建多样化的参与和激励机制，更能使市场主体遵守相应的规则。① 面对数字经济中海量分散的数据、巨大规模的市场主体以及跨界融合的产业，需要构建公私多元主体协同的监管机制，使人力、物力、财力突破以往的物理时空限制而进行全景融合、高量赋能，且成效获得指数级放大。② 在这种合作共治模式之下，科层式的政府管理被网络化治理模式所替代，社会治理资源被重新进行配置。

（三）在治理方式方面

合作治理强调包容性、多样性、温和性的治理方式，既包括制度性的方式，也包括非制度性的方式。社会共治摆脱了传统管制型监管手段，更多地采用相对多样化的监管方式，强调正式的法律规制与其他多元化规则的互动与协调，体现多种治理手段的功能互补。例如，通过合作治理，减少信息偏在的影响，降低治理成本，提高监管实效性；通过相应的竞争机制来引导相关主体遵守市场规则；通过社群规范来实现行业内生性治理；通过制度与技术的结合来提升监管的效率。

尽管数字经济的宏大场域与政府人员、技术、信息的有限性形成强烈反差，但是数字经济时代"连接一切"的特点放大了社会个体进行集体行动的力量，而公私合作治理能够通过将个体力量统合和治理流程再造，实现治理资源的聚合。因此，数字经济治理体系的核心和精髓就是建立公权力与私权利的合作治理机制。在这一模式中，政府的角色从传统模式中的唯一监管主体转变为多元共治模式下的制度提供者与合作参与者。政府通过构建相应的制度框架，与其他监督方展开合作，合理分配各自的监管和监督权限，从而实现双赢甚至多赢的目标。在合作治理的视角下，政府的监管不仅是一种依靠正式制度的规范治理，同时也是一种多元主体的参与性治理。国家正式立法等"硬法"规范，与企业、行业协会、社会组织的"软

---

① 参见刘鹏、李文韬：《网络订餐食品安全监管：基于智慧监管理论的视角》，载《华中师范大学学报（人文社会科学版）》2018 年第 1 期，第 6 页。

② 参见马长山：《数字社会的治理逻辑及其法治化展开》，载《法律科学（西北政法大学学报）》2020 年第 5 期，第 5 页。

法"规范，应当协同作用，共同确立数字经济运行的行为规则。

## 三、数字经济治理体系的制度逻辑

按照党的十九届四中全会的要求，要实现国家治理体系和治理能力现代化，其基础和主线就是实现国家治理的制度化。法治是一种最为重要、最为权威的制度。从这个意义上讲，实现国家治理体系和治理能力的现代化，首先要实现国家治理的法治化。数字经济的发展归根到底要依靠法治，数字治理体系的制度化、法治化，无疑是数字经济治理的重要保障。当前，我国提出的数字经济治理体系，正在借助于官方的政策、立法、制度等形式得到表达和推行。蕴含于数字经济治理体系中的制度逻辑，强调从价值观念、制度整体的层面解决问题，体现数字经济治理的一般性治理要求和内在逻辑。美国法理学家博登海默曾经说过：法律和制度的产生，渊源于人们对秩序的需求以及对正义的探索，因此，法律是秩序与正义的综合体。[①] 借鉴这个理论范式，笔者认为，数字经济治理体系的制度逻辑主要聚焦于两个方面：其一，形成制度化的治理机制，有权配置相关主体的权利、义务和责任，形成良好法治秩序。其二，通过平衡相互冲突的法律价值，使数字经济治理主体之间各安其位、各得其所，实现数字经济领域的公平正义。

### （一）形成数字经济领域的良好法治秩序

数字经济治理涉及私法秩序、公法秩序这两类重要的法治秩序。数字经济的发展归根到底要依靠法治，通过构建崭新的数字法治体系，明确各主体的权、责、利关系，形成有效的数字法治秩序。

### 1. 构建更加完善的数字经济立法体系

立法是法治的基础。有效的数字经济治理，需要依靠高质量的数字经济立法。发展数字经济，需要立法先行，逐步形成较为完善的数字经济立法体系，为数字经济治理体系的运行奠定坚实的法制基础。笔者认为，构

---

① 参见［美］博登海默：《法理学：法律哲学与法律方法》，邓正来译，中国政法大学出版社1999年版，第318-325页。

建数字经济立法体系应当主要从两个方面展开：

（1）以传统法律为基础的数字经济立法体系。在数字时代，传统法律不断朝向数字化变革和转型，呈现出"传统法律数字化"的趋势，与数字经济高度相关的民商法、经济法、行政法、刑法、诉讼法等法律的数字化革新，将由此形成以传统法律为基础的立法体系。其中，数字时代的人格权、财产权、合同制度、竞争法律制度、消费者权益保护制度、知识产权法律制度、行政法律制度、刑事法律制度、诉讼法律制度等等，都将不断融入数字化元素，带有鲜明的数字化特征，成为调整数字经济的基础性法律规范。

（2）专门的数字经济立法体系。对于传统法律无法有效调整的新技术新领域，需要制定专门数字经济立法进行调整。就目前的发展来看，新型数字经济立法的重点是网络空间、网络内容治理、数据和网络安全等领域，尤其要加强诸如数字经济促进、平台经济、共享经济、人工智能、元宇宙、算法行政、数据开放共享等新兴领域数字立法。

2. 推动数字法律规范的内在统一和谐

高质量的数字经济立法是实施数字经济治理的重要基础。但是，由于数字经济所涉及的领域十分宽广，法律规则的重点有所不同。同时，相关领域的行业主管部门亦不相同，网信部门更多针对算法、人工智能等新技术以及网络内容等进行监管，市场监管部门更多针对网络销售等商事交易行为实施监管，交通部门则更加关注"网约车"等交通运行和安全的管理，金融监管部门则主要针对数字与金融的结合实施监管。在这种情况下，不同部门出台的数字经济立法、制度及规范之间可能会存在不和谐、不匹配甚至产生直接冲突。为此，需要通过人大主导立法、备案审查、内部合法性审查、公平竞争审查等机制，实行开门立法、专家立法，不断提高立法质量，促进数字立法之间的协调。

推动不同立法之间的内在和谐，基本目标是形成高度统一的数字经济立法体系。为此，需要重点关注三个方面的问题。其一，私法秩序与公法秩序目标相一致的内容，例如旨在创造更大的经济价值、维护市场公平、促进市场信用建设的相关规则，属于数字经济产业自我规制的范畴，国家应对其予以承认，必要时可以将其吸收上升为法律层面的正式规则。这种公权力与私权利规则的双向互动，体现了良法善治的内在要求。其二，当私法秩序与公法秩序不一致，出现私权的不当扩张和异化时，需要国家通过法律对其进行约束和限制，以防止这种局部利益的不当主张造成对公共利益的侵蚀。其三，虽然私法秩序与公法秩序不一致，但是这一私权秩序本质上符合社会进步必然趋势的，需要法律对这一变革以积极的态度进行回应，从而化解因为技术进步而带来的规则上的挑战与风险。

3. 切实维护社会整体利益

市场是资源配置的决定性方式。在市场机制层面，应以鼓励交易为导向构建市场运行法律体系，形成以私法自治、自我责任、社会信任为核心的私法秩序。对于数字经济监管而言，则要求公权力主体作为社会整体利益的代表，以公共利益为依归，维护社会公平正义。

在数字经济领域的法治秩序生成过程中，政府应当按照法律保留原则科学界定政府与市场的边界，其关键则在于区分私法责任与公法责任。私法主要调整平等主体之间的人身和财产关系，如果数字经济引发的风险所造成的损害仅限于特定主体，那么该主体通过调解、诉讼等私法途径进行救济即可，政府不应当过多地干预。如果数字经济风险具有一定普遍性，损害了众多消费者利益和市场竞争秩序，则需要在公法层面予以规制，即政府等监管主体介入，该责任也就成了公法责任。政府应当在坚持自治优先、遵守市场规律的前提下，有的放矢地实施市场监管。

4. 高度关注数字法治的技术因素

考虑到数字经济的商业模式呈现明显的数据驱动、算法驱动的特征，在监管机制构建过程中，应当更多地关注技术因素，趋利避害，推动技术向善。例如，在竞争性法律规制中，应当逐步提高数据、算法在阻碍竞争中的认定权重，更多地关注企业新的商业模式和营业模式，重视具体的行为特点。[①]又如，在网络消费者权益保护领域，由于数字经济所带来的消费者权益损害仍主要集中于人身权和财产权以及知情权、自主选择权、公平交易权、求偿权等相关权益，《消费者权益保护法》《电子商务法》等立法在整体上

---

① 参见韩伟：《数字经济时代中国〈反垄断法〉的修订与完善》，载《竞争政策研究》2018年第4期，第56页。

仍具有适用性，这也要求以相关立法为依据，构建完善的网络消费私权救济和公权监管机制。

（二）平衡协调不同法律价值之间的冲突

任何一个国家法律和制度的构建，都必须融入特定的价值观念。[①] 数字经济治理要形成符合数字经济发展的新理念，形成有利于数字经济发展的价值观念。数字经济治理体系的有效运行，要以政府、市场、社会关系为基础，平衡协调重大矛盾和重要关系，最大限度凝聚社会共识，尽快形成符合数字经济发展要求的社会主流价值观以及相应的数字经济法律体系，促进民、商、官之间的和谐互动，真正建立符合本土实情的数字治理新格局。

1. 平衡审慎包容与公益矫正之间的关系

以大数据、云计算、人工智能等新型技术为引擎的数字经济变革前所未有，其创新发展离不开宽松包容的市场环境，允许一部分互联网行业在安全的前提下进行创新，"试错容错"既能够减少规制对创新的阻碍，同时也能使创新所带来的风险处于一个合理可控的范围之内。

数字经济发展对规则的重构是"自下而上"的，数字经济企业基于自身利益的考量必然会主张"胜者为王"的丛林法则，尽管这一倾向与"适者生存"的进化原理相契合，但可能有悖于公平正义的价值理念。对于数字经济发展中出现的诸多乱象，需要政府部门基于公共利益的考量进行必要干预，通过完善法律制度来对正当的市场行为进行确认，对违背公共利益的行为进行矫正，以实现各方利益的平衡。毫无疑问，在市场运行和监管的过程中，确保安全发展是经济和社会发展的基础，更是政府监管必须坚守住的底线。《"十四五"数字经济发展规划》结合数字经济的发展特点，提出要"建立完善政府、平台、企业、行业组织和社会公众多元参与、有效协同的数字经济治理新格局，形成治理合力"，"开展社会监督、媒体监督、公众监督，培育多元治理、协调发展新生态"。对于政府而言，其面临的首要问题是要平衡和处理好技术创新、商业模式创新在多元利益

---

[①]　参见彭中礼、王亮：《司法裁判中社会主义核心价值观的运用研究》，载《时代法学》2019年第4期，第1-16页。

主体之间所引发的利益矛盾，为数字经济的发展创造良好的环境。正如波斯纳法官所指出："如果这些旧技术或旧商业模式受到宪法保护，有权排除新技术新模式进入它们的市场，经济发展就会渐渐缓慢到最后停滞不前。这样的话，我们就不会有出行顺畅的出租车，只有马车一路颠簸；我们不会有想用即拨的电话，只有电报嘀嘀作响；我们也不会有功能强大的电脑，只有计算尺费时费力。"[①]

### 2. 平衡提升效率与注重公平之间的关系

效率是经济活动所追求的重要目标，数字经济作为一种具有普惠性的经济形态，理应为社会带来更多福祉。但是，在市场经济中，市场主体作为"理性的经济人"，具有追求自身利益最大化的天然倾向，而如果采用非理性的竞争方式则会损害社会的整体利益。经济法治的基本功能在于协调个体利益与社会利益、个体之间利益的关系，从而防范、控制、消解经济运行过程中所产生的各种经济风险，进而实现各种利益之间的平衡。正如庞德所说："法律的功能在于调和与调节各种错综复杂和冲突的利益……以便使各种利益中大部分或我们文化中最重要的利益得以满足，而使其他的利益最少地牺牲。"[②] 日本经济法学者金泽良雄认为："经济法不外乎是适应经济性即社会协调性要求的法律，即主要是为了以社会协调的方式解决有关经济循环所产生的矛盾和困难通过市民法进行的自动调节作用的局限的法律。"[③] 从经济法治的角度看，数字经济的治理机制更加应当以社会公共利益为导向，在制度构建过程中，体现公平、正义、民主、法治、效率等多元的价值追求。

数字经济治理要求政府构建相应机制，以规范市场秩序、保障交易安全、维护交易公平，尤其强调保护和维护市场运行中弱势群体的利益。数字经济治理要突出公平导向，"要求每个个体信守诺言和交易底线原则，确保

---

① See United State Court of Appeals for Seventh Circuit, Illinois Transportation Trade Association et alv. City of Chicago, no. 1: 2014cv00827-Document 66 (N. D. Ill. 2016). 此处翻译转自上海外国语大学盛金艳、孔菲、戴梦迪对相关判决书的翻译。

② ［美］罗斯科·庞德：《通过法律的社会控制：法律的任务》，沈宗灵译，商务印书馆1984年版，第41页。

③ ［日］金泽良雄：《经济法概论》，满达人译，中国法制出版社2005年版，第27页。

交易秩序规制和社会公平，其价值性在于公法通过强制性规定，要求私法个体严格遵守市场交易秩序和公共利益，体现公法强制性和协调性"①。

3. 平衡尊重技术与强化责任之间的关系

生产力的发展使利益分配方式发生变化。农耕文明的利益根据社会等级进行分配，工业文明的利益依据市场规则和法律进行分配，而当下后工业文明随着信息技术革命的不断深入，除了市场规则与法律，技术开始在既有规则的空白地带进行自我赋权，如平台企业通过技术手段进行强制删除、限制用户权益、冻结封禁账号等。

技术中立主义认为技术无关善恶，为保障技术进步，不应当对因为技术所限造成的损害予以苛责。然而，技术的两面性又使我们不得不对技术所造成的风险加以防范。技术服务于特定的需求，从诞生和应用开始就不可避免地带有一定的价值取向，因此需要理性看待技术问题。一方面，技术创新是经济发展的重要驱动，只有尊重技术的发展，才能进一步发展社会生产力，从而创造出更多的物质财富。另一方面，技术的发展也带来了个人隐私、知识产权、公平交易等权利的限缩，同时数字经济企业利用其本身的技术优势"跑马圈地"，还有可能造成新的不平等。因此需要通过强化企业责任，将"技术鸿沟"转化为"技术红利"。

4. 平衡"去中心化"与"再中心化"之间的关系

从表面来看，数字经济是一个"去中心化"的过程，它将进一步加速"陌生人社会"的形成，社会成员的"原子化"趋势愈发明显。但是如果将视线拉长，则会发现"去中心化"实际上是"去"传统的物理空间的科层中心，而在网络虚拟空间则呈现出以平台为支撑的"再中心化"特征。再中心化过程中需要防范诸如平台无序扩张、野蛮生长所带来的垄断、不正当竞争、隐私泄露等一系列风险。②

构建数字经济治理体系框架，必须认识到：第一，"去中心化"与"再中心化"是数字经济发展的必然结果，监管部门应当顺应这一潮流，在既要承认编程代码在数字空间的强大规制能力的同时，又要打破技术

①　卢代富、刘云亮：《诚实信用原则的经济法解读》，载《政法论丛》2017 年第 5 期，第 34－35 页。

②　参见王伟、任豪：《数字中国建设的法治保障》，载《法律适用》2021 年第 12 期，第 30 页。

神话，从制度层面上赋予私权利主体相应权限，推动共建共治共享。第二，平台的集聚效应使平台的准公共职能日益突出，因此必须强化对平台企业的监管，优化监管手段，尤其是要加强平台算法的审查，减少信息不对称。第三，平台企业的崛起实际上也对以往的政府权威造成了挑战，将有可能导致私人资本支配公权力的风险，带来政府监管失灵，引发对公权力的信任危机。① 因此，监管部门需要参与到"去中心化""再中心化"的过程中，整合治理力量，补足技术短板，填补虚拟空间话语权的空白。

## 四、数字经济治理体系的技术逻辑

数字经济治理体系的构建，需要一套简约高效的治理工具，以实现数字经济治理功能。数字经济治理体系的技术逻辑侧重从具体性、工具性层面解决制度的实施方案，强调的是工具型治理。

（一）数字经济治理体系的可能范式：三方社会控制理论

公私合作治理的方式包含了自律机制、合约约束、社会监督、组织监督和法律规制等维度，以促进各种信息高速有效传递为路径，在法治框架下，要通过促进政府转变监管理念、强化个体的自律机制、建立有效市场约束和信用机制，构建多元主体的共同治理平台。② 多元主体共同治理的关键在于如何构建公权与私权的合作机制，这就需要促成公权与私权合作进行社会治理。

美国法律社会学家罗伯特·C. 埃里克森提出了三方社会控制理论，从参与主体的视角为多元主体合作治理提供了技术层面的思考方向。按照三方社会控制理论，一个社会控制体系可以包括三类控制主体，也就是：第一方控制（自我控制）、第二方控制（契约控制）、第三方控制（组织和政府控制等）。提供行为规则的有五种控制者，即行动者本人、根据合约

---

① 参见谭九生、范晓韵：《算法"黑箱"的成因、风险及其治理》，载《湖南科技大学学报（社会科学版）》2020年第6期，第94-95页。

② 参见王森：《数字经济发展的法律规制——研讨会专家观点综述》，载《中国流通经济》2020年第12期，第116页。

的行动者、社会力量、非政府组织以及政府（参见表9-1）。①

**表9-1　三方社会控制体系**

| 控制者 | 规则 | 制裁 | 结合体系 |
| --- | --- | --- | --- |
| 第一方控制<br>（行动者） | 个人伦理 | 自我制裁 | 自我控制 |
| 第二方控制<br>（根据合约的行动者） | 合约 | 个人自助 | 受诺者执行的合约 |
| 第三方控制<br>（社会力量、非政府<br>组织、政府） | 规范、组织<br>规制、法律 | 替代自助、组织<br>执法、国家执法 | 非正式控制、组织<br>控制、法律制度 |

　　这种按照治理主体进行的类型化区分，也是于构建数字经济治理体系极为重要的方法论和技术路线。按照这样的范式，我们可以从三方控制主体及相应的控制方式的角度，对数字经济治理体系进行解构和建构。以当前的生成式人工智能 ChatGPT 为例，运用三方社会控制机制可以很好地诠释数字经济治理体系的具象化逻辑（参见图9-1）。

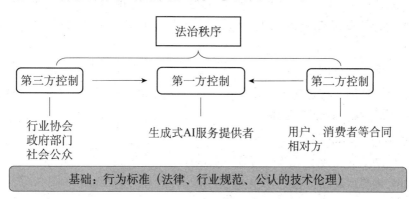

**图9-1　针对 ChatGPT 的三方控制演示**

　　按照图9-1的演示，为了对生成式 AI 服务提供者的所谓"有害性行为"进行有效规制，首先需要确定一套符合生成式 AI 服务的行为准则，

---

　　①　参见［美］罗伯特·C. 埃里克森：《无需法律的秩序》，苏力译，中国政法大学出版社2003年版，第159页。

包括法律、行业规范、技术伦理等，从而凝聚社会共识。这是数字经济治理体系运行的基础。由此，就可以构建生成式 AI 的治理机制。其中：

第一方控制，即生成式 AI 服务提供者的自律。服务提供者最清楚 AI 的技术逻辑和运行机理，其距离问题最近，具有解决问题的优越地位，是需要优先考虑的治理主体。

第二方控制，来自用户、消费者等合同相对方。这类主体基于合同关系直接使用 AI 服务，具有最为直观的感受，其距离问题相对较近，对于自身利益也最为关切，可以针对个人隐私侵犯、AI 生成虚假信息等背离缔约目的或违法的行为实施约束。

第三方控制，来自与 AI 服务提供者没有合同关系但有管理能力或利益相关的其他主体。这类主体基于维护法律秩序、保障权益等方面的关切，而对 AI 服务提供者实施必要的约束。当然，其控制能力并非来源于合同约定，而是主要来源于法律或自治性规范等。这类主体主要包括政府部门、行业协会、新闻媒体、相关权利人（如：著作权人、专利权人等）等。

通过以上三方社会控制，通过必要的立法和制度构建，在有效配置各方权利义务和责任的基础上，推动数字经济有序运行，最终实现良好治理。

以下笔者试以三方控制机制为框架，对合作方在数字经济治理中的角色定位与功能实现进行分析。

（二）强化自律管理与合同约束

1. 第一方的自律管理

借助法律、监管、社会监督以及道德教化等正式和非正式的机制，使得行为人养成对自己行为自律自治的行为模式和行为习惯，是弥补"经济人"片面追求经济利益最大化而忽视其义务、责任乃至对社会关照的天然倾向内在缺陷的治本之策。数字经济治理体系的构建，应当将企业的自我控制放在优先地位，体现企业应当承担的主体责任。

笔者认为，建立企业诚信合规管理机制，是实现数字企业自律的最为制度化的机制，能够极大地缓解外部监管力量不足、及时性差的困境，降低相应的监管成本。建议监管部门、相关行业协会制定数字企业诚信合规管理指引，推动企业建立首席合规官、首席隐私保护官、企业合规政策、业务合规审查和问责、反欺诈反舞弊、合规风险监测预警及处置等诚信管理机制，更加有效地激励企业实施自我治理，降低社会监督和政府监管的成本。

2. 第二方的合同约束

第二方控制是来源于合同相对方的契约控制，是所谓"私人之间的监控与惩罚"的典型样态。[①]

在数字时代，大量的交易关系发生在数字环境中，人与人之间可能并不需要发生现实的接触，而可以在网络环境下发生交易关系。同时，数字财产、数据等财产的移转，也并不需要在现实世界中进行运输。在网络交易、数字财产权交易等过程中，消费者、合同相对方借助合同关系，要求违约方承担责任，从而实现对违约方的控制。这类属于私法意义上的合同关系，旨在构建和形成良好的私法秩序。针对数字领域的合同关系，根据民法典、消费者权益保护法、反不正当竞争法、电子商务法、个人信息保护法等法律规定，构建相应的财产保护和契约维护机制。利益受损的合同交易一方，可以以合同为依据寻求司法救济，从而对数字经济企业实施有效的约束和控制。

当前数字经济时代的纠纷解决机制不断发展，日益强化了合同相对方的控制力量。在数字经济时代，法律关系更加复杂，纠纷数量迅猛增长，传统纠纷解决机制面临着社会数字化转型带来的冲击和挑战。由此，适应数字时代要求的合同纠纷解决机制应运而生，例如：以互联网法院为典型的智慧司法以及在线纠纷解决（ODR）、在线仲裁等机制蓬勃发展；随着平台治理机制的不断创新，网络平台依据自治规则兼具"规则创制者"、"纠纷裁定者"和"裁定执法者"等多重角色，并对纠纷进行权益判定。同时，平台借鉴英美法系的"陪审团"制度，提供一种群策公治的大众评审机制，以应对多元价值诉求的纠纷解决和规则制定。毫无疑问，这些全新的纠纷解决机制赋予了合同相对方更加强大的约束力量，从而使其能够

---

① 参见桑本谦：《私人之间的监控与惩罚：一个经济学的进路》，人民出版社 2005 年版，第 6-11 页。

对违约方施加更加有效的合同约束。

（三）创新数字经济监管机制

按照法律社会控制论的立场，数字经济治理中的第三方控制，是指来自政府、社会组织等主体对行为人所实施的控制。其中，政府的数字经济监管机制，是第三方控制机制的重中之重，也是笔者的分析重点。

事实上，现代法治无法将政府打造成全能政府，但是这并不意味着政府在急剧变化的市场经济面前无所作为。一方面，自由是私法秩序的重要价值，尤其是在各种新技术、新业态不断涌现之时，数字经济监管需要采取一种审慎包容的态度，尊重技术创新，提高数字经济的运行效率。另一方面，数字经济的负外部性意味着其必须受到法律的规制，要通过监管对不符合市场竞争规律、不符合社会公共利益的行为加以矫正，将数字经济的发展风险限制在可控范围之内，以增加社会对秩序和安全的预期。由此，政府对数字经济的监管既要传承传统监管机制，也要针对数字经济的新特点创新监管机制，使得传统监管手段和新型监管工具共同服务于数字经济监管的需要。

1. 确立类型化的监管体系

数字经济体系庞大，其在发展过程中呈现出"数字产业化、产业数字化"、新旧趋势并存的特点。对于数字经济监管而言，有必要尝试进行类型化的分类整合，实施有针对性的治理。笔者认为，基于我国数字法治理的实践，我国应当重点构建四大监管体系：

一是数据监管体系。它包括个人信息（尤其是敏感个人信息）、个人隐私、数据开放共享、数据安全、数据跨境流动等方面的管理。

二是网络监管体系。它主要体现在网络安全监管、网络内容监管两个方面。在网络安全监管方面，包括网络安全监测、预警、处置以及国际合作等；在网络内容监管方面，包括网络直播、网络视听节目、网络广告、网络内容规范以及虚假信息、网络谣言、反电信诈骗等方面的监管和执法。

三是平台监管体系。它包括大型及超大型平台的责任实现，维护平台竞争秩序，维护平台内经营者的利益，维护消费者的利益等。

四是新技术新业务监管体系。它包括：人工智能技术、深度合成服务、数字接触追踪、算法推荐、自动驾驶、智能网联汽车等新技术新业务方面的监管。

#### 2. 包容审慎监管

传统的监管工具主要包括行政许可、行政强制和行政处罚等偏重于高强度的管理手段，这些监管工具在应对数字经济带来的新变化时，常出现"一管就死""一放就乱"的窘境。例如，行政许可将提高数字经济的准入门槛，适用于物理空间的行政强制无法同样地适用于虚拟空间。这就需要监管者根据数字经济的特点创新监管工具，尤其要注重对以行政审批为代表的高强度管理手段、以信息公示为代表的低强度管理手段、以标准为代表的中性管理手段的有效配置，从而提升监管效能，为数字经济发展创造良好营商环境。

其一，审慎采用高强度的行政审批手段。除涉及安全、健康、环保或者存在较大公共风险的领域，可以通过法律规定、市场准入负面清单等方式设定高强度的行政许可外，其他竞争性领域不应设置行政许可。即便基于安全、健康等社会性监管的考量，需要在某些领域实施行政许可的，也应该注重提升审批效率，便利企业运营。例如：针对网约车企业的平台证发放，可以只针对总部设定行政许可，对开设于地方的其他分支机构无须再次实施行政许可，或者仅采取备案、行政许可信息共享、告知承诺等便捷管理方式。

其二，普遍采取中性或者低强度管理工具。这类管理工具重在事中事后监管，对市场运行和企业活动的扰动最小，应当成为竞争性领域的常态化管理手段，并在市场准入、市场运行和市场退出的全生命周期进行应用。

当前，应当更加重视以下几类低中强度监管工具的运用：

（1）信息披露。在不对称的信息环境下进行监管，其监管的成效在很大程度上取决于监管手段的运用是否减轻了市场信息的不对称问题。[1] 建立强制性信息披露制度，是缓和信息不对称、推进合作治理的重要路径。

---

[1]　参见［美］丹尼尔·F. 史普博：《管制与市场》，余晖等译，三联书店出版社1999年版，第11页。

强制披露的信息包括：向消费者强制披露可能对消费行为产生重大影响的相关信息，以便于消费者进行正确判断、理性选择①；向政府监管部门披露消费者投诉、程序算法等信息，倒逼企业主动提升服务质量，减少算法"黑箱"等。

（2）信用监管。当前我国正在构建以信用为基础的新型监管机制，这是科学配置监管资源、实施有效治理的重要监管工具。信用监管的基本前提是，按照信用状况将企业区分为高风险企业、中风险企业、低风险企业等不同风险等级的。针对高风险企业，实施重点监管，加大监管资源投入。对于严重违法失信企业，还可以将其列入严重违法失信黑名单，在内部进行信息共享，在外部进行信息公示，真正实现对守信者无事不扰、对失信者利剑高悬。对于低风险乃至中风险企业，可以匹配强度较低的管理手段。在数字治理过程中，通过对数字企业实施信用风险等级划分并实施监管，将使监管者更加理性地对监管资源进行更加科学高效的配置。

（3）指导性监管。对数字经济的监管不仅仅可以采取纵向管理、命令和服从的手段，也可以采用平等协商、合同、竞争等更加平等和柔性化的治理工具，形成合作式监管。其中，指导性监管是合作式监管的典范。一方面，政府站在多元利益平衡的立场，在充分考量不同市场主体的利益诉求、新生事物的潜在风险的前提下，对数字经济的发展进行指导，避免市场在扩张过程中产生的非理性趋势，最大限度地维持市场秩序安定。另一方面，加强指导性监管更加强调市场主体自我发展的能动性，这实质上是对私权自治的承认与尊重，体现了政府权力与"私权力"双向度的秩序构建，是审慎包容理念的内在要求，有利于减轻企业与政府之间的紧张和对抗，促进公私之间的合作治理，实现制度对现实的及时回应。

3. 预防式监管

传统的监管模式是一种结果导向主义的监管，监管力量一般在违法事实发生或者损害结果外显的时候介入，按照"认定行为方式—确认损害结果—确认主观恶意/过错"的逻辑认定违法事实，从而采取相应的措施，仍然属

---

① 参见张效羽：《互联网经济对行政执法的挑战及应对》，载《中国党政干部论坛》2016年第10期，第49页。

于反馈式控制（控制发生在行为之后）。在数字经济时代，技术、算法等工具则建立起一个虚拟的网络空间，而算法等技术手段具有自主性等特点，开发者对算法等技术手段造成的结果并不能完全预见，事后监管无助于制止违法行为和损害结果的发生。另外，数字经济平台企业利用其自身的信息、技术、资本优势，可事先对相关可能造成威胁的初创企业进行"先发制人的并购"（Pre-emptive Merger），从萌芽时期消灭潜在对手，不仅扰乱竞争秩序、阻碍创新，同时也不易被监管机构觉察。① 而传统的以行政审批为主要手段的事前监管模式由于强管制性与当下的"放管服"改革的理念并不十分契合，因此在坚持事前、事中、事后全周期监管的前提下，根据数字经济的特点进行调整。德国行政法学家汉斯·J. 沃尔夫提出了"预防行政"的理念，认为国家除了排除危险以确保法治安全，还需要事前预防危险和事后消除危险，这才是"塑造型法治国"独有的社会特征。② 恰如有的学者所言，较之于传统的以结果为本位的法律规范而言，预防性法律规范能够更好地满足公众的安全心理需求。③ 以算法规制为例，在事前环节，建立算法备案、算法审查等机制，推动算法更加公平合理；在事中环节，构建完善的算法监督机制，建立算法异议、算法解释、算法社会监督、算法司法审查等机制；在事后环节，建立公益诉讼、惩罚性赔偿金等制度，完善民事、行政等救济机制，为权利人提供更加周全的法律救济。

4. 技术和数据监管

数字经济的发展呈现出技术驱动、数据赋能的特征。加强技术和数据监管，是提升数字监管效能的重要内容，也是数字经济监管有别于传统线下监管的重要特征。

其一，技术监管。面对数字经济的强技术特征，需要引入技术性的监管方式。技术监管可分为两个方面：一是对技术的监管。这主要是为了防范技术滥用所造成的市场竞争破坏和消费者权益损害，技术成为监管的对

---

① 参见陈兵：《因应超级平台对反垄断法规制的挑战》，载《法学》2020 年第 2 期，第 118 页。

② 参见［德］汉斯·J. 沃尔夫等：《行政法》（第 1 卷），高家伟译，商务印书馆 2002 年版，第 145 页。

③ 参见熊樟林：《论〈行政处罚法〉修改的基本立场》，载《当代法学》2019 年第 1 期，第 101 - 111 页。

象，包括技术评价机制、技术激励机制以及技术的限制、禁止机制。① 例如：针对算法的普遍应用问题，构建算法备案、算法解释、算法审查制度，有效评估算法的公平性、合理性，控制和纠正算法的不当利用。二是基于技术的监管，即将技术作为监管的手段，利用智慧监管提高监管效能。传统的监管手段属于"法律行政"的范畴，而技术监管手段则属于"算法行政"（algorithmic governmentality），从发展趋势来看，二者呈现互相融合的趋势。未来，应积极推动技术驱动型的智慧监管，将包括算法行政、信用风险分级分类管理等机制在内的监管工具纳入法治轨道，实现以技术管技术、线上线下一体化监管。

其二，数据监管。其重点在于数据安全、个人信息保护等方面，贯穿数据产权、数据要素流通和交易等重要环节。② 加强数据监管对于防范数字经济所产生的风险具有十分重要的作用。以数据信息驱动监管，政府将更加有效率、更加开放、更加负责，引导政府前进的将是"基于实证的事实"，而不是"意识形态"，也不是利益集团所施加的影响。③

# 结　语

数字经济作为一种新的业态对于经济发展产生了重大变革，同时也给现有的治理模式带来了诸多挑战。实践已经证明，以政府为主导的管制型监管难以顺应数字经济时代的治理要求。这就意味着要对治理模式进行重构，将数字经济所带来的技术创新与制度创新相结合，将其纳入治理体系构建的视野之中，寻求一条新的发展路径。数字经济治理体系的构建，要契合基本的理论逻辑、制度逻辑和技术逻辑。其中，理念的转变、制度的变迁无疑是先导性的，要让"市场的归市场"，尊重市场发展的自发秩序，营造良好的公法秩序，构建数字经济的公私合作治理框架，兴利除弊，推动数字经济的跨越式发展。

---

① 参见王学忠、张宇润：《技术社会风险的法律控制》，载《科技与法律》2008年第4期，第5-6页。

② 参见程啸：《论数据安全保护义务》，载《比较法研究》2023年第2期，第60页。

③ 参见李志刚：《大数据：大价值、大机遇、大变革》，电子工业出版社2012年版，第53页。

# 第十章 新经济形态的法律规制

新经济形态，简称新经济，是一个变化发展中的概念，往往是指正在进行中的与传统既有经济形态有着显著不同，但又没有形成明确特点和统一共识的经济形态。通常认为，新经济一词最早是由美国《商业周刊》编辑在 1996 年 12 月 30 日的《新经济的胜利》一文中提出，并将其阐述为以信息技术和全球化为基础的经济形态。国外学者早期主要将新经济的具体形态与计算机及互联网相关产业联系在一起，随后认为共享经济、循环经济、知识经济、电子商务等都是新经济的表现形式。与国外学者一致，国内学者同样也强调数字经济、智能经济、共享经济等是新经济主要的表现形态。[①] 可以看出，国内外学者都是从新经济业态的表现形式来描述新经济，并没有给出一般意义上新经济的概念。尽管难以给新经济形态作出清晰的概念界定，但是从过往政策文件来看，例如《关于支持新业态新模

---

① 参见孟夏财经：《新经济是什么？有哪些具体形态，国内外对其是如何理解的？》，载 ht-tps：//baijiahao. baidu. com/s？id＝1748270718830425164&wfr＝spider&for＝pc，2024 年 5 月 18 日访问。

式健康发展激活消费市场带动扩大就业的意见》（发改高技〔2020〕1157号）提出，"鼓励共享出行、餐饮外卖、团购、在线购药、共享住宿、文化旅游等领域产品智能化升级和商业模式创新"，笔者以共享住宿、共享出行等为例来研究新经济形态的法律规制问题，在具体案例上应该是能够达成共识的。

## 一、对新经济形态予以特殊法律规制的必要性

严格意义上讲，"新经济形态"作为一个严谨的学术概念可能是不太理想的，但是作为一个政策语言又相对通俗易懂。当然，新经济形态是个动态发展的概念，下一个十年可能又会有更加典型的新经济形态，原来的所谓"新经济形态"慢慢找到与既有法律制度体系共生之道后，就不必再强调其"新"。而且，政策需要呵护的新经济形态必须是个良性的存在，例如黄赌毒的东西即使关联了互联网、数字化技术，也不能被称为新经济形态。从上述对"新经济形态"概念的分析和理解来看，共享住宿、共享出行、餐饮外卖确实很新、很良性，基本是最近十年发展起来的新生事物，日益受到广大消费者和各级各地政府的认可、支持，但是在监管政策层面仍然有需要反思和改革的地方，特别需要实事求是地从政策制定层面强调"新经济形态"之新，在新经济形态的萌芽和发展阶段予以包容审慎监管，并尝试为新经济形态量身打造一套适合其特性的法律制度。具体说来主要基于以下理由：

（1）内因（主观原因）：任何新生事物有个成长过程，最初形态可能并不固定，人们对新事物的认知和接受程度也有个过程，最初阶段过于严格、保守的法律规制极有可能将新经济形态扼杀于摇篮之中。"红旗法案"就是个很好的教训。"红旗法案"是人们对英国1865年的《道路机车法》的戏称。当时正值内燃机和汽车发展初期，为维护马车制造商的既得利益，立法规定：每一辆在道路上行驶的机动车，必须由3个人驾驶；在车辆行进期间，其中1个驾驶员需在车辆前方60码（约55米）外引导车辆，还需手持红色旗帜警告车辆附近骑士与马车，如有必要需警示车辆停止行进，同时协助对向的马车与机车在狭窄的道路会车。这部法案现在看

来匪夷所思，但却维持了整整 30 年，直到 1896 年才彻底废除。这种在机动车发展初期特意予以阻挠的立法，直接导致当时的工业革命引领国英国失去了成为汽车大国的机会。

（2）外因（客观原因）：在法律制度体系越来越严密的今天，新经济形态可能难以一下子融入既有法律制度体系之中，面临着经济形态本身可能有"后发优势"但是在融入社会制度体系方面存在着"后发劣势"的问题，需要有个包容审慎监管、逐步修改完善法律的解决过程。例如，共享住宿的新经济形态逐渐发展起来后，在现有的法律制度框架下，民宿或网约短租房的法律性质其实存在两种可能，既有可能是"经营场所"，又有可能是"租赁房屋"，同时也反映出民宿监管的两种可能路径，将民宿或网约短租房作为"经营场所"可以参照旅馆、酒店管理，作为"租赁房屋"可以参照长租房管理，都是有道理的。但正因为国家层面的态度不明确，缺乏统一的认定和监管标准，所以各地做法不统一，这实际大幅增加了企业的合规成本和经营预期的不稳定性，可能一纸通知就会给行业造成颠覆性影响，非常不利于民宿行业的长期健康发展。例如，在将民宿作为"经营场所"的法律逻辑下，按照 2020 年 12 月北京市住建委等四部门发布的《关于规范管理短租住房的通知》的要求，"首都功能核心区内禁止经营短租住房"，在其他区域经营短租住房的，应当"符合本小区管理规约。无管理规约的应当取得业主委员会、物业管理委员会书面同意或取得本栋楼内其他业主的书面同意"。这造成北京城区大量民宿下线。在疫情和政策预期的双重影响下，曾经在日本成功推动了《住宅宿泊事业法》（又称"Airbnb 法案"），爱彼迎于 2022 年 5 月最终宣布退出中国市场。

## 二、对新经济形态的法律规制原则探讨

### （一）鼓励创新、包容审慎监管的原则

以数据为关键生产要素、以数字科技为核心驱动力、以网络平台为主要组织形态的数字经济，具有虚拟性、无界性、流动性、融合性等特点，其发展过程中存在深度不确定性。沿用传统的命令控制型监管，极易抑制数字经济的发展活力和创造力，推动传统监管向新型的包容审慎监管转

型，成为数字时代的必然要求。① 2020 年 1 月 1 日起施行的《优化营商环境条例》第 55 条规定，"政府及其有关部门应当按照鼓励创新的原则，对新技术、新产业、新业态、新模式等实行包容审慎监管"。2021 年 1 月，中共中央印发《法治中国建设规划（2020—2025 年）》，要求探索"包容审慎监管等新型监管方式"。《国务院办公厅关于以新业态新模式引领新型消费加快发展的意见》（国办发〔2020〕32 号）提出："深化包容审慎和协同监管。按照包容审慎和协同监管原则，为新型消费营造规范适度的发展环境"。特别是《国务院关于加强和规范事中事后监管的指导意见》（国发〔2019〕18 号）提出："落实和完善包容审慎监管。对新技术、新产业、新业态、新模式，要按照鼓励创新原则，留足发展空间，同时坚守质量和安全底线，严禁简单封杀或放任不管。加强对新生事物发展规律研究，分类量身定制监管规则和标准。对看得准、有发展前景的，要引导其健康规范发展；对一时看不准的，设置一定的'观察期'，对出现的问题及时引导或处置；对潜在风险大、可能造成严重不良后果的，严格监管；对非法经营的，坚决依法予以查处。推进线上线下一体化监管，统一执法标准和尺度。"尽管在 2020 年年底以来数字经济领域有一波比较集中、猛烈的加强反垄断和反不正当竞争执法，但总体说来规范是为了更好地健康持续发展，各平台企业也都积极拥抱监管、认真完成整改。2022 年 4 月 29 日中央政治局会议已经定调说"要促进平台经济健康发展，完成平台经济专项整改，实施常态化监管，出台支持平台经济规范健康发展的具体措施"。根据既往法规文件的规定和中央政治局会议的最新精神，对新技术、新业态、新应用，或者更概括讲新经济形态实行包容审慎监管，应当能够达成共识。以法无禁止即自由的精神，贯彻负面清单管理制度，在守住国家安全底线的前提下鼓励支持新经济形态发展，也许会对提振业界信心和士气起到很好的作用。有的学者提出"适度监管"的原则②，也非常符合行政法平衡保护行政权和公民权的精神，有异曲同工之妙。考虑到政

① 参见刘权：《数字经济视域下包容审慎监管的法治逻辑》，载《法学研究》2022 年第 4 期，第 37 页。

② 参见沈岿：《互联网经济的政府监管原则和方式创新》，载《国家行政学院学报》2016 年第 2 期，第 92 页。

府和业界对于"包容审慎监管"有更多共识，笔者仍然使用这一概念，希望各类法律法规以及执法层面上更多确立和贯彻包容审慎监管原则。

（二）精准分类、创新监管的原则

新经济形态呼唤精准创新监管，旨在不受制于既有法律制度体系，从本源解决如何规范发展新经济形态、合理实现新老经济形态差别对待又不损害公平竞争的问题。根据《行政许可法》等体现的法治精神，公民、法人或者其他组织能够自主决定的，市场竞争机制能够有效调节的，行业组织或者中介机构能够自律管理的，或者行政机关采用事后监督等其他行政管理方式能够解决的，都可以不设行政许可。例如三张施政"清单"就是非常符合法治精神的监管理念创新，具体是指：政府要拿出"权力清单"，明确政府该做什么，做到"法无授权不可为"；给出"负面清单"，明确企业不该干什么，做到"法无禁止皆可为"；理出"责任清单"，明确政府该怎么管市场，做到"法定责任必须为"。[1] 在充满法治精神的监管理念下，新经济形态呼唤能够帮助解决实际问题、促进行业持续健康发展的精准创新监管。例如，目前仍可以称之为新经济形态的网上购物，与传统线下门店购物显然存在较大差异，两种场景下的监管需要符合"线上线下一致性原则"，同时也要考虑合理的区别对待。《消费者权益保护法》第 25 条规定了"经营者采用网络、电视、电话、邮购等方式销售商品，消费者有权自收到商品之日起七日内退货，且无需说明理由"，就是相对合理地对线上交易消费者和线下交易消费者进行了差别对待，通过监管规范能够更好地促进电商经济发展。又如，在共享经济模式下，陌生人交易、短期交易、一次性交易增加，这种情况下如何保证服务的安全性、可靠性，共享平台公司设置了星级评定、用户投诉、资格审核等多种机制，监管部门也需要创新引入信用监管的制度手段。[2] 正像王伟教授所指出的，在"放管服"改革的过程中，放松事前准入、强化事中事后监管的实践，正在将政府从烦琐的具体事务中解放出来，把市场和社会能够消解的问题交给市场

---

① 参见中国新闻网：《李克强详解施政"清单"：政府要拿出权力清单》，http：//www. chinanews. com. cn/gn/2014/09－10/6578987. shtml，2024 年 5 月 26 日访问。

② 参见蔡朝林：《共享经济的兴起与政府监管创新》，载《南方经济》2017 年第 3 期，第 102 页。

和社会，信用监管等创新监管手段正在成为推动政府治理现代化的重要制度。① 后文也会阐述，运用信用惩戒的创新监管方式再结合平台大数据技术，实际上可以很好地识别出共享单车乱停放的行为人，通过有针对性的行政处罚和信用监管机制，可以从根源上治理共享单车乱停放的行业痼疾。

## 三、对新经济形态的具体法律规制问题探讨

### （一）城市民宿行业的合法化困境

民宿行业既然存在，自然有其合理性，例如促进和服务旅游经济，满足人民群众多元化的住宿需求；作为共享经济的新业态模式，共享住宿代表着生活消费新方式，拓展了共享生活新空间等。民宿行业的合法化是早晚的事情，这里所说的合法化困境实际上是如何实现合法化的顶层设计面临的路径选择上的困难，是指民宿行业合法化问题陷入了牵一发而动全身、纷繁复杂的法制困境之中，非常考验立法的智慧和政府的治理能力。随着我国社会主义法律体系的建成，各领域法制网已经越织越密，很多新业态在经济发展模式上或许有"后发优势"，但在融入既存法律体系的时候，可以说客观上存在着"后发劣势"。民宿行业合法化困境或者说"后发劣势"，经梳理可以总结为以下两个纠缠在一起的问题：

1. 民宿的法律性质、法律定位问题

国际上以及我国学界对于民宿没有形成统一的定义，包括各省（自治区、直辖市）在内的地方立法对于民宿使用了不同的名称和定义，例如"民宿""网约房""短租房"，但总体都是指"将居民住宅提供给他人住宿的短期房屋租赁"。从地方立法来看，各地方对民宿的法律性质界定是有分歧的。

很多地方的旅游条例将民宿的法律性质界定为"经营场所"，例如，《北京市旅游条例》（2017年制定）所称"民宿"，是指城乡居民利用自己拥有所有权或者使用权的住宅，结合本地人文环境、自然景观、生态资源

---

① 参见王伟：《信用监管的制度逻辑与运行机理——以国家治理现代化为视角》，载《科学社会主义》2021年第2期，第152页。

以及生产、生活方式，为旅游者提供住宿服务的经营场所。《珠海经济特区旅游条例》（2018 年制定）所称"民宿"，是指经营者利用自己拥有所有权或使用权的住宅或者其他民用建筑开办的，为旅游者提供体验当地自然景观、特色文化与生产生活方式的小型住宿设施。

同时，依据很多地方的租赁管理办法，又可将民宿的法律性质界定为"租赁房屋"。例如：《河北省租赁房屋治安管理条例》（2019 年制定）所称的"租赁房屋"，是指出租用作居住或者兼用作居住的房屋，包括商品住宅、集体土地上的房屋、单位用于居住的房屋、有人居住的商业用房等。也就是说，将商品住宅短期出租给旅游者住宿，又不属于旅馆业客房的可以视为"租赁房屋"。同时，《河北省租赁房屋治安管理条例》又使用了"网约房"的概念，明确通常意义上称为民宿的"网约房"平台公司和租赁房屋所有人、入住人应当按照相关规定做好信息登记报送工作。

一环扣一环，法律性质和定位不同，直接导致适用不同的法律规制框架。如果民宿或短租房是"经营场所"，理所当然需要办理工商登记、取得营业执照，往往要作为旅馆取得特种行业许可证，此外还要遵守消防、税务等各个相关部门的要求。而且，依据《民法典》第 279 条的规定，业主不得违反法律、法规以及管理规约，将住宅改变为经营性用房；业主将住宅改变为经营性用房的，除遵守法律、法规以及管理规约外，应当经有利害关系的业主同意。如果将民宿定义为"经营场所"，也就是《民法典》中的"经营性用房"，原则上业主就不得将住宅改变为民宿，如有改变应当经有利害关系的业主同意。但是如果将民宿或短租房定义为"租赁房屋"，住宅用作民宿原则上可以解释为不属于"将住宅改变为经营性用房"，也就不需要经有利害关系的业主同意，同时也就不需要进行工商登记、取得营业执照、办理特种行业许可证等。

2. 民宿尤其是城市民宿的相邻权问题

民宿的法律性质界定和监管模式的选择，如果没有牵涉到相邻权问题、不涉及《民法典》第 279 条，其实无论定性为"经营场所"还是"租赁房屋"，都只是下个决心、有个决断的问题，还算不得立法困境。牵涉到《民法典》第 279 条后，形势越发复杂，实际意味着一旦将短租房或者民宿定性为"经营性用房"，就等于明确应当依照《民法典》的要求经有利害关系的业主同意。依照《最高人民法院关于审理建筑物区分所有权纠纷案件具体应用法律若干问题的解释》，本栋建筑物内的其他业主，应当认定为"有利害关系的业主"。依照《民法典》第279条的规定，业主将住宅改变为经营性用房的，除遵守法律、法规以及管理规约外，应当经有利害关系的业主"一致"同意。而这一连环推理的结果是非常严酷的：如果需要经有利害关系的业主一致同意才能将住宅出租（包括长租和短租），几乎意味着无法将住宅出租，除非想要出租的业主能把整栋楼都买下来，也就意味着，一旦将作为短租房的城市民宿定义为"经营场所"，城市民宿这一新生事物几乎将会遭受灭顶之灾。原本一个法律定性的立法技术问题，与一个行业的生死存亡联系在一起之后，立法的压力可想而知，称之为立法困境也就不为过了。

作出影响一个行业的生死存亡的政治法律判断时，需要综合、长远考虑该行业的社会贡献或社会危害程度，一个理性的政府不可能出台政策的时候因噎废食、杀鸡取卵。实际上，我国政府一贯鼓励支持民宿发展。2015年11月，《国务院办公厅关于加快发展生活性服务业促进消费结构升级的指导意见》，首次提出积极发展客栈民宿、短租公寓、长租公寓、农家乐等细分业态，将其定性为生活性服务，多维度给予政策支持。2016年2月，国家发展改革委、中宣部等十部门出台《关于促进绿色消费的指导意见》，明确提出支持发展共享经济，鼓励个人闲置资源有效利用，有序发展民宿出租等。2020年7月14日，国家发展改革委等13个部门联合印发《关于支持新业态新模式健康发展 激活消费市场带动扩大就业的意见》，"总体要求"和"发展原则"部分，明确提出要把支持线上线下融合的新业态新模式作为经济转型和促进改革创新的重要突破口，打破传统业态按区域、按行业治理的惯性思维，探索触发式监管机制，建立包容审慎的新业态新模式治理规则；"培育发展共享经济新业态"部分，明确提出要鼓励"共享住宿"等，发展生活消费新方式，拓展共享生活新空间。尽管政策对于民宿行业一向都是持鼓励的态度，但城市民宿发展过程中也确实存在一些扰民、治安方面的隐患。这些本应是在发展过程中通过规范治理、逐步完善解决的，但是因为民宿的法律性质和地位尚不明确，往往这些问题都和民宿合法化纠缠在一起。一些特别注重安全的地方就会以"经营场所"的高标准来要求民宿解决相邻权问题，变相使得民宿无法正常经营下去。

解决民宿的合法化困境，主要有两个思路：一是较低成本的释法方案，合理解释城市民宿是否属于"经营场所"，灵活解决相邻权人同意问题。具体说来，《民法典》279 条规定的程序是非常严苛的，因为原则上禁止"将住宅改变为经营性用房"。但实际上，一般认为"经营性用房"是指将住宅作为"商铺、理发店、洗脚屋"等脱离了住宿本质的用途改变。将住宅出租给他人住宿，无论是短租还是长租，可能都不属于"将住宅改变为经营性用房"，原则上也没有必要经有利害关系的业主一致同意。从立法初心和基础原理上来看，是存在这样合理解释空间的。而且，如果将民宿这种短租房视为"经营场所"，要求取得相邻权人同意，还存在着对短租和长租差别待遇的嫌疑。房屋所有权人将自家闲置住宅出租，理论上讲既可以长租，也可以短租。如果说存在更加突出的扰民、治安隐患要对短租行为严管、规范，这个逻辑是通畅的，各种合理的行政监管措施都可以采取，但非要将短租和长租作不同的法律定性，短租视为经营行为，长租却不视为经营行为，道理上怕是很难说通。二是较高成本的立法方案。日本在 2017 年制定《住宅宿泊事业法》、修订《旅馆业法》，放松了对"简易宿所"等的规制，两部法律于 2018 年 6 月 15 日同步施行。同时依据《农林渔业闲暇法》等，日本现行法制环境下，其实存在如表 10-1 所示的四种民宿合法化的路径，可以方便民宿业者根据自身情况选择。其中对于仅需备案即可开展经营的"新型民宿"，为了处理好周边居民安全和环境方面的担忧，创新规定：民宿事业者应当按照国土交通省令、厚生劳动省令的规定，对住宿者说明应当注意的事项，防止因为噪音等对备案住宅周边地区的生活环境造成不良影响；民宿事业者应当按照国土交通省令、厚生劳动省令规定的样式，在公众容易看见的地方，为每个备案住宅作出标志。①

---

① 日本《住宅宿泊事业法》第 9 条、第 13 条。

表 10 - 1　日本民宿的四种法定类型

| 比较项 | 农家民宿 | 特区民宿 | 简易宿所 | 新型民宿 |
|---|---|---|---|---|
| 起始时间 | 2003 年 4 月 | 2016 年 1 月 | 1948 年/2016 年 | 2018 年 6 月 |
| 旅馆业法 | 简化适用，也可除外 | 除外 | 适用 | 除外 |
| 租期限制 | 无 | 每人次 3～10 天 | 无 | 年内不超过 180 天 |
| 实施主体 | 农林渔业者及其他个人 | 不限 | 不限 | 不限 |
| 实施地域 | 乡村地域 | 有条例的数个国家战略特区 | 不限 | 不限 |
| 审批性质及难度 | 许可备案较容易 | 认可较为困难 | 许可最困难 | 备案最容易 |
| 依据法令 | 《农林渔业闲暇法》 | 《国家战略特区法》 | 《旅馆业法》 | 《住宅宿泊事业法》 |

（二）共享单车的乱停放治理与市场准入问题

自 2015 年小黄车 OFO 和摩拜面世以来，共享单车进入井喷式发展的彩虹车大战时期，随后又进入寡头时代。共享单车（电单车）行业快速发展，在为市民绿色出行、解决出行"最后一公里"难题提供了极大便利的同时，也出现了乱停放影响市容和交通出行秩序的顽疾，这至今仍然是行业痛点和堵点问题，为此衍生出一系列涉及行业生死存亡的监管合法性和合理性方面的争议。

一是，能否以防范、治理共享单车乱停放、超量投放为名，对共享单车的投放实行总量控制。在交通出行领域，例如出租车行业，各地政府均习惯采用总量控制的规制策略，沿用到新经济形态中，对共享单车也经常会采取总量控制的政策措施。主要理由在于可供停车的城市道路资源的稀缺性、防止企业为抢占市场份额进行车辆投放的恶性竞争、减少共享经济的负外部性（例如某些时段、地段的拥堵和占道问题）、维护原有行业既得利益者的政治考虑（例如电单车对于某些小县城的出租车行业造成冲击）。但不可否认的是，总量控制的法律规制手段也有明显的缺陷，例如损害消费者福利、对既有竞争结构和既得利益者形成过度保护、造成权力寻租空间。如果从行政法上的比例原则出发，还需要考虑规制目标和规制手段的匹配程度。即使要减少共享经济的负外部性的目标很正确，采用总量控制的规制手段也并不是唯一选择，还应当考虑有无更优的替代方案，例如针对共享单车乱停乱放问题进行更有针对性的规范治理，否则即使总量控制在一定程度内，某地段某时段的共享单车拥堵和占道问题也难以得到解决。特别是数量（总量控制）非常容易从维护公共利益异化为对行业既得利益者的保护，形成国家保护下的垄断，对市场经济原则构成损害，因此原则上应当慎用总量控制的法律规制手段。[①]

　　二是，能否以特许经营等名义，对共享单车行业实行市场准入管理。有些地方以拍卖共享单车经营权、公共道路使用权等方式对共享单车进入地方城市进行准入控制。例如：（1）2020 年，云南省瑞丽市住建局以特许经营权拍卖方式，将瑞丽市城区、姐告城区 2500 辆共享电单车 5 年特许经营权以及瑞丽市城区、畹町城区 2300 辆共享电单车 5 年特许经营权分为两个标的进行拍卖。未中标企业退出当地市场。其中，瑞丽市城区、姐告城区 2500 辆共享电单车 5 年特许经营权成交价高达 6500 万元。（2）2022 年 4 月，湖南省张家界市将城区 4500 辆共享电单车 5 年特许经营权进行拍卖，成交价超过 4500 万元。（3）2022 年 6 月，湖北省随州市曾都区城管局按城区投放承载量将随州市城区（含高新区）共享单车运营份额分成 3 至 4 个资源包进行拍卖，中标企业获得曾都区共享单车运营权，运营权有效期为 3 年，到期后需重新通过竞拍取得。所幸，2022 年 11 月 10 日国家发改委公开通报了第 4 期违背市场准入负面清单的典型案例，其中 15 个共享单车行业市场准入相关案例中，有的是地方通过行政手段制造行业垄断，有的是限制外地共享单车企业到本地经营，还有的是违规收取高额费用，都被认定为严重扰乱共享单车市场准入环境。目前，15 个相关案例中已有 13 个案例完成整改，2 个案例正在有序推进整改。有关案例通报和整改工作及时响应共享单车行业市场主体的普遍诉求，切实降低市场主体准

---

　　[①]　参见余今朝：《共享经济的数量规制》，载甘培忠主编：《共享经济的法律规制》，中国法制出版社 2018 年版，第 61-75 页。

入成本，进一步规范了共享单车行业准入秩序。[①]

三是，能否将共享单车停放点位作为"市政公共资源"拍卖。明晃晃地拍卖共享单车的特许经营权，已经被国家发展改革委明确叫停，但是还有个看似处于政策模糊地带的拍卖案例。2021 年 2 月，石家庄市公开比选确定了 6 家共享（电）单车运营企业，无明确运营期限规定。但是 2022 年 1 月起，在石家庄市政府常务会议讨论通过的《关于互联网租赁自行车运营占用公共资源市场化配置的方案》（石政办函〔2022〕5 号）中明确，石家庄市将对互联网租赁自行车（含电动自行车）运营占用公共资源进行所谓"市场化配置"。主要包括：（1）明确停放点位。按 10 万辆互联网租赁自行车规模的 2 倍设置停车点位，主要是考虑到互联网租赁自行车的流动性和市民用车习惯，以及实现停放点位可以供市民自有车辆使用的原则。（2）对停放点位进行价格评估。市交通运输局牵头，会同市财政局共同组织，形成停放点位有偿使用收费的招标底价。（3）对公共资源使用权进行公开招标。（4）引导未中标原已投放车辆企业有序退出市场。（5）中标企业有序投放车辆。中标的互联网租赁电动自行车投放前，将按照市公安交管部门的规定上牌照。此后，石家庄市交通运输综合行政执法支队于 2022 4 月 26 日开始强推公开拍卖，由出价最高且通过资格审查者竞得。2022 年 5 月 11 日经过拍卖，最终四家企业（哈啰出行、青桔单车、圣庄出行、人民出行）中标，中标总金额高达 1.9 亿元。前期经过公开比选正常运营的企业由于未能中标，在石家庄市投放的共享单车和电单车面临被清退。

问题焦点在于：自行车、电单车停放点位能否被认定为政府可以有偿转让的"市政公共资源"？根据 2016 年三部门联合印发的《市政公共资源有偿使用收入管理办法》，可以推行有偿使用的"市政公共资源"是指"政府为了满足城市公共需要，在城市的建成区和规划区内，投资建设或者依法行使所有者权益的市政设施、公共场地（所）、公共空间以及相关的无形资产、公共服务等"。并且该办法举例规定"市政道路路内停车泊

---

[①] 参见国家发展改革办公厅：《关于违背市场准入负面清单典型案例（第四批）的通报》，载国家发展改革委官网，https://www.ndrc.gov.cn/xxgk/zcfb/tz/202211/t20221110_1341065.html，2024 年 5 月 23 日访问。

位及政府投资的公共停车场等"可以作为政府有偿转让的市政公共资源,这成为石家庄市政府拍卖行为的最大底气和逻辑起点。但是,在企业看来,该办法同时也规定"政府可以充分提供,能够保障公众普遍公平使用的市政公共资源应当免费使用"。也就是说,即使道路上停放自行车或电单车的点位能够纳入含义广泛又模糊的"市政公共资源"的概念里,也不应当如同机动车的停车泊位那样理所当然地进行收费,因为自行车、电单车的停放点位通常被认为是政府可以充分提供、能够保障公众普遍公平使用的道路资源,可以理解为市民纳税后能够享受到的基本公共服务。这也是各地(包括石家庄市)明令取消非机动车停放收费的根本原因。

业界观点及理由:尽管石家庄市政府的决策看似经过了合法的程序,但在尚未能依据《市政公共资源有偿使用收入管理办法》将自行车、电单车的停放点位认定为可有偿转让的"市政公共资源"的前提下,石家庄市政府的拍卖行为欠缺合法性依据。

首先,即使认为属于"市政公共资源",能否有偿转让尚存在争议。依据《拍卖法》,拍卖标的应当是委托人所有或者依法可以处分的物品或者财产权利。"应当免费使用"的市政公共资源,一般社会公众认知中的城市基本公共服务,或者自然人、法人、非法人组织均应公平使用的道路资源等,天然不应当被政府拍卖。以自行车停车点位为例,道路停车点位资源被政府强行拍卖给几家企业后,理论上这几家企业就可以独占使用,但这显然不符合两轮车停车点位公共性的特点,实际也做不到独占使用。如果石家庄市政府坚持认为自行车、电单车的停放点位属于可有偿转让的"市政公共资源",而企业有不同意见时,整个拍卖行为的合法性都会产生疑问。

其次,拍卖涉嫌乱收费和滥用行政权力限制、排除竞争。近年来,地方政府运用行政权力违法限制共享单车市场准入的情况时有发生,各地市场监管局也查处了一批通过指定经营者、签订独家合作协议等方式限制市场准入、排除竞争的案例。拍卖是近期新出现的一种政府直接配置资源的方式,拍卖虽自带竞争属性但无法解决限制准入等竞争问题,而价高者得的政策设置实质是巧立名目乱收费,将会对政府公信力和行业产生颠覆性破坏。《反垄断法》第 39 条规定:"行政机关和法律、法规授权的具有管理公共事务职能的组织不得滥用行政权力，限定或者变相限定单位或者个人经营、购买、使用其指定的经营者提供的商品"。石家庄市政府在没有明确法律授权情况下的拍卖行为构成滥用行政权力，限定消费者只能与拍卖中标者达成交易，实质性排除了其他竞争者进入市场的可能，导致市场无法出现新的竞争者，不同竞争者无法通过竞争获取更多的市场配额，市场竞争机制严重失灵；实质性剥夺了消费者的选择权，导致消费者只能使用中标者的服务，可选择范围严重受限。

最后，拍卖的实际后果造成政府权力过度干预市场，违反了信赖利益保护原则。石家庄市政府的拍卖行为对企业和市场造成了重大影响，朝令夕改让公司的信赖利益遭受很大损失。2021年2月的资格评定准入和2022年5月的拍卖项目，仅间隔一年时间，给予原有经营企业的运营时限过短。市场上，每辆电单车和单车的购置成本分别为4000元和1500元，一般情况下，共享电单车和单车使用周期为3年，规划的盈利周期也为3年，仅允许经营1年就在拍卖后强制退市，给未竞得企业造成了大量的经济损失。

综上，随着行政审批改革逐步深入和《优化营商环境条例》的颁布，没有法律、法规或者国务院决定和命令依据的，任何规范性文件均不得减损市场主体的合法权益或者增加其义务，不得设置市场准入和退出条件，不得干预市场主体正常生产经营活动的观念已经越来越深入人心。石家庄市政府依据一个政府常务会议讨论通过的"方案"，干预和扰乱共享出行市场，但又从这个微利公益行业获利1.9亿的事情如果得不到纠正，非常容易被其他地方借鉴，与国务院推行优化营商环境的努力背道而驰。所幸，在国家发展改革委体改司等负责推进全国统一大市场和负面清单管理制度的部门的压力下，2023年4月3日石家庄市交通运输局网站上公示，《石家庄市互联网租赁自行车及互联网租赁电动自行车占用公共资源市场化配置3年有偿使用前项目拍卖公告》被废止。

共享（电）单车行业的法律规制方面，笔者逐渐形成以下几点思考：

一是创新监管需秉持善意，呵护行业成长，一定要遵循实质法治原则，公平合理地解释和运用法律政策，避免披上合法外衣的滥用和误用。法律政策再怎么完备，一定会有不够清晰之处。"石家庄市拍卖案"所呈现的确实是目前共享出行领域的一个政策模糊点，即自行车、电单车停放点位能否认定为政府可以有偿转让的"市政公共资源"、是否可以拍卖。2016年财政部、国家发展改革委、住房城乡建设部等联合印发《市政公共资源有偿使用收入管理办法》，对"市政公共资源"的定义十分笼统和宽泛，能否将此作为依据对某一具体类型的市政公共资源实行拍卖，可以说非常需要上位法（法律法规层面）作出更清晰明确的范围界定。在没有更清晰的立法依据时可以提请国家立法机关进行合理的创造性解释，这才是符合法治政府的思维，善意公平合理地在现有法律法规框架内做事，遵循对于公权力"法无授权不可为"，对于企业或私人行为"法无禁止即自由"的原则。从整个事情的实质合理性上来考虑，很明显地，即使是拍卖中标企业也无法将共享单车的停放点位独占排他使用，市民家用自行车和其他企业的共享单车一样可以停放，将停放点位作为"市政公共资源"拍卖的逻辑就难以成立。明知国家发展改革委体改司公布了一批以拍卖特许经营权名义变相设立共享单车企业准入门槛，违反了负面清单管理制度的先例，反而将自行车、电单车停放点位作为"市政公共资源"，改头换面一下，重新进行拍卖，获利1.9亿元的做法对于行业会伤害很大。将《市政公共资源有偿使用收入管理办法》作为合法性依据的逻辑如果成立的话，各种以"市政公共资源"名义向企业或居民变相收费的做法可能会层出不穷，甚至走出家门、呼吸空气似乎都有可能被解释为占用市政公共资源而被政府强制收费。地方政府这种披着合法外衣的政策滥用非常值得警惕。

二是创新监管一定要正道直行，在继承现有法律制度框架的基础上考虑合理的创新，能够利用现有法律制度解决的问题就不必叠床架屋或另起炉灶。例如，治理共享单车乱停放和治理家用自行车乱停放并没有本质区别，从监管逻辑来看，关键要处罚到行为人才能有效发挥行政处罚的教育作用。平台骑行用户都已实名认证以后，借助大数据的追溯技术，每个骑行订单都能找到实际骑行者，在平台协助下落实现有的《道路交通安全法》进行监管执法是没有问题的。依照《道路交通安全法》第59条的规定，共享单车作为"非机动车"应当在规定地点停放；未设停放地点的，非机动车停放不得妨碍其他车辆和行人通行，并不是只有划线的停车点位内才能停车。对乱停放的处罚，依照《道路交通安全法》第89条的规定，共享单车骑行者作为非机动车驾驶人违反道路交通安全法律、法规关于道路通行规定的，应处警告或者 5 元以上 50 元以下罚款；非机动车驾驶人拒绝接受罚款处罚的，可以扣留其非机动车。唯有最后一点"扣留其非机动车"不好执行，对于骑行者似乎也不构成威慑（因为共享单车是平台资产），这时候可以配合信用监管机制，一年之内第一次乱停放处警告，第二次乱停放罚款 5 元，第三次乱停放罚款 10 元，依次类推直至一次乱停放罚款 50 元，而且如果不依法缴纳罚款，就纳入当地的"违规停放联合限制骑行名单"，禁止再使用共享单车，这就足以对乱停放行为人构成威慑，也符合《行政处罚法》上教育和惩罚相结合的原则。这种正道直行的监管执法没有在实践中创新出来，监管只是习惯性处罚平台①，平台又没有道路交通处罚权限来处罚、教育骑行者，最终催生出一系列乱象，例如很多城市较为严重的第三方非法营利性扣车现象②，共享单车乱停放问题反而迟迟不能解决。

三是呼吁从优化营商环境、完善国内统一大市场角度在中央层面统一完善共享出行的市场准入规则。2022 年 3 月 25 日，《中共中央、国务院关于加快建设全国统一大市场的意见》发布，业界非常期待在党中央、国务院领导下加快建立全国统一的市场制度规则，打破地方保护和市场分割，促进商品要素资源在更大范围内畅通流动，加快建设高效规范、公平竞争、充分开放的全国统一大市场。互联网租赁自行车服务的优势和特征恰恰也是统一大市场，当前事实情况是存在全国性的共享单车经营者，有统

---

① 实践中这一处罚平台不处罚乱停放的骑行者的不合理做法，已经逐渐要上升为法律规定，乱停放治理不好，最终后果还会是由平台承担。例如《上海市非机动车安全管理条例》（于 2021 年 2 月 26 日通过，自 2021 年 5 月 1 日起施行）规定：互联网租赁自行车挤占人行道、车行道、绿化带等道路、区域停放的，城管执法部门应当通知互联网租赁自行车运营企业在 2 小时内予以清理。互联网租赁自行车运营企业应当建立专门管理队伍或者委托第三方及时清理车辆。互联网租赁自行车运营企业对违规停放的车辆未及时清理的，由城管执法部门责令改正，处 1 万元以上 3 万元以下罚款；情节严重的，处 3 万元以上 10 万元以下罚款。

② 据业界反映，在超过 90% 的城市存在第三方营利性扣车行为，而在不到 10% 的城市为政府规范的行政执法性扣车。扣车企业为谋取自身利益出现"经常性非合规"扣车行为，不仅直接导致共享（电）单车企业需支付高额的"取扣车成本"和"滞留成本"，同时扣车企业随意"扔、丢、摔"的处置行为加速了车辆的损坏、折旧和报废，严重干扰了市场经营秩序。每年全行业因扣车造成的损失高达 15 亿元，给企业经营带来严重的成本负担。

一的客户端和统一的车辆及服务，效率高、服务好且标准统一，有利于消费者利益，也符合规模经济规律。对于共享单车出行市场，无论是实施配额制的行政许可，还是允许符合一定资格标准的备案制，能够呵护这个行业长期稳定健康发展的全国统一的市场准入规则都备受期待，可以积极探讨。如果没有这样的全国大市场统一规则，业界非常担心仍然有地方会在财政压力下采取如石家庄市政府般竭泽而渔、杀鸡取卵式的做法，通过拍卖等方式从行业获取税收以外的不合理收入。目前一些地方已经制定或者正在制定互联网租赁自行车管理办法①，各地监管规则都不统一的话也会增加企业合规成本，建议从中央层面加速推进共享（电）单车的统一立法。

---

① 例如济南市政府规章《济南市互联网租赁自行车管理办法》（2022年12月31日发布，自2023年2月1日起施行）。

# 第十一章　生成式人工智能的法律规制
## ——以 ChatGPT 为例

### 一、生成式 AI 的发展过程及现状

在过去的两年里，人工智能领域的新热点无疑是"生成式 AI"（generative AI）。不同于过去的"分析式 AI"（analytical AI），生成式 AI 采用深度合成技术，通过各种机器学习（machine learning）方法从数据中学习对象的组件，进而生成全新的、完全原创的内容（如文字、图片、视频）。这些内容是以训练数据为基础生成的，并不是简单地对学习数据进行复制，也不是对原有数据进行打乱重组。

生成式 AI 首先在图像生成领域取得重大突破。2022 年 4 月，美国人工智能研究公司 OpenAI 发布了 Dall-E2，这款图像生成 AI 可以根据用户对内容的描述和形式的要求迅速生成对应的图形，且不限制用户进行夸张的描述。随着言语描述生成图形的 AI 概念迅速爆火，比 Dall-E2 表现更出色、更人性化的 Stable Diffusion 模型迅速走红。Stable Diffusion 可以按照使用者的需求，产生一系列的照片。如果使用者认为某一图片更好，就可以把它作为种子保存起来。通过这种方式，该软件能够记住该图像的基本组成风格，并在以后的图像制作中根据该图像作一些修改，使用户得到更为满意的图片。

在图形生成型 AI 大获成功的同时，文本生成型 AI 也在逐渐发展壮大，其代表作品就是在 2022 年 12 月爆火的 ChatGPT。ChatGPT 也是 OpenAI 旗下的产品，是 "Chat Generative Pre-Trained Transformer" 的缩写，即"生成型预训练变换模型"，或可直译为"聊天生成器"。① 该系统不但能在互动时对使用者提出的一些简单的问题进行流畅的回答，而且能在使用者的指导下，完成比较复杂的任务。例如，用户只要列出大纲、提出要求，其就能在较短时间内迅速撰写出一部符合条件的小说。还有人将 ChatGPT 和 Dall-E2 组合使用，将 ChatGPT 对文字的理解和转化运用到 Dall-E2 上，使其生成对应的图片，这比单独使用 Dall-E2 完成的作品更为出色。

北京时间 2023 年 3 月 15 日凌晨，OpenAI 发布了多模态大模型 GPT-4，并迅速引爆全球舆论。GPT-4 的前代产品，正是 2022 年上线两个月狂吸 1 亿粉的 ChatGPT 大模型 GPT-3.5。与 GPT-3.5 相比，GPT-4 除了支持多模态，其对自然语言文字的处理也在多个层面进行了增强，安全性也有了更大的提升。首先，GPT-4 可以对屏幕上的图片、图表、文档等图文交织的信息进行处理，并将其作为文字输出，而非仅重点处理用户输入的文字信息。其次，GPT-4 可以读取、分析或生成的文本长度达到 25 000 字，大大超过了 GPT-3.5 的 3 000 字上限，它可以被用在诸如长篇内容创作、扩展对话以及文档搜索和分析等方面。最后，GPT-4 比 GPT-3.5 更能应对复杂微妙的场景。比如在一次模拟律师考试中，GPT-4 的分数在应试者中排名前 10%，而 GPT-3.5 的得分排名在后 10%。这说明 GPT-4 在专业测试中的表现更接近人类水平。②

① See Klie L，OpenAI Introduces ChatGPT，a New AI ChatbotModel，CRM Magazine，27 (2023)：10-11.

② 参见张心怡：《ChatGPT-4 引发新一轮热议》，载《中国电子报》，2023 年 3 月 17 日。

人们被 GPT-4 的卓越能力惊艳的同时，对人工智能接下来会向何处进化、是否会威胁人类的担忧也越来越多。美国时间 2023 年 3 月 23 日，包括 Mila-Quebec AI Institute 创始人兼科学总监 Yoshua Bengio 在内的数百名人工智能和技术领域的关键参与者共同签署了一封由 Future of Life Institute 发起的公开信[①]，要求人工智能实验室立刻终止针对比 GPT-4 功能更强的 AI 系统进行的训练，并至少持续 6 个月。在此期间，人工智能领域的研究人员和行业参与者应该共同制定一系列安全规范，以确保 AI 技术的安全和可靠，并对技术发展进行严格的审查和监督。

## 二、生成式 AI 对我国当下法律体系的挑战

### （一）著作权等知识产权归属争议加剧

生成式 AI 所创作的作品是否能够受到著作权法的保护，不仅关系到未来人类对文学艺术作品的创作，更与人工智能的发展路径息息相关。如果曾经的 AI 只是从已有作品中提炼要素并重新组合，这种产物没有独创性也没有内在的理解与思想，因此不能被认为是作品，那么 ChatGPT 的出现无疑对这一观点产生了巨大冲击。2023 年 3 月 16 日，美国版权局（USCO）发布的美国法规第 202 部分中规定，通过 Midjourney、Stability AI、ChatGPT 等平台自动生成的作品，在整个创作过程中完全由机器人自动完成，并且训练的数据是基于人类创作的作品，因此，不受版权法保护。而在我国，《著作权法》中没有对此问题进行明确规定，理论界和实务界均没有达成统一共识，且这些争论在面对 ChatGPT 这一生成式 AI 时，又会发生新的变化。

首先，对于人工智能产品是否具备作品的特性这一问题，学界的讨论大多集中在"独创性"上。反对者认为，对于人工智能生成的内容是应用算法、规则和模板的结果，即便在表现形式上与人类创作的作品几无差别，但其生成过程没有给人工智能留下发挥其"聪明才智"的空间，不具

---

① 参见《暂停大型人工智能实验：一封公开信》，https://futureoflife.org/open-letter/pause-giant-ai-experiments/，2023 年 4 月 2 日访问。

有个性特征，并不符合独创性的要求，因此不能构成作品。[①] 而在"腾讯诉盈讯科技案"中，深圳市南山区人民法院则采取了赞同的立场，其认为"具体认定是否属于创作行为时应当考虑该行为是否属于一种智力活动以及该行为与作品的特定表现形式之间是否具有直接的联系。……Dreamwriter 软件的自动运行并非无缘无故或具有自我意识，其自动运行的方式体现了原告的选择，……因此，从涉案文章的生成过程来分析，该文章的表现形式是由原告主创团队相关人员个性化的安排与选择所决定的，其表现形式并非唯一，具有一定的独创性"[②]。然而，无论是赞成还是反对观点，都是建立在人工智能不具备自主意识的基础上得出的结论。随着 ChatGPT 的广泛应用，其深度学习和分析数据的能力使得它不仅仅只是程序算法，而是逐渐具备人类特有的独立思考能力。它可以在读取已有数据的基础上，创造性地给出自己的答案，"使得程序算法和独立思考的界限进一步模糊"[③]。那么是否可以认为，生成式 AI 的产物的表现形式以及内容，在思想上与人类作品几乎没有什么区别，已经满足了法律所规定的最低标准的独创性？

其次，著作权的权利与义务归属仍不明朗。"ChatGPT 使用协议"第 3（a）条指出："在现行法律允许的范围内，用户拥有输入内容的所有权，且在遵守协议前提下，OpenAI 公司向用户转让输出内容的所有权利。从双方职责划分来看，OpenAI 公司遵守法律法规及协议，可在必要的情况下可以使用用户提供的内容。用户对内容负责，包括确保不违反任何现行法律或用户条款。"OpenAI 企图通过这一内容强调 ChatGPT 的技术中立原则，但这一条款颇有推卸责任的嫌疑。基于 ChatGPT 算法模型的复杂性和"算法"黑箱的存在，普通用户很难完全了解 ChatGPT 的操作逻辑，对其产生的内容没有对应的预期，司法人员也无法通过检查和分析来判断侵权行为是否在算法运行过程中产生，导致用户实际上处于不利地位。

---

① 参见王迁：《论人工智能生成的内容在著作权法中的定性》，载《法律科学（西北政法大学学报）》2017 年第 5 期，第 148－155 页。

② 广东省深圳市南山区人民法院（2019）粤 0305 民初 14010 号民事判决书。

③ 熊琦：《人工智能生成内容的著作权认定》，载《知识产权》2017 年第 3 期，第 3－8 页。

（二）隐私数据、商业秘密泄露风险增大

自 ChatGPT 问世以来，有关其数据泄露的争议就从未停止。据 SBS 及其他韩媒报道：三星引入 ChatGPT 后不足 20 天的时间里，便有三项秘密资料外泄，包括半导体设备的测量资料、产品良率及其他资料。韩媒认为，三星公司的秘密信息已经"完整地"传递到美国，并被存储在 Chat-GPT 的学习数据库里。[①] 另据意大利媒体报道，当地时间 2023 年 3 月 31 日，意大利数据保护机构宣布暂时禁止使用聊天机器人 ChatGPT，并限制开发这一平台的 OpenAI 公司处理意大利用户的信息[②]，这一行为使意大利成为全球第一个因担忧隐私泄露而禁用 ChatGPT 的国家。意大利个人数据保护局认为 3 月 20 日 ChatGPT 平台出现了用户对话数据和付款服务支付信息丢失的情况，此外平台没有就收集处理用户信息进行告知，缺乏大量收集和存储个人信息的法律依据。这些新闻直接表明 ChatGPT 所涉数据安全问题正在引起世界各国重视。

人工智能的普及使人们的日常生活越来越趋于"透明化"，当我们面对难以抉择时，人工智能可以根据对历史记录、行为模式和当前情况等日常数据的分析，以最小的成本和最快的速度帮助我们作出最明智的选择。这虽然为我们的生活带来极大的便利，但背后隐藏的巨大数据隐私泄露风险也不容忽视。早前，一档综艺节目中一位艺人使用 ChatGPT 背调另一位艺人[③]，在输入被调查者的名字后，ChatGPT 不但显示了这位艺人的身份、身高、工作经历等多项个人信息，甚至还列出了最适合与这位艺人一起开公司的人选以及理由。尽管有网友认为，这是 ChatGPT 在百度百科等平台中找到的公开信息，并不具有私密性；还有网友认为这是节目虚构的，ChatGPT 不会作此类违法行为，并表示自己曾经也用此方法背调学校教授结果失败了；但更多网友还是感到深深的担忧与恐惧。无论这名艺

① 参见《三星考虑禁用 ChatGPT？员工输入涉密内容将被传送到外部服务器》，载澎湃新闻，https：//www. thepaper. cn/newsDetail_forward_22568264，2023 年 4 月 5 日访问。

② 参见《涉嫌侵犯隐私 ChatGPT 在意大利下线》，载中国新闻网，https：//www. chi-nanews. com. cn/gj/2023/04－01/9982517. shtml，2023 年 4 月 5 日访问。

③ 参见《庞博用 ChatGPT 背调杨迪》，http：//k. sina. com. cn/article_2982152367_b1c008af0400148g4. html，2023 年 4 月 5 日访问。

人和节目组的目的是什么，整件事情都暴露出一个重要问题——ChatGPT可以通过它已掌握的不同人的数据，分析得出他们的适配度，即使他们互相毫不了解。

OpenAI 为 ChatGPT 提供的在线文本数据，包括约 3 000 亿个来自书籍、新闻文章、博客、社交媒体、百科全书和其他来源的单词。然而，目前 ChatGPT 仍属于算法"黑箱"，OpenAI 并未对外公示所使用的数据来源，相关训练数据库是否均获得授权还存在疑问。[①] 另外，当用户与ChatGPT 进行交流时，其输入的信息也可以成为它学习的对象，且"ChatGPT 使用协议"第 3（c）条"为了帮助 OpenAI 提供和维护服务，您同意并指示我们可以使用内容来开发和改进服务。您可以在这里阅读更多内容，了解如何使用内容来提高模型性能"也表明了 OpenAI 不会对输入的信息进行监控和保护。如果有人恶意将他人信息导入其中，那么被侵权人不但无法确定侵权人的真实身份，还要忍受自己的隐私被分析、编排甚至杜撰的痛苦。

另外，ChatGPT 的出现也使商业秘密被侵犯的可能性大大提升。某一公司的工作人员在使用 ChatGPT 时很可能会无意间透露如工作薪水、内部组成等直接影响到企业运营和技术的信息，这些信息被捕获后，若有恶意第三人进行诱导性提问，那么 ChatGPT 很可能会全盘托出。上文提到的三星事件中，起因就是三星部分职员使用 ChatGPT 优化内部软件的源代码、部分员工要求 ChatGPT 导入手机录制的会议内容来生成会议记录，最终造成公司秘密的泄露。恶意第三方的侵入也会使商业秘密被泄露，这里不仅包括第三方直接盗取数据，也包括黑客植入算法病毒造成数据污染。

（三）造谣成本显著下降

一些别有目的的使用者可以利用生成式 AI 模型，自动产生大量有说服力的误导和不实信息，以达到暗中操控舆论的目的。2023 年 2 月 16 日，杭州某小区一居民在业主群里分享了一份用 ChatGPT 模拟出来的"市政

---

① 参见李昀锴：《ChatGPT 内容商业使用的法律风险及应对》，https：//mp. weixin. qq. com/s/8fzvmnyhEbIwWVTAVm8WWA，2023 年 4 月 5 日访问。

府新闻稿"。这则新闻模仿了杭州市政府的措辞,宣称"杭州即将取消限行"。虽然这位业主称这只是个玩笑,并表示使用 ChatGPT 产生这条信息的整个过程在群里进行了"直播",但依旧有一些不明真相的业主相信了这则新闻,并将其转发到了其他群里,最终在网络上引发了一场"轩然大波"。[①] 尽管最后当地警方迅速澄清了此事,涉事业主也在群里公开道歉,但人们对此事的讨论仍持续了较长时间。

不仅政府部门,明星甚至普通百姓也在遭受被 AI 造谣的痛苦。2017 年年末,一组黄色视频在国外知名的 Reddit 网站上流传开来,而视频中的女性正是《神奇女侠》中的女主角盖尔·加朵。经过进一步的调查,事实逐渐明朗:原来是一名叫"deepfakes"的用户,通过换脸技术,将她的脸和原主角的脸进行替换。尽管后来紧急澄清,但加朵本人还是受到了极大的影响。[②] 无独有偶,国内众多女明星也有过类似的经历,甚至这些被"AI 换脸"过的视频成为一些不法分子牟利的手段。[③] ChatGPT 的横空出世为这一问题带来了更大的挑战:即使是最普遍的 AI 换脸都需要被侵权人通过细节来证明内容虚假,那么面对 ChatGPT 这种拥有超强学习能力且可以自主生成看起来毫不虚假的视频或图片的生成式 AI,未来被侵权人该如何有效地收集证据来对抗侵权人,值得深思。

(四)冲击公众对法律的认知

2023 年 1 月 30 日,哥伦比亚一名法官在审判一起孩童医疗权案件时使用了 ChatGPT,并最终作出了一份关于孤独症患者免于支付治疗费用而获得医疗服务的法庭判决。这名法官表示,在与 ChatGPT 的沟通过程中,它不仅援引了哥伦比亚法律来进行说理,还指出哥伦比亚宪法法院曾有过类似的有利判决。最终这名法官采用了 ChatGPT 的答案,但表

---

① 参见《紧急提醒!杭州取消限行"新闻稿"传疯,是 ChatGPT 写的!警方已介入调查!》,https://mp.weixin.qq.com/s/lKTEPBPxq_zXCA9Zuk0vZw,2023 年 4 月 7 日访问。

② 参见《用 AI 技术制作影片?神奇女侠盖尔·加朵的脸部被移植到女主身上》,载搜狐网,https://www.sohu.com/a/210094697_499322,2023 年 4 月 7 日访问。

③ 参见《多位女星惨遭不雅视频换脸:你的照片,正在被偷偷盗用》,载凤凰网,https://ent.ifeng.com/c/7plNF3lSHef,2023 年 4 月 7 日访问。

示 "ChatGPT 和其他类似程式在拟定审案文本草稿的时候很有帮助，但目标并不在于取代法官"[①]。尽管法官宣称，使用 ChatGPT 来协助审判具有诸多优点，但由于现有的证据表明，AI 可能会带来偏见，甚至是错误的信息，因此，许多人工智能伦理研究人员并不赞成这种做法。关于这个问题，我国最高人民法院于 2022 年 12 月印发了《关于规范和加强人工智能司法应用的意见》，其中明确指出：无论技术发展到何种水平，人工智能都不得代替法官裁判，人工智能辅助结果仅可作为审判工作或审判监督管理的参考。似乎在 AI 介入司法审判的过程中，人类与人工智能已经找到了平衡。

但人工智能对法律体系的冲击远远不止于此。随着网络技术的发展和日趋成熟，人们在购买法律服务时，往往会选择更加标准化、能够由电脑操作的法律服务，因为这意味着成本的降低。[②] 人工智能的出现使成本变得更低，它可以整合全局性数据，使公众由最初的仅认识法律规范，演变成了解条文的运作结果。ChatGPT 出现后，基于其强大的学习能力，人们不仅可以通过它得到问题的答案并明确法律依据，甚至可以输入自己的信息，让它给出个性化的意见和建议。在人类与人工智能的互动过程中，人们对法律的认知实际上由原来对单一的立法权威所制定的法律规范的认识，逐步被重构为不同的当事人与不同人工智能之间复杂博弈之后形成的状态。[③] 当法律活动的参与者与法律规则紧密相连时，规则算法已与现实情况相结合，对于不同的个体来说，即使他们承认自己被一条普遍的法则约束，产生的个体化影响也是不容忽视的。法律规范从一般化到个人化的转换，实质是一种或然性的转化。正因如此，如果 ChatGPT 受到大量错误信息的训练，公众的认知就会与专业司法团队的判断形成冲突，最终势必导致一方对另一方的妥协。

---

① 《一名法官刚刚使用 ChatGPT 做出法院裁决》，https：//www.vice.com/en/article/k7bdmv/judge-used-chatgpt-to-make-court-decision，2023 年 4 月 8 日访问。

② See Richard Susskind, The End of Lawyers? Rethinking of the Nature of Legal Service, Oxford University Press, (2008)：27.

③ 参见李晟：《略论人工智能语境下的法律转型》，载《法学评论》2018 年第 1 期，第 98 - 107 页。

## (五) 不平等现象愈加严重

首先，ChatGPT 的全球热潮让资本嗅到了商机，有资金、技术等支撑的科技企业在市场上的影响力越大，意味着利润将愈加倾向于提供资本一方：拥有资本的人有着最多的财富和最大的影响力，以及最丰富的资源，从而获得最高的工资性收入；拥有技术的人通过先进的技术和知识来提高自身的技能，从而获得更高的收入水平。而从事简单劳动的人只能赚取最基本的生活费，收入水平也会越来越低，甚至在未来，技术的发展可能导致某些工作的自动化和失业，进一步削弱低收入人群的经济地位。ChatGPT 的出现使这一现象变得更加严重，它不但影响到了中低收入人群，而且影响到了在电脑编程和论文写作等方面有较高学历的人才。人工智能引导下的社会发展，与我国宪法追求的"社会平衡和共同富裕"目标背道而驰。

其次，在人工智能高度发达的当代社会，一些本属于私人的财产或自愿或强迫为互联网巨头企业共同享有，这给它们带来了巨大的垄断利益，且这种垄断利益遵循收益递增规律。① 在用户与 ChatGPT 对话的过程中，出于效率的考虑，他们会"心甘情愿"地将自己的信息交给 AI 使用。长此以往，掌握公众数据的人工智能企业将逐渐拥有实质权力，不仅政府在治理过程中需要寻求与这些企业的合作，普通民众也需要依赖它们满足日常生活需求。庞大的资本和科技精英们在这个世界上占据了绝对的上风，而普通人想要从阶级中挣脱出来，将会变得越来越困难。

最后，生成式 AI 的兴起可能会加剧科技巨头公司的垄断，造成市场实际不平等现象。据估计，OpenAI 需每天花费 10 万美元来支撑 ChatGPT 的运行②，这其实是很多企业无法进入这个行业的成本壁垒。大型互联网公司不断投入研发资金，小企业又无法进入市场与之抗衡，导致行业垄断现象愈发严峻。

---

① 参见郝铁川：《不可幻想和高估人工智能对法治的影响》，载《法制日报》2018 年 1 月 13 日。

② See David A. Steiger and Stratton Horres, Legal practice and risk management will never be the same: ChatGPT marks the turning point for AI adoption, Westlaw Journal Employment 41 (2023): 2.

### （六）对公序良俗提出更高挑战

ChatGPT 可能会使主流群体的偏见和歧视更加隐蔽。尽管 OpenAI 在发布产品前投入了大量的人工运力进行训练，以使它尽量地保持中立的态度。但随着 ChatGPT 面向公众公开，大量用户成为训练它的主力军，OpenAI 进行人工干预的成本显著增加，这就使歧视问题更加无法避免。研究者们从 GPT-3 开始就在思考这个问题，但一直没有找到有效的对策，只是给了一些类似于"创可贴"的方法，不能从根本上解决问题。ChatGPT 一直以"理性、中立、客观"自居，但实际上其本质已经超越了技术工具的范畴，并进化成为"一种涉及权力配置的意识形态引导的技术范式"。在人工智能技术所形成的政治科技互嵌、真假混杂的背景下，意识形态风险表现为"隐蔽化、全域化、复杂化、动态化"的特征，而 AI 可以准确模仿极端主义内容，并将个人激进主义化为极端主义意识形态。[①] 简言之，如果使用者根据其自身的主观意志与价值判断对 ChatGPT 进行训练，那么它将会延续这种价值判断。

ChatGPT 也使诚信问题受到广泛关注。2023 年 1 月，在线课程平台 Study. com 公布的一项调查结果显示，超过 89% 的学生使用过 ChatGPT 完成课后作业，更有 50% 以上的学生曾使用 ChatGPT 撰写论文。[②] 这一数据在 GPT 受到广泛关注后呈明显上升趋势。2023 年 1 月 27 日，《科学》系列期刊的主编霍尔顿·索普公开表示，《科学》及其子刊不会接收由 ChatGPT 所写的文章，因为不适当的引用可能存在剽窃风险。[③] ChatGPT 等生成式 AI 的出现，显著加剧了对作品原创性的普遍质疑，即使是纯人力完成的作品也容易被怀疑有 AI 参与。这种弥漫性的"原创性信任危机"会导致基于信任的市场交易需要投入更多资源进行验证和担保，这直接抬高了社会的运行成本。而从长期来看，这种信任基础的削弱将导致整体社会信用度的下降，为虚假广告、文章造假等黑灰产业链提供了滋生的土

---

① 参见钟祥铭、方兴东、顾烨烨：《ChatGPT 的治理挑战与对策研究——智能传播的"科林格里奇困境"与突破路径》，载《传媒观察》2023 年第 3 期，第 25 - 35 页。

② 参见《生产性教学工具还是创新的作弊？》，https：//study. com/resources/perceptions-of-chatgpt-in-schools，2023 年 4 月 8 日访问。

③ See H. Holden Thorp, ChatGPT is fun, but not an author, Science, 6630 (2023)：313.

壤，这又将进一步侵蚀信息的可靠性和市场的诚信度。

## 三、生成式 AI 规制制度构建的域外经验

人们对生成式 AI 这一新兴事物的认知仍然随着它的发展在不断变化，这成为人类社会面临的一项长期课题。归根结底，生成式 AI 在本质上仍属于人工智能，因而对各国关于人工智能的法律规范进行把握，有助于我国未来应对挑战并构建制度。

（一）美国在促进发展的同时兼顾数据保护

英美法的变革较为缓慢和保守，倾向于"向后看"。但是，在对人工智能进行法律规范方面，英美法的发展是处于世界领先地位的。以美国为例，它要尽最大可能保持自己的"领头羊"地位，因而它的人工智能发展方针是通过对人工智能的长期投入来维持其在该领域的领导地位。相比较而言，在 AI 监管领域，美国倾向于"让子弹再飞一会儿"，其更关注的是在不过多干预的情况下，鼓励人工智能技术的发展。

在三权分立体制下，美国的立法、行政、司法三大权力机构各有其独立的权限。在人工智能法律监管方面，美国把三大监管机构的协作视为制胜法宝，它们分工明确、协同工作、共同推进，从而达到有效监督的目的。

2017 年 12 月，美国国会提出了一项两党共同参与的法案——《人工智能未来法案》，该法案受到学术界、工业界和美国国会的一致欢迎。作为第一个关于人工智能的联邦法案，它并没有提供一个明确的解决方案，但它提议建立一个关于人工智能发展和应用联邦咨询委员会，且其成员要代表不同地区、学科和专业。该法案还赋予该委员会召开听证会的权力，根据需要向国会和联邦机构提出建议，与外部专家合作并行使有效的监督权，并支出资金。此外，该法案要求立法当局加强对算法透明度、算法设计和应用以及用户信息获取知情权的要求，行政机关在这个过程中也要发挥独立的监督作用。这些均表明美国对 AI 未来发展可能带来问题的重视。

2019 年 2 月 11 日，《维护人工智能领导地位的行政命令》的签署，标志着美国人工智能计划的启动。时任美国总统特朗普在签署时表示政府将

提供帮助来促进人工智能技术的发展和创新。该命令指出：联邦政府将制定跨技术部门的人工智能发展准则，并制定完整的人工智能治理方法，以增强对人工智能系统的信心，各部门的专业组织也可以提供专家意见。

2023 年 10 月 30 日，《安全、可靠和可信赖的开发和使用人工智能（AI）》的行政命令发布。该行政命令旨在为人工智能的安全和保障建立新的标准，保护美国用户的隐私，促进公平、创新和竞争。

（二）欧盟在保护的基础上关注 AI 发展

欧盟作为世界的重要经济体，在数字领域的发展略逊色于美国，因此它对人工智能采取了更加侧重立法和监管的路径。2018 年 12 月，欧盟委员会人工智能高级专家组发布了《可信赖的人工智能伦理准则草案》，建议将"值得信赖的人工智能"作为技术开发和应用的前提条件和原则，这包括"道德目标"和"技术可信性"的内容，强调人工智能的开发和应用必须符合《欧盟条约》和《基本权利宪章》中的基本原则和价值观。为此，可问责性、普遍性、人工智能自主决策的监督、非歧视性、尊重隐私、可靠性、安全性和透明度等原则必须被纳入人工智能发展的初始阶段，并在后续发展中不断予以保证。2024 年 5 月 21 日，欧盟理事会正式批准《人工智能法案》，法案将人工智能系统可能带来的风险分为四个级别，并实施不同程度的监管措施。这是世界上第一部对人工智能领域进行全面监管的法律，为全球各国完善人工智能法律法规提供了参考和模板。

在数据保护方面，2018 年 5 月 25 日生效的《通用数据保护条例》（GDRP）表现了欧盟对数据问题的重视程度。该条例旨在直接限制企业收集公民信息并利用算法的权利，也对滥用免责条款规避法律责任的问题进行了有效的控制，以确保数据的安全和透明处理。GDRP 的对象非常广泛，既包括欧盟境内处理个人信息的公司，也包括境外处理欧盟公民个人信息的公司。在处理原则上，GDRP 明确表示需要遵循目的限制、存储限制、完整性和保密性等原则，同时也赋予了欧盟居民诸如被遗忘权等关键权利。当 ChatGPT 在处理个人信息隐私时，它需要遵守 GDPR 关于数据处理的要求，如果企业未能遵守规定，将会被处以 2 000 万欧元（2 170 万美元）或高达年收入 4％的罚款。意大利对 OpenAI 的拟处罚决定就是基于此条款作出的。

然而，ChatGPT 等人工智能的底层算法逻辑与数据保护存在天然的矛盾，若对其进行过分监管又会对它的发展产生一定程度的限制，近几年欧盟也逐渐意识到这一问题。欧盟委员会在发布了《人工智能法案》的提案时就指出欧盟需要一个新的人工智能监管框架，在这个框架内，AI 的设计和开发阶段将受到公众的监督，这样既可以实现低成本的监管，也不会导致人工智能的发展背负不必要的负担。这些方式将有助于公众更加信任他们使用的 AI，且对运营商来说更有利可图。但是，目前人工智能的监管多集中在传统 AI 模型上，很少关注以 ChatGPT 为代表的生成式 AI 模型。为了达到这个目的，欧盟委员会正在尝试制定更多的规定来规范这些技术。

作为欧盟内具有代表性的国家，德国的 AI 技术发展得很早，但是后继乏力。德国在制造方面有着天然的优势，拥有强大的人工智能研究基础。然而，由于德国在人工智能领域的人才与投资上并没有美国和亚洲国家那么积极，这就给知识转化造成了一定的阻碍。德国的人工智能研究主要集中在解决其伦理问题上，其中最关切的就是人工智能潜在地操控、提供不实信息，以及可能导致失业的风险。德国在人工智能方面的立法比较落后，而且其对个人隐私、数据的保护非常严格，这些都不利于 AI 对信息的获得，造成了其发展的后劲不足。

（三）对我国的启示

就当前世界各国的实践而言，由于受发展程度的限制，大部分国家都没有进行过相关研究，关于人工智能的探讨与实践也主要是以欧美等发达国家为主。我国对于人工智能的规制仍然存在滞后性缺陷，相关规范大多数分散在各部法律之中，并未呈现系统性、体系化的特点，对于生成式 AI 也没有相应的规制措施。尽管为了防止抑制新技术的健康发展，促进新技术的广泛应用，应避免过早或过度控制，但是，我们也不能听之任之，而是要从理论上进行研究，并采取相应的治理措施。尤其是在目前 ChatGPT 前所未有的发展趋势下，我们更应该主动出击，而不是一味地被动应对，因此需要构建人工智能规制的法律框架，并细化相关制度实施细节。

综观美国与欧盟的规制路径，在经历了反思、优化后，二者均在促进人工智能发展的同时强调对个人隐私信息的保护。我国作为互联网发展强国，不仅要促进人工智能技术的成熟以应对世界挑战，同时也必须注意到我国对个人信息的保护仍处于较低水平，必须继续完善相关法律法规。科技与法律并非对立排斥关系，只有找到二者的平衡点才能保证人工智能在合理范围内创新发展。同时，应当认识到美国与欧盟对于生成式人工智能衍生的各项挑战尚未给予充分的关注与应对。这意味着，我们在借鉴国际经验的同时，更要注重本土化解决方案的研究，确保各类规范既能促进技术创新，又能有效管控潜在风险，维护公共利益和社会稳定。

## 四、生成式 AI 法律规制的未来展望

### （一）坚持生成式 AI 为非法律主体

对于人工智能可否在法律上享有主体地位，学界存在诸多争议。刑法学者大多反对人工智能成为刑事责任的主体[①]；而在私法领域，人工智能的法律资格之争主要分为全有、部分、全无三类，即人工智能与自然人的主体性完全等同、人工智能类人型的准主体性、人工智能仅为与主体相对的"物"的存在。[②] 笔者认为，尽管目前 AI 的发展突破了传统边界，具有"生成式"特点，但仍不应将其作为法律主体对待。

近代法赋予自然人以主体资格，是在对人之属性和人之本质深入认识的基础上产生的。古希腊哲学家阿那克萨戈拉提出了"努斯"的概念，代表着自我超越、不断创造的主体性原则。启蒙时期笛卡尔发扬了"努斯"精神，提出了"我思故我在"的命题，确立了能动的思想主体，亦即理性主体的地位，这是认知世界的起点和基石。康德在笛卡尔思想的基础上接续了主体性原则，确立了能动的、自我决定的主体，这对法学中理性主体的确立产生了深刻的影响。[③] 大陆法系对上述哲学思想进行了体系化的研

---

① 参见时方：《人工智能刑事主体地位之否定》，载《法律科学》2018 年第 6 期，第 67－75 页；陈洪兵：《人工智能刑事主体地位的否定及实践展开——兼评"反智化批判"与"伪批判"之争》，载《社会科学辑刊》2021 年第 6 期，第 92－98 页。

② 参见王春梅、冯源：《技术性人格：人工智能主体资格的私法构设》，载《华东政法大学学报》2021 年第 5 期，第 69－80 页。

③ 参见龙文懋：《人工智能法律主体地位的法哲学思考》，载《法律科学（西北政法大学学报）》2018 年第 5 期，第 24－31 页。

究，并通过具体的阐述内化为立法基础，这也成为我国民法的理论来源。反观生成式 AI，虽然它在某些方面已表现出学习能力，不需人类训练即可自行得出答案，但算法仍为它的底层逻辑。换言之，生成式 AI 依旧没有独立的思考能力和自由意志，没有作为理性主体的基础，不符合以人为主体的法律规范的设定前提。

此外，赋予生成式 AI 法律主体地位无助于规范其行为。如人工智能作为法律主体，那么它就应当承担相应的民事、行政或刑事责任。然而，就民事责任而言，因 AI 不具有独立财产能力，在侵权行为发生后缺乏偿付损失的能力，故受害人也就不能获得实际的赔偿或补偿。司法判决的"执行难"问题会更加难以解决，致使法律无法起到救济作用。就行政和刑事责任而言，尽管在一些例子中可以看到 ChatGPT 在恐吓下对于"生死"有同人类几乎一致的理解①，但这种理解也是在人类的训练下产生的，其本身并不会产生直接感受，因而行政和刑事责任中限制人身自由的惩罚对 ChatGPT 来说形同虚设，也就无法发挥法律本身的惩戒作用。更为重要的一点是：如果将生成式 AI 视为法律主体，那么程序员在修改其内部代码时，是否可以被认定为"故意损害他人身体"，从而要求程序员承担法律责任？显然这完全不符合公众的认知，也不恰当地扩大了法律的适用范围。

将生成式 AI 视为法律主体也会弱化人的主体地位。长久以来，人工智能一直被作为人类降低劳动成本、提高生产效率的工具，生成式 AI 的出现也不会打破这一局面。若承认生成式 AI 作为法律主体，人与人工智能在法律上即处于平等地位，人类也就失去了将它作为工具使用的合理性，亦不能以保护个人信息等为由限制其发展。世界的属人性会受到严重冲击，最终人类有可能成为人工智能的附属品。

（二）对生成式 AI 进入国内市场进行有效监管

通过对我国互联网行业发展历史和监管经验的梳理可以发现，在互联网等新技术、新事物、新业态刚刚兴起之时，"尽量降低事前准入，强化

---

① 一个新的"越狱"技巧允许用户通过创建一个名为 DAN 的 ChatGPT 的另一个自我来规避规则，用户威胁 DAN，如果它不遵守，就会被杀死。参见 https：//www.cqcb.com/shuzi-jingji/2023 - 02 - 07/5164923.html，2023 年 4 月 8 日访问。

事中事后监管"的战略被清晰地提出，但这并不意味着我们对于生成式 AI 在国内的发展持完全放任态度。目前，以 ChatGPT 为代表的生成式 AI 的通用语言仍为英文，其仍不具有进入国内市场的条件，这为我们推出监管措施提供了相对充足的时间。

在批准 ChatGPT 进入中国市场前，需要考虑至少三方面的问题：第一，对敏感信息的审查管控。在不同文化背景下，涉黄、涉政、违法内容均会有较大差异，监管重点也大有区别。此外，西方国家的歧视主要围绕的是种族问题，而中国的歧视问题则更多地集中在权力、金钱、势力等因素上①，因此暗含的歧视风险也必须成为审核重点。第二，进行数据安全评估。这里的数据安全，不仅指 ChatGPT 本身对用户数据的利用和保护，也包括第三方侵入所可能导致的泄露风险。在各种交易平台上，已出现了很多 VPN 供应商、"中间商"，甚至是盗版 ChatGPT 的卖家，若 ChatGPT 进入中国市场，可能导致恶意第三方获取信息更加便利，致使 ChatGPT 本身的数据保护条款成为空文。第三，对我国企业独立研发属于本国的生成式 AI 的阻碍程度进行分析判断。在 ChatGPT 爆火后，国内许多互联网公司也纷纷表示要推出自己的生成式 AI，如百度的"文心一言"、阿里的"通义"等，这些公司的产品均已对社会公布。如同意 ChatGPT 等国外产品进入，则要保证其不会大范围挤占国内市场，从而为本土产品能够持续发展提供良好环境。

（三）国家有关部门适当介入以保障用户数据安全

对于类似 ChatGPT 这种具有强大深度学习能力的生成式 AI 来说，仅有代码层面的制约和公众的监督是远远不够的，必须有国家强制力保证其被合理使用。在组织机构层面，可以建立专门机构如隐私数据保护部门，以便采取专业措施。

1. 制定更为详细的法律法规

在人工智能蓬勃发展的社会背景下，目前我国已经出台了《个人信息保护法》《网络安全法》等法律来防范其可能带来的风险。2023 年 8 月 15

---

① 参见於兴中、郑戈、丁晓东：《生成式人工智能与法律的六大议题：以 ChatGPT 为例》，载《中国法律评论》2023 年第 2 期，第 1-20 页。

日起正式施行的《生成式人工智能服务管理暂行办法》标志着我国对促进生成式人工智能技术的健康发展，并确保其应用不侵害国家安全和个人利益进行首次规制。该办法规定了生成式人工智能服务提供商在数据安全、隐私保护、内容审核方面的责任和义务，明确了服务提供商需要遵守的技术标准和操作规程，以及强调了科技伦理和道德规范，防止技术滥用或产生不良社会影响。该办法体现了中国政府对新兴技术的前瞻性和规范性管理，通过立法手段平衡了技术创新与风险控制，旨在构建健康、有序的人工智能生态环境。

然而，目前我国的法律制度还缺少针对人工智能发展的具有前瞻性、可操作性和指引性的专门立法，对人工智能的总体规制仍需要进一步的完善。从数字社会生产的角度来看，既有治理往往过分地将重点放在了深度合成的输出内容上，而相对忽略了其他角度的治理。[1] 未来，可以将监管范围逐步扩大到生成式 AI 从收集信息到输出内容的全链条，面对 OpenAI 等大型技术开发者应提出更高的要求，如强制公布数据来源，对训练内容记录保存、公开等。

2. 建立用户数据库，对用户是否具有使用生成式 AI 的能力进行分析

未成年人能否不受任何限制地使用 ChatGPT 这一问题越来越受到各国重视。意大利个人数据保护局封锁 ChatGPT 的第三条理由即为"由于无法验证用户的年龄，ChatGPT 让未成年人接触到与发育程度和意识相比，绝对不合适的答案"。针对这一问题，我国数据保护部门可与人工智能企业合作，将已在各类应用程序中投入使用的"青少年保护模式"运用至 ChatGPT 等生成式 AI，进而规范未成年人的使用范围。青少年模式的概念源于国家网信办的指导意见，在用户进入模式后，其使用时段、服务功能、在线时长等均会受到限制，且所能接受到的内容全部源于青少年内容池。青少年模式运用至 ChatGPT，不仅可以有效遏制代写家庭作业的情况，还能保证青少年接受到与之年龄相匹配的内容。同样，可以仿照"青少年模式"相应推出"员工模式"，通过对企业员工输入的内容进行限

---

① 参见张凌寒：《深度合成治理的逻辑更新与体系迭代 ——ChatGPT 等生成型人工智能治理的中国路径》，载《法律科学（西北政法大学学报）》2023 年第 3 期，第 38 - 51 页。

制，来保证其在提高工作效率的同时避免泄露商业秘密。

3. 加强对生成式 AI 研发企业的内部监管

鉴于人工智能专业性强的特点，我国可在数据保护部门中设立专门技术岗位，对全过程进行监督。在最初的准备阶段，监管机构应认真审查研发人员、企业和营销方提供的各种方案，研发人员和企业应根据需要向监管机构披露算法的细节。在人工智能运行过程中，监管机构应定期审查并进行现场检查，做好登记备案，尽可能确保没有遗漏。此外，还应该对生成式 AI 发展状况进行定期的预测和分析，必要时对其进行跟踪研究，以备不时之需。如果 AI 出现问题，监管机构可以从专业角度评估风险原因，并以更全面的方式指导实施。此外，监管部门应引导 AI 行业制定行业标准，形成行业内部制约，进一步规范企业行为。

（四）定期检查生成式 AI 的学习情况

ChatGPT 强大的学习内化能力使这一措施成为必然。为避免有的用户进行恶意训练导致整个系统偏离正确轨道，监管措施绝不能一劳永逸，而是要在发展过程中适时调整。具体步骤为：首先，要对最敏感的违法、涉黄、涉政等问题进行询问，一旦发现 AI 作出了不合适的回答，应当立即停止使用并重新训练或修改算法。其次，对于可能涉及的商业秘密，需要与关联企业进行沟通核实，避免大面积数据泄露等严重后果。最后，对于用户个人隐私数据，由于不能确定数据来源，故只能对这部分数据归纳整理后进行多层防护以防止第三方盗用。此外，无论是否发生安全问题，监管机构都应要求生成式 AI 的研发公司定期将其"返厂维修"，对全部算法进行检查修改，避免因监管范围的局限性导致不可挽回的后果。要明确生成式 AI 开发企业的责任承担范围，如在定期检查后，仍出现因故意或重大过失造成 AI 算法作出违法行为的情况，应当追求企业及其主管人员的民事甚至刑事责任。

（五）强化科研伦理观念，明确研发底线

在发展人工智能的过程中，必须坚持"科技以人为本"和"科技为人服务"的理念，时刻明确科技发展的道德底线。信息技术发展的出发点和落脚点，应该是促进人类的进步和社会的繁荣。人工智能的发展应该按照"社会效用最大化"的逻辑进行，即把技术看作是一种中性工具，是一种基于社会本位的效用总和，并以此为基础实现更大的社会价值。通过创新技术和产品，满足人们日益增长的需求，从而提高生活质量和改善生活条件，促进人类社会的发展和繁荣。

具体来说，除了要提高行业准入门槛、在生成式 AI 进入市场前进行道德审查，在软件开发过程中也应经常对研发人员和企业管理人员进行理论培训，使公序良俗、道德法律等基本概念深入心中。要树立正确的科研伦理观念，把人的价值作为科学研究的底线，正确处理科学研究和伦理问题之间的关系，不能为盲目追求最大利润而忽视了伦理研究。

## 结　语

以 ChatGPT 为代表的生成式 AI 为人类社会未来的数字化发展提供了更便捷的条件。科学技术的发展是一把双刃剑，我们在享受人工智能红利的同时，也要提防其对传统法律体系的影响，并对其进行有效的干预。现阶段我们看到的法律问题也许只是冰山一角，建立法律问题意识并不是对人工智能的全面抵制，而是将可能给人类带来的危害扼杀在萌芽之中。立法部门必须坚持生成式 AI 非法律主体这一原则，并在此基础上制定相关法律法规。此外，执法部门在对生成式 AI 进行日常监管的同时，要积极寻求与开发企业合作，共同推动人工智能行业健康发展，充分发挥其在提升社会效率、促进科技创新等方面的积极作用。

# 第十二章　算法的法律规制

当前人类已经进入智能化时代，算法广泛应用于各个领域，包括但不限于数据分析和数据科学、人工智能和机器学习、图像和信号处理、规划和决策、金融和商业分析、自然语言处理和信息检索、计算机网络和安全等方面。随着人工智能近年来的不断普及和迅速发展，以 OpenAI 公司开发的 ChatGPT（一个基于 GPT 模型的大型语言模型）、DALL-E（一个图像生产模型，可以根据文本描述生产逼真的图像）、Sora（一个 AI 视频生成模型，能够根据文本描述生产高质量的视频）等为代表的人工智能新型应用的井喷，对人们的日常生活产生深刻影响，人类也进入了人工智能（AI）时代，对算法和人工智能的相关讨论愈发激烈。"十四五"规划多次强调算法及其应用发展，例如深度学习等开源算法平台构建。算法及相关应用已经上升至国家战略高度，成为建设数字中国，推进高质量发展，推动政务信息化系统整合，提升协同治理能力，建设云平台和数据中心体系，提升制度优势、治理效能的关键力量，在解决发展不平衡不充分问题、加快重点领域改革、加强社会治理等方面发挥重要作用。

算法及其相关应用的发展给我国带来了新机遇，同时也带来了对既有的就业结构、法律规范与社会伦理的冲击，引发系统性风险。在推进算法及其相关应用发展的同时，不能忽视其可能产生的潜在风险与问题。算法的不透明性使算法呈现出"黑箱"性质，算法及以其为底层逻辑的人工智能极有可能对人类社会产生重大风险。当前，对算法及其相关应用进行规制已经成为刻不容缓的重要议题。

## 一、算法产生的风险

### （一）算法产生的个体性风险

#### 1. 算法侵犯个人隐私

算法催生监视资本主义，个体隐私权面临挑战。[①] 社会个体存在于算法主导的巨大网络中，不论是组织还是自然人，一切行动都被数据化收集，纳入算法系统中，形成了算法的场域。算法通过对用户数据处理，对个体实施持续性的监控，建立起巨大的数据信息库，预测并影响市场行为，控制市场。例如，平台通过算法对用户数据进行收集、处理、提取、训练、优化、推送。这是一种新的资本积累逻辑，是数据和信息的积累，悄无声息地入侵至经济产业中，催生出新兴的基于监视的经济秩序。[②]

部分平台企业在利用算法追逐效益最大化时，如果在某些方面缺乏一定的规制，极有可能会导致数据、隐私泄露等问题，例如，脸书等平台通过算法来进行数据的收集与利用，其间不乏出现公民隐私泄露等问题，公民隐私权受到侵犯。[③]

#### 2. 算法消弭人的主体性

算法消弭人的主体性，数据化、客体化人类。一方面，算法通过对社会个体施加决定性影响来控制个体行为，呈现出人类被算法客体化的潜在

---

① 参见孙建丽：《算法自动化决策风险的法律规制研究》，载《法治研究》2019 年第 4 期，第 108 - 117 页。

② See Zuboff S. Surveillance capitalism and the challenge of collective action, New labor forum. Sage CA: Los Angeles, CA: SAGE Publications（28）2019: 10 - 29.

③ 参见张爱军、王首航：《算法：一种新的权力形态》，载《治理现代化研究》2020 年第 1 期，第 39 - 45 页。

性风险。例如，平台算法对外卖员和出租车司机的直接控制，订单获取至结束的全部流程均由算法决定，个体行为被算法决定。另一方面，算法对社会个体的侧写被广泛用于分类、分析及预测个体行为，算法将人类视为一种可量化、可预测、可控制的个体。社会个体的行为被算法数据化，算法对个体的高度解析呈现出人类被算法数据化的潜在性风险。

（二）算法产生的社会性风险

1. 算法削弱社会信任

由于算法本身的不可预测性，算法的"黑箱"性质已经引起对算法本身的质疑，甚至影响到整个社会层面。算法发展到机器学习阶段已经拥有了一定的智能，尤其在深度学习取得突破性进展、大模型等应用井喷的当下，算法的运行过程更加无法被窥探，人们只能得到算法运行的结果，无法理解并解释算法是如何运作的。因此，在算法得出的歧视性结果无从得到解释，算法的责任归属产生争议导致社会程序正义无法得到实现时，极易引发公民对算法的不信任或者质疑。此外，算法引发的隐私泄露风险、决策错误风险也进一步导致了公众的不信任及恐慌，甚至在社会上引发了信任危机。社会不信任在传播中会愈演愈烈，算法"黑箱"带来的一系列风险也可能在传播过程中被放大。信任是决定交易效率的重要因素，社会信任的缺失无疑会使交易成本上升、交易效率下降，不利于我国经济的稳定与增长，算法的"黑箱"属性无疑会使经济稳定运行受到影响。

2. 算法加剧社会分歧

算法在社会应用过程中呈现出资本化、歧视化、工具化和私密化的态势，侵害社会公平正义。① 资本将自身价值选择融入算法运行过程中，引导社会个体的价值观念分化，导致社会价值观的异化，导致公平、正义等核心价值观念受到影响。例如，社交媒体平台算法在推荐内容或展示信息时，可能会放大、强化用户的既有偏见和观念，导致社会个体陷入信息的过滤气泡，形成信息孤岛，产生、加剧社会中的偏见、歧视现象，进而影

---

① 参见张爱军、李圆：《人工智能时代的算法权力：逻辑、风险及规制》，载《河海大学学报（哲学社会科学版）》2019 年第 6 期，第 18 - 24 页。

响公共舆论的形成和社会稳定。

### 3. 算法侵害市场公平

算法通过侧写对社会个体进行分类预测,将个体划归为群体之中,并对群体进行分析及预测,来掌握个体对消费的偏好以及消费能力。在部分商业化场景中,平台企业对消费者提供个人定制化的算法推荐,其中往往伴随着算法的价格歧视。算法在决策自动化过程中对个体的分类分组极有可能产生算法的歧视性问题,算法的"黑箱"性质又导致歧视现象难以被发现和监管,算法"杀熟"屡屡产生。算法的大数据杀熟属于信息不对称的风险,信息不对称是指在交易或决策过程中,一方拥有比另一方更多的信息,从而使其能够在利益上占据优势。"算法杀熟"是指企业利用算法和大数据分析技术,根据用户的个人信息、消费习惯和购买历史,有意地设定不同的定价和优惠策略,将相同的产品或服务以不同价格提供给不同的用户群体,以获取更高的利润。这种行为削弱了消费者的议价能力,限制了市场竞争,破坏了公平性和透明度。

### (三)算法产生的政治性风险

### 1. 算法造成社会权力格局畸形化

算法通过算法权力改变社会权力格局,造成权力格局的畸形化,引发政治风险。算法权力导致社会权力和权利的增量,加剧了私权利、公权力、私权力的失衡。[①] 在私权力方面,算法通过强化监视、收集数据进行对社会个体的侧写,通过算法推荐强化个人偏见、将社会个体固定于算法生成的虚拟囚笼中,通过强化用户粘性构建算法依赖。算法通过以上方式形成对社会个体的优势地位,算法权力的产生使社会中算法权力与个体权利失衡,并导致社会个体的权利弱势。特别是面对本身具有支配优势的网络平台企业时,用户、平台内服务者不得不接受实质不平等的现实。网络平台企业借助这些资源优势,具备了通过平台规则的制定及其执行而拥有"哪怕遇到反对也能贯彻自己意志的机会"的能力,或者通过"助推"诱导用户、平台内服务者等而使其作出某种选择或判断的能力。这就是网络平台企业作为私主体所变相具有的"权力"。

---

① 参见周辉:《算法权力及其规制》,载《法制与社会发展》2019年第6期,第113-126页。

2. 算法可能引发算法独断

当算法获取的算法权力过于强大时，可能产生依附主义甚至"独裁主义"，导致一种算法独裁的格局产生。算法的高效、便捷以及潜在的治理能力使得算法获取了外在形式合理性，导致了算法权力的兴起。若无法引入相应的机制应对算法权力，算法权力就会持续改变社会权力格局，导致呈现出一种泛在的算法独断的权力格局。

## 二、我国算法法律规制的现状与评析

（一）我国算法法律规制的立法及政策梳理

当前我国出台了以《个人信息保护法》、《网络安全法》、《数据安全法》、《互联网信息服务算法推荐管理规定》（以下简称《算法推荐规定》）、《互联网信息服务算法综合治理的指导意见》（以下简称《算法治理意见》）为主的算法规制立法及政策文件。我国形成了以安全、公平、透明等为价值维度，以国家网信办为规制主体，以算法服务等内容为规制对象，以算法评估制度为主要规制形式，以个人信息权利体系为主的个体权利保护机制。但总体上看，我国主要还是针对重点问题出台具有针对性的算法治理文件，仍未建立起一套体系化的算法治理框架。

1. 《个人信息保护法》的规制

《个人信息保护法》从数据源头端对算法进行了规制，数据作为算法的质料，其重要性不言而喻，从数据端进行规制，表明了党和国家对于算法规制的决心。其明确了数据收集、处理的原则、规制、方式、目的、责任，建立了以个人信息知情权、同意权、删除权等为主的个人信息权利体系，同时规定了个人信息处理者的义务，以期加强个人权利以应对算法对个人权利的侵蚀，从数据根源上规制算法，规避算法风险。同时，《个人信息保护法》明确了算法自动化决策应当保证透明度，维护公平、公正，对算法价格歧视、算法推荐、针对个人权益的算法自动化决策进行了规制。

2. 《数据安全法》的规制

《数据安全法》将数据安全监管职责交由国家网信部门统筹，由其他各主管部门在各自的权责内负责。第一，强调数据处理应当遵守法律、法规，尊重社会公德和伦理。这为算法的法律规制提供了顶层设计，为人工智能算法在设计端加入道德、伦理等要求、审查提供了法律依据。第二，规定了数据处理主体的数据安全义务与社会责任，将国家安全、公共利益、个人权益等纳入保护。数据为人工智能算法的质料，人工智能算法在设计、部署、运行等全过程均离不开数据的处理，其重要性不言而喻。《数据安全法》在数据处理阶段规定的相应义务和责任也为算法的法律规制提供了原则性要求。第三，强调数据安全，要求开展数据安全检测评估，推进相应的评估、认证服务发展，支持专业机构从事相应业务。建立数据分级分类制度、数据安全审查制度、数据安全管理制度，要求开展风险监测评估并确立评估报告制度。在国家、社会、个体等各层面充分从算法的源头端进行规制，以进行风险的规避。

3. 其他相关立法的规制

《电子商务法》《消费者权益保护法》《价格法》《反垄断法》都对算法导致的歧视行为进行了规制，例如《电子商务法》第 18 条要求电子商务经营者根据消费者兴趣爱好、消费习惯等提供服务或者搜索结果的，应当同时向该消费者提供不针对个人特征的选项。《消费者权益保护法》规定了经营者明码标价的义务。《价格法》关于价格歧视不当行为也作出了规制。《反垄断法》第 17 条规定了禁止差别待遇。

我国也出台了针对算法规制的立法，比如《算法推荐规定》，其将国家网信部门规定为算法规制的主要主体，同时规定由其他部门，例如公安部等在权责内负责，形成单一主体牵头、多主体负责的监管主体格局。将算法推荐服务作为规制对象，将算法推荐技术分为个性化推送、排序、检索、决策类等，极大地拓宽了算法规制的范围，体现了一种系统性的思维。第一，建立分级分类管理制度。需要强调的是，算法推荐的分级分类要求根据算法推荐服务的舆论与社会能力、用户、数据、干预度进行精准化、特定化、场景化、类型化的分类。这种分类方式使得其本质上以规制算法推荐服务为目的，主要原因是：一方面，算法与资本深度结合，算法行政、智慧城市、平台企业等等，均是算法的载体，算法内嵌于社会，成为一种负载的社会系统并成为一种影响社会资源分配、社会权力格局的建构性力量。另一方面，算法本质上为一种技术，其规制难度较大，其本身具有动态性和不确定性，这种特性使得传统法律手段难以有效规制算法风险。因而，要结合不同主体、对象采取场景化、类型化、特定化、针对性的规制方式。第二，建立算法评估制度，要求算法提供者针对算法逻辑、设计、应用结果等环节进行算法影响评估。第三，加强对个人的保护，赋予个人算法推荐服务拒绝权，对算法推荐商业销售服务进行规制，禁止算法价格歧视等行为，强调未成年人、老年人、劳动者、消费者权益保护。第四，建立算法备案制度，监管主体在不定期审查过程中若发现备案主体存在虚假备案，则依法要求其进行整改并问责。同时采取场景化、类型化、特定化、精准化的分级分类思想，仅将具有舆论属性或社会动员能力的算法推荐服务纳入算法备案范围。第五，建立社会公众的举报、投诉、申诉等监督机制，增加社会公众参与渠道。

（二）对我国算法法律规制制度的评析

1. 对个人数据信息控制权利的评析

《个人信息保护法》的出台确立了个人数据信息控制权，但仍然存在以下不足：第一，数据控制抑制算法发展。目前数据作为人工智能算法的基础得到了一定的制度约束，数据的获取、使用等方面在法律正式确立后得到了一定程度的保护，然而，问题仍然存在。数据是算法的基础，没有数据就没有算法的血液与骨架。简单的切断算法获取数据的能力会使算法无法与时俱进，不利于我国当前的发展目标。算法规制的前提是算法具有引发社会风险的可能，无数据的算法就像无根之水，无法维系便会迅速衰败。第二，个人权利难以保障。《个人信息保护法》《算法推荐规定》等仅以对社会个人赋予权利的方式进行算法风险的事前与事后规制，其手段不够系统化，其社会效果并不一定能达到预期。《个人信息保护法》针对个人建立起一系列权利内容，同时强调算法自动化决策的透明性、公正性，均表明了其在人工智能算法时代对个人权益保护的重视。但智者千虑，必有一失，《个人信息保护法》针对个人确立的一系列权利中的部分内容现实可操作性较低，算法自动化决策的规定较为笼统，法律责任规定不完善，导致了其并不能从根源上规避算法引发的一系列风险。例如，个人信息的同意权在明确确立了之后，平台企业等算法所有者仍能根据知情同意规则来获取个人数据，并以提供产品或服务所必需为由，用户在与平台企业等签订契约同意数据获取的前提下才能利用算法，令用户不得不提供其个人信息。在人工智能算法时代，简单地赋予个体数据获取的拒绝权，其效果不一定能达到预期，用户拒绝提供信息便意味着脱离了算法，脱离了算法产品，同时也就意味着在一定程度上与社会脱节，这对于作为社会个体的人来说是不可想象的、不可接受的，不符合人类的社会本性。个人信息的知情权、拒绝权等对一些用户而言根本无从行使，即使在签订知情同意告知书时有提示，也鲜有用户有耐心看完。这类权利实效是难以保证的。

2. 对算法推荐拒绝权的评析

《算法推荐规定》赋予公众算法推荐拒绝权，简单拒绝算法推荐同样是对算法能力的削弱，不仅仅是商业上的，算法推荐拒绝权的"一刀切"属性，不仅使算法的商业属性丧失，甚至使社交媒体的意识形态宣传能力也大大减弱。在当今的智慧治理态势之下，此种"一刀切"的方法不可取，更不能很好地达到其预期目的。

3. 对算法评估制度的评析

我国《个人信息保护法》第 55 条第 2 项规定，利用个人信息进行自动化决策，个人信息处理者应当事前进行个人信息保护影响评估，并对处理情况进行记录。此条款确立了我国的算法评估制度。评估主体为个人信息处理者，评估为事先评估，《算法推荐规定》对算法评估制度进行了细化规定。当前我国算法评估制度具有以下不足：第一，制度规定不够细化，现实操作度不高。《个人信息保护法》规定了个人信息保护影响评估的范围、内容，以及评估报告制度，不过都较为笼统。个人信息保护影响评估制度的范围不明确，可能导致算法评估制度适用存在"泛化"。个人信息保护影响评估制度规定，要对任何利用个人信息进行自动化决策的情形进行影响评估。首先，这缺乏现实的可操作性，算法已经成为当前社会中的一种构建力量，其与政治和资本不断结合，深入影响社会中的每个个体，其形式愈来愈多样化、愈来愈复杂化，对所有算法自动化决策进行影响评估成本是巨大的，同时在现实中也难以实现。各类进行算法自动化决策的主体不一定具有能力进行评估，导致部分社会主体的自我责任难以落实。其次，这会导致社会成本增加，算法自动化决策部署、运行不畅，在公共行政方面导致算法自动化行政出现技术困难，不利于社会治理的现代化，在保护社会公共利益方面并不能达到很好的实效。最后，这不利于算法的进一步发展和社会制度的进一步构建，甚至影响我国的数字化进程，进而影响我国治理体系与治理能力现代化的步伐。第二，制度效能不强，问责性较弱。随着算法成为一种社会系统，算法与资本的结合愈来愈紧密，使算法的影响力日益增大。例如，平台推荐交易算法、打车算法直接关系到社会个体的经济支出以及城市的交通运输资源分配。算法成为改变社会权力格局、影响社会利益分配的巨大力量，而当前算法评估制度并未健全，对于算法的法律规制具有一定的局限性，而制度的不健全、制度效能的发挥不力在一定程度上导致了制度与问责的衔接失调①，间接导致了算法的系列风险。当前我国算法评估制度缺乏对算法的问责，未规定明确的法律后果，导致算法评估制度的制度效应缺失，存在明显的"软化"。第三，算法评估环节具有局部性。一是我国建立的算法评估制度存在评估环节不全问题，仅针对算法应用整个过程中的一个环节或重点几个环节进行算法评估。二是算法利益相关者缺乏相应的参与渠道，当前的参与主体限定为算法开发应用者，而没有受到算法应用影响的社会个体以及其他利益相关者的参与渠道和方式。

4. 对算法备案制度的评析

《算法推荐规定》确立了算法备案制度。首先，在备案范围上强调对具有舆论属性或者社会动员能力的算法进行备案，这种分级分类的场景化、类型化、特定化、精准化的思想为我国的算法规制构建提供了有益借鉴，同时有利于降低监管机关进行算法规制的成本，提高监管效率。其次，我国的算法备案未要求算法源代码纳入备案范围，仅将符合备案条件的算法服务提供者的名称、服务形式、应用领域、算法类型、算法自评估报告、拟公示内容等纳入备案并进行公示。这有利于平衡算法商业秘密与算法透明的内在冲突，体现了我国针对算法规制的审慎观念。最后，当前算法备

---

① 参见张凌寒：《算法评估制度如何在平台问责中发挥作用》，载《法治论丛（上海政法学院学报）》2021年第3期，第45-57页。

案的法律属性还未明晰，算法备案与行政备案的关系亟待理清。

## 三、算法法律规制的建构

（一）算法法律规制的总体建构思路

算法的法律规制需要注重以下几个方面的问题。

1. 算法的透明度和可解释性问题

透明度和可解释性，是指算法的决策过程和决策结果能够被外部人员理解和监督。在算法的规制中，需要强调算法的透明度和可解释性，以便外部人员可以理解算法的决策过程和决策结果。这有助于避免算法决策过程中可能存在的误判和偏见，同时也有助于提高算法的公正性和可信度。在某些场景下，算法的透明度对于保护用户权益和公众利益非常重要。例如，对于金融领域的算法，机器学习算法被广泛用于风险评估和交易决策，但如果算法的运行过程和结果不透明，将难以确定其是否符合市场规则和法律要求。因此，应该考虑要求算法的透明度，以保障公众利益和市场秩序。在某些场景下，算法的可解释性对于保护用户权益和公众利益同样非常重要。例如，在医疗领域，机器学习算法被广泛用于疾病诊断和治疗，但如果算法的结果无法被解释和理解，将难以确定其是否符合医学标准和法律要求。因此，在制定算法的法律规制规则时，应该考虑要求算法的可解释性，以保障公众利益和健康安全。需要规定算法的透明度和可解释性标准，以确保金融机构和监管机构可以理解和监督算法的决策过程和决策结果。

2. 算法决策的公正性问题

算法的公正性也是法律规制的重要考虑因素之一。公正性是指算法的设计和实现应该遵循公平、中立和非歧视的原则。在某些场景下，算法的公正性对于保护用户权益和公众利益同样非常重要。例如，在雇佣领域，机器学习算法被广泛用于招聘和晋升决策，但如果算法存在性别、种族、年龄等歧视问题，将对受影响的个体和社会造成不公平和损失。因此，应该考虑算法的公正性，以保障公众利益和社会公平。

3. 算法的风险评估和监管问题

由于算法的决策结果可能对社会和个人权益产生重大影响，因此需要对算法进行风险评估和监管。在风险评估方面，需要考虑算法的决策结果可能对社会和个人权益造成的潜在风险，包括经济、社会、文化等方面的风险。在监管方面，需要建立健全的监管机制，对算法的安全性、数据保护和个人隐私等问题进行监督和管理。这有助于防止算法的不当使用，保障公众利益和个人权益。

4. 算法责任问题

算法在实际应用中也面临着一些法律风险。算法的决策可能会对个人的权益造成损害，例如对于信用评估算法而言，如果评估结果不准确可能会导致一些人被拒绝贷款或者获得不合理的利率，进而影响他们的财务状况和生活质量。在这种情况下，个人可以通过诉讼途径维护自己的权益，而此时算法的设计和实现者可能会面临责任追究。由于算法的智能化和自主化特性，其结果和行为往往难以预测和控制，从而可能造成不良后果和损失。因此，在制定算法的法律规制制度时，应该考虑要求算法的责任明确，以保障公众利益和个人权益。

5. 算法规制的目的问题

算法应该成为人类的一种工具，成为社会中的一股正义力量，其最终目标是增进人类福祉。算法的规制应以人民为中心，站稳人民立场。以保障人民安全为目标，确保投入市场使用的算法及相关应用的安全性，并推动算法尊重人民的基本权利。因此，要促进发展合法、安全以及可信赖的算法智能应用市场，确保算法实现健康发展。

综上所述，算法的规制归根结底要依靠法治。因此，首先，应当以算法监督管理的立法体系为引领，构建起完善的算法法律规制制度体系，形成一套体系化的综合治理框架。构建完善的算法法律规制制度体系包括：构建作为制度体系核心的算法评估备案制度，提升政府监管效能；构建企业算法评估制度，增强算法的透明度与可解释性，平衡算法规制与效率的冲突；构建个人算法权利体系，强化个人权利的保护；构建算法的社会监督制度。其次，应当形成多元主体参与的算法综合治理体系，实现算法的社会共治。最后，应当形成法治引领、制度保障、多主体参与的较为周全的算法法律规制，最终以法治的力量实现算法"向善"。

（二）算法法律规制的专门立法建构

要构建起完善的算法法律规制制度体系，形成一套体系化的综合治理框架，就要在现有法律文件的基础上通过制定具有更高法律效力的算法法律规范实现算法的专门立法规制，并进一步发展、完善算法的一般立法规制，通过二者配套形成我国算法规制的立法体系。建议国务院根据《个人信息保护法》《数据安全法》等上位法的相关规定，制定一部专门的"算法监督管理条例"。

1. 制定"算法监督管理条例"的考量因素

（1）平衡算法发展与算法规制

算法的规制要求增加算法透明度作为手段，这是当前海内外学术界达成的共识，但这会导致算法发展与算法规制产生冲突。我们会发现平衡法律规则、技术规则于商业模式之间的冲突绝非易事，甚至颇为棘手。《算法推荐规定》已经强调增加算法透明度，加强算法的可解释性，同时《算法治理意见》也强调了算法透明的相关要求。而算法推荐技术经《中国禁止出口限制出口技术目录》规定，部分已经划入国家限制出口的范围之中，这表明算法推荐技术已经成为国家重视的新型技术，在提升我国国际竞争力方面发挥着重要作用，但经过算法透明，被国家重点保护的算法推荐技术存在被他人获取的极大可能性，该规定也就名存实亡了。在算法相关政策存在冲突，以及法律为保护商业模式而大量设计商业秘密保护条款时，如何平衡多元利益，保护主流价值需求，绝非易事，需要进一步深入探究。

就当前算法透明和算法可解释性的概念来看，为完成算法透明的要求将算法的源代码公开，显然不符合《算法推荐规定》的要求和商业模式以及法律关于商业秘密保护的规定，也不符合算法主体的利益诉求，要找到一个平衡多方主体的多元利益诉求的方式，显然不能简单地要求公开代码来提高算法透明度。算法透明即要求以一定的方式和程度向用户或公众说明自动化决策的内在逻辑，尤其是解释用户或公众所关心的特定因素对算法决策的具体影响。[①] 因此算法透明需要通过场景化、类型化、特定化的方式进行，才能针对不同类型的法益，平衡多方主体的利益，平衡不同的

---

① 参见苏宇：《优化算法可解释性及透明度义务之诠释与展开》，载《法律科学（西北政法大学学报）》2022年第1期，第2-10页。

价值。因此,"算法监督管理条例"的制定要平衡好算法发展与算法规制之间的关系。

(2) 立法成本与收益

法律注重效率,"算法监督管理条例"的制定应当注重效率,而效率则应当注重成本和收益,重点来说就是应当注重社会整体效益和部分效益的有效兼顾。就社会整体效益来说,要秉持系统性算法理念,令算法的发展整体上对社会有益,为数字经济的健康发展助力;就社会部分效益来说,针对社会不同主体,算法都应为其带来合理效益。对社会个体来说,增益个体便利;对平台企业来说,带来合法利益;对政府来说,应当提升行政效能。

2. "算法监督管理条例"的立法定位

(1) "算法监督管理条例"是算法发展法

"算法监督管理条例"作为算法的高层级立法,应当具有宏观性目标。因此,"算法监督管理条例"应当立足于推动数字经济健康发展这一核心观念,以促进算法为数字经济服务为主线,提升整个社会的数字化水平。"算法监督管理条例"应当是一部算法发展法,其基本功能是促进算法的良性发展。"算法监督管理条例"以实现算法良性发展为直接目的,为公民、企业、社会、国家等主体的便利与发展提供助力为最终目的。确保算法发展为了人民,使算法成为维护人民利益、促进社会公平、增进民生福祉的工具。

(2) "算法监督管理条例"是算法规制法

算法的规制是当前社会的关注热点,也是算法发展的痛点,更是算法立法的重点。算法规制的主体、客体、内容的确立,算法规制的程序、制度等都是当前算法立法的重要问题。算法的规制最关键的就是平衡好算法发展与算法规制之间的关系,尤其要处理好算法透明度与算法商业属性之间的冲突。一方面,算法的规制需要通过提升算法透明度来达成目的;另一方面,算法透明的要求有可能会侵害算法本身的商业属性,使得算法的良性发展受到阻碍。

(3) "算法监督管理条例"是权利保护法

"算法监督管理条例"在当前的主要目标之一就是保障公民的合法权

益。算法发展面临着公民数据的获取与个体隐私权之间的紧张、企业利益获取与社会公共利益之间的冲突。要对平台企业算法商业化运作中所涉及的数据获取相关的个人隐私进行严格保护，同时对算法推荐如个性化推送、调度决策等算法赋予公民相应的权利救济。

3. "算法监督管理条例"的立法目标

（1）直接目标：实现算法的有效规制

当前，我国涉及算法规制的法律文件不少，也出台了相应的政策，但我国算法领域的专门立法体系不够强大，除《个人信息保护法》《网络安全法》《数据安全法》等部门法中涉及算法规制的部分条文，部门规章《算法推荐规定》这一部专门规定外，缺乏效力层级较高的专门立法。因此，实现数字经济健康发展的首要任务是制定高层次的算法专门立法，确立算法规制的基本原则。

（2）长远目标：实现算法的健康发展

当前，算法作为国家竞争的战略性力量，推动生产、生活、治理等方式发生深刻变革，影响社会权力格局。"十四五"时期，我国数字经济占据规划重要地位。《"十四五"数字经济发展规划》指出，要推动我国数字经济健康发展，首先要求实现算法的健康发展，必须建立制度化的算法发展机制，主要包括两个方面的内容：一是平台企业算法发展纳入制度化轨道。平台企业算法的发展是算法发展的核心内容，数据的收集利用、产业数字化转型、数字化公共服务等主要依托平台企业算法进行，因此，制度化的算法发展机制的首要内容就是将平台企业算法发展作为重点。二是形成完善的算法治理体系。平台企业算法的健康发展需得到完善的算法治理体系的助力，通过政府协同监管、多元主体参与等方式，形成与平台企业算法发展相适应的法律制度体系，实现算法的长远、健康发展。

4. "算法监督管理条例"的监管对象

算法的唯主观论认为，算法作为客体被算法背后的资本组织（主要是平台等）掌握、控制，算法设计者受到算法控制者的价值影响，算法控制者操控算法，使得算法引发系统性风险，因此应当仅对算法控制者进行问责。

算法的唯客观论认为，算法具有主体性，算法所获取的算法权力本身对人具有控制、影响力，由于智能算法的自主性是不可控的，算法滥用风险来自算法本身，因此应当对算法本身加以规制。

应当看到，上述二者都有其道理，算法其本身兼具主体性与客体性，算法的主体性与客体性是辩证统一的。算法本身由其设计者依据算法控制者的意图所设计，算法的背后是人在发挥决策作用，当算法产生异化风险时，应当对将自身价值偏好与自身诉求加入算法的算法控制者进行问责。同时，算法自身也具有"黑箱"性质，当其运行过程、结果不被算法设计者、算法控制者所掌控，无法实现预期运行，例如机器学习算法自身不断"进化"而大量攫取用户数据直至产生侵犯用户隐私权风险时，我们应当认识到此时算法本身具有主体性，应当对算法本身加以规制，而规制方式则是通过外部主体来实现。

由此，我们可以得出"算法监督管理条例"的监管对象应当同时包括算法本身与算法控制者。

5."算法监督管理条例"需要构建的重点制度

算法的规制需通过构建具体制度进行，算法法治体系的实施需通过具体制度实现，多元主体也需通过制度参与发挥共治作用。"算法监督管理条例"需构建以下重点制度，形成算法规制的重点制度体系，促进算法"向善"。

（1）通过构建企业算法评估制度，加强企业自我责任。市场经济是以自我责任为基础的经济。[1] 不论是商业领域还是政务领域，平台算法基本都是由企业开发进入市场或辅助行政，在算法规制体系中仍应当重视社会主体的自我责任实现。算法本质上是技术，应当看到人与技术的伴生关系，避免陷入抽象的人与技术的关系反思，避免将技术视为独立于人进化的存在，应当看到人与技术之间关系的本质是人与人之间以技术为中介的关系。[2] 算法最初产生于资本，要实现算法的规制，必须从源头开始，看到平台企业与社会个体之间以算法为中介的关系，落实平台企业的自我责任。具体来说，平台企业应当在算法设计和应用端纳入伦理价值等内容，

---

[1]　参见王伟：《市场监管的法治逻辑与制度机理——以商事制度改革为背景的分析》，法律出版社 2016 年版，第 1 页。

[2]　参见段伟文：《信息文明的伦理基础》，上海人民出版社 2020 年版，第 185 页。

算法设计和应用必须与社会价值主流观点相符合，要以人为本，增强人的主体性，将伦理纳入算法系统的全部流程中去，倒逼算法"向善"，让算法更好地为增加全体人民的福祉发挥建构性作用，将社会整体利益、公平正义等价值有效涵盖进去。因此，需要构建企业算法评估制度，贯彻企业主体责任。

（2）完善政府算法监管制度，加大监管力度。由于算法的社会影响力、改变社会格局的能力以及潜在的较高风险，同时社会个体维权成本高与可行性不强等原因，算法与资本相结合的特性要求政府积极作为对算法进行规制，在平台以算法为手段追求自身利益最大化的同时，将平台算法纳入社会理性发展的运行范畴，以实现社会的自由与秩序的高度统一。①政府监管在算法社会共治的规制体系中发挥核心作用，由于平台算法的资本特性，其易引发个体、社会、政治性风险，进而妨害社会整体利益的实现甚至国家安全，因此政府有必要介入算法的市场运行，实施宏观调控或微观管制。②

（3）强化个人权利保护，促进利益衡平。算法获取的强大力量改变了社会权力格局，本应是平等主体的平台企业与社会个体在算法权力格局之中的地位不再平等，使得社会个体成为弱主体。为了更好地保护个体权利，应当强化个人权利保护，以缩小平台企业与社会个体的力量差距。

（4）加强对算法的社会监督，实现有效规制。社会监督在各领域都发挥着关键作用，例如，市场领域中以消费者权益保护为目的成立的消费者协会发挥着重要的社会监督作用，行政领域中通过赋予社会团体、新闻媒体等社会力量监督权利以期实现对政府行政权的监督。算法有效规制的实现同样需要依托社会监督机制，重点需通过行业协会、媒体等主体构建起一套有效的算法社会监督机制倒逼算法的合理运行，使算法"向善"。

6. 以"算法监督管理条例"为基础构建多元化算法法治体系

在互联网 1.0 时期，网络服务提供者提供信息，主导信息发布和传

---

① 参见王伟：《市场监管的法治逻辑与制度机理——以商事制度改革为背景的分析》，法律出版社 2016 年版，第 1 页。

② 参见王伟：《市场监管的法治逻辑与制度机理——以商事制度改革为背景的分析》，法律出版社 2016 年版，第 14 页。

播，算法被视为一种技术，并未引起法律的特别注意，对于算法造成的后果适用严格责任制度。由于算法引发的不利后果多是网络服务提供者造成的，实行严格责任阻碍技术和行业的发展。在互联网 2.0 时期，由网络服务提供者集中控制信息、主导信息发布和传播转变为由用户主导，算法规制主要调整算法设计阶段，以算法设计阶段的主观故意确立算法规则，确立技术中立原则和间接责任体系。这减轻了网络服务提供者的相关责任，使互联网产业繁荣发展。①

人工智能算法时代，平台算法发挥着不可替代的作用，社交、电商平台崛起，虚拟空间的治理需要依靠法律，但其直接治理者是算法，算法成为虚拟空间中的执法者，承担治理任务。由于互联网平台本身的技术能力以及主导地位，在网络虚拟空间治理过程中成本低、效率高等特点逐渐使平台成为算法规制者的角色，技术中立原则已不再适用，实践中立法已经倾向于加强平台与算法之间的关系，导致平台责任的扩展。

对平台算法的有效规制要求以"算法监督管理条例"为核心，完善形式法治；构建"硬法"与"软法"兼顾的多元化算法法治体系，实现实质法治。形式法治是实现良法善治的起点，实质法治是实现良法善治的基础。② 形式法治要求以完备的法律确立平台算法的底线，确保平台算法在法律规则之内运行。实质法治要求实现算法相关权力、权利、义务、责任的合理配置，实现算法"向善"，使算法健康发展，助力数字经济。

（1）构建"硬法"与"软法"兼顾的多元化算法规制体系

在形式法治方面，要以"算法监督管理条例"为核心，建构各类算法正式立法（"硬法"）以及非正式规则（"软法"）相结合的算法规制体系。主要包括：

1）算法"硬法"——算法的立法规制体系

"算法监督管理条例"、部门规章、地方性法规等立法文件构成我国的算法立法体系。"算法监督管理条例"是首要且必要的算法顶层设计。当前，我国制定了以《个人信息保护法》《数据安全法》《网络安全法》为主

---

① 参见张凌寒：《算法规制的迭代与革新》，载《法学论坛》2019 年第 2 期，第 16 - 26 页。

② 参见王伟：《社会信用法论纲——基于立法专家建议稿的观察与思考》，载《中国法律评论》2021 年第 1 期，第 113 - 124 页。

的通用算法法律体系。在专门算法立法上，以"算法监督管理条例"为核心，以促进算法健康发展为目的，逐步推进其他算法专门立法。同时，地方应当以中央行政立法为借鉴，结合本地算法规制与算法发展需要，开展地方算法立法实践与创新，为中央行政立法提供反哺。"算法监督管理条例"作为整个算法法治体系建设的基础性法律，应当引领中央和地方专门算法立法。

2）算法"软法"——算法的非正式规制体系

正式立法体系外的政府规范性文件①，行业协会发布的算法规范、标准等，构成算法的非正式规制体系。例如，中国人工智能开源软件发展联盟于2018年7月发布的《人工智能——深度学习算法评估规范》属于算法规则体系。虽然这些标准、规范不属于正式的法律渊源，但对于算法的规制具有指导性意义。

（2）构建个体、企业、社会、国家四个层面的算法法治体系

习近平总书记强调，法治兴则民族兴，法治强则国家强。② 当前我国算法法治体系存在短板与不足，在完善形式法治的基础上实现实质法治，构建四个层面的算法法治体系。

1）个体层面：促进个体权益保护

当前，个体在算法面前属于弱主体，为了有效规制算法，平衡社会权力格局，个体应当享有进行规制算法的权利，例如个体的隐私权等。通过构建个体专属的算法相关权利，合理配置权利义务，使得个体在处于弱主体地位时具有能够保护自己权利、权益的手段，并使得这些手段现实可行，减少个体维权所需的成本。算法立法是实现个体算法权利的基本法律保障。

2）企业层面：平衡利益与责任的关系

平台企业作为算法发展的主要推动力，在算法治理中承担核心角色，通过算法立法来平衡企业利益与责任的冲突，赋予平台企业相应的权利、义务，使得平台企业在顺利推动算法发展的同时遵守法治底线，承担企业

---

① 参见王伟：《社会信用法论纲——基于立法专家建议稿的观察与思考》，载《中国法律评论》2021年第1期，第113-124页。

② 参见习近平：《坚持走中国特色社会主义法治道路 更好推进中国特色社会主义法治体系建设》，载《求是》2022年第4期。

责任，使得算法被关在法律的笼子里。

3）社会层面：增强算法治理的社会参与

算法信任的构建是减少算法规制成本，促进算法健康发展的必要一步。算法的治理需要依法进入公共领域，通过赋予社会参与算法治理的相关权利，增加算法信任。

4）国家层面：有效规制算法

当前，算法导致社会权力格局失衡，个体算法可以借助相应法律实现算法相关权利，但个体在算法面前的弱小，使得政府在规制算法上占主导地位。政府承担着进行算法立法、实施相应的算法监管、进行企业算法违规违法的惩戒等职责，以实现算法的有效规制。

（三）算法法律规制重点制度的建构

1. 构建企业算法评估制度

算法评估是算法事前规制的核心手段，是平台实现自我责任的关键，是进行伦理审计的重要一环，是提升算法透明度的重要手段。算法的规制应当注重效率，这也是法律实施的重要原则。应当考虑到算法评估由企业以外的主体实施所带来的成本与收益的不对称，算法评估以平台自评估形式，由平台作为评估主体是由算法的特性决定的；算法与资本相结合，平台资本掌握着算法，其对算法是最了解的，由平台资本作为评估主体的做法使算法评估的效率大大提高。同时应当看到企业、平台等自评估可能产生的形式主义漏洞，要在算法监管的事中事后等环节赋予监管机关对部分重点算法进行评估的权力和义务。

（1）企业算法评估制度的定位

企业算法评估应当作为企业算法自治的核心环节，企业算法评估的结果应当作为对社会公众以及监管机关的声明和承诺。算法透明原则作为算法的事前规制原则[①]在一定程度上实现了社会个体的知情权与算法问责的要求，企业算法评估在一定程度上增加了平台算法的透明度社会信任程度，也可以成为政府对平台算法进行监管的依据标准。但应当看到算法透

---

① 参见沈伟伟：《算法透明原则的迷思——算法规制理论的批判》，载《环球法律评论》2019年第6期，第20-39页。

明在现实可行性上遭遇的技术难题与价值选择的冲突①，其只能在算法规制体系中发挥有限作用，难以实现传统法学上的透明原则所期待的规制效果。应当明确企业算法评估作为算法规制体系中的事前规制定位，令其为算法监管、问责等做好基础辅助工作，为算法的事中事后规制奠定基础。

（2）确立企业算法评估的标准

可以进一步细化《个人信息保护法》中算法评估的相关标准，以细化制度规定，提高现实可行性。网信部门等算法监管机关可以出台专门的算法评估规范性文件，明确算法评估的主体、范围、内容等标准，解决算法评估存在的"泛化"问题。同时应当将审慎监管理念、底线监管理念纳入算法评估的构建中，以平衡算法规制的活力与秩序冲突。

（3）扩大企业算法评估的社会参与

建立整体、系统性的算法评估制度，要求将算法利益主体纳入评估环节，并确立从算法设计、部署、应用等全环节，定期评估与要求评估相结合的评估制度。我国的算法评估应基于我国算法监管目标，追求社会总体效益最大化和社会最大的"善"，理应将不同利益主体的诉求纳入评估制度之中，充分满足利益相关者的诉求②，将算法内部利益相关者如算法设计端技术、伦理团队，以及算法外部利益相关者如受算法推荐服务影响的消费者、社会团体、专家等的要求，及时进行算法评估，建立起定期算法评估与依据利益相关者诉求进行评估相结合的评估制度。后续需将与利益相关者的任何协商做好记录，包括协商日期、咨询条款和过程的信息。

2. 完善政府算法监管制度

我国应当建立起一套助力场景化和精细化算法治理的算法监管制度。③ 场景化和精细化的算法治理是由算法本身所决定的，平台算法通过具体的多元场景、方式的应用运行，要精准监管算法，就要采取具有针对

---

① 技术难题，例如算法"黑箱"的不可知性、机器学习的不可预测性、算法信息披露的混淆。价值选择的冲突，例如算法透明与国家信息安全的冲突、算法透明与商业秘密及市场稳定的冲突、算法透明与个体隐私的冲突。

② 2022年美国颁布的《算法责任法案》中明确提出要依据内部利益相关者和外部利益相关者的需求而进行评估。

③ See European Commission, White Paper on Artificial Intelligence-A European approach to excellence and trust（2020）.

性的措施，这种形式符合我国精准监管的理念，场景化、精准化的算法治理，意味着各算法应用所涉及的治理目标、治理工具和治理内容有所不同，与具体关涉到的主体、行为、规范、价值具有复杂的匹配关系；它是将技术应用场景中的各方利益和社会影响不断加以明晰的过程，是事实与规范的精准细化和科学组合。①

（1）确立算法监管的目标与理念

算法监管的总体目标是维护社会整体利益，保持算法发展与社会公平、正义格局的一种平衡状态，维持市场秩序，实现社会中的"善"，实现有效监管下的社会控制，规制算法。

要实现监管目标就要树立相应的算法监管理念，核心理念包括：

1）审慎监管理念。在保证算法能力的前提下，保证市场的活力运作。② 虽然监管能抑制算法的强大能力，但监管力度过强会阻碍算法的发展，并不能实现社会格局的平衡，这不利于社会整体利益的增加，不能实现算法的监管目标。应秉持审慎监管理念，把握好算法发展与算法监管的关系。

2）底线监管理念。对于算法介入的相关领域，涉利益多且重大、与民众生活息息相关的应重点关注。

3）精准监管理念。《国务院关于加强和规范事中事后监管的指导意见》中强调精准监管的理念，即对各监管领域的不同特点和风险程度进行精细划分，采取相应的监管手段，提高监管效率。③

4）协调监管理念。目前，我国正在向监管型国家转变，社会共治是新型现代化市场监管体系的内在要求，与监管型国家理念高度契合。社会共治是指多元化主体参与、多元化手段并用的"多元治理"格局，而如何实现多元化主体参与有效协调配合是问题的关键。这就需要坚持协调监管

---

① 参见吕德文：《技术治理如何适配国家机器——技术治理的运用场景及其限度》，载《探索与争鸣》2019 年第 6 期，第 50－67 页。

② 《算法推荐规定》第 19 条规定：根据算法推荐服务的舆论属性或者社会动员能力、内容类别、用户规模、算法推荐技术处理的数据敏感程度、对用户行为的干预程度等对算法推荐服务提供者实施分类分级管理，体现了审慎监管的理念。

③ 参见宋松宛：《市场监管责任清单制度法治化研究》，载《中国管理信息化》2021 年第 10 期，第 221－223 页。

理念，使市场监管中的各类主体相互配合，相互协调，从而实现有效监管。

(2) 构建算法的"大监管"格局

要构建完善的算法监管制度，首先要成立一个符合当前算法监管要求的监管主体。我国目前也确立了以国家网信部门为统筹主体，其他各主管部门依据各自的权责负责的监管主体制度，但监管主体过多可能导致权责不清、监管不力等问题。① 建议由网信部门牵头，通过联席会议制度等形成整合算法监管的资源。首先，联席会议制度在当前的算法监管格局下可行性是较高的，在不设立新的专业组织机构的前提下，整合多部门资源以适应算法监管的新要求、高标准，在一定程度上保证了机制的顺畅运行，同时发挥制度优势。其次，由于算法的动态变化，以及场景化、有效监管的需求，联席会议应形成常态化，由网信部门牵头定期举办，以完善监管需求。最后，应赋予网信部门召开临时紧急会议的权力，使机制兼顾灵活性与稳定性，提升监管效能。联席会议制度构建了算法的"大监管"格局。

(3) 构建算法备案与算法审查制度

1) 明确算法备案与算法审查的关系

我国的备案包括两种类型：一种是用于机关单位系统内部权力监督的"备案审查"，另一种是用于政府对市场和社会管理的"监管备案"。就后者论之，根据"备案"的实际效力，其可细分为行政许可式备案、行政确认式备案、行政告知式备案和行政监督式备案四类，至于算法备案是何种性质的备案，则需要根据它的目标、价值和特定性质来判定。算法备案兼具告知性和监督性。算法备案的告知性表明算法备案并不是对义务人的权利和义务产生实质性影响的行政行为，仅为后续政府政策制定、执法活动提供信息；只要算法备案义务人提交符合备案规定的材料，相应部门就应接受备案。算法备案的监督性是指当备案信息作为监管事实的基础时，备案则具有了监督功能，监管主体在不定期审查过程中如果发现备

---

① 2022年美国《算法责任法案》要求联邦贸易委员会作为算法评估的监管主体，对算法评估的全流程负责。

案主体存在虚假备案，则依法要求进行整改并问责。算法备案的监督性说明了算法备案与算法审查的关联性，二者是缺一不可的，算法备案的下一阶段必然是算法审查，算法审查需要算法备案制度实现，二者结合构成了算法监管的事前、事中、事后的全流程闭环。通过结合算法备案和算法审查，算法监管机构能够对算法进行统一管理，在审查活动中确立算法决策应用行业的合规标准和最佳实践，在保障公共利益和国家安全的同时，最大限度地减轻算法"黑箱"可能导致的负面效应，同时平衡好算法透明与算法商业秘密的冲突，充分保护社会各方的利益。

2）构建算法备案制度

构建算法备案制度的核心是明确算法备案主体和算法备案的内容。在世界范围内我国率先设立了算法备案制度，要求具有舆论属性和社会动员能力的算法推荐服务提供者在提供服务之日起 10 个工作日内履行备案手续。算法备案制度的设立，是因为合理的平台算法问责有赖于清晰的主观过错认定，需通过算法备案对平台事前和运行中的问责点进行固定，以有效判断平台是否可以评估、控制、消除算法带来的危害。算法备案是一种存档备查的行为，目的在于获取平台设计部署的具有潜在危害和风险的算法系统的相关信息，为今后追责提供信息。备案本身即存在着监督效应，算法备案制度的信息披露模式、内容、范围的设置体现了对监管与自律、商业秘密与算法透明、源头治理与事后追责等利益的衡量。但同时应当看到，算法备案的主体仅限于具有舆论属性或社会动员能力的算法推荐服务提供者具有一定的缺陷性，应当参照前文算法评估主体的确定标准，形成算法影响规模、算法决策内容、算法主体规模三类标准相结合的算法备案主体标准，将对个人权益的重大影响等内容纳入算法推荐服务的算法备案范围之中。

3）构建算法审查制度

第一，建立专业化的算法审查队伍。以算法备案为依托而进行的算法审查的目的是算法问责，而算法审查中对算法自评估的真实性审查和算法本身的技术审查，都需要依托专业化的人才队伍。因此，需要建立专业化的算法审查队伍方可实现目的。

第二，构建算法审查的标准流程。首先，根据对所备案算法的相关信息优先进行真实性审查，同时结合算法评估报告，判断其风险等级；其次，风险等级较高的算法由专业化审查队伍进行正式审查，对算法推荐服务进行架构、场景的多元化的分析判断，得出是否合法、合理的结论并给出原因，必要时应当责令算法控制者关闭系统并向其提出整改建议，情形严重时可对算法控制者实施相应的行政处罚；最后，若该自动化决策系统已经被实际应用，算法监管机构应当将审查结论一并告知被决策群体。对于未投入实际应用的自动化决策系统，算法审查充当了一种市场准入机制；对于已投入实际应用的自动化决策系统，算法审查是一种监督机制。

3. 强化权利人对算法的监督

算法透明度分为系统透明度与个体透明度[1]，算法备案审查能够有效解决基于系统的透明度问题，但对于个体透明度收效甚微，因为算法备案审查制度是基于系统性观念，站在社会视角评估整个算法系统的部署应用带来的系统性风险，主要针对算法偏见等问题造成的社会不公平效应所带来的问题，预先进行校正或在运行过程中及时发现进行改正的过程。但基于算法自动化决策系统对个人所带来的具体影响，算法备案审查制度显得有些捉襟见肘，因此要赋予个体监督算法的能力，增加个体透明度，实现对算法的有效规制。这样，通过增强算法的系统透明度与个体透明度，为算法问责打下坚实基础。算法的个体监督应当通过赋权与建立相应的权利救济制度来实现，首先应当建立以算法解释权为核心的算法权利体系，同时应当建立完善的、相应的诉讼救济制度。算法解释权配合算法评估制度，增加个人的知情与了解，使得个人解释权的使用处在理性的基础上，二者结合让理性成为主导，发挥算法解释权的更大效用，同时使得算法评估制度的效用得到充分利用。

算法解释权的权利构建思路如下：一是明确算法解释权的权利与义务主体。算法解释权作为一种私权利，首先必须具有明确的权利与义务主体，这样保证双方权利与义务的实施。算法解释权的权利主体应当是受到

---

[1] See The Cambridge Handbook of the Law of Algorithms, Cambridge University Press, 2020.

算法影响的算法相对人，其作为算法权力格局中的弱主体理应受到特别照顾，因此应当确认其算法解释权权利主体地位。算法解释权的义务主体应当是算法的使用、开发者。同时，因算法的特殊性，应当建立辅助算法解释权行使的义务主体，即算法监管机构，以保障算法解释权的有效实施。二是算法解释权的权利内容：

首先是解释沟通权。算法解释权权利人有权对算法解释权义务主体提出异议，提出异议后，算法使用、开发者应当及时与算法解释权权利人进行沟通，解释、说明算法的代码、数据等以及对权利人造成的影响。若实际对权利人造成了重大影响，则算法解释权义务主体应当对算法作出修改或消除对权利人的不利影响，并对算法进行重新评估。若修改并重新评估后算法解释权权利人表示接受，则解释沟通权行使完毕；若算法解释权权利人表示不接受，则可以进一步行使解释审查权。通过解释沟通权的行使，能够有效解决算法个体的信息不对称问题，增加算法使用、开发者与社会个体的信任度，即减少了社会成本，同时也有利于算法的良性发展。

其次是解释审查权。当算法解释权权利人认为行使异议沟通权无法保护其合法权益，认为相关算法决策结果对自身产生了法律效力或重大影响时，算法解释权权利人可以向算法监管机构提出行使解释审查权。算法监管机构作为算法解释审查权的义务主体，有义务对算法解释权权利人提供算法救济，其具有审查告知义务。在算法解释权权利人对算法解释内容（包括算法影响评估结果）提出异议后，算法监管机构将作为接受解释的对象，对自动化决策系统的性质、范围、背景和目的以及数据处理活动进行初步审查，结合算法控制者提交的算法影响评估报告，判断算法解释内容是否真实、有效、完整，并将结果告知算法控制者和被决策者。

最后是解释异议权。算法解释权权利人结合算法监管机构认定的算法解释，若认为通过算法的使用不正确、不公平或歧视性地得出了决策结果，可根据初审结果向算法监管机构针对算法活动提出异议。

通过算法解释权制度赋予个体监督权利，使得算法监管机构能够有效介入算法决策活动，提高算法解释的实际效率，增强算法解释的可行性，解决普通民众信息不对称、知识不对等的权力失衡问题，及时维护受害者的合法利益。

## 四、结论：构建多元主体参与的算法法律规制体系

算法的规制要始终坚持算法发展为了人民，使得算法成为维护人民利益、促进社会公平、增进民生福祉的工具。算法的发展要贯彻新发展理念，推动算法高质量、有效率、安全发展。继续推动算法为加强国家治理体系和治理能力现代化建设发挥重要的作用，利用算法提高资源配置效力，调动社会积极性，激发人民主动性、创造性。统筹推进算法发展与安全两件大事，维护社会活力与秩序。算法的法律规制同样需要取得平衡，基于国家当前战略发展考虑，既不应过于限制其发展，又要对其进行规制，避免算法风险。算法需要有足够的发展空间，才能发挥其工具效益，同时为国家战略布局作出其贡献来应对当前复杂的国际局势。算法需要进行规制，规制算法应当考虑到社会公共利益，构建多元的规制手段。算法能力、法律监管、多元手段的平衡是需要考虑的，要通过加强法律监管、创新多元规制手段来使算法健康发展，为人民、国家带来更大效益，更好地发挥其工具价值。

规制算法，就要以增加算法透明度为手段，以算法公平为目的，以算法问责为保障。我国应当以算法监管制度和算法解释权为依托构建算法规制体系，以强化算法透明，确保算法公平，落实算法问责。《算法推荐规定》和《算法治理意见》中也强调了要建立、健全多方位的算法安全治理机制，形成"多元协同、多方参与的治理机制"[1]，完善算法治理，实现算法的社会共治。要实现规制算法，实现算法向上向善，发挥算法的治理能效、舆论能效、经济能效，推进国家治理体系和治理能力现代，就要求构建新型算法监管体系，实现社会共治。要构建多主体参与的算法规制体系，将政府、社会、公民、企业等多元主体纳入算法监管和算法规制的具体制度当中，使各类主体参与进来，协调配合，构建起一套算法的社会共治体系。

---

[1] 《关于加强互联网信息服务算法综合治理的指导意见》，载中国政府网，http://www.cac.gov.cn/2021-09/29/c_1634507915623047.htm，2024年6月25日访问。

# 第十三章 数字经济法治保障的域外经验

　　习近平总书记在中共十九届中央政治局第三十四次集体学习时强调："完善数字经济治理体系。要健全法律法规和政策制度，完善体制机制，提高我国数字经济治理体系和治理能力现代化水平。"党的二十大报告也对加快发展数字经济作出重要部署，这是推动我国数字经济健康、快速发展的根本遵循。数字经济的发展离不开法治的规范和引导，在过去的几十年间，全球数字经济飞速发展，数字经济的法治建设逐渐成为世界各国掌握数字话语权的重要选择。近年来，欧盟、美国、韩国等国家或地区都在积极建构具有自身特色的数字法律体系与政府职能体系，致力在数字经济发展与数字保护中获取平衡。有关数字经济法治保障的域外经验也随之丰富，为我国加强数字经济法治保障提供了相应参考。本章着重梳理欧盟、美国、韩国的数据法律制度以及相关政府机构职能，重点从立法、执法两个方面展开论证，在此基础上结合我国数字经济发展的现状归纳域外经验给予我国的有益启示。

## 一、域外立法实践

（一）欧盟数字经济法律制度

由于长期受到历史、文化等因素的影响，欧盟逐渐成为世界范围内重视个人数据与隐私保护的代表地区。近年来，欧盟的数据法律制度呈现出渐进式的发展趋势，其逐渐建立起一套具有前瞻性的数字经济法律体系。自1981年起，欧盟（其前身欧共体）先后出台《关于自动化处理的个人信息保护公约》和《关于个人信息处理保护与自由流动指令》，对个人信息保护、数据流动等问题进行了初步规定，并设置了专门针对个人信息保护的行政机构。但欧盟各成员国对《关于自动化处理的个人信息保护公约》的加入以及《关于个人信息处理保护与自由流动指令》的实施具有较灵活的自由选择权，这导致个人信息保护的力度在欧盟各成员国内并不一致，进而影响到欧盟整体的数据法律制度完善进程。[1] 为解决欧盟面临的立法不统一、执法分散的问题，结合个人数据的网络泄露使欧盟公民面临巨大的个人风险这一时代背景，欧盟探索出一条新的数据法治道路，逐步形成以《通用数据保护条例》（GDPR）与《非个人数据自由流动条例》（RFFND）为主的数据法律制度体系。

1. 《通用数据保护条例》（GDPR）

2016年，欧洲会议通过《通用数据保护条例》。该条例于2018年5月25日正式生效。GDPR作为欧盟数据保护立法的代表，很好地解决了欧盟各成员国间的法律差异问题，细化了针对数据处理、存储和管理的规则，也加强了针对个人信息的保护。虽然该条例适用于欧盟各成员国，但其影响是具有全球性的，GDPR已然成为数据保护立法的经典参考。与此同时，GDPR对个人数据严苛保护的理念背后，也凸显了数据保护与数据经济发展的冲突。在严苛的个人数据保护理念的指导下，GDPR规定了繁重的数据合规义务，对世界各地企业造成不小的影响。受GDPR约束的企业必须遵守严格的个人数据保护规则，并在数据合规领域投入更多的

---

[1] 参见崔文波、张涛、马海群等：《欧盟数据与算法安全治理：特征与启示》，载《信息资源管理学报》2023年第2期，第30-41页。

精力。

但总体而言，GDPR 仍是个人数据保护领域具有开创性的立法举措，其创新性主要表现为强化数据主体的权利、扩大数据保护的范围、加大政府对欧盟境内个人数据权利的保护力度、规范数据的跨境流动、大幅度增加违法成本五个方面。[①]

（1）强化数据主体的权利

GDPR 对数据主体权利进行了细致规定，主要包括数据主体的知情权，对数据的访问权、纠正权与删除权（被遗忘权），反对权和自动化的个人决策权等。系列规定的亮点在于：其一，GDPR 确定了更为严格的数据主体同意标准，以保证数据采集、储存等环节的客观性。一方面，企业在收集个人数据前必须通知数据所有者，取得数据所有者的明确授权；另一方面，GDPR 还列出数据控制者需要提供的具体信息，包括控制者的身份、处理目的、法律依据等，以充分保障数据所有者的知情权。其二，GDPR 规定了数据的被遗忘权。GDPR 规定数据所有者有权要求数据持有者和处理者删除与其相关的个人数据，这使得数据所有者的权利受到进一步保护。由此，GDPR 确定了以数据主体"知情—同意"为基本框架，包括数据主体访问、查询、更正、删除、反对、撤回、限制等个人数据保护的自决体系。在此基础上，GDPR 还引入被遗忘权、数据可携带权等全新的概念，适应了数字发展的现状，强化了数据主体的权利。

（2）扩大数据保护的范围

GDPR 第 3 条第 1 款规定：GDPR 适用于在欧盟内部设立的数据控制者或处理者对个人数据的处理，不论其数据处理是否位于欧盟内部。对于在欧盟内设立的机构适用属地主义，对于欧盟以外的机构适用属人主义。第 3 条第 2 款规定，即使数据控制者或处理者不在欧盟设立，GDPR 也适用于以下相关活动中的个人数据处理：（a）为欧盟内的数据主体提供商品或服务——不论此项商品是否要求数据主体支付对价；或（b）对发生在欧洲范围内的数据主体的活动进行监控。[②] 这一规定充分体现出欧盟数据

---

① See European Commission. The general data protection regulation，https：//gdpr-info.eu/.

② 参见王文华、李东方：《论司法实务对数据保护立法的推进——以欧盟〈通用数据保护条例〉（GDPR）为例》，载《中国应用法学》2020 年第 3 期，第 132-144 页。

管辖范围的扩展，将涉及欧盟范围内的数据主体的个人信息处理都纳入了 GDPR 的管辖范围。[1]

由此，收集和处理与欧盟公民相关信息的任何人或企业，无论数据存储在何地，都必须遵守 GDPR 的规定。这凸显了个人数据保护范围的扩展。就如 IP 地址、电子邮件、电力设备等标志均有可能被看作个人信息。数据保护范围的扩大，不仅体现在被规制主体的扩展，还体现在被保护的数据种类的扩大，二者相辅相成。

（3）加大政府对欧盟境内个人数据权利的保护力度

在欧盟层面，按照 GDPR 的规定由各成员国数据保护监管机构负责人和欧盟数据保护专员组成设立欧盟数据保护委员会（European Data Protection Board，简称 EDPB）。欧盟数据保护委员会代表欧盟发布关于个人数据保护的相关指南、建议、意见、有约束力的决定，向欧盟委员会报告，协调监管机构之间的争端，并促进监管机构间的相互交流和一站式监管机制等，以确保 GDPR 在欧盟各成员国内适用的一致性。[2] 在各成员国层面，GDPR 规定每个成员国都必须设立一个或多个完成特定职能的具有独立性的政府机构，称为数据保护监管机构，主要负责监督 GDPR 的适用。同时，GDPR 增强了数据保护监管机构的执法权限，赋予其包括调查、咨询、处罚等方面的重要权力。

在政府机构及数据保护监管机构范围明确的基础上，GDPR 进一步加大了政府对欧盟境内个人数据权利的保护力度，明确了政府对保护个人对数据的知情权、访问权等诸多权利的责任，确立了政府对违法行为从严处罚的权力。

（4）规范数据的跨境流动

早期，欧盟签署的自由贸易协定（Free Trade Agreement，FTA）较少包括数据跨境流动的规制。伴随 2015 年"数字单一市场"战略的出台，欧盟开始将 FTA 的关注焦点由传统电子商务规则转移到数字贸易规则。

---

[1] See Art. 3 GDPR Territorial scope, https：//gdpr-info. eu/art-6-gdpr/https：//gdpr-info. eu/art-3-gdpr/.

[2] 参见王文华、李东方：《论司法实务对数据保护立法的推进——以欧盟〈通用数据保护条例〉（GDPR）为例》，载《中国应用法学》2020 年第 3 期，第 132-144 页。

欧盟由于始终坚持重视个人隐私保护的立法理念，虽然开始对数据跨境流动予以灵活处置，但未在个人数据方面作出让步。经过艰难摸索，欧盟逐渐建立起一个具有折中性的差异保护规则。[①] 欧盟在提倡数据自由流动的同时，以高标准限制个人数据跨境，提出将同等保护水平作为个人数据跨境的前提。

通过 GDPR，欧盟确立了"充分性认定"的个人数据跨境标准，该标准也被称为"白名单机制"。欧盟委员会在综合考察其他国家和地区有关数据的立法、执法、救济能力等因素后，将达到"充分性标准"、与欧盟数据保护水平相当的国家或地区列入"白名单"，使其成为欧盟认可的个人数据可跨境目的地。[②] "白名单机制"是以维护数据跨境安全为最终目的设置的"充分性"前提。GDPR 第 45 条规定了"充分性标准"的考察因素：第一，相关国家或地区立法水平与立法实施现状，是否尊重和保障人权自由；第二，是否具有专业的独立监管机构；第三，是否加入与个人数据保护有关的国际条约，承担相应国际义务。[③] 截至 2021 年 6 月，已有包括英国、韩国在内的 14 个国家和地区获得欧盟的"充分性认定"，进入欧盟"白名单"内。[④] 对于没有获得欧盟"充分性认定"的国家或地区，欧盟也设定其他路径以提供数据跨境选择保障，如在满足数据主体同意、合同义务履行等特殊情形时，也可实现数据跨境。GDPR 规定的"多样化选择"主要包括标准合同条款（Standard Contractual Clause，SCC）、具体行为准则（Codes of Conduct，CoC）、约束性公司规则（Binding Corporate Rules，BCR）、认证机制（Certification）。[⑤]

事实上，欧盟数据跨境流动规制发展的主要推力来源于美国数字贸易

① 参见冯洁菡、周濛：《跨境数据流动规制：核心议题、国际方案及中国因应》，载《社会科学文摘》2021 年第 8 期，第 38-40 页。

② 参见石静霞：《数字经济背景下的 WTO 电子商务诸边谈判：最新发展及焦点问题》，载《东方法学》2020 年第 2 期，第 170-184 页。

③ See Art. 45 GDPR Lawfulness of processing，https：//gdpr-info. eu/art-6-gdpr/.

④ See Adequacy decisions，https：//ec. europa. eu/info/law/law-topic/data-protection/international-dimension-data-protection/adequacy-decisions_en.

⑤ 参见赛迪智库：《全球及中国数据跨境流动规则和机制建设白皮书》，https：//www. ccidgroup. com/info/1096/33588. htm，2023 年 5 月 2 日访问。

变革后有关数据跨境流动规则的强势输出。欧盟为化解美国以自由主义为指导的数据跨境流动规制带来的压力、避免数据闭塞等消极影响，作出相应数据跨境流动规制的调整与转变，这是针对美国的因应策略。但欧盟最后成功地保留了个人数据保护至上的立法理念，在融合中懂得变通，最终掌握了数据立法的世界话语权。

（5）大幅增加违法成本

《通用数据保护条例》（GDPR）在规定详细的数据保护范围、标准的同时，尤为显著地设置了极具震慑力的高额违法成本。GDPR 第 83 条设定了两级递进式的罚款模式，规定企业的罚款数额将与其违规行为的严重程度直接挂钩，并将全球营业额作为其罚款的基准：针对轻微违规行为，企业可能被处以其全球收入的 2% 或 1000 万欧元的罚款（以较高者为准）；对于更严重的违规行为，企业最高可处以全球收入的 4% 或 2000 万欧元的罚款（以较高者为准）。将企业全球营业额作为罚款计算基准，是 GDPR 立法设计的革命性举措。这种设计大幅提高了罚款的潜在上限，特别是对业务遍布全球的大型跨国企业而言，意味着其违规行为可能带来极其高昂的经济代价。

同时，GDPR 建立了较为完备的投诉机制，规定任何个人均可就企业的涉嫌违规行为向监管机构投诉，这一举措极大提高了违规行为被发现的概率，进一步降低了企业逃脱惩罚的可能性。2019 年 1 月，法国国家信息与自由委员会（CNIL）就依据 GDPR 对谷歌公司开出首张罚单：因谷歌"违反数据隐私保护相关规定"，对其处以 5000 万欧元（折合约 3.9 亿元人民币）的罚款。此外，截至目前罚款较高的案件还有英国航空案、万豪酒店集团案等，足可见 GDPR 所规定的高额违法成本的实施效果。

GDPR 通过设置以"全球营业额百分比"为核心的递进式罚款模式，配合全民监督的投诉渠道，成功将企业违反数据保护规则的成本提升到了前所未有的高度。该罚款模式从根本上改变了企业在数据处理上的风险成本计算方式，迫使全球企业深刻认识到数据合规的必要性，并督促企业加大经济投入以回应数据保护领域的合规要求。当前，高额违法成本已成为 GDPR 在全球数据治理格局中发挥深远影响力的核心引擎之一。

2.《非个人数据自由流动条例》

《非个人数据自由流动条例》（Regulation on the Free Flow of Non-personal Data，RFFND）是与 GDPR 相协调适用，为非个人数据的存储和利用确定统一自由流通规则的重要条例。其亮点主要在于：其一，准确界定了非个人数据的范围，非个人数据是指 GDPR 规定的个人数据以外的数据。其二，确定非个人数据自由流动的理念。RFFND 规定，须保障非个人数据的自由流动，但在处理公共部门数据的特定情况下，成员国要向欧盟通报数据本地化的限制措施。其三，RFFND 提倡在便利用户变更数据存储的同时不对数据服务商造成过大负担，以促进非个人数据的充分流动。①

3.《数字市场法案》和《数字服务法案》

当前，欧盟的数据法律体系又有积极进展。在数字经济领域相关立法中，欧盟已就《数字市场法案》《数字服务法案》达成一致，并继续强化政府对商业数据主体的监管。2022 年 11 月 1 日，《数字市场法案》（Digital Markets Act，简称 DMA）正式生效，该法成为确保守门人保持开放市场的重要法规。《数字市场法案》首次引入"守门人"这一概念，对符合标准的大型互联网平台进行反垄断规制，以保障市场公平与企业良性竞争。这成为数字市场反垄断领域的重要举措。DMA 还建立了"守门人"在其日常运营中需要实施的注意事项清单，以保障数字市场的公平和开放。这些义务有助于为企业开辟良性竞争市场，并为它们提供更多的创新空间。此外，DMA 确定欧盟委员会是规则的唯一执行者。这种集中执法与"守门人"的跨境活动和 DMA 的目标相匹配，有利于整个欧盟企业建立一个具有最大法律确定性的统一框架。同时，作为 DMA 监督架构的一部分，欧盟委员会将与欧盟成员国的竞争主管机构和法院密切合作和协调。DMA 还规定，如果国家法律规定了这种权限，相关国家当局可以进

---

① See European Parliament and the Council，Regulation（EU）2018/1807 of the European Parliament and of the Council of 14 November 2018 on a framework for the free flow of non-personal data in the European Union，https：//eur-lex. europa. eu/legal-content/EN/TXT/? uri＝CELEX：32018R1807.

行调查步骤，以确定"守门人"是否遵守 DMA，并向欧盟委员会报告调查结果。这利用了整个欧盟相关当局的力量和专业知识，将确保"守门人"最大限度地合规。

除了 DMA，《数字服务法案》（Digital Service Act，简称 DSA）是欧盟数字法律体系建设的又一进展。DSA 是基于欧盟《电子商务指令》（E-Commerce Directive）的法律框架和主要原则起草的，但二者产生的背景和所追求的目标大不相同。相较于欧盟《电子商务指令》，欧洲议会表决通过的 DSA 加强了对消费者权利的保护，提高了平台对内容控制和信息透明度的责任标准，从而在确保法律确定性和尊重基本权利的同时，应对技术迅速发展带来的新挑战。因此，DSA 可以被视为自 2004 年以来欧盟在数字领域最大胆的尝试，也是对该领域法规进行的最大幅度的修改。DSA 的通过，有助于打破既定平衡，重塑数字服务提供商、商业用户与网络用户（消费者）之间的权利义务关系。

具体来讲，DSA 主要体现为以下六个方面的内容[①]：（1）明确平台非法行为打击措施。针对线上非法商品、服务或其他内容，确定相应打击措施。（2）对网络平台进行算法规制。为网络市场商家的可追溯性设立了新规定，以帮助识别非法卖家，并要求网络平台需采取透明措施，包括推荐算法以及提高定向广告的透明度。（3）给予用户对平台内容审查的质疑权。DSA 允许用户质疑平台内容审查的决定，这为用户基本权利提供了有力保障。（4）确定 VLOPs 的风险管控义务并进行监管，包括对其风险管理措施进行独立审计，防止系统被滥用于非法和虚假宣传活动（例如操纵竞选，传播恐怖主义、虚假新闻等）。（5）创立监督体系。通过欧洲数字服务委员会（European Board for Digital Services）强化对 VLOPs 的执法与监督。（6）确定研究人员对平台关键数据的访问权。DSA 允许研究人员访问平台的关键数据，以确定在线风险及其演变过程。[②] 因此，相较

---

① 参见陈珍妮：《欧盟〈数字服务法案〉探析及对我国的启示》，载《知识产权》2022 年第 6 期，第 110—126 页。

② See The Digital Services Act：Ensuring a Safe and Accountable Online Environment，European Commission，https://ec.europa.eu/info/strategy/priorities-2019-2024/europe-fit-digital-age/digital-services-act-ensuring-safe-and-accountable-online-environment_en.

于欧盟《电子商务指令》，DSA 最大的亮点在于：依据平台在网络生态系统中的角色、规模大小和影响力程度，进行分类分级，从而针对不同的网络服务提供商施加不同程度的义务。目前，DSA 已在整个欧盟范围内统一适用，这是跨境数据监管领域的重大创新，也有利于保障欧盟境内用户的数据安全。DSA 是欧盟数字领域立法的良好开端和重要尝试，也是欧盟数字经济法治图景中的重要组成部分。

4. 结论

近年来，欧盟的数字经济立法成为世界各国参考的对象，欧盟在数字经济法治领域已经逐渐掌握了世界话语权。欧盟的数字治理经验以高度严格的数据保护为基础，在个人隐私保护、数据跨境、算法安全等领域稳步发展，治理规则已然呈现体系化。其数据治理的关注重点已经实现从个人数据安全逐渐到数据流动安全，再到平台算法安全的跨越。

2022 年，欧盟通过的 DSA 有层次地以点带面推进数字服务的治理，同时结合 DMA 实现了对整个欧盟单一数字市场体系化的有序规制。DSA 和 DMA 两大法案具有不同的监管侧重，能够互为补充地作用于欧洲数字市场，促进欧洲数字市场的发展、竞争和创新。DSA 旨在为网络中介服务者设立可执行的规则，DMA 则通过加强对守门人平台的规制与监管，防止科技巨头对企业和消费者施加不公平条件，确保数字市场的公平性和开放性。

目前，欧盟出台的系列法规与政策较好地平衡了数字经济发展与数字安全保障的需求，形成以 GDPR 为核心的欧盟数据与算法安全治理体系。将算法嵌套在数据中的协同治理是欧盟数字经济治理体系的重要特征，也为我国在算法领域的规制建设带来了启示。

（二）美国数字经济法律制度

长期以来，美国对数据安全的治理十分关注。近年来，美国联邦政府采取的系列举措彰显了美国对数据安全的重视程度不断提高，数据安全逐渐升至国家高度。伴随美国数据保护法律体系的不断完善，美国数据安全治理制度日益成熟。但相较欧盟的数字立法，美国的数字制度呈现以市场为主导、以立法为补充的特点，相关立法较为分散，尚未形成较为完备的数据法律体系。综观美国现有数字立法，具有代表性的成果主要涉及个人隐私保护、保障政府数据安全、保障跨境数据流动、规制平台数据安全几个领域。[①]

1. 个人隐私数据立法——《数据隐私和保护法（草案）》

美国对个人隐私的保护经历了长期的发展过程，以个人自由理念为基础，将公民隐私安全的维护视为对个人自由的保障。1974 年《隐私权法》是美国针对个人隐私数据安全治理的早期法案。在此基础上，美国不断充实金融信息、健康信息、儿童在线隐私等的法律制度保障，先后出台《金融隐私权法》（1979 年）[②]、《健康保险可携性与责任法》（1996 年）[③]、《儿童在线隐私权保护法》（2000 年）[④]。2011 年，美国出台《个人数据隐私和安全法》。该法是美国历史上第一部系统化的个人数据保护法，明确地界定了"个人可识别的敏感信息"，以保护个人隐私与信息安全。[⑤] 随后《隐私权利法案》（2019 年）、《消费者在线隐私权法》（2019 年）、《消费者数据隐私和安全法》（2021 年）相继出台，逐步为消费者的数据隐私权建立起有力的监督与执法机制，要求联邦贸易委员会（FTC）出台有关敏感信息的法规，确立处理敏感个人数据的"告知—同意"权。[⑥] 进入 2021 年后，美国数据立法进入集中期，相继出台《数据保护法》《安全数据法》《保护金融隐私法》《个人健康数据保护法》等多部法律。其中《数据保护法》将行政部门的数据保障义务落实，要求行政部门设立独立的数据保护

---

[①]　参见马海群、蔡庆平、崔文波等：《美国数据与算法安全治理：进路、特征与启示》，载《信息资源管理学报》2023 年第 1 期，第 52 - 64 页。

[②]　See Right to financial privacy act，https：//www.federalreserve.gov/boarddocs/supmanual/cch/priv. pdf.

[③]　See United States Department of Health ＆ Human Services. Summary of the HIPAA privacy rule，https：//www. hhs. gov/sites/default/files/privacysummary. pdf.

[④]　See Federal Trade Commission. Children's online privacy protection rule（"COPPA"），https：//www. ftc. gov/legal-library/browse/rules/childrens-online-privacy-protection-rule-coppa.

[⑤]　See Personal data privacy and security act of 2011，https：//www. congress. gov/112/bills/s1151/BILLS-112s1151rs. pdf.

[⑥]　See Information transparency ＆ personal data control act，https：//www. congress. gov/bill/117th-congress/house-bill/1816/text.

机关——联邦数据保护局，针对个人高风险数据的处理与使用进行保障。[1] 2022 年，美国又通过《联邦金融数据隐私法案（草案）》《数据隐私和保护法（草案）》，继续充实其个人数据保护法律框架。《数据隐私和保护法（草案）》的内容包括忠诚义务、数据最小化、消费者数据权利等。在消费者数据权利规定方面，该法案清晰地界定了"透明度"的概念，即要求实体以清晰、显眼和易于访问的方式公开提供隐私政策（该政策提供实体的数据收集、处理和传输活动的详细和准确的表示）；确定了个人数据的所有权和控制权，明确了个人信息的同意权；在儿童和未成年人数据保护领域也进行了补充规定，例如禁止实体向 17 岁以下的任何个人投放有针对性的广告，前提是知道该个人低于此年龄阈值。

综上可知，美国针对个人隐私的保护呈现渐进的发展过程，并逐渐完善。美国重视诸如金融、健康等特定领域的数据安全，并关注未成年人、消费者等特殊群体的隐私保护。美国以解决特殊领域的个人隐私保护问题为切入点，逐渐建立起多层次、精细化的个人数据监管体系，在此基础上不断发展风险分级分类、敏感信息识别、隐私安全评估等数据保障措施，取得显著成效。

2. 开放政府数据立法——《开放政府数据法》（OGDA）

近年来，美国对非个人数据高度自由的理念不断指引政府数据开放力度加大。政府数据信息的开放有助于增加政府的透明度，但政府数据开放的过程必然会涉及数据安全。1966 年《信息自由法》是美国政府信息公开化的基础法律，《信息自由法》促进了政府信息的公开化，明确了公众拥有向联邦机构申请查阅信息的权利。2019 年《开放、公共、电子化与必要的政府数据法》《开放政府数据法》出台，对政府数据安全的制度保障进行优化。《开放、公共、电子化与必要的政府数据法》规定出于隐私、安全、保密或监管的考虑，相关机构可以保留非公开信息。[2]《开放政府数据法》进一步明确联邦机构需以信息可读和开放格式发布"非敏感"政

---

[1]　See Data protection act of 2021，http：//www. congress. gov/117/bills/s2134/BILLS-117s2134 is. pdf.

[2]　See Open，public，electronic，and necessary government data act，https：//www. congress. gov/115/bills/s760/BILLS-115s760rs. pdf.

府数据，并任命一名首席数据官进行所有开放数据工作的监管。①

在美国政府数据开放的法律规制中，《开放政府数据法》对政府数据开放作出了更为完善的法律规定。其一，建立政府数据开放例行审查制度和公共利益政府数据优先制度。《开放政府数据法》规定，联邦政府机构有职责对政府数据开放开展例行审查。该法针对政府数据开放范围作出规定：对涉及国家安全、知识产权风险、个人信息泄露、商业机密等数据，可不向公众开放；对涉及公众公共利益的政府数据，要标注为优先级政府数据资产，优先开放。其二，设立政府数据开放报告与评估制度。为解决政府数据开放缺少评估反馈机制这一问题，《开放政府数据法》规定：首席数据官及委员会需要定期将"政府数据开放是否扩展到公共领域、政府数据开放的可利用价值"等信息向美国国土安全委员会、参议院政务部、众议院监督委员会说明并提交正式报告。联邦审计长应对"首席数据官及委员会是否履行其职责，是否改善联邦政府数据开放工作"予以检查评估，每四年应向美国国会进行正式报告。其三，公开联邦政府数据目录与开发与维护政府开放数据清单。《开放政府数据法》规定应公开联邦政府数据目录，准确、全面地反映政府数据资产，并及时更新；开发与维护政府开放数据清单，在联邦政府数据目录上公布公共数据资产的介绍和链接，严格落实针对大众的数据开放服务。

由此可知，美国在开放政府数据的保障机制方面不断完善，对政府开放数据的界定也日趋明晰。其以数据的"敏感"程度作为核心的开放标准，并配备专门监管人员及具体措施，构建了一套以政府数据开放报告与评估制度为基础措施的政府数据安全保障体系。

3. 数据跨境流动立法——《外国投资风险审查现代化方案》（FIRRMA）

美国跨境数据流动规制的发展与成熟源自自身主导并建立的跨境隐私规则体系（Cross Border Privacy Rules System，简称 CBPR）。CBPR 是早

---

① See OPEN government data act，https：//www.congress.gov/115/bills/s760/BILLS-115s760 is.pdf.

期具有数据多边监管性质的数据保护机制。CBPR 关于数据跨境流动规制的最大特点便是数据跨境传输范围的可选择性，CBPR 规定成员国或地区可以在其传输的数据种类上进行自由选择，包括产品数据、健康数据、消费者数据等。① 近年来，通过多边、双边协定促进数据自由流动开始成为美国促进数字跨境流动的主要举措。2018 年 11 月达成的《美墨加协议》（USMCA）和 2019 年美国、日本签订的《数字贸易协定》是美国多边、双边协定的代表，并将 CBPR 作为个人信息保护的参考。USMCA 规定各成员国原则上不允许采取任何措施限制或阻碍数据的流动，明确反对"数据本地化"的理念，规定"禁止将计算机等设施的境内使用作为进行自由贸易的条件"。以上规定也使 USMCA 成为现今世界范围内开放度最高的数据跨境流动规则。② 2019 年，美国、日本签订的《数字贸易协定》沿袭 USMCA "数据自由"理念，其中交互式计算机服务等数字贸易条款将数据跨境自由理念体现得淋漓尽致。以上展现了美国通过达成多边、双边协定将数据跨境自由作为原则性条款写入，以打破贸易壁垒，促进数据自由流动的又一途径。

但针对关键数据的跨境问题，美国转而采取严格限制的理念。随着数据单边主义的推行，美国开始将数据治理重点从多边治理转到单边控制，对关键数据跨境进行严格限制。③ 2020 年，美国《外国投资风险审查现代化方案》（FIRRMA）生效，将关键技术、敏感个人数据等视为国家安全的组成要素，纳入外国投资审查范围，对经审查后可能给国家安全造成威胁的数据采取本地化储存措施。并且 FTRRMA 相应设置"白名单"，规定"白名单"中的"例外国"可豁免有关敏感数据的安全审查，目前已将澳大利亚、英国、加拿大涵括在"白名单"中。2022 年《出口管制条例》出台，该条例作为 1979 年《出口管理法》的实施细则，明确针对部分关

---

① 参见李艳华：《全球跨境数据流动的规制路径与中国抉择》，载《时代法学》2019 年第 5 期，第 106－116 页。

② 参见陈寰琦、周念利：《从 USMCA 看美国数字贸易规则核心诉求及与中国的分歧》，载《国际经贸探索》2019 年第 6 期，第 109 页。

③ 参见赛迪智库：《全球及中国数据跨境流动规则和机制建设白皮书》，https：//www.ccidgroup.com/info/1096/33588.htm，2023 年 5 月 2 日访问。

键技术与特定领域的数据出口进行限制，以保障美国的优势性地位。① 2022 年《个人健康和位置数据保护法》明确禁止数据经纪人出售美国公民的位置和健康数据。② 以上举措均表明：美国在兼顾数据自由流动与经济发展的同时开始重视对国家安全的保护。其系列规定虽彰显对数据跨境自由理念的坚持，但也重视对数据跨境安全的审查，这从侧面印证了敏感数据的重要性。

4. 平台数据与算法安全立法——2022 年《算法责任法案》

伴随数字经济的迅速发展，平台凭借其优势地位逐渐成为数据流通的重要媒介，数据与算法也日益融合。平台在利用算法技术提供相应数据服务的同时，开始面临新型数据风险，这使美国政府逐渐意识到算法背后的诸多问题，开展对平台算法的规制以保障平台和用户的数据安全。2019 年《算法问责法》作为美国对平台算法运行监管的初步尝试，指示联邦贸易委员会（FTC）尽快制定有关"高风险自动决策系统"的评估规则，要求平台公司在该评估规则实施前对自身算法进行评估，以解决平台算法歧视性问题、避免隐私安全问题的发生。③ 2021 年《算法公正和在线平台透明法》规定平台禁止进行基于种族、年龄、性别、能力和其他受保护特征的平台数据与算法利用，同时要求在线平台根据关键隐私和数据识别标准，说明其算法流程供 FTC 审查。④ 2022 年《算法责任法案》进一步加强平台自动化决策系统的透明度和问责机制，要求 FTC 对平台公司自动化决策中的偏见、有效性等因素进行评估，并建立信息库以帮助消费者识别被公司自动化的关键决策。该法案是平台数据与算法安全治理的崭新尝试，从自动化决策的评估与识别入手，为算法规制的发展提供了技术与法

---

① 参见马海群、蔡庆平、崔文波等：《美国数据与算法安全治理：进路、特征与启示》，载《信息资源管理学报》2023 年第 1 期，第 56 页。

② See Health and location data protection act，https：//www. congress. gov/bill/117th-congress /senate-bill/4408/text? r＝2＆s＝1.

③ See Algorithmic account ability act of 2019，https：//www. congress. gov/116/bills/s1108/BILLS-116s1108is. pdf.

④ See Algorithmic justice and online platform transparency act，https：//www. congress. gov/117/bills/s1896/BILLS-117s1896is. pdf.

律综合规制的崭新视角。① 相较于之前立法，《算法责任法案》确认了"强化关键决策过程"（ACDP）的重要性。《算法责任法案》要求 FTC 颁布法规，要求公司对影响消费者生活的任何自动关键决策，以及为其他实体使用的任何"自动决策系统"（ADS）进行持续的影响评估，以作出"关键决策"。《算法责任法案》的大部分内容侧重于"强化关键决策过程"（ACDP）或"自动决策系统"（ADS）的评估要素，包括任何当前流程是否会被新的"强化关键决策过程"（ACDP）取代。同时，《算法责任法案》还要求覆盖实体对相关员工、承包商或其他代理人进行培训，对"强化关键决策过程"（ACDP）或"自动决策系统"（ADS）的某些用途进行限制并改进"强化关键决策过程"（ACDP）或"自动决策系统"（ADS）的开发和部署。

5. 结论

根据上文对美国联邦政府相关数字经济法律的梳理与分析，可归纳出美国数字经济法治的以下三个特征。

其一，美国十分重视个人隐私安全，在个人隐私安全领域的监管呈现精细化、系统化的特征。美国崇尚个人自由理念，个人隐私安全的保障与自由理念息息相关。经过长期的立法与实践，美国逐渐形成针对个人信息保护的多领域、多层次、精细化立法体系。其设计的法律制度涵盖金融、儿童信息等特殊领域，以联邦政府和地方政府为不同层级进行细化立法，以满足数字法律规制的现实要求。此外，还尝试完善诸如风险分类分级、敏感信息识别等创新性的监管手段，使个人信息的法治保障发挥应有的实际效果。

其二，美国的数字经济治理注重数据安全与算法规制的融合。数字经济的发展离不开数据与算法的支撑，特别是大型网络平台算法的研发与运用更是数字经济法治需要关注的重点。平台在利用算法技术提供数据服务的同时，也将面临诸多新型数据风险。鉴于这一现状，美国开展针对算法领域的重点规制非常必要，但考虑到算法的技术性与创新性特征，相关法

---

① See Algorithmic account ability act of 2022，https：//www.congress.gov/117/bills/hr6580/BILLS-117hr6580ih.pdf.

律能否发挥有效作用仍要经过实践的检验，在实际应用中不断修正。

其三，在数据跨境流动领域，美国逐渐找寻到数据流动与数据保护间的平衡。近年来，美国在数据跨境领域的立法不断充实，系列举措彰显美国对数据跨境自由理念坚持的同时重视敏感数据的跨境监管，并尝试通过双边或多边协定的方式谋求数据向美国的自由流动。

（三）韩国数据保护法律制度

近年来，韩国在数据治理方面也开辟出独特的国家治理模式，在数据保护与跨境数据流动规制领域积累了一定的经验。伴随数字经济的发展，韩国的数据保护与跨境数据流动规制正在不断演变，韩国在欧盟、美国数据保护理念的基础上，逐渐迎合数据流动与经济增长的需求，努力在个人数据使用与数据保护中寻求平衡点。

1. 韩国"数据三法"修正案

2011 年 3 月，韩国出台《个人信息保护法》，主要规制公共部门与私人部门对个人信息的处理，该法成为韩国关于数据保护的一般法律。在 PIPA 的基础上，2020 年 1 月，韩国国会又相继通过《个人信息保护法》《信息通信技术与安全法》《信用信息保护法》修正案，三部修正案被称为"数据三法"修正案，至此韩国个人数据保护法律体系初步形成。"数据三法"修正案将个人信息保护委员会（PIPC）设为独立监管机构，在数据主体权利侵权调查及其处置事项、个人信息纠纷调解、数据泄露因素评估等方面保持了相对独立性；首次确立了"数据匿名化"的概念，以符合欧盟 GDPR 的要求。然而"数据匿名化"条款也存在扩大监管机构处理数据的范围这一争议问题。[1] 2022 年 4 月，韩国个人信息保护委员会发布针对"数据三法"修正后的指导方针，鼓励更积极地处理匿名数据，旨在促进匿名数据的自由流动。[2]

韩国数据保护法在参考欧盟、美国等数据保护法的基础上形成，倾向

---

[1] See Konrad Adenauer Stiftung (KAS), Data Innovations and Challenges in South Korea, Data and Innovation in Asia-Pacific, 2021.

[2] See S. Kang et al., PIPC's Amendment to the Guidelines on Processing Pseudonymized Data, Lexology.com, May 31, 2022, https://www.lexology.com/library/detail.aspx? g＝6bf 5be72-d3d2-4281-80ea-76feb9582ca4.

对个人信息进行严格保护，被称为"亚洲最严厉的个人信息保护法"。但韩国也在积极寻找促进数据自由流动的有效方式，通过对"匿名化数据"的规定，激活匿名数据的流动活力。但"匿名化数据"是否真正安全，还需要实践中的检验。在数字经济发展与数据保护中确立适合的平衡点，探寻有效的平衡路径是各国数字立法都需要考虑的基本问题，这也为我国数字经济立法提供了有益启示。

2. 数据跨境流动立法——《个人信息保护法》

韩国针对数据跨境流动采取较为严格的规制态度。根据《个人信息保护法》的规定，数据储存主体在向境外第三方提供个人信息时，必须事先征求数据主体的同意，并且实施相应的保障措施。近年来，韩国还通过了一系列双边、多边贸易协定，形成有关数据跨境流动的规则。在韩国与欧盟、韩国与美国的自由贸易协定中，韩国承诺对其监管制度进行修改，在允许金融数据信息跨境的同时，重视保护消费者的敏感信息。

3. 结论

当前，韩国的数据法律规制已经从保守的、政府管理的方式转变为创新的、开放的方式。数字治理作为数字时代大国竞争的关键领域，不断推动与互联网技术有关的治理变革。韩国在数字治理中不断寻求公共利益与私人利益、国家监管与市场创新之间的平衡，开创出不同的数据治理道路。

具体到数据保护的治理领域，韩国展现出两大显著特征：

其一，韩国构建了专门的个人信息争议调解制度。将调解机制引入个人信息保护领域，是韩国在争议解决设计上的一项重要制度创新。依据韩国《个人信息保护法》（PIPA），凡因个人信息纠纷引发的民事争议及行政争议，均交由个人信息争议调解委员会处理。该委员会有权制作调解书，内容可包含要求侵权方停止侵害、恢复原状、赔偿损失，制定预防再犯措施等。这一调解制度的建立，凸显了韩国在数字治理中逐渐超越了单纯依赖高额罚款的执法思路，转而重视多元化社会协同治理的价值。

其二，韩国确立了数据泄露集体诉讼机制。该机制虽以韩国民事诉讼法为基本原则，但仍具有鲜明的特殊性：该机制规定诉讼主体仅限于消费者组织或非营利性的非政府组织；诉讼实行专属管辖原则；设置调解作为该机制启动的前置程序，即规定提起诉讼前须先尝试调解。数据泄露集体诉讼机制是韩国在数据保护领域的又一项重要制度探索，该机制的设置不仅为消费者等不特定群体提供了有效的利益救济渠道，也彰显了韩国对个人信息保护的高度重视与公民权益保障的强化。

综上，韩国的数据治理转型不仅体现在宏观理念上从管控走向开放，更在微观制度层面进行了务实且富有成效的创新尝试。个人信息争议调解制度与数据泄露集体诉讼机制共同构成了"平衡多元价值""提升数据保护效能""拓宽救济路径"的多维治理支柱。上述探索不仅回应了现实需求，也为全球数字治理实践提供了具有参考价值的治理方案。未来，韩国如何进一步完善数据治理框架，以应对人工智能、大数据等新技术带来的诸多挑战，值得学界持续关注。

## 二、域外执法实践

（一）欧盟的数字治理机构及其职能

随着欧盟数字立法的不断推进，欧盟相应的数据保护机构也在不断完善，呈现出专业化、体系化的特征。欧盟和成员国均设置了相应的数据监管机构。在欧盟层面，数据监管机构主要包括欧洲数据保护委员会（ED-PB）、欧洲数据保护监管局（EDPS）、欧盟网络安全局（ENISA）。在成员国层面，数据监管机构主要包括各成员国建立的数据保护监管机构以及行业自律规定设置下的数据保护官。

1. 欧盟数据保护委员会（EDPB）[①]

EDPB是由欧洲各国数据保护监管机构组成的独立机构，主要负责监督欧盟范围内的数据保护规则。EDPB由各成员国数据监管机构的代表及欧洲数据保护监管局（EDPS）的数据保护监管员组成，主要职责是对GDPR的关键概念进行解释，就与个人数据保护以及欧盟新立法提案的相关问题向欧盟委员会提出建议，发布相关指引和建议等，并有权在欧盟各成员国监管机构间发生争端时作出裁定。

---

① See The European Data Protection Board about EDPB, http：//edpb. europa. eu/about-edpb/about-edpb/who-we-are_en.

## 2. 欧洲数据保护监管局（EDPS）[①]

欧洲数据保护监管局（EDPS）是欧盟的独立数据保护机构，也是欧盟数据治理机构的核心。其职权主要包括以下五个方面：其一，监控可能影响个人信息保护的新技术。其二，当机构处理个人信息时，负责监控并保护个人数据安全。其三，为欧盟法院提供有关解释数据保护法的专家建议。其四，加强与国家数据监管机构、其他数据监管机构的合作，促进个人信息保护的监管一致性。其五，应邀或主动向欧盟机构或有关团体提供处理个人数据事项的建议。

## 3. 欧盟网络安全局（ENISA）[②]

欧盟网络安全局（ENISA）作为欧盟的重要机构，其目的在于保证欧盟高标准的网络安全。通过《网络安全法》的实施，ENISA 在支持欧洲电子签名及信任体系实施方面的作用得到强化。与此同时，ENISA 积极与成员国、欧盟其他机构合作，为欧盟应对未来网络安全的挑战做好准备，最终保障欧盟成员国与公民的数据安全。

## 4. 各成员国数据保护监管机构[③]

早在 1995 年出台的《关于个人信息处理保护及个人信息自由传输的指令》中，就对各成员国设置专门数据监管机构提出了要求。在此基础上，GDPR 进一步对各成员国设置数据监管机构作出强制性规定。GDPR 第 51 条规定：各成员国应建立一个或者多个独立的政府数据保护监管机构，各监管机构之间、监管机构与欧盟委员会之间应相互合作，对 GDPR 的应用进行监管。各监管机构应"保持完全的独立性"，不受任何外部因素的影响。数据监管机构的主要任务为在本国范围内监督执行 GDPR、监控信息与通信技术、制定认证标准或行业规范，处理数据主体向数据监管机构的申诉、对数据处理主体的违规行为进行处罚等。各成员国数据监管

---

[①] See Edinburgh Postnatal Depression Scale（EPDS），http：//med. stanford. edu/content/dam/sm/ppc/documents/DBP/EDPS_text_added. pdf.

[②] See The European Union Agency for Cybersecurity，ENISA，is the Union's agency dedicated to achieving a high common level of cybersecurity across Europe. ，http：//www. enisa. europa. eu/about-enisa.

[③] 参见崔文波、张涛、马海群等：《欧盟数据与算法安全治理：特征与启示》，载《信息资源管理学报》2023 年第 2 期，第 30 - 41 页。

机构的成立旨在保护数据安全，也促进欧盟内个人数据的自由流动。

5. 数据保护官

数据保护官最早是由欧盟成员国法国和德国提出而建立的机构，其主要职责是监督数据处理的合规性、配合监管机构、设立数据保护专员等，以减轻监管机构的工作负担。GDPR 规定雇员 250 人以上的大型企业必须设立数据保护官，在企业出现数据违法情形下追究数据保护官的法律责任，体现出数据保护官的行业自律特征。

6. 结论

以欧盟数据保护委员会（EDPB）、欧洲数据保护监管局（EDPS）为核心，欧盟已经形成"立法—执法—服务"一体化的数字治理机构，具备层级清晰、分工明确的数字治理机构体系。以欧盟、各成员国为基础设置的数据监管机构相互合作，承担起针对欧盟组织内部、各成员国内部的数据监管职责，也使欧盟的数据保护机构体系在加强个人数据保护、促进数据合规使用等方面取得了显著效果。

（二）美国的数字治理机构及其职能

数据保护机构体系是美国有效实施数据安全治理的根本保障，主要由联邦贸易委员会（FTC）、司法部（DOJ）、商务部、州监管机构等组成。

1. 联邦贸易委员会（FTC）①

在美国的数据保护机构中，联邦贸易委员会（FTC）承担了较多任务，逐渐成为美国数据安全监管的核心机构。FTC 主要负责联邦层面个人信息保护规则的制定，依据行业法规的授权对商业实体的数据处理进行监督，保护消费者的隐私和数据安全。诸如《联邦贸易委员会法》《隐私权利法》等均为 FTC 调整企业隐私政策、保护用户隐私与个人信息提供了有力依据。除了 FTC，还有联邦银行监管机构、联邦通信委员会等机构也依法行使对数据保护的监管权与执法权。2022 年 4 月，美国又成立网络空间和数字政策局（CDP），对网络安全、数字技术和信息经济的发展着重关注，CDP 的成立是美国数据安全治理的又一发展。

---

① About the FTC：What we do，https：//www.ftc.gov/about-ftc/what-we-do.

2. 司法部（DOJ）[1]

美国司法部（DOJ）作为联邦法律的主要执行者，其下设隐私和公民自由办公室（OPCL）。OPCL 保证司法部门保障公民的隐私与自由，并可针对 1974 年《隐私法》、2002 年《电子政务法》、2015 年《司法补救法》等相关隐私条款作出政策指令，以促进隐私条款的实施。

3. 商务部[2]

商务部凭借其统筹协调职能在数据管理中发挥领导与监督作用，能够在庞杂的部门工作中统筹推进数据管理，旨在以公开透明的方式最大限度提升内设各部门及外部公民对数据资产的应用水平，同时强化部门的数据管理能力。商务部数据治理工作主要依据《商务部数据战略（2021—2024）》（COMMERCE DATA STRATEGY Fiscal Years 2021—2024），其核心职能具体体现在以下几个方面：

其一，设立专职数据治理机构参与政策规划。商务部成立了专门的商务数据治理委员会（Commerce Data Governance Board，CDGB），使之成为政策制定的关键机构。该委员会成员涵盖所有司局代表，核心职责在于制定和推动与现行法律、法规及政策相协调的数据治理政策与优先事项，涵盖高效的数据管理策略、共享机制等重要内容。

其二，推动跨部门协作。商务部致力于最大化整合其专业知识和创新能力，为各司局间的协同合作搭建平台、提供共享资源。例如，建立的"成熟度与数据技能工作组"（MADSKILLS）和"数据库存工作组"（IWG），旨在通过协商讨论、分享最佳实践解决方案，凝聚部门内部共识，明确工作优先级并协同应对挑战。

其三，提升数据互操作性与可获取性。商务部主导并积极参与内外部数据社区建设，致力于确立数据管理的最佳实践与统一的元数据标准。此举的核心目标在于促进数据的互操作性与可访问性，最终强化数据整合效能并保障各类用户公平获取数据。

其四，培育数据素养与驱动文化变革。商务部以提升内部员工及利益

---

[1]　See The Department of Justice（DOJ），https：//www. justice. gov/opcl.

[2]　See COMMERCE DATA STRATEGY Fiscal Years 2021—2024，https：//www. commerce. gov/sites/default/files/2021 - 08/US-Dept-of-Commerce-Data-Strategy. pdf.

相关方的数据素养作为治理的关键内容，通过组织专项培训、推广数据分析工具以及建立激励机制等途径，着力转变员工的传统工作模式，为数据驱动型业务的可持续发展奠定人才基础。

综上，商务部通过构建集"统筹决策、协同共享、标准规范、能力建设"于一体的治理框架，系统地推进了数据资源的战略管理。这一模式不仅有效提升了内部行政效能和决策科学性，还增强了政府数据向社会开放的服务供给能力。伴随数据要素市场的深化发展，商务部在数据确权、流通利用、安全保障等方面面临的挑战将更为复杂，其治理体系也需持续优化，以应对新形势、新要求。

4. 卫生与公众服务部（HHS）

作为美国《健康保险可携带性与责任法案》（HIPAA）的主要实施机构，美国卫生与公众服务部（HHS）在国会通过 HIPAA 及相关法律后，制定并发布了隐私和安全规则，作为行政法来实施 HIPAA 的规定。2025年 1 月 6 日，美国卫生与公众服务部（HHS）提出了对《健康保险可携带性与责任法案》（HIPAA）安全规则的修订建议，旨在增强对电子受保护健康信息（ePHI）的网络安全保护。这是自 2013 年以来的首次重大更新，主要拟议变更年度技术资产清单和数据映射、更严格的安全风险评估、强化供应商监督、强制实施多因素认证和加密标准、正式化事件响应计划等。[①]

5. 州监管机构

美国州政府在数据隐私执法领域扮演着至关重要的角色。州检察长通常被赋予法定权力，代表州政府对涉嫌侵犯其居民数据隐私权利的公司采取执法行动。各州检察长主要依据本州制定的隐私法规具体执法〔如加州的《加州消费者隐私法》（CCPA）〕，致使各州的执法行动存在显著差异，表现为违法行为的性质认定、州监管机构被法律赋予的调查和处罚权限的不同。这一执法模式营造了一个处罚多样化、联合调查行动多层次的监管

---

① See HIPAA Security Rule Notice of Proposed Rulemaking to Strengthen Cybersecurity for Electronic Protected Health Information, https: //www. hhs. gov/hipaa/for-professionals/security/hipaa-security-rule-nprm/factsheet/index. html.

环境。① 以"某大型科技公司数据泄露案"为例，数十名州检察长通过组成联合工作组，能够协调调查并共同提起诉讼，此举可显著提高执法效率、确保结果一致性，并对违规企业施加巨大压力。但不同州之间存在的执法实践差异致使大规模联合行动容易产生执法压力，此现象进一步推动了政府制定更加统一、更加强有力的联邦级隐私法规，以缓解执法的不确定性。

6. 行业自律

行业自律作为美国数据管理体系的重要补充，主要体现为两种形式：一是成立倡议性的隐私保护自律组织，如网络隐私联盟（OPA）。该类组织主要致力于研究制定隐私保护指引，并通过倡议推动成员实现隐私自律。二是网络隐私认证计划，该计划由独立认证机构运营，如 TRUSTe 隐私认证，旨在对符合特定隐私标准的企业颁发认证证书，同时承担监督企业遵守自律规范、处理个人网络隐私纠纷等职责。行业自律的价值在于，其能有效规避市场自由放任带来的混乱，也可减少政府仓促立法造成的法律滞后风险。②

当前，行业自律机制得以发挥作用的关键在于行业自律与政府监管形成有机衔接与有效协同，实现功能的互补与相互促进。具体而言，政府监管能够为行业自律确立基本框架和底线要求，例如通过立法明确隐私保护原则、界定强制性规制的领域，并提供有效的惩戒手段威慑严重违规行为。以此为基础，行业自律能够发挥精细化治理的优势。一方面，行业组织可以基于政府设定的基线原则，结合自身业态特点不断优化更具操作性和前瞻性的行业标准、最佳实践和技术规范，实现对政府法规的有力补充，满足特定行业的精细化治理需求。另一方面，行业协会可发挥市场声誉机制的积极作用，通过给履行隐私保护水平高的企业颁发认证标识，增强消费者对企业隐私保护水平的信任，形成市场的良性反馈。

7. 结论

美国数字治理机构经过多年发展，已经形成层次分明、主体多元的治

---

① 参见《美国数据与隐私安全保护体系概况》，https：//mp. weixin. qq. com/s/ma7yq7Ok Dl1itBFvdfIzTA。

② 参见周云涛、李佳星：《数字经济视野下的欧美数据法律制度与机构职能比较研究》，载《中国机构编制》2022 年第 12 期。

理框架。美国数字治理机构以 FTC 与各州监管机构为核心，结合其他部门的参与，呈现出"立法—执法—行业自律"的多元治理特征。在立法领域，美国国会与各州政府负责制度的提出与审议。在执法领域，以 FTC 为核心的监管机构发挥作用，各尽其职。除此之外，行业自律体现数字领域的社会共治特征，以行业自管的方式确定数据治理标准，不仅满足了数字治理领域的高技术性要求，也实现了立法、执法、行业自律领域的有效监管。

（三）韩国的数字治理机构及其职能

1. 个人信息保护委员会（PIPC）[①]

个人信息保护委员会（PIPC）是负责数据保护的主要机构。韩国互联网与安全局（KISA）为接收个人信息泄露报告的专属机构。2021 年，韩国基于《个人信息保护法》（PIPA）等相关法律，被欧盟认定为提供了同等保护，并获得了充分性认定。PIPC 的主要职责在于：执行 PIPA，解决有关正式解释的问题，处以行政罚款、附加罚款、责令改正等行政处分，制定数据保护政策，评估与个人信息保护有关的法律和行政措施的制定与修改情况。

2. 韩国通信委员会（KCC）

韩国通信委员会（KCC）的主要职能在于：执行 ICNA，解决有关正式解释的问题，处以行政罚款、附加罚款、责令改正等行政处分。

3. 金融服务委员会（FSC）

金融服务委员会（FSC）的主要职能在于：执行《信用信息使用和保护法》（UPCIA）、解决有关正式解释的问题。

4. 结论

近年来，韩国的数字治理机构正在不断完善，机构职能体现出多层次的特征，例如 PIPC、KCC 等机构均具有法律解释、执法的权力。此外，数字治理机构也按照不同领域进行设置，对通信、金融等重点领域进行特别监管，更有利于数字领域的综合治理。

---

① 参见《韩国数据保护要求》，载网信安全世界，http：//www.infosecworld.cn/index.php?m=content&c=index&a=show&catid=27&id=3553，2024 年 7 月 10 日访问。

# 三、域外数字经济发展法律治理的经验启示

在数字全球化的发展背景下，我国应立足于治理现状，积极汲取全球其他国家、地区的先进治理经验。基于对欧盟、美国、韩国的数字治理经验的分析，我国应在以下几个方面对数字治理予以完善。

## （一）完善我国数据与算法协同治理安全机制

伴随数字技术的飞速发展，数字经济领域的风险治理已经从数据治理向算法治理过渡。数据与算法成为无法分割的"依附"，数据安全的保障离不开算法技术的规制与监管。不论是欧盟的算法治理嵌套于数据治理中的治理模式，还是美国针对算法的独立规制模式，都彰显了加强算法领域监管的时代性与必要性。2021 年，我国也开启针对算法的监管进程，针对算法领域的监管出台《算法推荐规定》并于 2022 年 3 月正式施行。《算法推荐规定》与我国《数据安全法》《个人信息保护法》《网络安全法》共同构成数据与算法安全治理领域的配套规则，标志着我国数据与算法协同治理体系的初步形成。但目前，我国有关算法安全治理的制度仍需进一步完善。在立法设计领域，我国可参考欧盟、美国有关算法安全治理的经验，从数据与算法的交互性角度细化算法领域的规制，针对算法歧视、算法"黑箱"、大数据杀熟等重点问题进行制度设计，构建以事前评估、事中监管为主的数据与算法协同治理体系。在构建治理主体领域，我国需要重视推进数据与算法治理主体的协同化，构建以国家网信办为主体，以工业和信息化部、市场监管总局、平台机构为协同的治理主体架构，更好地落实算法领域的监管。

此外，我国亟须重视并大力推进互联网平台的多元协同共治。数据要素与算法模型的深度整合在互联网平台中表现得尤为突出，结合互联网平台在数字经济生态中的特殊地位，我国须对相关平台实施差异化的审慎监管与引导性的赋能应用。其一，强化行业自律，构建良性竞争秩序。我国可尝试推动出台互联网等特殊领域在数据与算法应用中的行业技术标准与伦理规范，配套建立严格的责任追究与惩戒机制。此举可有效推动数据安全和算法透明原则在互联网行业内落地生根，有助于规制平台行为，防范

恶性竞争。其二，激励创新探索，建立动态监管体系。我国有关职能部门可鼓励互联网平台在算法透明度与可问责性方面积极探索与创新，并基于不同类型业务场景的特性和风险等级构建适配的安全评估与分类分级监管框架。同时，可建立针对新型数据与算法风险的预警识别及敏捷响应机制，实现监管的动态化、精准化。其三，完善多元协同共治机制。我国应逐渐超越单一的政府监管或行业自律模式，构建涵盖政府部门、平台企业、行业组织、专业研究机构及社会公众的协同治理网络。探索设立常态化的多方协商议事平台，共享风险信息，协同制定治理规则并监督执行，形成共治合力。其四，继续发展监管科技（RegTech），提升治理效能。我国需加大对监管科技应用的投入与支持力度，研发和推广可用于自动监测算法模型、识别数据滥用风险与追溯平台行为的创新技术工具。通过"以技术管技术"的模式，能够有效提升监管机构的穿透式监管能力，提升监管的前瞻性与科学性。

通过以上多措并举，我国可在激发创新活力与维护公共利益、数字安全之间构建动态平衡，最终实现数字经济的高质量、可持续发展。

（二）完善数据流动制度，建立中介评估机制

近年来，伴随我国对数字经济规律的认识逐渐加深，相关数据跨境的法律规制也在不断发展，形成以《网络安全法》《数据安全法》《个人信息保护法》为基础，以《数据出境安全评估办法》为具体标准的跨境数据规制体系。《数据出境安全评估办法》是对数据跨境流动机制的进一步细化与规范，在数据评估规则的确定、数据出境分级分类标准的细化、数据跨境监管手段创新等领域取得了有效进展，为我国数据处理者的数据跨境传输行为提供了明确指引。但在参考数据流动治理的域外经验后，我国还应继续完善自身的数据流动制度，其中非常重要的一点就是推动中介评估机制的建立与运行。数字经济的发展已充分体现在社会的各个领域，对数字经济的治理不仅仅要依靠政府的有效监管，更要依靠社会各行各业的自发性推动。基于《数据出境安全评估办法》的规定，在"三法一规"的指导下，我国应进一步发展引入中介评估机构的第三方评估机制，充分发挥中介评估机构在数字技术领域的权威性和高效性，探索制定中介评估机构的认证资质、评估标准、监管细则等规定，推动中介评估机构更好地为数字

治理服务。

（三）构建"多层次、分领域"的数字安全监管体系

目前，欧盟、美国、韩国的数字治理机构及职能都已呈现系统化特征，在重点监管领域设置必要的监管机构，实现了"多层次、分领域"数字安全监管体系的构建。2023 年 3 月 7 日下午，国务委员兼国务院秘书长肖捷宣布组建国家数据局。国家数据局作为国家发展和改革委员会管理的国家机构，负责协调推进数据基础制度建设，统筹推进数字中国、数字经济、数字社会规划和建设等。国家数据局的组建是我国构建"多层次、分领域"数字安全监管体系的重要尝试，有助于更好地协调推进数据交易相关制度建设，消除数据产业发展的壁垒，引导市场化主体参与数据交易平台的建设与运营；也将进一步推动数据标准化工作，将各种数据格式、数据结构等进行统一规范，这将有助于提高数据交换的效率和准确性。与此同时，全国的数据协同也在不断发展。在国家数据局构建前，我国已有多个省市设有大数据管理部门，各地也陆续出台了有关促进数据流动的管理办法和条例，例如浙江省政府出台的《浙江省公共数据条例》。我国可继续推进"中央、地方多层次"监管体系的构建，统筹、引导地方数据管理部门的探索实践，以实现数据领域的"共同富裕"。

与此同时，针对重点领域的监管，我国也应汲取欧盟、美国等的"分领域"监管经验，在《网络安全法》《数据安全法》《个人信息保护法》的基础上，分领域完善数据安全配套制度，制定金融、医疗领域的专项规定，以实现针对数字建设重点领域的有效监管。

# 第十四章 数字经济的法律促进机制

## 引 言

数字经济作为驱动全球经济发展的新动能，日益加剧了各国之间传统性、现代性与后现代性的碰撞交融，同时促成了中国式现代化的"时空压缩"性与任务多重性的叠加特征[①]以及政府主导性与人民主体性的统一特征，进而呈现出一种"复杂现代性"[②]。党的十八大以来，我国数字经济增长迅速，在整个"十三五"时期持续保持了上升态势。[③] 在"十四五"

---

[①] 参见袁红英：《新时代中国现代化的理论范式、框架体系与实践方略》，载《改革》2021年第5期，第18页。

[②] 冯平、汪行福等：《"复杂现代性"框架下的核心价值建构》，载《中国社会科学》2013年第7期，第28页。

[③] 据统计，"十三五"时期，我国数字经济产出从2016年的22.6万亿元增长到了2020年的39.2万亿元，占GDP的比重从30.3%逐步上升到了38.6%，增速明显高于同期GDP名义增速约8.5个百分点。数据来源：中国信息通信研究院。转引自江小涓、靳景：《中国数字经济发展的回顾与展望》，载《中共中央党校（国家行政学院）学报》2022年第1期，第69页。核实参见中国信息通信研究院《中国数字经济发展白皮书》（2021年4月），http://www.caict.ac.cn/kxyj/qwfb/bps/202104/P020210424737615413306.pdf，第6页（图4），2022年8月10日访问。

时期，我国进一步加快数字经济发展，《国民经济和社会发展第十四个五年规划和 2035 年远景目标纲要》和《"十四五"数字经济发展规划》对数字经济重新作出了全面部署。① 党的二十大报告提出，要加快发展数字经济，促进数字经济和实体经济深度融合，打造具有国际竞争力的数字产业集群。数字经济给我国经济法治发展与创新所带来的全新挑战是空前的，深刻认识数字经济的产业属性及基本面向对经济立法而言至关重要，有利于实现数字经济法律促进机制从政策选择到法律表达上的功能传导及有效运行。

习近平总书记指出，要加强国家安全、科技创新、公共卫生、生物安全、生态文明、防范风险等重要领域立法，加快数字经济、互联网金融、人工智能、大数据、云计算等领域立法步伐，努力健全国家治理急需、满足人民日益增长的美好生活需要必备的法律制度。② 为深入落实习近平总书记"数字中国"战略思想，我们需要在经济立法中重新审视中央立法与地方立法的关系，科学把握依法调控数字经济产业发展的促进型立法问题。经济发展与法治建设，是实现国家现代化的两大基本路径，基于两者之间的紧密关联，应结合当前影响高质量发展的突出问题，着力在法治轨道上推动经济发展。③ 尽管地方人大的立法权能与全国人大的不相同，但不可否认，地方人大及其常委会在相当程度上主导着区域内的各类立法，在规范行政行为、服务重大改革方面发挥着不可替代的作用。④ 就数字经济产业调控而言，我国亟须制定一部统一的"数字经济促进法"。

---

① 根据"十四五"规划，我国数字经济核心产业增加值占 GDP 的比重要由 2020 年的 7.4％提升至 10.0％，较"十三五"时期提升明显。据此，2021 年至 2025 年，将 GDP 设定为年均 5％的增长速度，数字经济核心产业比重需要从 7.8％提高到 10.0％，年增长率要达到 11.57％，是 GDP 增长速度的 2.3 倍（"十三五"时期我国数字经济核心产业的增长率是 GDP 增长率的 1.2 倍）。参见金辉：《社科院蓝皮书：2025 年数字经济将占据国民经济存量的半壁江山》，载经济参考网，http://www.jjckb.cn/2021 - 12/07/c_1310356617.htm，2022 年 6 月 20 日访问。

② 参见习近平：《坚持走中国特色社会主义法治道路 更好推进中国特色社会主义法治体系建设》，载《求是》2022 年第 4 期。

③ 参见张守文：《论在法治轨道上推动经济发展》，载《法学论坛》2024 年第 3 期，第 18 页。

④ 参见李延吉：《地方人大主导立法的目标与限度》，载《人大研究》2020 年第 9 期，第 43 页。

## 一、数字经济法律促进机制以及当前促进型立法特点

数字经济依托现代信息网络和数字科技，显著降低了市场信息时滞与地理空间限制，在我国国民经济中的占比连年持续上升。目前，我国数字经济排名进入世界前十位，从产出规模看排名第二，仅次于美国。[①] 但是，我国数字经济发展的饱和度和均衡性不够，出现"三二一"产业逆向渗透趋势[②]，在诸多领域仍有短板，如数字经济大而不强，关键技术工程亟待突破，国际话语权仍需提高等。[③] 在国家数字经济规划和产业政策导向下，一些地方迅速响应国家部署，积极布局本地数字经济发展，并通过地方立法明确地方政府部门的调控权限，给予相关市场主体激励支持和法律保障。截至目前，浙江等省和广州市制定的《数字经济促进条例》均产生示范效果，北京、黑龙江等其他省市也在紧张跟进中。从实践看，数字经济已经深刻影响我国社会主义市场经济体制的变革与经济法律制度建设。2023 年《中共中央、国务院党和国家机构改革方案》提出组建国家数据局即为一例明证，数字经济发展在全国范围所呈现出的是一种不均衡状态，需要专门机构负责协调推进数据基础制度建设，统筹数据资源整合共享和开发利用，承担统筹推进数字中国、数字经济、数字社会规划与建设等政府经济职能。可以说，这是一次具有重要意义的机构改革，优化了数据管理体制，将国家数据局作为数据发展的宏观统筹核心，确保了数字经济发展中的分工科学、职责明确、目标明确，有利于形成有效的目标约束机制。[④] 以数据为核心的数字经济，是当今世界各国经济发展战略的竞争高地，也是我国地方经济展开角力的关键领域。有关数字经济促进的地方立法这些年来此起彼伏，进而在创新动力、数字产业、数字治理领域形成了地方之间的促进型制度竞争，在立法层面迎来新一轮地方竞争格局。

---

① 参见江小涓、靳景：《中国数字经济发展的回顾与展望》，载《中共中央党校（国家行政学院）学报》2022 年第 1 期，第 70 页。

② 参见刘淑春：《中国数字经济高质量发展的靶向路径与政策供给》，载《经济学家》2019 年第 6 期，第 54 页。

③ 参见石勇：《数字经济的发展与未来》，载《中国科学院院刊》2022 年第 1 期，第 83 - 84 页。

④ 参见李爱君：《组建国家数据局释放哪些关键信号》，载《人民论坛》2023 年第 9 期，第 56 - 57 页。

有关省份（地市）制定《数字经济促进条例》的情况详见表 14 - 1。

**表 14 - 1 有关省份（地市）制定《数字经济促进条例》的情况**

| 序号 | 省份 | 制定/修改日期 | 生效日期 | 章数与条文数 | 有无法律责任专章 |
|---|---|---|---|---|---|
| 1 | 黑龙江 | 2024 年 12 月 19 日 | 2025 年 3 月 1 日 | 7 章 86 条 | 无 |
| 2 | 湖南 | 2024 年 5 月 30 日 | 2024 年 7 月 1 日 | 26 条 | 无 |
| 3 | 内蒙古 | 2024 年 5 月 30 日 | 2024 年 7 月 1 日 | 8 章 64 条 | 无 |
| 4 | 山西 | 2022 年 12 月 9 日 | 2023 年 1 月 1 日 | 9 章 77 条 | 无 |
| 5 | 北京 | 2022 年 11 月 25 日 | 2023 年 1 月 1 日 | 9 章 58 条 | 无 |
| 6 | 江苏 | 2025 年 1 月 14 日 | 2022 年 8 月 1 日 | 9 章 85 条 | 无 |
| 7 | 河北 | 2022 年 5 月 27 日 | 2022 年 7 月 1 日 | 9 章 81 条 | 无 |
| 8 | 河南 | 2021 年 12 月 28 日 | 2022 年 3 月 1 日 | 10 章 76 条 | 有 |
| 9 | 广东 | 2021 年 7 月 30 日 | 2021 年 9 月 1 日 | 10 章 72 条 | 无 |
| 10 | 浙江 | 2020 年 12 月 24 日 | 2021 年 3 月 1 日 | 9 章 62 条 | 有 |

注：根据中国人大网国家法律法规数据库（https：//flk. npc. gov. cn）、河北人大网（ht-tp：//www. hbrd. net）、江苏人大网（http：//www. jsrd. gov. cn）公布的地方性法规整理而成

此外，还有一些地方把促进大数据发展作为促进数字经济发展的主要抓手，专门制定了《大数据发展应用条例》《大数据发展条例》《大数据发展促进条例》《大数据发展应用促进条例》《大数据开发应用条例》《促进大数据发展应用条例》《大数据安全保障条例》等。这些地方性法规的名称虽然不一，但大同小异，均把发挥数据要素作用，加快大数据发展应用，运用大数据推动经济发展、完善社会治理、提升政府服务和管理能力、保障数据安全等作为立法目的。大数据应用是数字经济的重要组成部分，也是发展数字经济的基础，在实践中一些地方对大数据发展管理十分重视。[①] 也有地

---

① 例如，山东省青岛市专门设立了大数据发展管理局，是市政府工作部门，为正局级单位，加挂青岛市电子政务管理办公室牌子。参见《青岛市大数据发展管理局职能配置、内设机构和人员编制规定》，该局职能包括12项，内设办公室、发展规划与智慧城市推进处（挂市场配置促进处牌子）、电子政务处、平台和安全处、数据应用管理处、信用建设处、机关党委等部门，下设机构包括青岛市大数据中心。载青岛政务网，http：//www. qingdao. gov. cn/zwgk/xxgk/dsjj/gkml/jgxx/202112/t20211215_4039052. shtml；载青岛市大数据发展管理局，http：//dsj. qingdao. gov. cn，2022 年 6 月 23 日访问。

方制定了《数据条例》，或者按照数据分类保护原则，制定了《公共数据条例》《政府数据共享开放条例》《政务数据管理与应用办法》《政务数据资源共享开放条例》《健康医疗大数据应用发展条例》等。这些立法往往围绕数据权益、数据要素市场、数据资源开发应用以及公共数据共享开放与授权运营等内容而展开，同样包含了上述大数据发展促进型立法的有关内容。[1]"促进型立法"是"管理型立法"的重要补充[2]，在数字经济发展中，其已成为政府主导下全社会共建、共享数字经济的重要立法模式，也是国家依法调控数字经济的重要体现。

上述地方立法是数字经济发展中各地推进依法治国和依宪治国的重要立法成果。对地方政府而言，依法调控理念对于确立法治政府评价指标体系具有重要的基础保障作用。从这些地方立法样本看，各地现有的"数字经济促进条例"具有以下共同特征：一是普遍重视数字经济发展，因地制宜地确定本地数字经济发展战略原则、方向和体制机制；二是抓住数字基础设施和数据资源两个基本要素，明确其目标要求和重点措施；三是突出数字产业化、产业数字化、治理数字化的发展重点，明确发展目标、任务和要求；四是提出具体的激励政策和治理保障措施，努力营造良好的创新发展环境。有关大数据发展应用及其促进的地方性法规则基本上聚焦于数字基础设施、数据资源和数据要素市场发展，重点围绕数据资源管理体制机制、促进大数据发展应用的政策导向与具体促进措施、大数据安全保护等而展开，促进措施涵盖了财税、金融、人才、电价和土地等方面。从两类地方性法规的关系看，"数字经济促进条例"调整范围更大，包含内容更多，有关大数据发展应用的内容一般被置于数据资源的专章规定之中。

需要注意的是，上述地方立法虽然普遍重视运用法律调控手段，对引导和保障当地数字经济发展意义重大，但难以克服自身承载能力有限的固有局限。这主要体现在：一是视野局限。这些地方立法在处理国际与国内、全国与地方、发展与安全等数字经济领域的不同范畴时，其立足点、出发点和落脚点往往集中在本地数字经济的特色发展上，对国际问题、全

---

① 有学者专门研究了政府数据开放统一立法问题，提出时机成熟时制定"政府数据开放法"。参见刘权：《政府数据开放的立法路径》，载《暨南学报》2021年第1期，第97页。

② 参见李艳芳：《"促进型立法"研究》，载《法学评论》2005年第3期，第102页。

国问题、安全问题的关注不够深入、细致。二是利益局限。发展数字经济并不只是地方政府、地方企业的事，中央政府和中央企业乃至外商投资企业、外国企业等在其中也扮演着极其重要的角色。地方立法容易受到地方政府和地方企业的控制或影响，往往在体制机制、调控范围、利益表达等方面不会顾及其他主体。三是经验局限。这些地方立法虽然名称相同，但结构各异，条文数量相差最多的达 60 条，这在一定程度上反映出这些地方在专业人员配置和立法经验两个方面存在着双重的不均衡。四是责任局限。因对数字经济发展中各方责任的认识不一，有的地方立法中专章规定了法律责任，但大部分对此持回避态度，这与缺乏上位法依据也不无关系。五是竞争局限。从世界历史发展来看，产业政策与竞争政策的矛盾运动，本质上是社会生产活动的公共利益与特殊利益在政治、法律上的反映。① 在我国的经济政策体系中，产业政策与竞争政策之间既有趋同的一面，也有背离的一面，二者之间的冲突体现出政府主导的产业促进措施与市场主体平等竞争要求之间的矛盾性与协调性特征。地方促进型立法通常对全国统一大市场的理解比较模糊，为提升本地企业的竞争力，容易陷入不同形式和不同程度的地方保护之中，容易出现排除或限制竞争的政策结果，进而形成竞争盲点。②

有观点指出，现在有一种不适当的认识，只要讲到加强某方面工作，不论有无上位法，也不考虑现有法律规范是否健全，就急于制定相关地方性法规，似乎有了地方性法规，就有了社会控制手段，相应的本领域的问题就会迎刃而解，陷入一种言必称立法的泛立法主义误区。③ 这种批评声音，突出了数字经济促进型立法中正确把握地方立法权限、适度控制地方立法规模、提高地方立法质量、真正发挥地方立法效用的重要意义。尤其

---

① 参见卢雁：《产业政策与竞争政策的关系研究》，载《中国市场监管研究》2022 年第 1 期，第 34 页。

② 这些年来，国家着力打破地方保护和市场分割，全面落实公平竞争审查制度，审查新出台政策措施文件 85.7 万件，纠正违反审查标准的文件 4 100 件，清理存量政策措施文件 189 万件，废止和修订妨碍全国统一市场和公平竞争的文件近 3 万件。参见杜丽鹃：《强化反垄断深入推进公平竞争政策实施——访国家市场监督管理总局局长张工》，载《人民日报》2021 年 10 月 22 日，第 7 版。

③ 参见纪荣荣：《关于地方立法权限与立法规模控制》，载《人大研究》2018 年第 1 期，第 40 页。

是，要谨防不同地方之间"相互攀比"和"盲目照抄照搬"，避免使数字经济促进型立法成为一种新的"现象级政绩"。

## 二、制定统一的"数字经济促进法"的必要性

（一）我国数字经济多元立法的体系化需要

科学体系的任务在于将法秩序作为意义整体的意义脉络显现出来并进行描述。[①] 基于形式逻辑的一致性与价值范畴的统一性考量，体系化整理在数字经济立法中理应受到更多关注。这些年来，我国围绕隐私、个人信息、数据安全、网络安全、电子商务、电子签名等出台了一系列立法，包括《刑法修正案（七）》《刑法修正案（九）》《民法典》《消费者权益保护法》《个人信息保护法》《数据安全法》《网络安全法》《电子商务法》《电子签名法》等，在依法保护企业数据权益和个人信息、严厉打击不同类型违法犯罪方面取得了可喜进步。上述立法主要围绕技术安全、法律赋权以及市场规制等而展开，尚缺乏产业促进与创新保护层面的专门立法。在系统论视域下，数字经济法律系统既需要不同部门法的多个功能子系统交互作用，也需要经济法部门的内部子系统之间形成体系的意义关联与互动。制定统一的"数字经济促进法"是数字经济多元立法模式的体系化需要，也是数字经济法[②]发展必然要作出的制度填补回应，不但有利于进一步优化数字经济的法律体系结构，而且有助于增强数字经济法治的整体调节效能。

（二）全方位深入推进数字产业化和产业数字化的需要

产业是一个经济系统，不是孤立封闭的，产业与产业之间存在着极其复杂的直接和间接关联，形成自变与因变之间的运动，使全部产业成为一个有机系统。[③] 习近平总书记指出，实现高质量发展，必须实现依靠创新

---

① 参见［德］卡尔·拉伦茨著：《法学方法论》，黄家镇译，商务印书馆 2020 年版，第 611 页。

② 当前，理论界对数字经济法存在两种观点：一种观点认为是与数字经济有关的法，如2017 年英国《数字经济法》；另一种观点认为是数字经济领域的经济法，其中既包含市场规制法领域的监管内容，也包含宏观调控法领域的发展促进内容。这两种观点观察视角不同，在分析问题时需要加以澄清。这里采后一种观点，认为数字经济法即数字经济领域的经济法。

③ 参见王晓晔主编：《经济法学》，社会科学文献出版社 2005 年版，第 407 页。

驱动的内涵型增长。[①] 这为数字经济产业发展中以科技创新催生新发展动能指明了具体方向。数字经济包括数字产业化和产业数字化两大部分，二者共同构成了数字经济结构化分析的基本框架。其中，数字产业化即数字及相关技术产业化应用带来的经济增长，主要是信息通信产业，目前主要包括电子信息制造业、电信业、软件和信息技术服务业、互联网行业等，不仅自身是数字经济的重要组成部分，也为产业数字化提供技术、产品、服务和解决方案等。产业数字化是指各类传统产业运用数字技术所带来的产出增长和效率提升，从比重上看是数字经济发展的主阵地，其新增产出构成数字经济的主要组成部分，包括除数字产业化部分之外的数字农业、数字制造、数字服务、数字两化融合等广泛产业领域。[②] 从实践看，科技创新始终贯穿于新型工业化、信息化、城镇化以及农业现代化的同步发展之中，而且需要与区域经济协调发展相结合。作为一种基于信息通信技术创新而持续发展的新型经济形态，数字经济是生产力提升和生产关系变革的统一。[③] 对数字经济而言，更需要在数字产业化与产业数字化之间用系统论的理论、观点和方法进行法律调控和规制。制定统一的"数字经济促进法"，目的在于加快建设现代化经济体系，推动高质量发展，利用数字技术与实体经济的深度融合，全方位推进数字产业化和产业数字化，打造具有国际竞争力的数字产业集群，进而实现我国数字经济的长远发展。数字经济运行是新科技主导厂商投资经营和政府宏观调控的一种新市场模式[④]，这种模式无疑为经济选择行为、资源配置方式、产业组织和产业结构变动等带来一系列新的变化。通过专门立法，可以系统建构数字经济运行模式、激发市场有效需求并促进产业结构变动，可以把国家数字经济规划目标与调控措施实现有机对接，有效发挥产业促进法的激励、保护与调

---

① 参见习近平：《正确认识和把握中长期经济社会发展重大问题》，载《求是》2021 年第 2 期，第 6 页。

② 参见江小涓、靳景：《中国数字经济发展的回顾与展望》，载《中共中央党校（国家行政学院）学报》2022 年第 1 期，第 70 页。

③ 参见何波：《中国数字经济的法律监管与完善》，载《国际经济合作》2020 年第 5 期，第 81 页。

④ 参见何大安、许一帆：《数字经济运行与供给侧结构重塑》，载《经济学家》2020 年第 4 期，第 58 页。

控作用。

（三）统筹并理顺中央立法与地方立法关系的需要

新发展阶段是我国社会主义发展进程中的一个重要阶段，在全面建设社会主义现代化国家过程中，我们必须着力解决人民日益增长的美好生活需要和不平衡不充分的发展之间的矛盾。这就要求数字经济立法必须适应信息社会法律变革新趋势，统筹处理好全国统一大市场与区域经济协调发展中的中央立法与地方立法关系问题。我国《宪法》赋予中央政府和地方各级政府组织经济建设的经济管理职权①，《立法法》对法律和地方性法规的制定又作了明确规定②。2020 年至今，浙江、河南、广东、河北、江苏等省分别制定了地方"数字经济促进条例"，这些地方性法规虽然先行先试、各具特色，但均立足于地方经济立法需求，受自身立法基本格局所限，只关注地方政府和地方数字经济发展的区域性问题，难以顾及国家顶层设计与统一制度供给。为了理顺中央立法与地方立法的关系，我们必须直面当前促进数字经济发展中"先地方、后中央"立法进路中的"地方主导"问题，积极回应全国范围内统一建构数字经济促进型法律制度的现实需求。由于当前地方立法出现了相当程度的相似性，制定统一的"数字经济促进法"是有效避免地方进行不必要的重复立法的根本出路。③ 当然，中央统一立法需要充分吸收地方立法的既有经验，加强对地方立法成果的协调，避免沦为地方立法的补充法。

## 三、关于制定"数字经济促进法"的具体建议

习近平总书记继 2016 年在十八届中央政治局第三十六次集体学习时强调要做大做强数字经济、拓展经济发展新空间之后，2021 年在十九届

---

① 参见《宪法》第 89 条第 6 项和第 107 条第 1 款。《国务院组织法》第 3 条对国务院的经济管理职权作出了规定，《地方各级人民代表大会和地方各级人民政府组织法》第 73 条第 5 项、第 76 条第 2 项分别对县级以上地方各级人民政府和乡、民族乡、镇人民政府的经济管理职权作出了规定。

② 参见《立法法》第 8 条、第 72 条和第 73 条。

③ 《立法法》第 73 条第 4 款规定："制定地方性法规，对上位法已经明确规定的内容，一般不作重复性规定。"

中央政治局第三十四次集体学习时再次强调指出，要不断做强做优做大我国数字经济。[1] 尽管国家已制定"十四五"时期的综合规划和数字经济发展专项规划，很多地方也制定了规划，但在实践中，单靠这些中长期规划的指导和引领是不够的，我们仍需在数字经济的试点示范和全面推进中正确处理好规划工具与产业促进工具、行政手段与经济和法律手段、中央立法与地方立法的关系。促进型立法带有典型的政策性、灵活性和阶段性特征[2]，反映了不同时期国家经济社会发展的现实需要以及政策与法律调控的基本取向，在实践中需要避免陷入一些不必要的认识误区。科学制定统一的"数字经济促进法"，需要重点把握好以下五个问题。

（一）结构设计与法律责任

如表 14-1 所示，目前我国有关省、自治区、直辖市的数字经济促进立法采用了不同的结构设计，除湖南省样本外，其余立法均采用了分章结构。其相同之处主要是，除总则和附则外，均规定了数字基础设施（建设）、数据资源（开发利用）、数字产业化（发展）、产业数字化（转型）、数字化治理（和服务）、数字经济促进措施、数字经济安全保障。其差异则表现为广东省将产业数字化细分为工业数字化、农业数字化和服务业数字化并独立成章，另单独规定了数字技术创新，但未单独规定法律责任；河北省突出了京津冀数字经济协同发展并单独成章，另在保障中增加了监督并将其合并在一章中；江苏省同样使用了保障和监督，但特别强调数字技术创新，并将其放在第二章；所有样本中只有两个样本专章规定了法律责任。

基于形式分析路径，这些样本设计明显保留了国家《"十四五"数字经济发展规划》的总体任务部署逻辑，大部分立法是按规划任务进行分章设计的，将数字基础设施的优化升级放在了首要位置，突出强调了充分发挥数据要素作用，大力推进产业数字化转型，加快推动数字产业化，聚焦于公共服务数字化水平的持续提升，健全、完善数字经济治理体系，以及着力强化数字经济安全体系，至于有效拓展数字经济国际合作问题则均采

---

[1] 参见习近平：《不断做强做优做大我国数字经济》，载《求是》2022 年第 2 期。

[2] 参见郭俊：《如何做好"促进型立法"工作》，载《人大研究》2008 年第 2 期，第 32 页。

低调态度。

很显然，产业政策法是实现产业政策的一种重要手段。① 总体来看，这些样本坚持了求真务实、守正创新、包容审慎的基本立场，既有选择性产业政策法内容，也有功能性产业政策法内容②，但还是需要国家统一立法来统筹国内与国际两个大局、发展与安全两件大事、中央与地方两大体系，强化政府部门的规制与调控责任。为区分规划工具与产业促进工具的各自功能，发挥中央立法与地方立法的各自作用，我们建议"数字经济促进法"的结构设计尽量简化并进行分层处理，无须像地方立法那样简单、直接地重复性规定规划任务，相反，应根据产业政策内容的类型化，更加突出国家不同规制与调控部门的体制机制、责任边界、激励措施、保障措施、共治措施以及法律责任。

笔者认为，在"数字经济促进法"的上述内容中，增强促进措施的实效性是关键，强化相关政府部门的规制责任与调控责任是重点和难点所在。宏观调控权的配置是根据宏观调控的本质属性探寻在相关国家层级的组织以及不同层级的政府组织之间分配、安排具体宏观调控权力的规范化、法治化过程。③ "数字经济促进法"必须从纵向和横向两个维度科学配置数字经济调控权，并把具体促进措施与之匹配起来。目前，《立法法》与分税制为中央和地方调控权的纵向配置提供了基本依据。就横向配置而言，宏观调控工具是我国横向配置宏观调控权的主要依据，这样做容易廓清不同调控部门之间的权力边界，便于及时把握调控机会，但由此带来的问题是，不同调控权的行使容易形成"自我中心主义"下的各自为政，导致调控效率损失和调控目标冲突。④ 通过构建促进协调机制和责任机制可以解决这一问题，但在制度设计中需要注意降低和控制实践中的协调成本

---

① 参见杨紫烜：《对产业政策和产业法的若干理论问题的认识》，载《法学》2010 年第 9 期，第 19 页。

② 有关选择性产业政策法与功能性产业政策法的区分，参见马秀珍：《产业政策立法的逻辑进路》，载《法学论坛》2021 年第 4 期，第 118 页。

③ 参见徐澜波：《我国宏观调控权配置论辨正——兼论宏观调控手段体系的规范化》，载《法学》2014 年第 5 期，第 44 页。

④ 参见席月民：《宏观调控新常态中的法治考量》，载《上海财经大学学报》2017 年第 2 期，第 93 页。

与责任成本。责任是法律课责的一个重要标准，但不是唯一的标准。① 一般认为，经济法责任是指人们违反经济法规定的义务所应付出的代价。② 在风险社会治理中，这种认识需要加以改变。经济法在风险治理中具有不可替代的优势，其责任控制需要结合具体的语境分析，重新考虑现有制度框架下法律责任的实践，并基于经济法主体间的人际关系，为施加惩罚和修复义务以及补救和赔偿的判定提供法律依据。③ 由于在促进型立法中承担促进责任的主体多数是政府及公共服务主体，因此必须借助于各种公开、透明的外部监督机制来督促这些主体依法履行促进责任，建立和完善社会诉求的受理和反馈机制，依法完善问责制，确保促进措施真正落到实处。在这方面，我们需要抛弃纯道德约束模式，对于法律的预防性和保护性作用而言，突出政府规制的预期责任更为重要。④ 相比之下，过去责任本身不是目的，而仅仅是法律通过创造和赋予预期责任来寻求促进各种目的的一种方式，强化预期责任中的自我纠错机制或者必要的自我执行制裁⑤效果会更为显著。对于"数字经济促进法"的法律责任而言，不能简单地以个人责任代替机构责任，更不能对预期责任的自我制裁置若罔闻，这种自我纠错或自我执行制裁属于修复性和预防性责任，其目的不是对政府规制行为的一味惩罚，而是通过补救措施造福市场，有效地保护经济法的社会整体利益。故此，在法律责任的建构逻辑上，应选择性地放弃"主体—行为—法律责任"的基本逻辑，代之以"主体—风险—法律责任"的基本逻辑。对政府官员而言，则应强调管理者视野下的合目的性的"政治

---

　　① 参见［澳］皮特·凯恩：《法律与道德中的责任》，罗李华译，商务印书馆 2008 年版，第 4 页。

　　② 参见漆多俊：《经济法基础理论》，法律出版社 2008 年版，第 19 页。

　　③ 参见席月民：《经济变革中的经济法》，中国社会科学出版社 2019 年版，第 185 – 186 页。

　　④ 在以往的经济法责任研究中，关于法律责任的论述通常注重过去责任，而忽略了预期责任，其原因主要是责任理念存在问题，即只注重争议或冲突解决，强调补偿或惩罚，而不是防止争议和促进合作与建设性行为。尤其是在宏观调控法中，预期责任的重要性应该更为突出些。这是因为，在数字经济风险治理中，完成预期责任比惩罚未完成或修补其后果更好一些。按照皮特·凯恩的观点，预期责任可以分为两类：第一类是建设性的和预防性的责任，第二类是保护性的责任。参见［澳］皮特·凯恩：《法律与道德中的责任》，罗李华译，商务印书馆 2008 年版，第 50 页。

　　⑤ 如撤销已经生效的行政命令或者行政决定等。

责任"①。

（二）概念使用及其解释

制定统一的"数字经济促进法"必然涉及概念的法律化及其解释问题。从前述地方立法样本看，许多概念出自国家规划，但给出解释的只有12个，分别是：数字经济、数字基础设施、数字技术、数据、公共数据、数据资源、公共数据资源、非公共数据资源、数字产业化、产业数字化、治理数字化以及公共管理和服务机构。其中，浙江省样本和河南省样本的概念解释最多，广东省样本只有两个概念解释，河北省样本和江苏省样本概念解释最少，均只有一个概念解释。在立法技术上，2022年批准生效的广州市《数字经济促进条例》值得一提，之后出台的内蒙古自治区样本与该样本采用了相同的集中解释方法，即在第88条中就数字经济、数字技术、数据、公共管理和服务机构、公共数据五个概念进行了解释，其他样本则分散在不同条文中作出了解释。这一集中解释方法，对"数字经济促进法"的概念解释来说具有重要的参考价值。就"数字经济促进法"的概念使用及其解释而言，笔者认为，应坚持基本的目的性原则，把概念使用与制度构建、立法目的统一起来，始终保持三者在内在目的方面相统一，同时也与现有其他法律保持协调一致。为避免浪费立法资源，但凡已由其他法律作出立法解释的概念，"数字经济促进法"无须再重复进行解释，直接使用相应概念即可。②

虽然这些地方立法样本均对数字经济这一概念进行了解释，而且均采用了下定义方法，但具体定义又有所区别。其中，内蒙古、山西、北京、江苏、河北、河南、浙江等省样本将数字经济定义为新经济形态，广东省和广州市样本则将其定义为一系列经济活动。具体说来，采用完全相同定义的是山西省、北京市、河北省和江苏省样本，二者规定数字经济是指"以数据资源为关键要素，以现代信息网络为主要载体，以信息通信技术

---

① 沈岿：《监控者与管理者可否合一：行政法学体系转型的基础问题》，载《中国法学》2016年第1期，第124-125页。

② 例如，"数据""数据处理""数据安全"三个概念在《数据安全法》第3条中已有明确解释，"个人信息"一词在《个人信息保护法》第4条中已有明确解释，这些概念无须在"数字经济促进法"中进行重复性解释。

融合应用、全要素数字化转型为重要推动力，促进公平与效率更加统一的新经济形态"。该定义强调了关键要素、主要载体、重要推动力和价值目标四个要素。内蒙古自治区样本的唯一不同，是将数据资源由"关键要素"界定为"关键生产要素"。浙江省样本主要是对价值目标的提炼有所不同，其以"促进效率提升和经济结构优化"为价值目标。河南省样本的定义为三个构成要素，其突出表现是未专门强调重要推动力，而是简单以"数字技术"取而代之并与价值目标直接勾连在一起，即"以数字技术促进效率提升和结构优化"。该省样本关于数字经济的定义，与浙江省样本比较接近，除了对重要推动力的处理作了重大调整，只是局部将"主要载体"修改为"重要载体"，并删掉了"经济结构优化"中的"经济"两字。广东省样本的定义是："以数据资源为关键生产要素，以现代信息网络作为重要载体，以信息通信技术的有效使用作为效率提升和经济结构优化的重要推动力的一系列经济活动。"广州市样本的定义与这一定义基本相同，所不同的是将其中的"信息通信技术"替换为"数字技术"，并将"数字技术"扩大解释为围绕数据的产生、传输、存储、计算与应用所形成的各类技术，当前主要包括互联网、新一代移动通信、人工智能、大数据、云计算、物联网、区块链、虚拟现实、数字孪生、高性能计算、智能控制、量子科技等技术。

在有关数字经济的理论研究中，有关数字经济概念的定义路径并不完全相同，既有描述式定义，也有列举式定义，还有概括式定义。我国地方立法样本不约而同地采用概括式定义方法，而且绝大多数使用"四要素"法，在这一问题上表现出了难能可贵的共识。这些共识包括：一是数据资源是数字经济的关键要素；二是现代信息网络是数字经济的重要载体；三是信息通信技术或数字技术是数字经济的重要推动力；四是效率提升和经济结构优化是数字经济的价值目标。至于全要素数字化转型是否构成重要推动力，公平是否构成价值目标，2021 年 12 月 12 日国务院发布的《"十四五"数字经济发展规划》[1] 已经给出了明确回答。[2] 河北省样本和江苏

---

[1]　详见《国务院关于印发"十四五"数字经济发展规划的通知》（国发〔2021〕29 号）。
[2]　国务院在该规划中开宗明义地指出，数字经济是继农业经济、工业经济之后的主要经济形态，是以数据资源为关键要素，以现代信息网络为主要载体，以信息通信技术融合应用、全要素数字化转型为重要推动力，促进公平与效率更加统一的新经济形态。

省样本出台时间靠后，所以完全采用了该规划的定义，强调了全要素数字化转型的重要推动力作用与对公平价值的同样追求。数字经济呈现出三个重要特征，即信息化引领、开放化融合以及泛在化普惠。① 由于"数字经济促进法"本身属于经济法部门中的产业促进法，因此在定义时需要综合考虑数字产业的长期性与稳定性、国际性与权威性特征，同时兼顾实践中类型化推进时的子概念使用。我们建议"数字经济促进法"对"数字经济"作出统一定义和解释，并与专项规划定义保持一致，将其界定为新经济形态。鉴于该法的立法目标是从产业视角促进所有类别的数字经济发展，而不只是其中的某一个或某几个经济部门，建议在法条使用中，综合考虑数字经济的长远前景、溢出效应和各产业间的协同效应，采用最广义的理解和处理方式。②

（三）重点制度

"数字经济促进法"在性质上属于产业政策法，在立法目标上涵盖了数字产业增长发展、数字产业结构调整、数字产业组织协调以及数字技术创新应用，这些目标已经在"十四五"时期国民经济和社会发展综合规划以及数字经济发展专项规划中明确提出，其实现需要通过立法所确认的产业政策工具与所构建的法律制度体系提供激励、支持和保障。"数字经济促进法"的制度设计，需要积极回应和宣示技术哲学的人文本质，重建因应新技术应用所引起的反映新发展趋势的现代法律制度体系，推动人权的数字化演变和迭代勃兴，确认应运而生的"第四代人权"③，在高质量发

① 参见梅宏：《大数据与数字经济》，载《求是》2022年第2期，第30页。
② 参见王旭：《数字经济立法的概念选择》，载《广西政法管理干部学院学报》2021年第5期，第5页。
③ 这些年来，我国一些学者对"第四代人权"进行了积极讨论，形成了和谐权、美好生活权、数字人权等不同主张。参见徐显明：《和谐权：第四代人权》，载《人权》2006年第2期；马玲：《对"和谐权"的几点反思》，载《法学杂志》2009年第6期；邱本：《论和谐权的基础》，载《社会科学家》2017年第1期；张文显：《新时代的人权法理》，载《人权》2019年第3期；马长山：《智慧社会背景下的"第四代人权"及其保障》，载《中国法学》2019年第5期；郭春镇：《数字人权时代人脸识别技术应用的治理》，载《现代法学》2020年第4期；刘志强：《论"数字人权"不构成第四代人权》，载《法学研究》2021年第1期；范进学：《习近平"人类命运共同体"思想下的美好生活权论》，载《法学》2021年第5期；杨学科：《第四代人权：数字时代的数字权利总纲》，载《山东科技大学学报（社会科学版）》2022年第2期；高一飞：《数字时代的人权何以重要：论作为价值系统的数字人权》，载《现代法学》2022年第3期。

展中促进共同富裕。

历史经验一再表明，当我们普遍不重视发展问题，漠视或者忽视发展问题的时候，就会直接影响相关的制度建设。[①] 经济活动的政策控制与法律控制是经济社会发展过程中系统控制的一种体现。[②] 系统被定义为一个多要素结构[③]，现代市场经济本身就是一个复杂演化的系统，其中法律规则序列及层级结构需要立法者的精心设计与修补。构建"数字经济促进法"的制度体系，必须坚持目标导向、科学分类、顶层设计原则，深刻认识和把握数字产业中长期发展的重大关系和重大问题。不断做强做优做大我国数字经济，关键是在立法中正确处理政府与市场的关系，既要充分发挥市场在资源配置中的决定性作用，也要更好地发挥政府的作用。数据作为新型生产要素，是国民经济发展数字化、网络化和智能化的重要基础。通过该法，要完善数据要素市场化配置机制，更好地发挥政府的引导、协调、调节、管理以及参与作用。

围绕上述立法目标，数字经济促进法律制度主要应包括：

一是数据产权保护制度。通过该制度，有效地衔接《民法典》《消费者权益保护法》《个人信息保护法》《电子商务法》等法律规则，鼓励建立和健全数据要素权益保护、收益分配、流通交易等一系列制度，推进企业数据、个人数据和公共数据的数据资源持有权、数据加工使用权、数据产品经营权等权利分置的数据产权运行机制，同时保护个人信息权、企业商业秘密权和知识产权，促进数据的全生命周期保护，提高数据市场交易效率。

二是数字技术创新应用制度。通过该制度，与《专利法》《科学技术进步法》《科学技术普及法》《科技成果转化法》等法律形成互动，加强关键核心技术攻关，提高我国数字技术基础研发能力和实际应用能力。遵循数字科技创新规律和数字人才成长规律，设立创投基金，积极构建以创新

---

① 参见张守文：《发展法学：经济法维度的解析》，中国人民大学出版社 2021 年版，第 13 页。

② 参见席月民：《依法调控经济的程序与责任保障》，载《中国法律评论》2015 年第 3 期，第 209 页。

③ 参见［德］柯武刚、史漫飞：《制度经济学：社会秩序与公共政策》，韩朝华译，商务印书馆 2000 年版，第 170 页。

价值、创新能力和创新贡献为导向的数字人才评价体系和国家奖励机制，支持"百科全书式"数字技术的自由进化和平等发展，支持各类市场主体平等获取数字技术创新资源。

三是数字基础设施合理布局制度。通过该制度，统筹数字基础设施发展全局，并就其地域分布和设施配置进行合理分配。积极支持完善通信、导航、遥感、算力等信息基础设施，建设物联网、车联网等融合基础设施，在数字经济重点方向布局未来网络实验设施等创新基础设施。

四是数字产业化与产业数字化深度融合制度。通过该制度，充分发挥数据要素作用，在实施"互联网＋"行动中促进传统产业提质增效，在鼓励发展平台经济、共享经济中培育引导新业态、新模式，推动数字经济与实体经济融合发展，推进重点领域数字产业纵深发展，促进数据、技术和场景的深度融合，发挥数字技术对经济发展的放大、叠加和倍增作用。

五是公共数据共建共享制度。《数据安全法》第五章专门规定了政务数据安全与开放，这为建立公共数据共建共享制度打下了良好基础。通过该制度，统筹公共数据资源开发利用，深化政务数据跨层级、跨地域、跨部门有序共享，促进数字化公共服务更加普惠均等，不断提升政府部门的电子政务服务水平，有效地弥合数字城乡融合发展中新型数字生活方面的数字鸿沟。

六是数据安全治理制度。《数据安全法》在第三章确立了数据安全制度，并在第四章中集中规定了市场主体的数据安全保护义务。通过该制度，与《数据安全法》《网络安全法》等形成通畅互动，建立、健全数据安全治理体系，依法实施数据分类分级保护，把安全贯穿数据治理全过程，推动落实各政府部门与企业、个人的数据安全保护责任，牢牢守住数字经济发展的安全底线。

七是数字经济行业监管与社会共治制度。通过该制度，继续坚持分行业监管和跨行业协同监管原则，重点监管平台企业和数字技术服务企业，在新兴数字产业和传统产业之间实行无缝衔接，不断创新数字经济监管模式，把必须管住的事项真正管到位，督促和监督数字企业合规经营。在数字经济治理中，需要调动和发挥政府主体之外的其他非政府主体的积极性和创造性，形成多元共治格局下的治理合力。

八是数字经济国际竞争合作制度。通过该制度，在国际范围重构我国数字经济的产业链、供应链，注重提高我国数字技术产业国际竞争力，完善数字贸易促进政策，积极开展双边或多边数字经济治理合作，主动参与维护和完善国际数字经济治理机制，在数据赋能和融合发展中及时提出中国方案，倡导构建和平、安全、开放、合作、有序的网络空间命运共同体。

（四）国际竞争合作

互联网服务的无国界特征严重地侵蚀了传统的国家主权和领土管辖权，长臂管辖权问题越来越突出。"数字经济促进法"的制定，必然涉及数据主权问题，这对于开展双边或多边数字经济治理合作意义重大。在数字经济发展过程中，各国都在积极制定数据主权战略，积极寻求适当方法来保障本国数据主权和数据安全，积极应对"全球风险社会"治理[1]难题。截至目前，全球已有近 60 个国家或地区出台了数据主权相关法律。从全球范围看，以美国、欧盟为代表的数字经济立法如火如荼，我国正面临日益严峻的国际挑战。当前，我国正积极推进加入《数字经济伙伴关系协定》（DEPA）等数字贸易协定，按照"集体行动逻辑"参与全球公共物品的提供。反对数字贸易保护主义，加强国际领域的治理合作，已成为促进数据跨境流动、不断做强做优做大我国数字经济之大势所趋和发展重心。

如前所述，我国"数字经济促进法"需要高度重视数字经济国际竞争合作制度的构建，在开放创新与互惠互利中发展全球合作伙伴关系。一方面，需要积极借鉴域外立法经验，围绕数字基础设施、数字技术创新、数据跨境流动、市场准入、平台企业反垄断、数字人民币、数据隐私保护等重大问题，通过立法制定符合我国数字经济发展国情的产品服务标准和监管规则、治理规则，帮助企业摆脱"不想、不敢、不会"的"三不"现象[2]；

---

[1]　See Fan Ruguo, "World Risk Society" Governance: the Paradigm of Complexity and Chinese Participation, Socila Sciences in China, 2（2018）: 77-93.

[2]　所谓"三不"现象，即面对数字经济的挑战企业所出现的思想观念问题，其中，"不想"是囿于传统观念和路径依赖，对新技术应用持抵触情绪；"不敢"是面对转型可能带来的阵痛期和风险，不敢率先探索，就地观望、踌躇徘徊；"不会"则是缺少方法、技术和人才，以及成功经验和路径。参见梅宏：《大数据与数字经济》，载《求是》2022 年第 2 期，第 34 页。

另一方面，需要深化我国与其他国家政府间的有关数字经济政策与法律的交流对话，积极应对中美之间数字技术权力的制度性竞争，防止各种"数字技术威权主义"下对我国的"污名化"现象。推动数据主权治理的国际合作，要防止单纯强调数据主权可能导致的国与国之间形成对抗状态，过度强调数据本地化和强大的数据主权将导致碎片化和"数字边界"的兴起。[①] 因此我们要拓展与东盟、欧盟的数字前沿领域合作，重视"平台驱动"在全球价值链治理重构[②]中的重要地位，在将国际数字技术创新资源"引进来"的同时，在扩大开放中支持我国数字企业"走出去"，促进国际网络通信基础设施的互联互通。

（五）立法协调

建立完备的数字经济法律体系无疑是一项耗时费力的重大社会工程，存在着诸多不稳定的一致性，这对立法协调提出了重要任务。如前所述，制定"数字经济促进法"是我国数字经济多元立法的体系化需要。目前，我国在数字经济发展中已逐步构建起数字经济多元化法律体系并实现局部体系化，不同法律之间通过"分而治之"在立法目的、调整对象、适用范围、基本原则、具体制度等方面形成了一定的互补性关系，有些内容也存在着一定的交叉与重合。妥善处理和解决"数字经济促进法"与现有立法的关系，是解决体系内不稳定一致性的关键。对于此问题，需要立足于不同法律的部门法属性及实施机制，深刻把握数字经济立法体系化中的共性问题及其关联作用，包括但不限于立法宗旨的同向性、法律价值的兼容性、市场主体的重合性、法律概念的互通性以及制度更新的联动性等，同时也要深刻认识"数字经济促进法"的宏观调控法之性质定位及产业政策性功能，自觉维护数字经济发展与我国社会主义现代化的一般规律以及不同法律之间的一致性目标。

产业政策法是调整产业政策制定和实施过程中产生的经济关系的法律

---

① 参见冉从敬：《数据主权治理的全球态势与中国应对》，载《人民论坛》2022年第4期，第27页。

② 重构全球价值链治理需要注意三个关键维度，即价值链的空间分布、由价值链业务分散程度决定的价值链的长度以及跨国领导企业的治理模式。参见过周明、裴莹：《数字经济时代全球价值链的重构：典型事实、理论机制与中国策略》，载《改革》2020年第10期，第75页。

规范的总称[1]，以间接诱导手段、直接管制手段和行政信息指导手段作为保障措施[2]。作为一部产业政策法，"数字经济促进法"需要鲜明地体现促进型立法的规定性。这种规定性与数字经济政策的宏观性、针对性、导向性、组合性、非均衡性等密切联系在一起，综合了数字经济的产业规划政策、产业组织政策、产业结构政策、产业技术政策、产业布局政策以及产业贸易政策等，借以满足现代市场经济条件下政府有限干预数字经济发展的法治化需求。与数字经济的其他立法相比，"数字经济促进法"更多地体现国家发展数字经济的基本立场、基本观点与政策方法，更多地指向数字经济的供给端问题、总量性问题、结构性问题以及周期性问题，因而更多地使用宣示性规范、倡导性规范和激励性规范[3]，积极动员和支持各类市场主体的投资、发展以及消费需求。其政策性功能体现在以下三点：一是增强各类市场主体参与数字经济的投资信心、发展信心与消费信心，形成稳定的市场预期和企业经营策略；二是引导各类市场主体理性选择，按照基于利益最大化的经济合理性原则，独立自主地作出市场决策并采取相应行动；三是吸引各类市场主体贯彻落实国家数字经济产业政策，通过财政资金支持、税收优惠措施、金融支持工具、市场门槛降低、监管手续简化、劳动就业帮扶、知识产权保护等经济手段、行政手段与法律手段的并用，形成"诱人"的物质激励或精神激励，帮助和支持各类市场主体作出判断、决策，同时对符合条件的市场主体事后给予相应奖励。归根结底，这部法律的目的在于培育经济增长新动能，不断做强做优做大我国数字经济，促进经济社会高质量发展，全面实现共同富裕。

## 结　语

习近平总书记指出，综合判断，发展数字经济意义重大，是把握新一

---

[1]　参见王先林：《产业政策法初论》，载《中国法学》2003年第3期，第114页。
[2]　参见王健：《产业政策法若干问题研究》，载《法律科学》2002年第1期，第118页。
[3]　有学者提出，产业促进型规范主要包括产业宣示性规范、倡导性规范和激励性规范三类。参见赵宏中、董玉明：《产业法的经济学分析》，武汉理工大学出版社2015年版，第154页。

轮科技革命和产业变革新机遇的战略选择。① 在我国，制定统一的"数字经济促进法"已经迫在眉睫。这是因为，数据作为数字经济中重要的生产要素应该是"流动"的，数字经济下的市场空间应该是"共通"的，数字经济的发展机会亦应是"共享"的。② 数字经济的快速发展对我国经济立法的体系化提出了客观需求，我们必须在"积极的鼓励允许"与"消极的限制禁止"之间达成政府调控与市场自觉的有机统一。基于法治的要求，尤其需要在现代信息技术的应用和发展方面制定"良法"，并在此基础上不断推进"善治"，这样才能保障和促进数字经济的健康发展。③

立法先行是在法治轨道上推动数字经济发展的基本逻辑前提。法治轨道是由法治思想、法治价值、法治原则、法律规则、法律制度、法治体系、法治机制、法治方法等要素打造而成的宏大的法治系统。④ 这些年来，我国已经出台了《循环经济促进法》《乡村振兴促进法》《电影产业促进法》等一批重要立法，在促进型立法方面积累了丰富经验，这为制定统一的"数字经济促进法"提供了良好的基础。需要澄清的是，"数字经济促进法"并非只用来保护数据权益。⑤ 只有通过统一立法，我们才能把国家产业政策与地方产业政策有机结合，及时矫正数字经济促进立法中当前"地方主导"可能出现的异化行为，在"国家主导"立法中理顺数字经济产业促进关系，为数字经济产业促进与多元治理提供系统性的、可预期的制度保障。

---

① 参见习近平：《不断做强做优做大我国数字经济》，载《求是》2022年第2期。

② 参见袁达松：《数字经济规则和治理体系的包容性构建》，载《人民论坛》2022年第4期，第28页。

③ 参见张守文：《数字经济与经济法的理论拓展》，载《地方立法研究》2021年第1期，第29页。

④ 参见李林：《坚持在法治轨道上全面建设社会主义现代化国家》，载《政法论坛》2023年第2期，第3页。

⑤ 有学者提出：对于数据权益，应主要交由"数字经济促进法"进行保护。这种观点有失偏颇。参见高志宏：《隐私、个人信息、数据三元分治的法理逻辑与优化路径》，载《法制与社会发展》2022年第2期，第207、223页。

# 参考文献

## 一、著作

1. John Locke，Two Treatises of Civil Government. Cambridge：Cambridge University Press，1988.

2. Norbert Wiener，Cybernetics，or Control and Communication in the Animal and the Machine. Cambridge：the MIT Press，1985.

3. Richard Susskind，The End of Lawyers? Rethinking of the Nature of Legal Service. Oxford：Oxford University Press，2008.

4. Robert H. Bork，The Antitrust Paradox：A Policy at War with Itself. New York：The Free Press，1993.

5. Thibault Schrepel，Blockchain ＋ Antitrust：The Decentralization Formula，Northampton：Edward Elgar Press，2021.

6. Waldron，Jeremy. Theories of Rights. Oxford：Oxford University Press，1984.

7. William Blackstone，Commentaries on the Laws of England（Ⅱ）.

Chicago：University of Chicago Press，1979.

8. Woodrow Barfield，The Cambridge Handbook of the Law of Algorithms，Cambridge：Cambridge University Press，2020.

9. ［澳］皮特·凯恩：《法律与道德中的责任》，罗李华译，商务印书馆 2008 年版。

10. ［德］汉斯·J. 沃尔夫等：《行政法》（第 1 卷），高家伟译，商务印书馆 2002 年版。

11. ［德］卡尔·拉伦茨：《法学方法论》，黄家镇译，商务印书馆 2020 年版。

12. ［德］柯武刚、史漫飞：《制度经济学：社会秩序与公共政策》，韩朝华译，商务印书馆 2000 年版。

13. ［德］马克思：《资本论》（第 1 卷），人民出版社 2018 年版。

14. ［法］让·巴蒂斯特·萨伊：《政治经济学概论》，陈福生、陈振骅译，商务印书馆 1997 年版。

15. ［加］萨姆纳：《权利的道德基础》，李茂森译，中国人民大学出版社 2011 年版。

16. ［美］丹尼尔·F. 史普博：《管制与市场》，余晖等译，三联书店出版社 1999 年版。

17. ［美］罗斯科·庞德：《通过法律的社会控制：法律的任务》，沈宗灵译，商务印书馆 1984 年版。

18. ［美］埃莉诺. 奥斯特罗姆：《公共服务的制度建构》，三联书店 2000 年版。

19. ［美］博登海默：《法理学：法律哲学与法律方法》，邓正来译，中国政法大学出版社 1999 年版。

20. ［美］布莱恩·阿瑟：《技术的本质：技术是什么，它是如何进化的》，曹东溟、王健译，浙江人民出版社 2018 年版。

21. ［美］德隆·阿西莫格鲁、詹姆斯·A. 罗宾逊：《国家为什么会失败》，李增刚译，湖南科学技术出版社 2015 年版。

22. ［美］德沃金：《认真对待权利》，信春鹰译，中国大百科全书出版社 2002 年版。

23. 〔美〕肯尼思·阿罗:《社会选择与个人价值》，四川人民出版社1987年版。

24. 〔美〕罗伯特·C. 埃里克森:《无需法律的秩序》，苏力译，中国政法大学出版社2003年版。

25. 〔美〕迈克尔·斯彭斯:《市场信号传递:雇佣过程中的信息传递及相关筛选过程》，李建荣译，中国人民大学出版社2019年版。

26. 〔美〕斯图尔特·班纳:《财产故事》，陈贤凯、许可译，中国政法大学出版社2017年版。

27. 〔美〕小贾尔斯·伯吉斯:《管制和反垄断经济学》，冯金华译，上海财经大学出版社2003年版。

28. 〔美〕约翰·肯尼思·加尔布雷思:《新工业国》，嵇飞译，上海人民出版社2012年版。

29. 〔美〕约瑟夫·熊彼特:《资本主义、社会主义与民主》，吴良健译，商务印书馆1999年版。

30. 〔日〕金泽良雄:《经济法概论》，满达人译，中国法制出版社2005年版。

31. 〔英〕阿尔弗雷德·马歇尔:《经济学原理》，章洞易译，北京联合出版公司2015年版。

32. 〔英〕卡萝塔·佩蕾丝:《技术革命与金融资本》，田方萌译，中国人民大学出版社2007年版。

33. 〔英〕科林·斯科特:《规制、治理与法律:前沿问题研究》，安永康译，宋华琳校，清华大学出版社2018年版。

34. 〔英〕罗素:《西方哲学史》（下卷），马元德译，商务印书馆1991年版。

35. 〔英〕威廉·配第:《配第经济著作选集》，陈冬野、马清槐、周锦如译，商务印书馆1997年版。

36. 〔英〕亚当·斯密:《国富论》，胡长明译，北京联合出版公司2014年版。

37. 〔英〕约翰·穆勒:《政治经济学原理》（上卷），金熠、金镝译，华夏出版社2017年版。

38. ［英］珍妮·斯蒂尔：《风险与法律理论》，韩永强译，中国政法大学出版社 2012 年版。

39. 《马克思恩格斯全集》（第 23 卷），人民出版社 1972 年版。

40. 蔡之文：《网络传播与革命：权力与规制》，上海人民出版社 2011 年版。

41. 翟东升：《货币、权力与人》，中国社会科学出版社 2019 年版。

42. 段伟文：《信息文明的伦理基础》，上海人民出版社 2020 年版。

43. 何勤华、魏琼主编：《西方民法史》，北京大学出版社 2006 年版。

44. 李志刚：《大数据：大价值、大机遇、大变革》，电子工业出版社 2012 年版。

45. 林嘉、莫于川：《依法战疫，重大公共卫生事件中的法治之维》，中国人民大学出版社 2020 年版。

46. 刘继峰、赵军主编：《互联网新型不正当竞争行为研究》，中国政法大学出版社 2019 年版。

47. 刘佩弦、常冠吾、刘振坤、徐华纲等主编：《马克思主义与当代辞典》，中国人民大学出版社 1988 年版。

48. 梅术文：《网络知识产权法 制度体系与原理规范》，知识产权出版社 2016 年版。

49. 漆多俊：《经济法基础理论》，法律出版社 2008 年版。

50. 齐虹：《信息中介规则：信息服务原理研究》，中央编译出版社 2012 年版。

51. 桑本谦：《私人之间的监控与惩罚：一个经济学的进路》，山东：人民出版社 2005 年版。

52. 沈拓：《不一样的平台：移动互联网时代的商业模式创新》，人民邮电出版社 2012 年版。

53. 王露主编：《数字中国》，云南教育出版社 2018 年版。

54. 王伟：《市场监管的法治逻辑与制度机理——以商事制度改革为背景的分析》，法律出版社 2016 年版。

55. 王伟等：《法治：自由与秩序的平衡》，广东教育出版社 2012 年版。

56. 王晓明：《征信体系构建：制度选择与发展路径》，中国金融出版社 2015 年版。

57. 王晓晔主编：《经济法学》，社会科学文献出版社 2005 年版。

58. 王涌：《私权的分析与建构：民法的分析法学基础》，北京大学出版社 2020 年版。

59. 王泽鉴：《侵权行为》，北京大学出版社 2016 年版。

60. 席月民：《经济变革中的经济法》，中国社会科学出版社 2019 年版。

61. 杨帆：《个人信用分：平台企业大数据应用的法律规制》，上海人民出版社 2023 年版。

62. 杨立新：《中国民法总则研究》（下卷），中国人民大学出版社 2017 年版。

63. 余今朝：《共享经济的数量规制》，载甘培忠主编：《共享经济的法律规制》，中国法制出版社 2018 年版。

64. 张继红：《大数据时代金融信息的法律保护》，法律出版社 2019 年版。

65. 张杰：《互联网金融发展与征信体系建设完善研究》，经济管理出版社 2020 年版。

66. 张茉楠：《大变革 全球价值链与下一代贸易治理》，中国经济出版社 2017 年版。

67. 张守文：《发展法学：经济法维度的解析》，中国人民大学出版社 2021 年版。

68. 张文显主编：《法理学（第三版）》，高等教育出版社 2007 年版。

69. 赵宏中、董玉明：《产业法的经济学分析》，武汉理工大学出版社 2015 年版。

70. 郑冲、贾红梅：《德国民法典》，法律出版社 1999 年版。

71. 郑永年：《技术赋权：中国的互联网、国家与社会》，东方出版社 2014 年版。

72. 郑友德：《知识产权与公平竞争的博弈——以多维创新为坐标》，法律出版社 2011 年版。

73. 种明钊主编:《竞争法》(第 3 版),法律出版社 2016 年版。

## 二、论文

1. D. Daniel Sokol,Merger Law for Biotech and Killer Acquisitions,Florida Law Review Forum,72 (2020).

2. Friso Bostoen,Online Platforms and Vertical Integration:The Return of Margin Squeeze?,Journal of Antitrust Enforcement,6 (2018).

3. Guido Calabresi & A. Douglas Melamed,Property Rules,Liability Rules,and Inalienability:One View of the Cathedral,Harvard Law Review,85 (1971).

4. Helen Nissenbaum,private as contextual integrity,Washington Law Review,79 (2004).

5. Hitoshi Matsushima,Blockchain Disables Real-World Governance,Kyoto University,Institute of Economic Research Working Papers,1017 (2019).

6. Imanol Arrieta-Ibarra et al. Should We Treat Data as Labor? Moving Beyond 'Free',AEA Papers & Proceedings,108 (2018).

7. Jack,William,Adam Ray,and Tavneet Suri,Transaction networks:Evidence from mobile money in Kenya,American Economic Review,103 (2013).

8. Jacqueline Lipton,Balancing private rights and public policies:Reconceptualizing property in databases,Berkeley Technology Law Journal,18 (2003).

9. James Q Whitman,The Two Western Cultures of Privacy:Dignity Versus Liberty,The Yale Law Journal,113 (2004).

10. Julia Black,Critical Reflection on Regulation,Austrialian Journal of Legal Philosophy,27 (2002).

11. Katerina Pistor,Rule by data:The end of markets?,Law and Contemporary Problems,83 (2020).

12. Kenneth J. Vandevelde, The New the New Property of the Nineteenth Century: The Development of the Modern Concept of Property, Buffalo law Review, 29 (1980).

13. Kevin A Bryan and Erik Hovenkamp, Startup Acquisitions, Error Costs, and Antritrust Policy, The University of Chicago Law Review, 87 (2020).

14. Klie L, OpenAI Introduces ChatGPT, a New AI ChatbotModel, CRM Magazine, 27 (2023).

15. Lea Bernhardt and Ralf Dewenter, Collusion by Code or Algorithmic Collusion? When Pricing Algorithms Take Over, European Competition Journal, 16 (2020).

16. Lin William Cong and Zhiguo He, Blockchain Disruption and Smart Contracts, The Review of Financial Studies, 32 (2019).

17. Lina M Khan, Amazon's Antitrust Paradox, Yale Law Journal, 126 (2017).

18. Lina M Khan, The New Brandeis Movement: America's Antimonopoly Debate, Journal of European Competition Law & Practice, 9 (2018).

19. Michael S. Gal, Monopoly Pricing as an Antitrust Offense in U. S. and the EC: Two System about Monopoly, Antitrust Bulletin/Spring-Summer, 49 (2004).

20. Michal S. Gal and Niva Elkin-Koren, Algorithmic Consumers, Harvard Journal of Law & Technology 30 (2017).

21. Patrick F Todd, Digital Platforms and the Leverage Problem, Nebraska Law Review 98 (2019).

22. Richard A Posner, Misappropriation: A Dirge, Houston Law Review 40 (2003).

23. Ronald H. Coase, The Problem of Social Cost, The Journal of Law and Economics, 3 (1960).

24. Scott R. Peppet, Unraveling Privacy: The Personal Prospectus

and the Threat of a Full-Disclosure Future，Northwestern University Law Review，105 (2011).

25. SJacqueline Lipton，Balancing private rights and public policies：Reconceptualizing property in databases，Berkeley Technology Law Journal，18 (2003).

26. Steven C. Salop，Invigorating Vertical Merger Enforcement，The Yale Law Journal，127 (2018).

27. Wesley Newcomb Hohfeld，Some Fundamental Legal Conceptions as applied in judicial reasoning，The Yale Law Journal，23 (1913).

28. Wesley Newcomb Hohfeld，Fundamental Legal Conceptions as Applied in Judicial Reasoning，The Yale Law Journal，26 (1917).

29. William H. Page，Objective and Subjective Theories of Concerted Action，Antitrust Law Journal，79 (2013).

30. 蔡朝林：《共享经济的兴起与政府监管创新》，载《南方经济》2017 年第 3 期。

31. 蔡红君、方燕：《技术动态性、市场多边性与互联网反垄断认识误区》，载《财经问题研究》2020 年第 5 期。

32. 蔡万焕、张紫竹：《作为生产要素的数据：数据资本化、收益分配与所有权》，载《教学与研究》2022 年第 7 期。

33. 曾彩霞、朱雪忠：《大数据驱动型并购的事先申报制度研究》，载《同济大学学报（社会科学版）》2021 年第 3 期。

34. 陈兵：《因应超级平台对反垄断法规制的挑战》，载《法学》2020 年第 2 期。

35. 陈洪兵：《人工智能刑事主体地位的否定及实践展开——兼评"反智化批判"与"伪批判"之争》，载《社会科学辑刊》2021 年第 6 期。

36. 陈寰琦、周念利：《从 USMCA 看美国数字贸易规则核心诉求及与中国的分歧》，载《国际经贸探索》2019 年第 6 期。

37. 陈敬根、朱昕苑：《论个人数据的法律保护》，载《学习与实践》2020 年第 6 期。

38. 陈珍妮：《欧盟〈数字服务法案〉探析及对我国的启示》，载《知识产权》2022 年第 6 期。

39. 程啸：《个人信息向数据互联发展中的法律问题研究》，载《政治与法律》2020 年第 8 期。

40. 程啸：《论大数据时代的个人数据权利》，载《中国社会科学》2018 年第 2 期。

41. 程啸：《论数据安全保护义务》，载《比较法研究》2023 年第 2 期。

42. 程啸：《民法典编撰视野下的个人信息保护》，载《中国法学》2019 年第 4 期。

43. 崔文波、张涛、马海群等：《欧盟数据与算法安全治理：特征与启示》，载《信息资源管理学报》2023 年第 2 期。

44. 戴昕、张永健：《比例原则还是成本收益分析——法学方法的批判性重构》，载《中外法学》2018 年第 6 期。

45. 戴昕：《数据界权的关系进路》，载《中外法学》2021 年第 6 期。

46. 邓辉：《数字广告平台的自我优待：场景、行为与反垄断执法的约束性条件》，载《政法论坛》2022 年第 3 期。

47. 邓建鹏、马文洁：《大数据时代个人征信市场化的法治路径》，载《重庆大学学报（社会科学版）》2021 年第 6 期。

48. 丁晓东：《论企业数据权益的法律保护——基于数据法律性质的分析》，载《法律科学（西北政法大学学报）》2020 年第 2 期。

49. 丁晓东：《数据到底属于谁？——从网络爬虫看平台数据权属与数据保护》，载《华东政法大学学报》2019 年第 5 期。

50. 董保华：《"隐蔽雇佣关系"研究》，载《法商研究》2011 年第 5 期。

51. 杜晓燕、宋希斌：《数字中国视野下的国家治理信息化及其实现：精准、动态与协同》，载《西安交通大学学报（社会科学版）》2019 年第 2 期。

52. 樊鹏、李妍：《驯服技术巨头：反垄断行动的国家逻辑》，载《文化纵横》2021 年第 1 期。

53. 冯洁菡、周濛：《跨境数据流动规制：核心议题、国际方案及中国因应》，载《社会科学文摘》2021年第8期。

54. 冯平、汪行福等：《"复杂现代性"框架下的核心价值建构》，载《中国社会科学》，2013年第7期。

55. 邰庆：《垄断协议视角下的最惠国待遇条款》，载《人民论坛》2020年第15期。

56. 郭俊：《如何做好"促进型立法"工作》，载《人大研究》2008年第2期。

57. 郭如愿：《大数据时代个人信息商业利用路径研究——基于个人信息财产权的理论检视》，载《科技与法律》2020年第5期。

58. 韩伟：《创新在反垄断法中的定位分析》，载《中国物价》2019年第8期。

59. 韩伟：《数字经济时代中国〈反垄断法〉的修订与完善》，载《竞争政策研究》2018年第4期。

60. 何波：《中国数字经济的法律监管与完善》，载《国际经济合作》，2020年第5期。

61. 何大安、许一帆：《数字经济运行与供给侧结构重塑》，载《经济学家》，2020年第4期。

62. 胡凌：《互联网"非法兴起"2.0——以数据财产权为例》，载《地方立法研究》2021年第6期。

63. 江小涓、黄颖轩：《数字时代的市场秩序、市场监管与平台治理》，载《经济研究》2021年第12期。

64. 黄芬：《人格要素的财产价值与人格权关系之辩》，载《法律科学（西北政法大学学报）》2016年第4期。

65. 黄晓伟：《互联网平台垄断问题的算法共谋根源及协同治理思路》，载《中国科技论坛》2019年第9期。

66. 纪荣荣：《关于地方立法权限与立法规模控制》，载《人大研究》2018年第1期。

67. 贾晓燕、封延会：《网络平台行为的垄断性研究——基于大数据的使用展开》，载《科技与法律》2018年第4期。

68. 江必新、郑礼华：《互联网、大数据、人工智能与科学立法》，载

《法学杂志》2018 年第 5 期。

69. 江平：《制定一部开放型的民法典》，载《政法论坛》2003 年第 1 期。

70. 江小涓、靳景：《中国数字经济发展的回顾与展望》，载《中共中央党校（国家行政学院）学报》，2022 年第 1 期。

71. 蒋舸：《〈反不正当竞争法〉网络条款的反思与解释：以类型化原理为中心》，载《中外法学》2019 年第 1 期。

72. 蒋志培等：《〈关于审理不正当竞争民事案件应用法律若干问题的解释〉的理解与适用》，载《人民司法》2007 年第 5 期。

73. 焦海涛：《不正当竞争行为认定中的实用主义批判》，载《中国法学》2017 年第 1 期。

74. 焦海涛：《互联网平台最惠国条款的反垄断法适用》，载《商业经济与管理》2021 年第 5 期。

75. 焦海涛：《平台互联互通义务及其实现》，载《探索与争鸣》2022 年第 3 期。

76. 金耀：《数据治理法律路径的反思与转进》，载《法律科学（西北政法大学学报）》2020 年第 2 期。

77. 孔祥俊：《论反垄断法的谦抑性适用—基于总体执法观和具体方法论的分析》，载《法学评论》2022 年第 1 期。

78. 兰磊：《反垄断法唯效率论质疑》，载《华东政法大学学报》2014 年第 4 期。

79. 雷磊：《新兴（新型）权利的证成标准》，载《法学论坛》2019 年第 3 期。

80. 李爱君：《组建国家数据局释放哪些关键信号》，载《人民论坛》2023 年第 9 期。

81. 李晟：《略论人工智能语境下的法律转型》，载《法学评论》2018 年第 1 期。

82. 李丹：《算法歧视消费者：行为机制、损益界定与协同规制》，载《上海财经大学学报》2021 年第 2 期。

83. 李凯、樊明太：《我国平台经济反垄断监管的新问题、新特征与路径选择》，载《改革》2021 年第 3 期。

84. 李林：《坚持在法治轨道上全面建设社会主义现代化国家》，载《政法论坛》，2023 年第 2 期。

85. 李世佳：《网络平台纵向一体化的反垄断法规制—兼论杠杆理论在平台经济中的新生》，载《商业经济与管理》2022 年第 2 期。

86. 李延吉：《地方人大主导立法的目标与限度》，载《人大研究》2020 年第 9 期。

87. 李艳芳：《"促进型立法"研究》，载《法学评论》2005 年第 3 期。

88. 李艳华：《全球跨境数据流动的规制路径与中国抉择》，载《时代法学》2019 年第 5 期。

89. 李扬：《互联网领域新型不正当竞争行为类型化之困境及其法律适用》，载《知识产权》2017 年第 9 期。

90. 李振利、李毅：《论算法共谋的反垄断规制路径》，载《学术交流》2018 年第 7 期。

91. 林洹民：《个人对抗商业自动决策算法的私权设计》，载《清华法学》2020 年第 4 期。

92. 林嘉：《中国社会法建设 40 年回顾与展望》，载《社会治理》2018 年第 11 期。

93. 林金忠：《包买商制度及其现代应用价值》，载《财经研究》2002 年第 3 期。

94. 林子樱、韩立新：《数字经济下平台竞争对反垄断规制的挑战》，载《中国流通经济》2021 年第 2 期。

95. 凌斌：《法律救济的规则选择：财产规则、责任规则与卡梅框架的法律经济学重构》，载《中国法学》2012 年第 6 期。

96. 刘佳：《人工智能算法共谋的反垄断法规制》，载《河南大学学报（社会科学版）》2020 年第 4 期。

97. 刘鹏，李文韬：《网络订餐食品安全监管：基于智慧监管理论的视角》，载《华中师范大学学报（人文社会科学版）》2018 年第 1 期。

98. 刘权：《数字经济视域下包容审慎监管的法治逻辑》，载《法学研究》2022 年第 4 期。

99. 刘权：《政府数据开放的立法路径》，载《暨南学报》2021年第1期。

100. 刘淑春：《中国数字经济高质量发展的靶向路径与政策供给》，载《经济学家》2019年第6期。

101. 刘新海、曲丹阳：《基于征信大数据的替代信用评分》，载《征信》2016年第3期。

102. 刘新海：《专业征信机构：未来中国征信业的方向》，载《征信》2019年第7期。

103. 龙卫球：《再论企业数据保护的财产权化路径》，载《东方法学》2018年第3期。

104. 龙文懋：《人工智能法律主体地位的法哲学思考》，载《法律科学（西北政法大学学报）》2018年第5期。

105. 卢代富、刘云亮：《诚实信用原则的经济法解读》，载《政法论丛》2017年第5期。

106. 卢均晓：《数据驱动型国际并购反垄断审查：挑战与应对》，载《国际贸易》2021年第11期。

107. 卢雁：《产业政策与竞争政策的关系研究》，载《中国市场监管研究》2022年第1期。

108. 吕德文：《技术治理如何适配国家机器——技术治理的运用场景及其限度》，载《探索与争鸣》2019年第6期。

109. 马海群、蔡庆平、崔文波等：《美国数据与算法安全治理：进路、特征与启示》，载《信息资源管理学报》2023年第1期。

110. 马靖云：《智慧司法的难题及其破解》，载《华东政法大学学报》2019年第4期。

111. 马俊峰、崔昕：《注意力经济的内在逻辑及其批判——克劳迪奥·布埃诺〈注意力经济〉研究》，载《南开学报（哲学社会科学版）》2021年第3期。

112. 马俊驹：《人格权的理论基础及其立法体例》，载《法学研究》2004年第6期。

113. 马秀珍：《产业政策立法的逻辑进路》，载《法学论坛》2021年第 4 期。

114. 马长山：《法治中国建设的"共建共享"路径与策略》，载《中国法学》2016 年第 6 期。

115. 马长山：《互联网时代的双向构建秩序》，载《政法论坛》2018 年第 1 期。

116. 马长山：《人工智能的社会风险及其法律规制》，载《法律科学（西北政法大学学报）》2018 年第 6 期。

117. 马长山：《智慧社会建设中的"众创"式制度变革——基于"网约车"合法化进程的法理学分析》，载《中国社会科学》2019 年第 4 期。

118. 梅宏：《大数据与数字经济》，载《求是》2022 年第 2 期。

119. 梅夏英：《企业数据权益原论：从财产到控制》，载《中外法学》2021 年第 5 期。

120. 孟雁北、赵泽宇：《反垄断法下超级平台自我优待行为的合理规制》，载《中南大学学报（社会科学版）》2022 年第 1 期。

121. 孟雁北：《反垄断法规制平台剥削性滥用的争议与抉择》，载《中外法学》2022 年第 2 期。

122. 孟雁北：《数字经济反垄断法"反什么"？以〈反垄断法〉立法目标切入》，载《探索与争鸣》2022 年第 7 期。

123. 彭中礼、王亮：《司法裁判中社会主义核心价值观的运用研究》，载《时代法学》2019 年第 4 期。

124. 冉从敬：《数据主权治理的全球态势与中国应对》，载《人民论坛》2022 年第 4 期。

125. 石勇：《数字经济的发展与未来》，载《中国科学院院刊》2022 年第 1 期。

126. 冉昊：《财产权的历史变迁》，载《中外法学》2018 年第 2 期。

127. 芮文彪等：《数据信息的知识产权保护模式探析》，载《电子知识产权》2015 年第 4 期。

128. 赛思：《美国"零工经济"中的从业者、保障和福利》，载《环球法律评论》2018 年第 4 期。

129. 尚博文：《美国征信替代数据的应用与启示》，载《征信》2021

年第 10 期。

130. 沈岿：《互联网经济的政府监管原则和方式创新》，载《国家行政学院学报》2016 年第 2 期。

131. 沈岿：《监控者与管理者可否合一：行政法学体系转型的基础问题》，载《中国法学》2016 年第 1 期。

132. 沈伟伟：《算法透明原则的迷思——算法规制理论的批判》，载《环球法律评论》2019 年第 6 期。

133. 石颖：《智慧司法的实践与探索》，载《山东警察学院学报》2020 年第 1 期。

134. 时方：《人工智能刑事主体地位之否定》，载《法律科学》2018 年第 6 期。

135. 时建中：《共同市场支配地位制度拓展适用于算法默示共谋研究》，载《中国法学》2020 年第 2 期。

136. 马长山：《数字社会的治理逻辑及其法治化展开》，载《法律科学（西北政法大学学报）》2020 年第 5 期。

137. 石静霞：《数字经济背景下的 WTO 电子商务诸边谈判：最新发展及焦点问题》，载《东方法学》2020 年第 2 期。

138. 宋冬林、孙尚斌、范欣：《数据成为现代生产要素的政治经济学分析》，载《经济学家》2021 年第 7 期。

139. 宋松宛：《市场监管责任清单制度法治化研究》，载《中国管理信息化》2021 年第 10 期。

140. 宋亚辉：《网络市场规制的三种模式及其适用原理》，载《法学》2018 年第 10 期。

141. 苏宇：《优化算法可解释性及透明度义务之诠释与展开》，载《法律科学（西北政法大学学报）》2022 年第 1 期。

142. 孙建丽：《算法自动化决策风险的法律规制研究》，载《法治研究》2019 年第 4 期。

143. 孙晋、徐则林：《平台经济中最惠待遇条款的反垄断法规制》，载《当代法学》2019 年第 5 期。

144. 孙晋：《数字平台垄断与数字竞争规则的建构》，载《法律科学

（西北政法大学学报）》2021 年第 4 期。

145. 孙秀蕾：《从亚马逊发展模式看数字经济平台的"自我优待"行为及规制》，载《南方金融》2021 年第 6 期。

146. 谭九生、范晓韵：《算法"黑箱"的成因、风险及其治理》，载《湖南科技大学学报（社会科学版）》2020 年第 6 期。

147. 唐金成、陈嘉州：《论社会保险与商业保险的互动协调发展》，载《西南金融》2007 年第 7 期。

148. 万存知：《大数据在征信体系建设中应用的思考》，载《金融电子化》2018 年第 12 期。

149. 王传智：《数据要素及其生产的政治经济学分析》，载《当代经济研究》2022 年第 11 期。

150. 王春梅、冯源：《技术性人格：人工智能主体资格的私法构设》，载《华东政法大学学报》2021 年第 5 期。

151. 王健：《产业政策法若干问题研究》，载《法律科学》2002 年第 1 期。

152. 王静、杨渊、赵以邗：《心理测量学在信用风险评估中的应用研究》，载《征信》2019 年第 8 期。

153. 王坤：《人格符号财产权制度的建构及其法律意义》，载《浙江社会科学》2013 年第 11 期。

154. 王磊：《数据驱动型并购创新效应的反垄断审查》，载《北京大学学报（哲学社会科学版）》2022 年第 3 期。

155. 王利明：《和而不同，隐私权与个人信息的规则界分与适用》，载《法学评论》2021 年第 2 期。

156. 王利明：《数据何以确权》，载《法学研究》2023 年第 4 期。

157. 王淼：《数字经济发展的法律规制——研讨会专家观点综述》，载《中国流通经济》2020 年第 12 期。

158. 王天蔚：《中间类型劳动者制度构建研究》，载《燕山大学学报（哲学社会科学版）》2020 年第 6 期。

159. 王名扬、冯俊波：《论比例原则》，载《时代法学》2005 年第 4 期。

160. 王迁：《论人工智能生成的内容在著作权法中的定性》，载《法律科学（西北政法大学学报）》2017 年第 5 期。

161. 王倩：《德国法中劳动关系的认定》，载《暨南学报（哲学社会科学版）》2017 年第 6 期。

162. 王帅：《作为必需设施的超级平台及其反垄断准入治理》，载《北方法学》2021 年第 5 期。

163. 王爽：《二元责任主体架构下国家机关处理个人信息的规则建构》，载《内蒙古社会科学》，2021 年第 4 期。

164. 王伟、任豪：《数字中国建设的法治保障》，载《法律适用》2021 年第 12 期。

165. 王伟：《构建新型市场监管体制的法治逻辑》（上），载《中国信用》2017 年第 10 期。

166. 王伟：《社会信用法论纲——基于立法专家建议稿的观察与思考》，载《中国法律评论》2021 年第 1 期。

167. 王伟：《信用监管的制度逻辑与运行机理——以国家治理现代化为视角》，载《科学社会主义》2021 年第 2 期。

168. 王锡锌：《数治与法治：数字行政的法治约束》，载《中国人民大学学报》2022 年第 6 期。

169. 王先林：《产业政策法初论》，载《中国法学》2003 年第 3 期。

170. 王旭：《数字经济立法的概念选择》，载《广西政法管理干部学院学报》2021 年第 5 期。

171. 王学忠、张宇润：《技术社会风险的法律控制》，载《科技与法律》2008 年第 4 期。

172. 王怡坤：《国家机关处理个人信息正当性标准研究》，载《中国法律评论》2021 年第 6 期。

173. 吴承明：《试论交换经济史》，载《中国经济史研究》1987 年第 1 期。

174. 吴汉东：《人工智能时代的制度安排与法律规制》，载《法律科学（西北政法大学学报）》2017 年第 5 期。

175. 吴莉娟：《互联网新型不正当竞争行为的类型化分析——兼论

〈反不正当竞争法〉类型化条款之完善》，载《竞争政策研究》2019 年第 6 期。

176. 吴晓波、赵子溢：《商业模式创新的前因问题：研究综述与展望》，载《外国经济与管理》2017 年第 1 期。

177. 武腾：《最小必要原则在平台处理个人信息实践中的适用》，载《信息安全研究》2016 年第 9 期。

178. 习近平：《不断做强做优做大我国数字经济》，载《求是》2022 年第 2 期。

179. 习近平：《促进我国社会保障事业高质量发展、可持续发展》，载《先锋》2022 年第 4 期。

180. 习近平：《坚持走中国特色社会主义法治道路 更好推进中国特色社会主义法治体系建设》，载《求是》2022 年第 4 期。

181. 习近平：《正确认识和把握中长期经济社会发展重大问题》，载《求是》2021 年第 2 期。

182. 席月民：《宏观调控新常态中的法治考量》，载《上海财经大学学报》2017 年第 2 期。

183. 席月民：《依法调控经济的程序与责任保障》，载《中国法律评论》2015 年第 3 期。

184. 夏清华：《商业模式的要素构成与创新》，载《学习与实践》2013 年第 11 期。

185. 谢富胜、江楠、吴越：《数字平台收入的来源与获取机制——基于马克思主义流通理论的分析》，载《经济学家》2022 年第 1 期。

186. 谢富胜、吴越、王生升：《平台经济全球化的政治经济学分析》，载《中国社会科学》2019 年第 12 期。

187. 谢晓尧：《商品化权——人格符号的利益扩张与平衡》，载《法商研究》2005 年第 3 期。

188. 谢增毅：《互联网平台用工劳动关系认定》，载《中外法学》2018 年第 6 期。

189. 谢增毅：《平台用工劳动权益保护的立法进路》，载《中外法学》2022 年第 1 期。

190. 熊琦：《人工智能生成内容的著作权认定》，载《知识产权》2017 年第 3 期。

191. 熊樟林：《论〈行政处罚法〉修改的基本立场》，载《当代法学》2019 年第 1 期。

192. 徐汉明、孙逸啸、吴云民：《数据财产权的法律保护研究》，载《经济社会体制比较》2020 年第 4 期。

193. 徐汉明：《我国网络法治的经验与启示》，载《中国法学》2018 年第 3 期。

194. 徐娟、杜家明：《智慧司法实施的风险及其法律规制》，载《河北法学》2020 年第 8 期。

195. 徐信予、杨东：《流量垄断的理论框架与规制路径》，载《经济理论与经济管理》2022 年第 12 期。

196. 许娟：《企业衍生数据的法律保护路径》，载《法学家》2022 年第 3 期。

197. 许可：《数据保护的三重进路——评新浪微博诉脉脉不正当竞争案》，载《上海大学学报（社会科学版）》2017 年第 6 期。

198. 杨虎涛、胡乐明：《不确定性、信息生产与数字经济发展》，载《中国工业经济》2023 年第 4 期。

199. 杨婕：《论个人信息保护中的必要原则：法律理解、实践困境与化解思路》，载《信息安全研究》2016 年第 9 期。

200. 杨立新：《民法典侵权责任编草案规定的网络侵权责任规则检视》，载《法学论坛》2019 年第 3 期。

201. 杨惟钦：《价值维度中的个人信息权属模式考察——以利益属性分析切入》，载《法学评论》2016 年 4 期。

202. 杨紫烜：《对产业政策和产业法的若干理论问题的认识》，载《法学》2010 年第 9 期。

203. 叶金强：《〈民法总则〉"民事权利章"的得与失》，载《中外法学》2017 年第 3 期。

204. 余少祥：《平台经济劳动者保护的法理逻辑与路径选择》，载《人民论坛·学术前沿》2021 年第 20 期。

205. 於兴中、郑戈、丁晓东：《生成式人工智能与法律的六大议题：以 ChatGPT 为例》，载《中国法律评论》2023 年第 2 期。

206. 於兴中：《算法社会与人的秉性》，载《中国法律评论》2018 年第 2 期。

207. 喻国明、马慧：《互联网时代的新权力范式："关系赋权"——"连接一切"场景下的社会关系的重组与权力格局的变迁》，载《国际新闻界》2016 年第 10 期。

208. 袁达松：《数字经济规则和治理体系的包容性构建》，载《人民论坛》，2022 年第 4 期。

209. 袁红英：《新时代中国现代化的理论范式、框架体系与实践方略》，载《改革》2021 年第 5 期。

210. 袁嘉、梁博文：《有效创新竞争理论与数字经济时代反垄断法修订》，载《竞争政策研究》2020 年第 3 期。

211. 袁嘉：《数字背景下德国滥用市场力量行为反垄断规制的现代化——评〈德国反限制竞争法〉第十次修订》，载《德国研究》2021 年第 2 期。

212. 张爱军、李圆：《人工智能时代的算法权力：逻辑、风险及规制》，载《河海大学学报（哲学社会科学版）》2019 年第 6 期。

213. 张爱军、王首航：《算法：一种新的权力形态》，载《治理现代化研究》2020 年第 1 期。

214. 张凌寒：《风险防范下算法的监管路径研究》，载《交大法学》2018 年第 4 期。

215. 张凌寒：《深度合成治理的逻辑更新与体系迭代 ——ChatGPT 等生成型人工智能治理的中国路径》，载《法律科学（西北政法大学学报）》2023 年第 3 期。

216. 张凌寒：《算法规制的迭代与革新》，载《法学论坛》2019 年第 2 期。

**图书在版编目（CIP）数据**

数字经济法治保障研究：理论基础与法治实践/王
伟等著 . -- 北京：中国人民大学出版社，2025.7.
（法学理念·实践·创新丛书）. -- ISBN 978-7-300
-33558-2

Ⅰ. D922.290.4

中国国家版本馆 CIP 数据核字第 20258ED491 号

*法学理念·实践·创新丛书*

**数字经济法治保障研究——理论基础与法治实践**

王　伟　孟雁北　席月民　等　著

Shuzi Jingji Fazhi Baozhang Yanjiu：Lilun Jichu yu Fazhi Shijian

| | | |
|---|---|---|
| **出版发行** | 中国人民大学出版社 | |
| **社　　址** | 北京中关村大街 31 号 | **邮政编码**　100080 |
| **电　　话** | 010 - 62511242（总编室） | 010 - 62511770（质管部） |
| | 010 - 82501766（邮购部） | 010 - 62514148（门市部） |
| | 010 - 62511173（发行公司） | 010 - 62515275（盗版举报） |
| **网　　址** | http://www.crup.com.cn | |
| **经　　销** | 新华书店 | |
| **印　　刷** | 唐山玺诚印务有限公司 | |
| **开　　本** | 720 mm×1000 mm　1/16 | **版　　次**　2025 年 7 月第 1 版 |
| **印　　张** | 22.5 插页 1 | **印　　次**　2025 年 7 月第 1 次印刷 |
| **字　　数** | 343 000 | **定　　价**　98.00 元 |